# Apuntes sobre el Primer Colegio Escolapio Español (1677–2014)

# Apuntes sobre el Primer Colegio Escolapio Español (1677-2014)

Manuel Rodríguez Espejo, escolapio

El texto Bíblico ha sido tomado de la version, Biblia de Jerusalén 1975, Editorial Desclée De Brouwer, Bilbao, España.

Información de la imprenta disponible en la última página.

Fecha de revisión: 25/11/2015


**Para realizar pedidos de este libro, contacte con:**
Palibrio
1663 Liberty Drive
Suite 200
Bloomington, IN 47403
Gratis desde EE. UU. al 877.407.5847
Gratis desde México al 01.800.288.2243
Gratis desde España al 900.866.949
Desde otro país al +1.812.671.9757
Fax: 01.812.355.1576
ventas@palibrio.com
728496

# ÍNDICE

CAPÍTULO I      FUNDACIÓN DEL COLEGIO

                         BARBASTRENSE: ss. XVII-XIX ......................... 1

CAPÍTULO II      SIGLO XX HASTA 1926 ................................... 15

CAPÍTULO III      DEL CURSO 1926-1927 a AGOSTO 1940 ........ 30

CAPÍTULO IV      DEL CURSO 1941-42 a 1952-1953 ................... 48

CAPÍTULO V      Del Curso 1953-1954 al 1959-1960 ..................... 63

CAPÍTULO VI      Del Curso 1960-1961 al 1971-1972 ..................... 90

CAPÍTULO VII      Del curso 1972-1973 al 1976-1977 .................... 130

CAPÍTULO VIII      Del Curso 1978-1979 al 1983-1984 .................. 154

CAPÍTULO IX      Del Curso 1984-1985 al 1993-1994 .................. 189

CAPÍTULO X      Memoria de los cursos 1994-95 al 2005-06 ........ 236

CAPÍTULO XI      Memoria de los cursos 2000-2001 al 2007-2008 ... 254

CAPÍTULO XII      Memoria de los cursos 2006-2007 al 2013-2014 ... 283

CAPÍTULO XIII TEMAS VARIOS ............................................. 319

# ÍNDICE DE MATERIAS

(Tiene como objetivo dejar constancia de la variada ACTIVIDAD DEL COLEGIO, sin tener que leer su Historia entera; pero no se señalan todas las páginas que hacen referencia a cada hecho señalado. Los 9 conceptos en negrita indican los tratados en el capítulo último)

**A**brid las puertas a los profesores seglares (209).- Absorción de la Academia Cerbuna (38, 53, 58, 72, 74-76).- Actividades Complementarias pagadas (199); se oferta inglés: (207).- Adoración Nocturna (61).-Adviento para la 1ª etapa (145).- Alumnas nuestras participan en Deporte por 1ª vez (219).- **Antiguos Alumnos (335-341**; 18-19, 57, 62, 73, 84, 89, 93; José María Escrivá y el colegio: 143; Dos Exalumnos santos: 213; Vuelta de más de 300 Exalumnos (231).- A.P.A (133, 135, 140, 143, 144, 146, 147, 150, 198, 225); APAs de PP. y MM. Escolapios de Aragón forman una Federación: 152; 158, 160).- Apertura Comunidad de New York.- Apertura de Curso (102, 105, 120, 147).-

**B**achillerato (30-32, 57, 63, 127).-Beatificación de M. Paula Montal (226).- Belén colegial (98, 171, 199).- **Bibliografía empleada (342-345**).- Biblioteca (48); se inaugura la Infantil (144); traslado: 169).- Bodas de Plata de Exalumnos 1957-63 (204); los de 1963 (207); otros (215).-

**C**alasanz (1, 114, 128, 148, 183)).- Café-Tertulia para papás (207, 232).- Campamentos (142, 156, 157).- Campaña de concienciación sobre la Libertad de enseñanza (151).- Campaña del bote (125).- Campaña contra el Hambre (200): Campaña vocacional (112).-Campeonato Provincial de Ajedrez (202).- Campos de Deportes y la luneta.- Capitulaciones y Convenios con el Ayuntamiento (3-4, 8, 19-25, 26-28, 31-32, 37, 56, 79).- Capítulo Local, marzo'76 (146).-Carnaval

(213).- Carta de Hermandad a la cocinera (131).-Celebración y clausura del IV Centenario Ordenación Sacerdotal de Calasanz (190).- Celebraciones Penitenciales (149, 182).- Cena del profesorado y el APA (180).- Centenario de Juan Ramón Jiménez (168).- Charla sobre Hª de los Escolapios en Barbastro'mayo'93 (228, 229).-Cierre del Colegio inicial y reapertura (6, 8-9).- Cine dominical (70, 136, 141, 142).- Clases de Cultura General (110).- Clases de verano (76, 81, 94, 117).- Clases diaria de Música (101).- Club de Atletismo (79, 145).- **Cofradías radicadas en el colegio (328-332**; 195-196, 214; Estreno del Grupo de Tambores'abril'92: 223).- Colegio: Conversión en Privado (20, 24, 136).- Colegio: Declaración de Interés Histórico-Artístico (195).- Colegio: nombres que ha tenido (15, 35, 49).- Colegio: Proyecto de edificio nuevo (137, 139).-Colegio: se obsequia a todos los profesores con la Vida de Calasanz, del P. Arce (145); en la despedida de 8° se proclaman a los 3 destacados en Piedad, Letras y Compañerismo: 150).- Comedor Escolar (55, 61, 67).- Compra terreno para los Campos, tractor, furgoneta… (106).-Conciertos en nuestra iglesia (225).- Concurso de Coca-Cola (142, 214).- Concursos gastronómicos (198, 204).- CONFER.- Confirmación de todo el alumnado, en junio'79 (156).- Consejo 1° de la Provincia en Noviembre'76 (148); Consejo Escolar del Centro (198).- Cons. Extraordinario (172).- Convivencia de Reflexión Cristiana para 6° (167).- Convivencia del profesorado en la Torre (194).-Convivencia de Barbastro, Peralta, Alcañiz y Jaca (217).- Cuatro horas de Futbito (225).- Cultos de Semana Santa (173).- Cursillos de Esquí (131, 166, 172, 191).- Cursillo de Expresión Corporal (226).- Cursillos de Formación para profesores (174); de Informática (227).- Cursillo de Plástica aplicada (210).- Cursillo de Tráfico (168).- Curso de Espiritualidad Calasancia en Peralta'86 (198)

**D**eporte (destacadísima participación en el XXVIII Campeonato Escolar Nacional (146); Participación en el "Trofeo P. Teófilo López" (150); Campeones provinciales y Subcampeones de Aragón en Infantil (192); en mayo'88 en Ajedrez, campeones y subcampeones, Cadetes; subcampeones en Infantiles y en Alevines, campeones (206)); en las "II Olimpiadas de S. Valero", mayo'79: campeones infantiles y cadetes.- Déficit económico (171).- Deportes Aéreos del Alto Aragón desea parte de nuestros Campos (226).- Día del árbol (141).- Día del Medio Ambiente (233).-Día del padre (107, 109).- Día de la madre (106,

108, 180).- Día del Maestro (151, 222).- Domund (144).- El colegio organizó la "Olimpiada Escolar'80" (161).-

Ejercicios Espirituales de alumnos (72, 73, 78, 86, 99).- E.E. anuales de la Comunidad (101).- Encuentro Iº de Educadores de la E.P. de Aragón (201).- Ensayo de Evacuación del colegio (215).- **Enseñanza de la Filosofía (323-324**; 11).- Escuela de Padres (202, 218).- Escuela Nocturna Profesional (77).- **Estadística del alumnado (341-342**; 163).- Exámenes Públicos (161-162).- Excursiones de alumnos (107, 180, 204).- Excursión-Convivencia del Profesorado por el Pirineo (229).- Exposición <250º de la Escuela Pía en Aragón>.-Exposición colegial en la Casa de la Cultura por la "Semana Cultural" (147).- Moción del Grupo PSOE en el Ayuntamiento contra la Enseñanza Privada, dic.'79 (159)

Fallece el P. Mur (217-218).- Federación de APAs en Barbastro (149).- Festival Intercolegial Gimnástico (122).- Festival Fin de Curso en Plaza de Toros (221).- Festividad de Santo Tomás de Aquino (92).- Fámulos (101, 127).- Fiesta de San Antonio y Pan de los pobres (168).- Fiesta de S. Isidro labrador (180).- Fiesta en honor de los papás de escolapios (203).-Fiesta Fin de Curso (100, 168).- Fincas (46, 70, 77, 80, 82, 129).- Firma del Concierto con el M.E.C. (197).- (Fuego en el colegio (132).- Fundación de Aragón en Tercer Mundo (202).-

Guerra civil y Revolución (38-46)

**Hermanito Juan Ranzón (324-327**; 59-60).- Hoja E.P.B (165, 168, 208).- Huelga en la Enseñanza Privada (158, 196-197).-

Ideario, Reglamento y Proyecto Educativo (148).- **iglesia/templo (320-323**; 48, 56, 58, 112, 118).- Inauguración del Colegio restaurado (66).-Inauguración del nuevo patio (191).- Informática en el colegio (191).- Instituto en Barbastro (-----).- **Internado (324)**; desaparece el curso 1977-78 (151)

Jornada de Viajes Culturales (203).- Jornadas pro-Vocaciones (99).- **Juan García (327-328)**.- Jubileo Conciliar del Colegio (112).- Jura de Bandera de ocho Escolapios (82).- Juventud Católica (A.C.) (33, 38, 97).-

Libro de Cónicas de la Comunidad: qué es lo que recoge (138-139).-

Mártires de la Comunidad (39, 45, 95, 170).- Mesa Redonda sobre Política Municipal de Juventud (203).- Miércoles de Ceniza (140).- Misa diaria del alumnado (97).-Misión General de Barbastro'84 (183).- Montaje de diapositivas del colegio (178).-Murales sobre Exalumnos célebres (225).- Mutua Escolar y SADEL (35).-

Nieve el día de Reyes'77 en Barbastro (149).- Nuevas Constituciones en la E.P. (144).-

Obras de mejora en el edificio actual (28, 60, 61, 62, 106, 111, 116-117, 140, 147; en la pista polideportiva de Los Campos: 158; 165, 171, 206; calefacción, Salón de Actos y Teléfono: (176, 187).- El MEC nos aprueba el Proyecto de obras (230).- Olimpiada Escolar Barbastro'81 (168).- Olimpiada Matemáticas.- Operación pañuelo (177).- Oratorio (140)

Patrocinio de Calasanz (63, 71, 78, 82, 92, 98, 103, 105, 124, 127, 176); diálogo de dos niños con Calasanz: 194).- Pensiones en 1967-68 (114-115).- Peregrinación Anual al Pueyo (153).- Pista de Ultraligeros en nuestros Campos (228).- Pórtico de los 315 años del colegio y los 250 de la E.P. de Aragón (227).- **Postulantado, Noviciado, Juniorato (332-335**; 62, 65).- Premio literarios (171).- Primeras Comuniones en el colegio y las parroquias ( 37, 73, 79, 100, 107, 113, 120).- Programa de Radio hecho por alumnos (209).- Proyecto de unión: Escolapios, San Vicente y Seminario.- Proyecto de Colegio Nuevo ( 184-186).- Pruebas Psicopedagógicas (116)

Reconocimiento Oficial del Colegio (119-Grado elemental).- **Rectores de la Comunidad (319).**- Repoblación de 1000 pinos por EGB (195).- "Revista de las Tres R.R.R." (67-69).- Reunión de Rectores en Zaragoza (142).-Reunión de Directores y APAs con la UNED (194).- Río Vero desbordado (110-111).- Rondalla (94, 100)

San Pompilio Mª Pirrotti, escolapio italiano: celebraciones en su canonización (36).- Scouts en el colegio (126, 156, 160, 167, 169 200).- Semana Blanca (208, 212).- Semana Cultural (209, 214,

219, 233).- Semana de Animación a la lectura (211).- Semana de la Naturaleza (201).- Semana de Puertas abiertas (187).- Semana de la Primavera/la paz y Semana Verde (191).- Semana por la Unidad de los cristianos (208).- Semana Vocacional (168, 172).- Separación del cargo: Rector/Director colegio (175).- Septenario de la Virgen de los Dolores (167, 173; su Salve: 220).- Siglo XVIII en España (10).- Simposio Escolapio en Gandía (205).- Solicitamos al MEC cuatro aulas subvencionadas más (219).-

Teatro colegial (Veladas) (17-18, 29, 81; recuperación: 192).-Tests a 1º, 5º, 8º (210).- Tricentenario de la Primera fundación escolapia en España: Barbastro (151); Tuna colegial (221).-

Visita de las Reliquias de Calasanz a Barbastro (lengua y corazón) (51-55).- Visita de las Reliquias de S. Ignacio de Loyola (73).- Visita la comunidad a los hermanos de Mataró (178).- Visita del P. General que nos urge hacer el colegio nuevo (182, 197).- Visita del Papa a Zaragoza'oct.84 (189).- Visita de la Comunidad y limosna a las MM. Capuchinas (194).-

# PRÓLOGO

En el último repaso al borrador, he optado por una composición cronológica subrayando lo más llamativo según mi parecer, a base de 'negritas', pensando en los lectores más jóvenes y en los Exalumnos que quieran comenzar por su estancia en el Colegio.

Tres son los objetivos de estas páginas: 1°) que los Exalumnos se sientan orgullosos de "su" colegio al ver las dificultades que ha tenido que superar a lo largo de su historia; y sean buena "semilla" que den fruto abundante allá donde el Sembrador la deje caer, porque no es concebible ser "exalumno escolapio de Barbastro" y no ser solidario, comprometido y creyente práctico. 2°) Que los actuales alumnos crezcan en cariño a "su" colegio al conocer su rica historia. Y 3°) Que unos y otros, antiguos y actuales alumnos conozcan la vida de la comunidad de escolapios, que, posiblemente, durante su estancia en el Colegio no pudieron apreciar; por eso he añadido detalles de la vida de los Religiosos que van más allá de la marcha colegial.

He pretendido dividir la Historia del Colegio Escolapio de Barbastro en dos periodos: para el primero, de la fundación hasta el curso 1993-1994, me he apoyado en los Libros de Crónica de la Comunidad Religiosa, advirtiendo que en ellos y en los Libros de Secretaría se dan lagunas sensibles. Para el segundo, del curso 1994-1995 al 2013-2014, he usado los "Anuarios-Memorias" de la Revista *"Las Tres R.R.R."*.

He añadido un tercer periodo (con temas concretos que pueden interesar) y **dos Índices**: el primero cronológico y el segundo de "algunos temas monográficos" como apartados independientes: **exalumnos**, para los que fue fundado y pervive; **personal** que ha hecho posible la obra (Rectores, Directores, docentes, administrativos y no docente); **el templo** donde, junto con las aulas, se fraguó y se sigue fraguando el sueño de Calasanz: PIEDAD Y LETRAS; **el Internado**, que atendió a muchachos de la comarca y más lejanos; **las Cofradías** que han vivido y viven al amparo del colegio; **otros servicios** que ha prestado la comunidad a la Orden: Postulantado, Noviciado y Juniorato; el caso del **Hermanito J. Ranzón**, etc. etc.

Termino este prólogo expresando las gracias a los numerosos Cronistas y a los que han dado vida a la Revista, porque sin todos ellos estos **Apuntes sobre el Primer Colegio Escolapio Español** no habrían sido posibles; y a mi hermano, el P. Pedro Sanz, por su paciencia en leerse todo el manuscrito inicial y aportarme numerosas sugerencias.

Pido disculpas por las lagunas existentes y las posibles erratas en nombres o fechas…

Lo que más me duele es el no poder incluir el nombre de la totalidad de alumnos/as que han pasado por sus aulas, aunque me consta que han quedado impresos en el corazón de los Escolapios y Profesores seglares que trataron con ellos…

P. Manuel Rodríguez Espejo, escolapio
Santuario de San José de Calasanz
Peralta de la Sal (Huesca)
Octubre 2015

# CAPÍTULO I

## FUNDACIÓN DEL COLEGIO BARBASTRENSE: ss. XVII-XIX

### José de Calasanz y la Orden Escolapia

José de Calasanz (1557-1648), fundador de los Escolapios, era bien conocido en Barbastro por dos razones: por haber nacido en Peralta de la Sal y por haber trabajado, una vez sacerdote, con el Obispo de Barbastro, Fray Felipe de Urríes y Urríes, como "Familiar y Maestro de niños-pajes de su palacio" (de 1584 hasta mediados de 1585 en que murió el Obispo).

En 1597 inició, en la parroquia Santa Dorotea de Roma, la Primera Escuela Popular de Europa, abierta a todos y gratis. En 1617 fundó la Congregación de los Clérigos Regulares Pobres de la Madre de Dios (PP. Escolapios), que en 1621 fue elevada al grado de Orden Religiosa. Un año después fueron aprobadas sus Constituciones y obtiene el privilegio de las Órdenes Mendicantes. El año 1632 es declarado P. General para toda su vida. Tras un tiempo de graves dificultades y problemas, en 1646 es reducida la Orden a Congregación sin votos. El 25 de agosto de 1648 fallece Calasanz en Roma. Su obra se había extendido por Italia y Centroeuropa. En 1656 es restablecida como Congregación con votos simples y, en 1669, Clemente IX le restituye el grado de Orden.

### Primeros intentos de abrir en España

Según nos consta, el mismo Calasanz quiso que sus escuelas vinieran a España. El segundo marqués de Ariza le pidió, el 13 de marzo de 1614,

1

una fundación en su pueblo. El 23 de mayo contesta el Santo que "desea corresponder con cuanto afecto puedo y en breve"… "confiamos, pues, en Dios para que encamine las cosas de tal manera que pronto en su tierra se vea fundada esta santa obra".

Viviendo todavía Calasanz se intentó abrir colegio en Esparraguera. El encargado fue el aventurero escolapio P. Melchor Alacchi. A esta fundación se opuso el Monasterio de Monserrat. Lo intentó luego el P. Melchor en Guisona, donde inició la edificación de un colegio, pero con poca fortuna, puesto que en 1641 (recordemos que Calasanz falleció en 1648) tuvo que abandonar las obras, por la guerra de secesión de Cataluña. Ni corto ni perezoso echó las llaves al edificio y se las llevó a Roma, donde se las entregó a Calasanz. Una de ellas se conserva en Peralta de la Sal.

Queda testimonio de que Calasanz, cercano ya a su muerte, intentó hacer realidad su sueño por medio de D. Miguel Jiménez Barbert, canónigo que fue de Lérida. Se conserva también una carta de 1651, en la que consta que hubo dos peticiones –una, del Consejo General de Aragón (puede ampliarse en *"Las Escuelas Pías de Aragón: 1767-1901"*, del P. Dionisio Cueva, págs. 28-30) y otra, del de Valencia. Ninguna de las dos, ni las de Madrid, Gerona, Tarragona, Barcelona y Sevilla pudieron ser atendidas, por las malas circunstancias que atravesaba la Escuela Pía.

## Primeros pasos en Barbastro

Los primeros pasos con fruto se dieron en BARBASTRO, ciudad con algo más de 4000 habitantes: En <u>1676</u> llegan a Roma distintas cartas pidiendo la Beatificación de Calasanz, una de ellas la mandan desde Barbastro los Jurados de la ciudad con su Prior al frente, D. Juan Bardaxí, pariente de los Calasanz. Un año después le sucede D. Bartolomé Luis Pilares de Argensola, esposo de Catalina Calasanz y Bardaxí, de la familia del Fundador, quienes promovieron que el Ayuntamiento de la ciudad se dirigiera a las Escuelas Pías, con sede matriz en Roma, solicitando la apertura de un Colegio en Barbastro.

No fue ésta la única solicitud, sino que el obispo de Barbastro, D. Íñigo Royo, y su Cabildo dirigieron, por separado, sendas peticiones al Papa Inocencio XI. Coincidía que el obispo conocía a los escolapios y su tipo de educación de Cerdeña, de donde serán los primeros que vengan al nuevo colegio.

El sexto P. General, Carlos Juan Pirroni, concedió la autorización al P. Provincial de Cerdeña, Luis Cavada de San Andrés, a mediados de mayo de **1677**. El 22 de julio se presentaron en Barbastro el P. Provincial y el P. Gabino Cossa de Todos los Santos (los escolapios usamos en los momentos "oficiales" un nombre de santos detrás del propio, como hacen otros religiosos).

## Firma de las primeras Capitulaciones con el Ayuntamiento de Barbastro

El 10 de agosto se firmaron las primeras Capitulaciones con el Ayuntamiento. Transcribo algunos párrafos: "se comprometía la ciudad a ceder a los Escolapios las casas denominadas del 'Estudio Mayor' con el menaje preciso para las cátedras (escuelas, aulas), los elementos de la sacristía y ajuar para ocho religiosos que la población juzgaba indispensable. Y para su subsistencia 236 libras jaquesas anuales, un quintal de aceite, diez cahíces de trigo (el cahíz equivale a ocho fanegas de Aragón) y diez nietres de vino (el nietro era 16 cántaros)"

Los Escolapios se comprometían a: dedicar a las Escuelas (aulas), por lo menos, el número de maestros necesario para las clases de Deletrear, Leer, Escribir, Contar y Gramática, hasta la Rethorica inclusive; a "decir y enseñar" la Doctrina Cristiana a las gentes de la ciudad por las calles y plazas, los domingos y tiempos acostumbrados; a acompañar en filas, mañana y tarde, a los alumnos desde el colegio a sus casas. Se comprometían también a no mendigar de puerta en puerta con alforjas en la presente ciudad y su comarca (este fue un problema también en otras fundaciones, porque eran muchos los Religiosos que vivían de la limosna y el llegar unos nuevos podía quitarles su sustento); a 'exconjurar' los nubarrones; y a exhibir "cuanto antes" el permiso del P. General. Se arregló una Capilla, dedicada al Salvador y a Santa María

Magdalena. Se reconoció el patronazgo de la ciudad sobre el Colegio; por eso "deberán figurar siempre, en el que ahora se funda y el que en el futuro se fundare, las armas de la ciudad"

## ¿Cuándo y dónde se abrió el Colegio como "Escuela Pública"?

¿Cuándo?: en el mes de **octubre de 1677.** ¿Dónde?: no conocemos con certeza la situación. Sabemos, sí, que estuvo en el llamado "Estudio General", en lo más alto de la ciudad, al norte de la catedral, en la calle de la Peña, junto a lo que hoy se llama "La Peñeta", perteneciente al Barrio del Entremuro.

En enero de 1678, el P. Gabino comenzó a enseñar Gramática (latín) y doctrina cristiana. Y para Pascua de Resurrección mantuvo una famosa "Academia pública" sobre el Misterio de la muerte y Resurrección de Jesús, a la que asistieron la Ciudad, el Cabildo catedralicio y mucha gente, que quedó admirada. Las Academias y los Exámenes públicos fueron un instrumento usado en toda la Escuela Pía, que resultó la mejor publicidad soñada.

En la primavera llegaron a Barbastro el español, P. Andrés Martínez, de la Rioja, que moriría dos años después, y el Hº Lucífero Garau. La ciudad costeó el viaje de los Padres sardos que se unieron a los dos que ya estaban aquí desde el 22 de julio anterior. En septiembre de **1678** ya se atendían todas las aulas que figuraban en las Capitulaciones. Eran nueve los religiosos, cinco sardos y cuatro napolitanos.

## Primeros problemas externos e internos

Los problemas externos provinieron de varias de las seis Órdenes religiosas que estaban ya establecidas en Barbastro: mercedarios, franciscanos, trinitarios, capuchinos, monjas clarisas y monjas capuchinas. Al principio dieron todos el visto bueno. El Obispo autorizó el establecimiento de los escolapios, pero poco tiempo después se manifestaron en contra franciscanos y mercedarios, presentaron varios pleitos hasta en la Congregación romana de Obispos y Regulares y obtuvieron decreto de Carlos II mandando se impidiese la fundación, si había comenzado sin permiso regio. El P. Luis Cavada se ganó en Madrid a la marquesa de Aytona y se logró cambiar el decreto real.

Pero al volver el P. Cavada a Barbastro se encontró con el enfrentamiento entre los escolapios sardos y los napolitanos, que ya había trascendido al exterior y, decepcionado, se marchó definitivamente a Cerdeña por agosto de **1680**, quedando al frente del colegio y la comunidad el P. Domingo Prado, napolitano. La lucha entre los Padres Escolapios sardos y napolitanos, la oposición de algunos enemigos externos (dos Órdenes Religiosas existentes) y el no haber fijado bien las bases de la fundación fueron causa de que salieran los Religiosos de Barbastro.

En octubre del mismo año, fallecidos el obispo y D. Jerónimo Bielsa, partidarios convencidos del establecimiento de nuestro colegio, se convocó Consejo General de la ciudad, no a petición de los Escolapios sino de los contrarios, y se acordó "expulsar a los Padres de Barbastro, fijando un plazo tras el cual no hubiera sino acuerdo definitivo o rescisión total de los contratos precedentes".

Entre los PP. Napolitanos venidos se hizo célebre el P. Agustín Passante de Santo Tomás de Aquino, por su gran talento, doctrina y habilidad para el magisterio. Fue muy estimado de los Duques de Escalona y Medinaceli; Comisario General de nuestra Orden en España, Procurador General en Roma; predicador extraordinario del Emperador José y Obispo en Nápoles. En los tres años que había funcionado el Colegio se llegó a 300 alumnos, mientras que el Maestro que asalariaba la ciudad antes de venir los escolapios no tenía más de treinta. No se obtuvo en Madrid la revocación de firma y dos síndicos del común se presentaron obligándoles a marchar y dándoles para el viaje 200 escudos. Por marzo de **1681** se disolvió la Comunidad. El P. Jericó, primer historiador de la Escuela Pía, añade que, según la tradición, los echaron a pedradas los enemigos. Se dispersaron los Religiosos: dos marcharon a Benavarre, llamados por el Prior Síndico, pero también allí encontraron muchos obstáculos (Cueva o.c. págs. 38-41); dos a Madrid, otros dos a Zaragoza y uno que era de Peralta (la de Navarra) regresó a su pueblo, para atender a su madre anciana.

Existe en la Historia escolapia un 'litigio familiar': si Barbastro es el primer colegio escolapio de España todavía hoy, pese a la interrupción que tuvo. El P. Dionisio Cueva (o.c., págs 37-38) argumenta que sí es Barbastro.

## SE REABRE EL COLEGIO

Los PP. Joaquín Lecea y Dionisio Cueva (o.c. págs 50-51) hablan de **tres** intentos de fundación, entendiendo que el 2°, fallido, fue el que corrió a cargo de D. Manuel Pilares y Calasanz, en **1704.**

La población y los componentes del Ayuntamiento pronto echaron de menos la labor de los Escolapios. Ocurrió que D. Jaime Antonio de Pueyo había fallecido en 1699 habiendo testado que con su fortuna se estableciese una Residencia de los Jesuitas en el término de cuatro años. Si no se alcanzaba este objetivo, el Obispo, el canónigo Deán de la catedral y el Prior de los Jurados eran los encargados de emplear la fortuna en otra fundación piadosa; y ellos decidieron restablecer el Colegio Escolapio, para lo cual el Prior, D. Victoriano Esmir y Egea, y D. Manuel Pilares y Calasanz escribieron al P. General.

A las casas y dinero que D. Jaime dejaba en su testamento, el Ayuntamiento añadía 120 libras de la ciudad para pagar a los religiosos que cogieran las clases; y el Obispo, D. Carlos Alamán Ferrer (1718-1739), les ofrecía la iglesia de San Bartolomé.

El P. Cueva dice que D. Manuel Pilares y Calasanz tuvo mucha parte en este negocio y unió a la carta protocolaria del Prior de los Jurados, D. Victoriano Comín, otra suya llena de cordialidad el 29 de febrero de 1704. D. Manuel era hijo de D. Bartolomé Pilares de Argensola y poseía la Carta de Hermandad de la Orden Escolapia (documento que, desde Calasanz, hacía partícipe a quien se le concedía de los sufragios de la Escuela Pía por sus difuntos). Confiesa en su carta que se ha entrevistado durante la tramitación por este negocio con los Padres de Peralta… y le dice al P. Jorge Pes que no tarde en venir, porque el Sr Obispo quiere verle en su palacio "muy en breve"…

La fundación no se efectuó porque se necesitaba tiempo para vencer las dificultades y conseguir las licencias necesarias... En Barbastro dieron después otra razón: *"entró en estos Reynos la miserable calamidad de la guerra, que por tantos años afligió estos Reynos"*

Estando en estas conversaciones estalló, en efecto, la Guerra de Sucesión, que supuso un retraso, pero no la renuncia a reabrir la Escuela Escolapia.

## La Guerra de Sucesión Española

"Fue un conflicto internacional que duró desde 1701 hasta la firma del tratado de Utrecht en 1713, que tuvo como causa fundamental la muerte sin descendencia de Carlos II de España, último representante de la Casa de Habsburgo, y que dejó como principal consecuencia la instauración de la Casa de Borbón en el trono español. En el interior la Guerra de Sucesión evolucionó hasta convertirse en una guerra civil entre borbónicos, cuyo principal apoyo lo encontraron en la Corona de Castilla, y austracistas, mayoritarios en la Corona de Aragón, cuyos últimos rescoldos no se extinguieron hasta 1714 con la capitulación de Barcelona y 1715 con la capitulación de Mallorca ante las fuerzas del rey Felipe V de España.

Para la Monarquía Hispánica las principales consecuencias de la guerra fueron la pérdida de sus posesiones europeas y la desaparición de la Corona de Aragón, lo que puso fin al modelo «federal» de monarquía o «monarquía compuesta», de los Habsburgo españoles." (Albareda Salvadó, Joaquim, 2010)

Así llegamos a **1719,** año en que falleció D. Manuel Pilares y Calasanz, que dejó sus posesiones para reabrir el Colegio. Su esposa, Dª María Franco y Portolés, hizo donación "inter vivos" con escritura, en noviembre de **1720.** Y ocurrió además –providencialmente- que en esos días el Maestro de Gramática que la ciudad pagaba, harto de no cobrar lo que el Ayuntamiento debía, les entregó las llaves de la escuela diciéndoles: "la burrica sin cebada no puede trabajar".

## La firma de las nuevas Capitulaciones

Consta que el Ayuntamiento envió a los Sres. Regidores Corzano y Bielsa, para que propusieran al escolapio P. Antonio Ginés que regresaran a Barbastro dos religiosos, que el Ayuntamiento pagaría. El Padre propuso un retorno en regla, que la Corporación aceptó.

Obtenido el permiso regio el 30 de agosto de **1720** y con el apoyo del Obispo, D. Carlos Alamán y Ferrer, se firmaron nuevas Capitulaciones. En ellas, la Orden se comprometía a traer cuatro religiosos que enseñaran: primeras letras, gramática y retórica; y otros cuantos más, para que los profesores sólo atendieran a la enseñanza. El Ayuntamiento pagaría 160 libras jaquesas anuales, para la alimentación. Pero si se aplicaran a los Escolapios los bienes de D. Jaime Pueyo, éstos agregarían un profesor de Filosofía.

De nuevo, mercedarios y franciscanos presentaron pleito, pero esta vez fue ante el tribunal del Obispo, que desestimó sus recursos. También retrasó el reinicio una reclamación de la herencia de D. Manuel Pilares y Calasanz por parte de su sobrino, D. José Esmir y Calasanz (cf Cueva o.c. pág. 59); y los "palitos en las ruedas", que puso el Cabildo, obligando a "pagar diezmos y primicias de nuestras posesiones y no poder admitir entierros ni fundaciones de Misas en nuestro templo". Para la aprobación de la Real Audiencia de Aragón se encargó al P. Ignacio Cistué, quien usó con diplomacia la influencia de su familia. La Escritura con el Ayuntamiento quedó firmada el 24 de abril de 1721. Hubo que negar la pretensión de éste acerca de poder él quitar y poner los maestros a su gusto.

## Reapertura del Colegio en nuevo edificio

Se abrieron las clases el **19 de octubre de 1721**. La bendición del colegio, ahora en la casa de la fundadora, el mismo espacio que ocupa en la actualidad, tuvo lugar **el 2 de diciembre de 1721,** con numerosa asistencia de "Señores y Caballeros apasionados por la Orden Escolapia".

Los religiosos fueron ocho: El P. Juan García en el aula de Mínimos y Medianos; en la de Mayores el P. Agustín Paúl; el aula de Escribir la tuvo el P. Pascual Guilleulma; la de Primeras Letras, el P. Lorenzo Barutel, además estaban en la Comunidad el P. Viceprovincial de los Escolapios de España, Antonio Ginés, el P. Rector, Juan Crisóstomo Plana, y dos Hermanos Operarios: Clemente Sanna y Juan Calomarde. De Secretario de la Comunidad hizo el P. Guilleulma "célebre escribano".

El colegio comenzó con una capilla en la casa, y dos años después **se construyó la iglesia,** de la que hablaremos detenidamente en otro capítulo.

No hemos dicho que el matrimonio Manuel Pilares y Calasanz-Manuela Franco y Portolés al verse sin hijos donaron todos sus bienes al colegio. Ella sólo se reservó 50 libras para limosnas y emergencias, vivió en el colegio y fue "la abuela de los alumnos y madre de sus maestros". Murió el 14 de diciembre de **1728** "rodeada de todos los religiosos y asistida por el Rector". Fue enterrada en la iglesia del colegio "con gran solemnidad y concurso de la Ciudad".

En **1735** mandó el P. Juan Crisóstomo Plana (ya Provincial de los escolapios españoles) celebrar anualmente y a perpetuidad dos aniversarios, los días 2 y 14 de diciembre, "en los que murieron los Fundadores de este Colegio, D. Manuel Pilares y Calasanz y Dª Manuela Franco y Portolés, con la asistencia de los alumnos"

El P. Joaquín Lecea, en su obra *Las Escuelas Pías de Aragón en el siglo XVIII,* afirma que "la compenetración de la población con el colegio se fue notando a través de las 'fiestas' diseminadas en el correr de los años, en las cuales se volcaba todo el pueblo, como si fuera cosa propia". Y cita tres: la inauguración de la primera iglesia (1723); el triduo solemne para celebrar la beatificación de José de Calasanz (1748, primer centenario de su muerte); y la bendición de la nueva iglesia (1779-1798) "a la que contribuyeron generosamente".

## SIGLO XVIII

El s. XVIII, que fue un gran siglo para otras naciones, no lo fue para España. Nuestros historiadores con frecuencia lo han considerado como de escasa capacidad creadora, pero, eso sí, con una gran curiosidad científica. Muchos alabaron la Ilustración por las ganas de saber de sus dirigentes. Hubo un número reducido de personajes inquietos, que ocuparon cargos de relieve en el mundo político o tuvieron influencia en los ambientes elevados y en los reyes españoles que pretendieron la transformación de nuestro país. Sin embargo, hemos de recordar también a esa multitud de plebeyos instruidos y de hidalgos sin título que, como siempre, fueron los que más apoyaron los esfuerzos de Carlos III para reanimar el país.

### En el campo de la educación

Podemos afirmar que se producen dos grandes trasformaciones: tendencia utilitaria en la ciencia; y secularizadora en la enseñanza, que se fue acentuando a partir de la expulsión de los jesuitas (en 1767) y el posterior intento, no logrado del todo, de expulsión de los escolapios. Los frutos de ambas tendencias los estamos viviendo hoy día en abundancia.

El P. Joaquín Lecea (o.c. págs 192-196) comienza así la reseña de este **siglo XVIII** con referencia al colegio de Barbastro: "Con pocos datos contamos para hacernos una idea del desarrollo del colegio en la primera parte del siglo, dada la pérdida lamentable de los Libros de Secretaría y Crónicas" durante la última guerra. Sin embargo, hemos podido espigar suficientes indicios para la segunda parte del siglo… podemos aventurar las afirmaciones del P. Rabaza (*Historia de las Escuelas Pías de España,* vol I, págs 66-67): "… *grande era el desarrollo del colegio barbastrense, colocado a una altura nada usada en aquella época, y elevado a un rango de cultura y pedagógico progreso, que le han merecido siempre, en su larga y brillante historia, el concepto de uno de los mejores de Aragón".*

**Primera Comunidad de esta segunda etapa** (tercer intento): P. Antonio Ginés de San Medardo, P. Juan Crisóstomo de San Jaime, P.

Pascual de Jesús y María, P. Agustín de San Juan Bautista, P. Lorenzo de la Virgen del Pilar, y P. Juan de la Concepción, más los Hermanos Clemente de Santa María y Juan de San Francisco de Paula.

Ya hemos visto cómo el número de niños asciende enseguida a 300. Después la afluencia fue más densa, obligando a efectuar nuevas ampliaciones y mejoras de las clases. El número osciló alrededor de los 400. Las **aulas** (también llamadas "escuelas") fueron cuatro: dos de Primeras letras, de leer una y de escribir y contar la otra. Otras dos de latinidad, divididas en Rudimentos-Gramática y Sintaxis-Retórica (idem, pág 192)

Sabemos también que se dio clase de **Filosofía**, materia incluida en las cláusulas de la fundación de modo condicional: en 1766 defienden públicamente sus tesis filosóficas dos alumnos: Lorenzo de Manzano y Esteban Ribera. En 1790 se celebra otro certamen bajo la protección de D. Pedro Mª Ric y Monserrat ( III barón de Valdeolivos (Fonz, Huesca, 24 de septiembre de 1776 — 29 de marzo de 1831, fue un magistrado y político aragonés). Y nueve años después nos consta que asisten a las clases de Filosofía cuatro Clérigos de la Escuela Pía y trece alumnos externos. Hay también un documento en el Archivo Provincial que dice: "Son muchos los hijos de la ciudad y lugares del contorno que por la falta de medios y caudales no pueden estudiar Filosofía en las Universidades; logran este beneficio sin salir de sus casas… (Cuando hay número suficiente de alumnos) acuden al Ayuntamiento y éste pide un lector de filosofía de la Orden" (idem, p. 193)

También tenemos datos de la existencia de **Internos** en este siglo: las primeras noticias aparecen en **1759**. Su número osciló alrededor de 30. El año **1793** fueron 32. En **1798** nos consta que eran sólo 15 y su Director el maestro de Humanidades. 1803 tuvo 18 internos. Procedían del Somontano, de las orillas del Cinca, de los Campos de Selgua, de la Montaña y hasta de Cataluña y Navarra.

Merece la pena que copiemos unas palabras muy laudatorias de Saturnino López Novoa: *"no sólo envían los vecinos de Barbastro sus hijos a recibir educación civil y religiosa, que (en los Escolapios) se enseña, sino que acuden de todos los pueblos inmediatos y hasta de algunos bastante distantes de*

*Aragón y Cataluña. Y tanta es la asiduidad en el trabajo y grande el esmero con que tales maestros procuran el adelanto de los discípulos, que no puede dudarse que la superioridad que Barbastro ejerce sobre otras muchas poblaciones del antiguo Reino de Aragón, así en la agricultura como en la industria y comercio, es debida al continuo desvelo de aquéllos, tanto más recomendable, cuanto que no cuentan con las ventajas que les da una mediana subsistencia, debida a la asignación anual con que contribuye la ciudad, y a las rentas de las fincas que les dejó el fundador"* (citado por Joaquín Lecea, págs 194-195)

## SIGLO XIX

En el XIX fue creciendo la oposición a las Órdenes Religiosas, manifestada en las desamortizaciones y expulsiones, pero los barbastrenses se opusieron a que hubiera represión sobre los Escolapios.

El año **1808** Barbastro cae en manos de los franceses, pero "parece ser que no influye en el colegio". En **1820,** tras el golpe de Riego, se implanta de nuevo la Constitución de 1812. Los 'diezmos y primicias' se suprimen en **1823.** Esto repercutirá en el Colegio, basado en gran parte, según las Capitulaciones con el Ayuntamiento, en los diezmos. Lo cual obliga a cobrar cierta cantidad a los niños que asisten a nuestras clases. Sin embargo, el decreto de supresión de las Órdenes Monacales (1820) y las Leyes de Desamortización apenas tuvieron incidencia.

En **1837** de nuevo se habla en las Cortes de la supresión de las Escuelas Pías. El escolapio P. Lorenzo Ramo, Obispo de Huesca, y el Antiguo Alumno de Barbastro, Pascual Madoz intervinieron activamente en el debate de las Cortes contra el Decreto de supresión. Cosa curiosa y contradictoria: les responde el Sr. García Blanco abogando persistentemente por la supresión. El P. Rabaza, escolapio, no duda en calificarlo de "clérigo anticlerical" (Martín Sobrino, o.c. p. 65)

El Colegio de Barbastro pudo respirar desahogadamente cuando el 1 de marzo de 1845, una nueva ley le devolvía la libertad, al quedar sin vigor el Decreto de **1834** y la ley de **1837.**

En el documento nº 387 de nuestro archivo se lee: el año **1845** el P. Cosme Vallés "Superior del Colegio de las Escuelas Pías S. José Calasanz de la ciudad y diócesis de Barbastro" pide indulgencias para el altar de la Virgen, bajo el título de V. de las Escuelas Pías. Fue Rector de Barbastro de 1829 a 1845; de 1865 a 1869 y Provincial de 1845 a 1854.

Con la ley Moyano de **1857** el colegio tuvo que reestructurar sus aulas entre la Primera y la Segunda Enseñanza.

En el Sexenio **1868-1874** afloraron muchas de las tensiones acumuladas por las injerencias de la Iglesia en la esfera civil hasta provocarse el enfrentamiento entre el Estado y la Iglesia. Cuando en los primeros momentos se conoció en Barbastro el Decreto del Ministerio de Gracia y Justicia (18 octubre **1868**), que comportaba el cierre del colegio escolapio, la Junta de Gobierno estudió el tema y concluyó afirmando que era necesario mantenerlo abierto "por ser tan útil para la enseñanza". Se nombró una Comisión para resolver el problema de la sustitución de los PP. Escolapios, pero a finales de año, el Gobernador Civil comunicó a la Junta que "todas las Escuelas Pías podían continuar con su actividad con el carácter de establecimientos de instrucción pública". El Ayuntamiento confirmó que seguiría ayudándole.

La Constitución de **1869** reconoció el matrimonio civil, la libertad de cultos, la proclamación de la libertad de enseñanza y su reorganización laicista.

Y en **1870** el Concejo se pronunció de nuevo a favor de la continuación, defendiendo que era de gran utilidad para la ciudad; y enumeraba los problemas y gastos que acarrearía para la Administración su sustitución.

El P. Rector, que en **1870** era el P. Francisco Baroja, manifestó su agradecimiento por escrito a la Corporación Municipal, la Junta y la población de Barbastro (cf *Barbastro 1833-1984*, Edit. Juan Carlos Ferré, Ayunt. Barbastro, 2003, pp. 76-78).

En **1872** los escolapios que formaban la **Comunidad** eran estos 13: PP. Francisco Baroja (Rector), Cosme Vallés (exprovincial), Melchor,

Jerónimo, Vicente, Francisco, Manuel; Diác Sebastián; Clº Mariano; Hos Juan, Leo, Cosme y Mariano.

El año **1887** la **Comunidad** estaba formada por 16 religiosos: los PP. Eduardo Tornabells (Rector), Francisco Puig (vicerrector), Blas Gómez, Miguel Espada, Francisco Romero, Manuel Laborda, José Godos, Francisco Castillo, Desiderio Aznar, Ludovico Nicasio Domínguez; Clº Victorio Marzo; HH. Carlos Gascón, Joaquín Pociello, Manuel Agustín, Andrés Aguilar y Ezequiel Sagarruy

# CAPÍTULO II

## SIGLO XX HASTA 1926

Aunque falta material de 1900-1919, hemos conseguido los datos siguientes: en el Libro de Misas de **1900** se habla de la Cofradía de la Agonía. Se dice que la **comunidad** estaba formada por los PP. Antonio Ridruejo (Rector), Casimiro de la V. de Estella, Blas de S. Francisco Javier, Manuel Laborda, Florentín Martín Chueca, Manuel Coll, Rafael de la Asunción, Juan de los Sagrados Corazones, José de San Luis, Mariano del Corazón de Jesús y Pedro de la Sagrada Famillia; los Clérigos: Luis de San José, Pedro de la V. del Pilar; y los Hermanos: Joaquín de la Concepción, Manuel de S. Vicente Ferrer, Antonio de la Asunción, Julián de la V. del Pilar y Ezequiel de S. J. de Calasanz.

La **comunidad** en **1906** constaba de 10 Padres, 2 Diáconos, 1 Clérigo y 6 Hermanos; he aquí los nombres que aparecen en las actas Capitulares: Joaquín Campos (Vicerrector) Manuel Laborda, Enrique Labrador, Silvestre de Sto Tomás, Florentín Martín, Manuel de Jesús, Juan de los Sagrados Corazones, José de Jesús Crucificado, Pedro de la Sagrada Familia, Mariano del Sº Corazón de Jesús, Saturnino de la V. Dolorosa, Felipe de Santa Teresa (estos son los que firman las Actas del Capítulo Local. No se dice si alguno es Clérigo de votos solemnes; y tampoco aparecen los Hermanos). Se certifica que la Biblioteca tenía 5.000 volúmenes, con dos índices; y que hay 15 religiosos, 20 Internos y 8 sirvientes.

En las Actas del Capítulo de **1912** consta que la Casa se titula "de San Lorenzo", que el P. José de la Concepción cesó de Rector y que el P. Juan Alijarde de los SS. Corazones quedó de Vicerrector. Los que firman las actas son: los PP. Juan Alijarde (Vicerrector), Manuel Laborda,

Florentín Martín, Juan Manuel Lerchundi, Pedro de S. Francisco, Mariano del Sº Corazón de Jesús, Saturnino Lacuey, Eustaquio de S. José Esposo, Jacinto de la V. del Pilar.

En **1919** aparecen 17 Religiosos: PP. Manuel Coll (Vicerrector in capite), Manuel Laborda, Félix Álvarez, Eugenio Salarrullana, Florentino Martín, Mariano Tabuenca, Felipe Pinedo de Santa Teresa, Antonio Bartolomé de la Sagrada Familia, Pascual Ferrer Laporta de la Virgen del Pilar , Eustaquio Araúz Martínez de S. José, José Andolz Lizana de San Miguel, Isidoro Palacios de la V. del Rosario, y los HHº: Santos Ongay Basterra de S. Francisco Javier, Pablo Hidalgo de la Concepción, Matías Blázquez León de S. Antonio Abad, José Zarranz Munárriz del Niño Jesús, y Joaquín Pobés Cabello de S. Isidro. Los **Internos** eran 24.

Conservamos el "Libro de Crónicas de 1920 a 1961", rehecho después de la Guerra Civil. De él voy a recoger lo más importante. Empecemos por **la Comunidad de 1920**: P. Manuel Ramírez de Arellano, Rector y profesor de Dibujo; P. Manuel Laborda, Vicerrector y profesor de Caligrafía; P. Félix Álvarez, profesor de Física; P. Eugenio Salarrullana, profesor de Psicología e Historia de la Literatura; P. Florentín Martín, profesor de Geografía e Historia Universal y de España; P. José Bielsa, Director del Colegio y profesor de Aritmética, Álgebra y Geometría; P. Mariano Tabuenca, profesor de Gramática Castellana, Preceptiva (Retórica y Poética), Geografía y Gimnasia; P. Antonio Bartolomé, profesor de dos cursos de Francés y de Fisiología; P. Pascual Ferrer profesor de dos cursos de Latín, de Aritmética, y Secretario; Fernando Sanz, profesor de Primera Enseñanza, grado 3º; Hº José Andolz, profesor de Primera Enseñanza, grado 2º; e Isidoro Palacios, profesor de Primera Enseñanza, grado 1º.

## Celebración de Santo Tomás de Aquino, Patrono de los estudiantes

El 7 de **marzo de 1920**, fiesta de Santo Tomás de Aquino, Patrón de los Estudiantes, a las 8 de la mañana, Comunión General de todos los alumnos de Segunda Enseñanza que pertenecen a la 'Milicia Angélica', y muchos de la 1ª Enseñanza, además de muchas otras personas". A las 10,30 Misa solemne cantada por los niños, en la que ofició de Preste el

P. Vicerrector, Manuel Laborda, y predicó el P. José Bielsa. Por la tarde a las 20,30 comenzó una <u>velada lírico-dramática</u>, según este programa:

1. Himno a Santo Tomás, del maestro Ugarte.
2. Discurso de Introducción, por el Srto. M. Cancer, Presidente.
3. Revista de tipos en un acto, titulada "Seis retratos, tres pesetas", original de A. Onieva y J. Clavero.- Los personajes fueron: Fotógrafo, Baturro 1º, Baturro 2º, Cesante, Soldado Andaluz, Gallego y Diplomático.
4. Tanhäuser, Fantasía del Maestro Wagner.
5. Drama, en un acto y en verso, titulado "Cadena Salvadora", original del P. L. Aragonés, CM.- Reparto: Santo Tomás (A. Puig), Conde Landulfo (F. Romero), Conde Reinaldo (A. Albano), Agenor, mayordomo (L. Frago).
6. Brisas españolas, del maestro J. Hernández.
7. Juguete Cómico, en un acto y prosa, titulado "El alma en pena", original de F. Rosales.- Reparto: D. Abundio (F. Ramis), Pepe (M. Sánchez), Trompetilla (L. Ferrer), Enrique (J. Mora).
8. Serenata Rondeña, del Maestro E. Guiteras.
9. Discurso Final, por el Srto. J. Navara.

Concluye la reseña así: "Todos los números fueron admirablemente ejecutados quedando complacidísimos el numeroso y distinguido público, que asistió al acto. En la tarde anterior se había ejecutado el mismo programa para los niños de todas nuestras escuelas (aulas) por vía de ensayo y con asistencia del Ilmo. Sr. Obispo de la Diócesis, a quien no le era posible asistir el día de la fiesta".

Introduzco un paréntesis en la celebración de Santo Tomás: esta **actividad teatral** en el Colegio **es muy anterior a 1920 y posterior**; este año (2014, en el que escribo) también ha habido una preciosa representación de nuestros alumnos en el Palacio de Congresos de Barbastro: *La guerra de nunca acabar*, de Alfredo Gómez Cerdá, Premio Nacional de Literatura Infantil y Juvenil; fue ensayada por las Profesoras Ana Díaz y Esther Ortega, martes y jueves, de 16,00 a 17,00.

**Valor educativo del teatro en el colegio:** Son numerosas las reseñas que encontramos en los Libros de Crónicas. Leemos, p.ej. en la pág.

36: "Durante el Rectorado del P. Manuel Ramírez de Arellano se han celebrado muchas y muy brillantes funciones de teatro. Cierto que el teatro contemporáneo está manchado de inmoralidad y no cumple uno de sus fines principales: aquél por el cual la escena debe ser escuela, medio educativo principalmente popular, para inculcar en la masa los sanos principios de la belleza y de la moral. Pero el teatro de este colegio llena este fin; es lo que debe ser, un verdadero teatro cristiano, para lo cual cuenta con un buen repertorio de obras escogidas de gusto exquisito y de propósito educativo" (págs. 36-38). Y en las 39-41 encontramos la lista de obras representadas en los años 1920-1929 con los nombres de las comedias, dramas, zarzuelas, etc. (27 veladas) y de los actores (42 alumnos).

## Asociaciones de Alumnos y Exalumnos:

Animado con el éxito del día 7 de **marzo de 1920**, el P. Rector propuso a la Comunidad dar continuidad a estos festivales, constituyendo para ello una Asociación de Alumnos y otra de Exalumnos. A este fin se repartió la siguiente Circular el mes de **marzo'20:**

"Los alumnos de este Colegio de Escuelas Pías, miembros de la "Congregación del Cíngulo de Santo Tomás de Aquino" (que el mismo Calasanz fomentó en sus primeros colegios) deseando proporcionar a los asociados ocasión de reunirse para fomentar los fines de la Congregación, han determinado celebrar con mayor frecuencia, en el Salón de Actos del Colegio, Festivales de carácter recreativo y científico por medio de proyecciones, veladas y representaciones dramáticas. Con este fin se ha organizado entre los alumnos mismos una Junta Directiva encargada de realizar con la mayor actividad los medios preliminares que son:

1. Invitar a sus condiscípulos y familiares a cooperar...
2. Hacer extensiva esta invitación a los antiguos alumnos que actualmente residen en Barbastro.
3. Se constituirá una Asociación de alumnos y Exalumnos, con dos clases de asociados: socios activos y socios cooperadores...

los activos contribuirán con su concurso personal y la cuota semestral de cinco pesetas. Los socios cooperadores contribuirán con una cuota semestral de seis pts.

## Las tres primeras Juntas Directivas de Exalumnos:

Habiendo respondido al llamamiento de socios, se convocó a éstos para el 30 de marzo, con el fin de elegir la Junta Directiva, que quedó constituida por D. Luis Alfós como Presidente; D. Tomás Romero, Vicepresidente; D. Mariano Nabal, D. Pedro Frago y D. Fidencio Planas, como Vocales; y D. Jacinto Marro como Secretario.

La Junta repitió otro llamamiento, después del cual los socios fueron: 75 'activos' y 60 'cooperadores', a fecha del 4 **de abril de 1920**. Lo firma el P. Eugenio Salarrullana.

Aprovechando la Pascua de Resurrección, la Asociación representó: "El alma en pena"; "Morirse a tiempo", en un acto, de Domínguez; el drama en dos actos *"Como en la tumba"*, de Onieva; *"Matías Timador"*, juguete cómico en un acto, de Ovejuna. La música estuvo a cargo de un terceto con dos violines, dirigido por el Maestro Baldomero Cabello.

La **segunda Junta de Exalumnos** fue nombrada el 7 de marzo de **1922** y estuvo formada por: D. Pablo Sánchez, Presidente; D. Francisco Artero, Vicepresidente; D. Francisco Pascau, D. Miguel Serrato y D. Pedro Martí, como Vocales; y de Secretario, D. Pedro Claver.

Queda constancia de la **tercera Junta**, que tomó posesión el 25 de **noviembre de 1923**: D. Fidencio Sesé, Presidente; D. José Guillat, D. Miguel Sanz y D. José Bardina, Vocales; y como Secretario D. José Mª López.

## Nuevo Convenio con el Ayuntamiento: 27-VIII- 1920

El P. Manuel Ramírez de Arellano, Rector del Colegio, comunica al primer Teniente Alcalde su deseo de firmar un nuevo acuerdo, por tres razones: la deuda de 54.350 pts. contraída por el Ayuntamiento, la poca puntualidad en los pagos, y la escasa retribución del profesorado. En este momento era 2.500 pts., que costeaba el Gobierno por las dos Escuelas Nacionales (cantidad suprimida por haber perdido éstas el carácter de Nacionales) y 3000 pts. por todo el bachillerato, a cargo del Ayuntamiento. A esto había que añadir la carestía de la vida, por la Guerra europea.

Más tarde el P. Rector tuvo una entrevista con dos señores Concejales, que, se decía, eran poco afectos al clero, logrando su benevolencia y recibiendo gratas impresiones. Preparado así el terreno y partiendo del cariño y afecto proverbiales que siente Barbastro hacia la Escuela Pía, así como de la necesidad imperiosa de poseer un Centro de 2ª Enseñanza en esta población, sobre todo en los momentos presentes, en que se está construyendo el Cuartel de Artillería, el P. Rector presentó al Ayuntamiento el siguiente **comunicado**:

"Sr. Presidente de la Excma. Corporación Municipal: el infrascrito, R.P. Rector de las Escuelas Pías de esta Ciudad, comunica la imposibilidad del sucesivo funcionamiento de las Escuelas de 1ª y 2ª enseñanza; de la 1ª por habérseles retirado la subvención que como Oficiales venían percibiendo del Estado, y de la 2ª por la irregularidad, tardanza y eventualidad en el cobro de lo consignado por el Excmo. Ayuntamiento.

A su digna Presidencia suplica: que con sus activas y eficaces providencias procure confieran la resolución definitiva adoptada por Nuestra Superioridad, de suspender en la Ciudad de Barbastro el ejercicio de nuestro magisterio escolapio, haciendo de sus profesores el uso que mejor estime. Si esta Corporación Municipal no adopta un procedimiento metódico, de suerte que satisfaciendo lo adeudado y cubriendo mensualmente los sucesivos alcances, que el Colegio de Escuelas Pías devengare, consienta que los PP. Escolapios puedan decorosamente continuar la misión pedagógica que con aplauso y contento de todas las clases sociales han venido ejerciendo durante dos siglos en este Centro... ( y expone los puntos a transigir):

1º Acordar que los PP. Escolapios continúen ejerciendo su ministerio pedagógico en sus escuelas con carácter municipal.

2° Consignación en los próximos Presupuestos de la cantidad de 8.500 pts. anuales, pagaderas por mensualidades corrientes, como remuneración de un cuadro de Profesores para la 2ª Enseñanza completa y de un profesor de 1ª Enseñanza de una Escuela que podría llamarse Municipal.

3° Declarar que la dicha consignación sea de carácter preferente; esto es, de pago simultáneo con las nóminas del personal.

4° Queda al estudio de esa Excma. Corporación municipal la creación de seis becas gratuitas para jóvenes que por sus privilegiadas dotes intelectuales y faltos de recursos quisieran aspirar al grado Bachiller, en cuyo caso el colegio se comprometería con una **escuela gratuita de 1ª Enseñanza**. Así lo espera ver despachado... el Rector, Manuel Ramírez de Arellano"

El Cronista remata así: "Estas últimas conclusiones fueron presentadas y aprobadas por unanimidad en la magna asamblea, celebrada el **2 de enero de 1921**, en el Salón de Actos del Círculo de la Amistad. Estuvo presente el Sr. Obispo, acompañado de la Junta de Exalumnos. Abrió esta Asamblea el Sr. Alfós, Presidente, que fue muy aplaudido al final de su discurso. Intervino también el abogado D. Mariano Naval. El Secretario, Sr. Marro, leyó las adhesiones de quienes no pudieron asistir. Cerró la Asamblea el Sr. Obispo, que recordó el testimonio del Sr. Madoz: *"que la supremacía que Barbastro tiene sobre otros pueblos de su categoría se debe al continuo desvelo de los PP. Escolapios";* ofreció un modesto óbolo y fue aplaudidísimo...".

Por voluntad de la Asamblea se redactó una **Instancia al Ayuntamiento**, que el Cronista copia literalmente (L.C. págs. 16-18). A las firmas de la Junta de Alumnos y Exalumnos acompañaban 123 firmas.

## El Ayuntamiento contesta

El 23 de **enero de 1921** se tiene una Reunión, en las Casas Consistoriales, a la que asiste el Alcalde, tres Concejales, la Junta de

Garantía para la compra del terreno del Cantavigal, y los que escribieron la Instancia del 5 de enero pidiendo la continuidad de la 2ª Enseñanza en el Colegio. Dijo el Sr Alcalde que en la Reunión tenida el 9 con la Junta de Padres de Alumnos, y, en vista de lo propuesto por el P. Rector, se formularon con carácter provisional las conclusiones siguientes:

1ª que los PP. Escolapios se hallan dispuestos, con autorización de sus Superiores, a continuar dando la 2ª Enseñanza.

2ª Establecer en el colegio por su cuenta una ESCUELA DE COMERCIO y otra de carácter municipal.

3ª Subvencionar por parte del Ayuntamiento, si así lo acuerda la Junta Municipal de Asociados, la cuenta y clases que se indican en los nº 1 y 2 de la Instancia, con 4.250 pts. del Presupuesto municipal.

4ª Que el resto hasta las 8.500 pts. solicitadas por el Rector se procure satisfacerlas con garantía personal en la forma establecida para el préstamo que hizo el Banco de Aragón para la compra de los terrenos de Cantavigal para Cuartel; a cuyo fin, las personas que prestaron su firma, deberán ratificar su compromiso por cantidad igual; garantía a continuar indefinidamente hasta tanto que las circunstancias no la hicieren precisa.

5ª Que la subvención de becas será gradual cada año, hasta llegar al número 6.

Al leerse estos acuerdos, el Sr. Martí habló para decir que no le parecía del caso que pesara sobre los padres de alumnos de 2ª Enseñanza la cantidad a subvencionar a los PP. Escolapios y que el establecimiento de la **Escuela de Comercio gratuita** será provechoso a todas las familias.

Finalmente se acuerda por unanimidad dirigir una Exposición a todos los firmantes del préstamo hecho por el Banco, para que expresen su conformidad de ratificación de **garantías,** que son:

1ª Que el Ayuntamiento subvencione las enseñanzas (**Bachillerato, Comercio y Escuela Municipal**), que se darán por profesores del colegio, en la cuantía que lo permita su presupuesto.

2ª Que como además de la subvención municipal, precisará, para atender a los gastos de enseñanza y material sobre 5.000 pts. anuales, a satisfacer por mensualidades, garantizan la obligación en la forma como se adoptó para la compra de terrenos destinados al Cuartel.

3ª Que a los Sres. suscriptores del compromiso de garantía… se les invite para que tal préstamo continúe subsistente y pueda atenderse en lo sucesivo a las enseñanzas que se han enumerado.

4ª Que se invite a los padres de alumnos y exalumnos de las Escuelas Pías que no hubieran prestado garantías para el asunto del cuartel, que se suscriban al efecto que ahora se pretende afianzar.

5ª Autorización por todos los firmantes a la Comisión gestora designada para las operaciones de recaudación de fondos y amortización del préstamo. Barbastro 11 de **febrero de 1921**

## Proyecto de Convenio

Fue firmado por el P. Provincial y el Alcalde. Entre las "Condiciones a observarse" entresacamos de la 2ª:

"Para el funcionamiento de la **nueva Escuela de Comercio**, el P. Provincial de las EE.PP. de Aragón responderá con el profesorado adecuado a la índole de dicha Escuela, cuya finalidad consiste en ilustrar a los niños matriculados en los primeros elementos de Contabilidad, Teneduría y Lenguas, cual corresponde a las asignaturas vigentes en las Escuelas Oficiales".

3ª: "El Ayuntamiento proveerá a dicha Escuela de Comercio del menaje más preciso para su funcionamiento, corriendo a cargo del Colegio cuidar esmeradamente de la conservación y reposición necesaria en caso preciso. A tal efecto queda autorizado el P. Rector del Colegio para que los concurrentes a dicha Escuela satisfagan un módico canon o estipendio mensual, en relación al deterioro que por cálculo prudencial sufra el menaje. El tipo del canon o estipendio será propuesto al Ayuntamiento por el Rector para su aprobación.

4ª: Asimismo será de cargo y cuenta del colegio la provisión de todo el mobiliario, menaje y material necesario a todas las cátedras de 2ª Enseñanza y también de las dos escuelas municipales; y el Ayuntamiento procurará que tales escuelas municipales no carezcan del material más preciso.

5ª: El Ayuntamiento satisfará al Rector del Colegio, por mensualidades vencidas y a la vez que lo haga a sus empleados, las 8.500 pts. anuales presupuestadas en la siguiente forma:

a) Pesetas 466'66 mensuales en concepto de remuneración para todos los profesores de la 2ª Enseñanza.
b) Pesetas 104'16 también mensuales por igual concepto para la Escuela municipal a cargo del Ayuntamiento, puesto que otra de igual carácter será gratuita.
c) Se acuerda también una cantidad mensual, por igual concepto, para los profesores de la Escuela de Comercio.
d) Pesetas 33'33 igualmente mensuales para la compra de objetos con destino a los Gabinetes de Física e Historia Natural, debiendo justificar en forma la inversión.

6ª: Si por efecto de la Real Orden del 17 de abril del corriente año que informa la rehabilitación de la 1ª Enseñanza en las Comunidades religiosas del Colegio de las Escuelas Pías y de Hijas de San Vicente de Paúl, cuya enseñanza fue suprimida por Real Decreto de 4 de junio de 1920, se satisface al Colegio por el Estado haberes al Profesorado de 1ª Enseñanza. Llegado este caso, el Ayuntamiento quedará relevado del pago del importe que el Estado abone al Colegio, y que será reducido mensualmente a la cantidad total de entregar.

Pasamos a la 8ª y de esta a la 10ª: "La cantidad asignada para los Profesores de la Escuela de Comercio se satisfará cuando empiece el funcionamiento de la misma…

Este Convenio será valedero para cinco años económicos a contar desde el actual, siendo prorrogable a su vencimiento, de año en año indefinidamente, a no mediar para su derogación aviso previo y por escrito dos meses antes de finalizar cada ejercicio económico, ya sea por parte del R.P. Provincial de las Escuelas Pías de Aragón, como del Ayuntamiento.

Después de la transcripción de este texto, el cronista, P. Luis Basterra de la V. del Carmen, firma una nota con fecha 8 de diciembre de **1921**: "Es digno de notar (y llamamos la atención sobre ello) que la conclusión 3ª y la 5ª no son expresión fiel del pensamiento y de los deseos del P. Rector y de la Junta de Exalumnos, todos los cuales deseaban y esperaban conseguir que la Comisión del Cantavigal fuera la encargada de entregar <u>directamente </u>al Colegio 4.250 pts. corriendo a cuenta del Ayuntamiento el resto, o sea otras 4.250.

## Los tiempos soplan contra los colegios de Religiosos:

El 17 de **diciembre de 1921** se recibió un Comunicado de la Delegación de Hacienda, firmado tres días antes, en el que se decía que se concede la exención a la parte destinada a iglesia, por el artículo 14 de la Ley de 29 de diciembre de 1910, pero se niega para la parte destinada a la enseñanza –por no ser municipal- y a la Residencia de los religiosos. El P. Rector recurre el 29 de **enero de 1922**, argumentando que todo el edificio tiene exención tributaria absoluta, perpetua y está equiparado a los establecimientos benéficos. Además, que nuestra enseñanza es de carácter municipal, según Convenio entre la Población y la Comunidad de PP. Escolapios, refrendado el 30 de agosto de 1921.

## Campo Escolar en Lérida:

D. Trinidad Arnaldo, Director del Instituto de Lérida, que tenía un hijo interno en nuestro colegio, viajó el 11 de **febrero de 1922** a Barbastro con su Proyecto de fundar en Lérida un Campo Escolar. El P. Rector "pronunció un discurso "pulidísimo" y a continuación habló D. Trinidad, en el Salón del Ayuntamiento, manifestando su deseo de sacar de Barbastro 5.000 pts. para el Proyecto. Se ofreció a prestarlas D. Pablo Sánchez. El Sr. Arnaldo fue obsequiado con una velada literario-musical en nuestro Colegio.

## Homenaje al P. Manuel Laborda y deuda del Ayuntamiento (abril 1923)

Apercibidos los Exalumnos del Padre que en 1923 eran las Bodas de Oro Sacerdotales, nombraron una Junta para organizarlo. Hubo fuegos artificiales en la Plaza de la Constitución la víspera de la fiesta y tocó la Banda municipal. Al día siguiente, 8 de **abril de 1923**, el P. Manuel celebró su Misa Jubilar. Asistió el Sr. Obispo, D. Emilio Jiménez, predicó D. Juan Ayueto, canónigo de Lérida y todos los oficiantes fueron alumnos del P. Laborda. A la comida asistieron 60 invitados y, como no podía faltar, hubo Velada en el Salón de Actos del Colegio.

El cronista, P. Luis Basterra del Carmen, vuelve –en octubre y **noviembre de 1923**– con los temas concurrentes del caos en que estaba España, la "revolución" de Primo de Rivera y las **deudas del Ayuntamiento al Colegio**: "En Barbastro se da el caso de que el Ayuntamiento no paga a los PP. Escolapios, y, a pesar de ello, el maestro manco (alias El Ribagorzano) escribe largos artículos contra la subvención del Ayuntamiento a los Escolapios, fustigando al mismo tiempo nuestra enseñanza <por arcaica-noética>. En el mismo Ayuntamiento se ha tratado también este asunto, conviniendo los más que el Ayuntamiento no debe pagar la 2ª Enseñanza, sino que deben pagarla los ricos que se aprovechan de ella.

Se alarga luego el Cronista en el tema y transcribe la Instancia o Ruego que el Rector dirigió al Ayuntamiento al formarse en España el Directorio, deseando saber qué acuerdos tomará la nueva Corporación municipal para responder a las urgencias que reclama el normal funcionamiento, tanto de la 1ª como de la 2ª Enseñanza (**octubre 1923**).

La respuesta del Ayuntamiento es catalogada de "agridulce" (5 **noviembre 1923**) y el P. Luis indica que hasta hace año y medio, no ha habido en Barbastro más escuelas públicas de niños que las regentadas por los PP. Escolapios.

El 28 de **febrero de 1924**, el P. Rector, Manuel R. Arellano, eleva una solicitud al Directorio, que es contestada por éste el 22 de marzo.

## Proceso de emancipación (1924)

Así titula el cronista las págs. 52-62. Me voy a limitar a copiar los subtítulos, para no alargar esta Historia: "Por fin... Proceso de emancipación; El P. Provincial, por medio de un Oficio terminante, da por rescindidos todos los compromisos con el Ayuntamiento y queda declarado el Colegio con carácter de privado. Al comenzar el curso empezó el conflicto, porque los gratuitos que no podían pagar, tampoco eran admitidos en las Escuelas Nacionales, por falta de local y maestros. Por las quejas que las madres de algunos niños gritaban por las calles, se reunió el Ayuntamiento y vino al Colegio una Comisión ofreciendo 4.500 pts. para las dos Escuelas de 1ª Enseñanza y la de Comercio. El P. Rector pidió garantías y no se le dio más que la de cerrar las escuelas". El cronista escribe: "omitimos los lindos calificativos y los originalísimos comentarios que hicieron sobre el P. Rector, que si algo bueno hizo en Barbastro fue precisamente el haber roto con el Ayuntamiento. No se concebía en Barbastro que los Padres pudieran vivir independientes...".

Copia, luego, el Oficio mediante el cual el Ayuntamiento confiesa que no puede cumplir con el compromiso que firmó. Lleva por fecha el **31 de julio de 1924** y lo firma el Alcalde, Modesto Garrido. Pueden leerse las págs. 144-145 de *"Barbastro 1833-1984"* y la razón de la dimisión del Alcalde, Modesto Garrido, como consecuencia de la presión de "una comisión de notables, presidida por el Obispo, favorable a la Escuela Pía".

## Cruce de Oficios y Comunicados

El P. Provincial, Agustín Narro, contesta, el 29 de **agosto 1924**, agradeciendo "los sentimientos de benevolencia y adhesión en que se inspira (el Oficio) hacia la Escuela Pía, la que por su parte ha sabido en todo tiempo colocar a Barbastro entre las poblaciones de su más señalada predilección".

El Ayuntamiento no dio crédito (o fingió no darlo) a la decisión del Provincial de romper totalmente con el Ayuntamiento y envió otro Comunicado, el 9 de **septiembre'24**, al que responde el Rector (pág 58) y el P. Provincial con lo que el cronista titula: "carta famosa y definitiva del R.P. Provincial" dirigida al P. Rector y fechada el **17 de septiembre'24**, de la que sólo transcribo un párrafo: "Dada la movilidad de Ayuntamientos, no podemos amoldar en adelante nuestra vida a una consignación, la mayor parte de las veces nominal, en Barbastro".

Los Subtítulos que el cronista emplea a continuación son: "Pequeño incidente habido entre el Sr López, Secretario del Ayuntamiento, y el P. Manuel Arellano, Rector del colegio; Carta del Sr. Secretario al P. Rector; Respuesta del P. Rector, Manuel Arellano; Solicitud en instancia del Ilmo. Cabildo, relativa a la admisión de los Niños de Coro de la Catedral en nuestras Escuelas de 1ª Enseñanza; Respuesta afirmativa dada por el Colegio" (**9 octubre 1924**)

## Reformas hechas en el colegio en septiembre de 1924

"Una vez declarado independiente el colegio, se construyeron inmediatamente tres clases de 1ª Enseñanza con abundante luz y ventilación; cuatro de 2ª Enseñanza, próximas al gabinete de Física y a la Sala de Estudio; retretes y lavatorios para los internos; se dio más luz al dormitorio de los internos; se reformó la entrada, obscura y propia de caserón, poniendo un vestíbulo con puerta-vidriera elegante, echando cielo raso y subiendo todo el piso con baldosines de cemento; se reformó la escalera contigua a la cocina y que baja a la bodega. Se modificó la escalera que da acceso a la Sala de Visitas, para hacerla más cómoda; y se construyó de nuevo la que baja a los retretes de los externos" (L.C. pág. 63)

## Los Escolapios, predicadores del Ayuntamiento (abril 1925)

Queda constancia de que "allá en tiempos lejanos fue Predicador Oficial del Ayuntamiento Mosén Francisco Lafita. Le sucedió en el cargo su sobrino, D. Fausto Corrales, quien encargó los sermones durante varios años a los PP. Misioneros; éstos, llegado un momento, se negaron a predicar por informalidad del Ayuntamiento en el pago. Y entonces fue cuando el Sr. Cancer, alcalde de Barbastro, acudió al Rector del colegio, P. Casimiro Gil, y los PP. Escolapios aceptaron el cargo de Predicadores del Ilmo. Ayuntamiento". El 4 de **abril de 1925** el Sr. Francisco Laguens Espluga pregunta al Rector si van a continuar predicando los sermones del Ayuntamiento. Al día siguiente contesta el Rector que "por el presente año no es posible aceptar tan distinguida encomienda".

Consta por las Actas del Capítulo que en la comunidad había 3 Clérigos: Antonio Calavera Valón (Diácono), Mariano Gaona Ramiro (Diácono) y José Mª Muñoz Ballarín (Subdiácono).

### Nuevo Rectorado -P. Juan Mª Jiménez Millán- y cobro de la deuda

Toma posesión el 18 de **agosto de 1925** y fallece en Zaragoza, tras dos operaciones, el 19 de octubre de 1926. Estuvieron de **comunidad** con él los PP. Manuel, Felipe, Florentín, Vicente, Luis, Mariano, Pinedo, Ferrer, Sanz, Arrese y Bielsa (no he encontrado los Hermanos que había).

Le dio tiempo a "cobrar" **la deuda del Ayuntamiento**. Los apuntes del Libro de crónicas de este momento dicen así: la deuda de 1878 a 1921 importaba 54.350 + la de 1921 a 1924: 15.498. **Total en 1925: 69.848 pts.**

Dado que los acreedores no podían cobrar, se vieron obligados a rebajarla en un 40 ó 50%. El Alcalde habló con el Rector y éste con la Comunidad escolapia. Se presentó una solicitud al Ayuntamiento, que, tras estudiarla, resolvió reducir el crédito nuestro a 30.000 pts. pagaderas en 10 años (27 **febrero de 1926**), a razón de 250 mensuales (L.C. págs. 66-67).

La **Velada** del curso **1925-1926** en honor de Santo Tomás de Aquino llamó mucho la atención. "Tal vez no haya habido otra más tranquila, instructiva y grata en el Colegio de Barbastro". Se había convocado un Certamen literario y la Velada consistió en la publicación de los ganadores y la lectura de sus respectivos trabajos. El Obispo, gratamente impresionado, cerró la Velada con su elocuente palabra".

# CAPÍTULO III

## DEL CURSO 1926-1927 a AGOSTO 1940

El cronista se despacha con una página, apelando a que en el "Libro de Secretaría" está reseñado todo lo referente a nombramientos de superiores y traslados de personal. Y comienza así su página: *"Con las reformas trascendentales del Ministro de Instrucción, Sr. Callejo, y su dificilísima adaptación, así como por las vaguedades, retoques y, al parecer, contradicciones de dichas reformas, este curso -1926-1927- ha sido muy anormal.*

*Hemos tenido unos 70 alumnos de bachillerato, en los tres cursos del Bachiller elemental y en el 5º Curso Universitario. Los alumnos de 5º se fueron todos —menos dos- por diversos motivos y en diferentes etapas.*

*Se examinaron los alumnos del Bachillerato Elemental. Los dos de 5º no pudieron hacerlo, porque se lo prohibía la nueva ley. Los que podían haber estudiado el 4º curso del nuevo bachiller, optaron por sacar antes, en este año escolar, el Bachillerato Elemental".*

### Curso 1927-1928: Sólo tuvimos cuatro años del Bachillerato

En este curso no hubo en el Colegio más que los cuatro primeros años del Bachillerato; y quedaron sin examinarse los de 4º. Se dispuso en Zaragoza que en lo sucesivo se diera también el Bachillerato de Ciencias.

Las tres clásicas **fiestas religiosas** se celebraron con la misma solemnidad de años anteriores: Santo Tomás de Aquino (28 de enero), San José de Calasanz (27 de agosto) y su Patrocinio (el 27 de noviembre). En el Capítulo se nombró Vocal para el Capítulo Provincial al P. Manuel Laborda; y en el Provincial **se nombró Rector de esta Comunidad al P. Felipe Pinedo**, que renunció al año.

## Curso 1928-1929

**El Ayuntamiento tuvo amagos de arreglo:** Se hizo gestiones con el Ministerio de Instrucción para instalar en la ciudad un Grupo Escolar y se aspiró a entablar negociaciones con el P. Provincial sobre la 2ª Enseñanza.

**La comunidad** estuvo formada por los PP. Felipe Pinedo (Rector, que renunció al año de tomar posesión), Manuel Laborda, Félix Álvarez, Florentín Martín, Vicente Mielgo, Luis Basterra, Mariano Tabuenca, Mauricio Muerza Pagola, Eusebio Ferrer, Fernando Sanz Centelles, Modesto Domínguez, José Mª Muñoz Ballarín y José María Peiró; y dos HHº: Rogelio Chamorro y Matías Blázquez.

A fines de **noviembre 1928** murió en Boltaña el P. Fernando Sanz, a los tres días de ser operado. El 8 de **mayo de 1929** fallece el P. Manuel Laborda "como había vivido, cual un santito". Asistió al funeral el P. Provincial, Patricio Mozota Pintre, que aprovechó para dar las gracias a varios Concejales por el cariño que manifestaban a la Escuela Pía, y, al propio tiempo, ofreció al Ayuntamiento la enseñanza del Bachillerato Universitario completo. El cronista indica que con esta propuesta el P. Provincial intentaba suavizar las asperezas entre el Ayuntamiento y el Colegio; cerrar el paso a quienes afirmaban que no queríamos entendernos con el Ayuntamiento; evitar que éste pidiera Instituto local y facilitar nosotros el estudio del bachillerato a los niños pobres, mediante una subvención, pagada por el Ayuntamiento.

La duración de este contrato sería de seis años (de 1 de enero de 1930 al 31 de diciembre de 1935), concluidos éstos seguiría rigiendo por cursos y anualidades sucesivas, si ninguna de las dos partes pedía la nulidad por escrito. A 22 de noviembre de 1920. Fdo por Francisco Artero, Saturnino Lacuey y Manuel Castro, Secretario.

## Curso 1929-1930: Nuevo Rector (P. Saturnino Lacuey) y nuevo contrato con el Ayuntamiento

Por haber renunciado el P. Felipe Pinedo, **fue nombrado Rector el P. Saturnino Lacuey**, que tomó posesión el **28 de septiembre de 1929**. Visitó al Alcalde, D. Francisco Artero Bosque, y en vísperas del pleno del Ayuntamiento habló con casi todos los Concejales. ¿Resultado?: que en la sesión del 25 de **noviembre'29** el Ayuntamiento en pleno acordó, por unanimidad, concedernos 8.500 pts. en concepto del Bachillerato y de 115 niños gratuitos de 1ª Enseñanza.

En el Pacto que se firma consta que el Colegio contará con tres clases de Primaria con 115 alumnos, pudiendo rebasar este número; y el Bachillerato elemental completo, el año común y el Universitario en sus dos ramas de Ciencias y Letras (en estos estudios no se limita el número de alumnos). Todas estas clases serán gratuitas para todos, pero se podrá cobrar cuanto los Padres crean procedente por "vigilancia e internado".

Los Padres de la época llamaban "Vigilados" a los externos, que, además de las clases, teníamos, obligatoriamente, un tiempo de "estudio en el colegio, vigilado por ellos; y así seguían pensando que la enseñanza era gratis para todos, como en tiempos de Calasanz. El profesorado estará a cargo de los PP. Escolapios o de sus sustitutos titulados, y la dirección pedagógica también. El Ayuntamiento se obligaba a abonar 708'33 ptas. mensuales. La duración de este contrato sería de seis años (de 1 de enero de 1930 al 31 de diciembre de 1935), concluidos éstos seguiría rigiendo por cursos y anualidades sucesivas, si ninguno de los dos pedía la nulidad por escrito. A 22 de **noviembre de 1929**. Fdo. por Francisco Artero, Saturnino Lacuey y Manuel Castro, Secretario.

El Inspector de 1ª Enseñanza instó al P. Rector a que dirigiera al Gobierno un Memorial solicitando una subvención "de unas 10.000 pts. distribuidas de esta forma: 5.000 para el sostenimiento de los tres profesores de 1ª Enseñanza, 2000 para Gabinetes y Laboratorio de Química y 3000 para el saneamiento del edificio". Es enviado el 16 de octubre de 1929.

Poco más de un mes después (27 noviembre 1929) se ratifica el Contrato entre Ayuntamiento y Colegio. Y el 10 de diciembre se nos comunica que la Dirección General de 1ª Enseñanza nos concede una subvención de 2000 pts.

**Curso 1930-1931**

**La comunidad de 1930** era: Rector (P. Saturnino Lacuey), PP. Florentín, Félix, Dionisio, Vicente, Luis, Mariano, Mauricio, Domingo, Felipe, Eusebio, Modesto y Enrique (los Hermanos los ignoro)

**Se funda la "Asociación de Jóvenes Católicos "**

Deseosos los Escolapios de formar "Asociaciones" donde pudieran continuar la labor formativa con sus exalumnos convienen en fundar (el P. Saturnino Lacuey y el Obispo, Exmo. Nicanor Mutiloa) la "Asociación de Jóvenes Católicos" en la que prescindiendo de todo ideal político, cupieran cuantos quisieran conservar y completar su educación moral y cultural. Provisionalmente, la Comunidad facilitó a la Juventud Católica una de sus aulas, para que tuvieran los jóvenes sus ratos de recreo y de lectura. En ella celebraban sus sesiones, y en la del 5 de **octubre de 1930 se nombró** por unanimidad la **Primera Junta Directiva**: consiliario: P. Saturnino Lacuey; presidente: Francisco Lacambra; vicepresidente: Salvador Sanz; secretario: Samuel Artola; tesorero: Enrique Berned; vocales: Julián Marti y Alberto Salanova, Como Patronos fueron elegidos: Nª. Srª. del Puy y S. José de Calasanz.

Se formaron diferentes Secciones: de piedad, arte, recreativa e instructiva. Y en la sesión del 1 de **febrero de 1931** se nombraron el Presidente y Secretario de cada una de ellas. El 19 de **marzo'31** tomaron la decisión de confeccionar una bandera, y publicar mensualmente el Boletín de la Asociación. El 24 de **abril'31** acordaron formar una Biblioteca, tener conferencias dominicales y adquirir diversos elementos de recreo.

**Se comunica el nombramiento del nuevo Rector, P. Clemente Merino**, el 26 de **julio de 1931**.

### Curso 1931-1932
### Inauguración del nuevo Salón de Actos del Colegio

Es inaugurado por la Juventud Católica el 13 de **diciembre de 1931**. "Constituye por su sencillez y elegancia un inmueble de lujo, que merece el elogio de cuantos lo han visitado". Se editó un Programa con los actos del día: Comunión General, administrada por el Sr. Obispo, Jura de la Bandera por los socios activos, imposición de distintivos, desayuno fraternal presidido por el Obispo, conferencia sobre "Los Círculos de Estudio", por el canónigo magistral, D. José Grau, y una gran Velada literario-musical.

### Curso 1932-1933
### Creación de la "Provincia Escolapia de Vasconia"

La "Provincia Escolapia de Aragón" tuvo su nacimiento en 1731. El término "Provincia" (o Demarcación) va más allá de su uso civil; p.ej. Aragón mientras ha sido "Provincia" ha tenido bajo su tutela Comunidades y Obras en Aragón, La Rioja (Logroño) y Castilla (Soria). Se explica en la Web de la Orden que la única "Provincia Escolapia de España" se fracciona en 1742 en dos: Aragón y Cataluña. Y de Aragón nacen, sucesivamente, las Provincias de Castilla (1754), Valencia (1833), Vasconia (**1933**), Argentina (1964). Posteriormente, las Casas aragonesas de New York-Puerto Rico se unen a las de Estados Unidos y constituyen (2011) la nueva Provincia de USA-P.R. Y en 2013 las Casas de Camerún, creadas por Aragón, más las de Guinea Ecuatorial y Gabón (obra de Castilla) constituyen la nueva "Provincia de África Central" (2013).

Así pues, Aragón cuidó los colegios y comunidades de Navarra, Vasconia y Guipúzcoa hasta que es constituida la "Provincia de Vasconia", por orden del P. General, José del Buono, el 15 de **junio de 1933**. Fue, como todos los partos, un día de gozo y dolor.

## Curso 1933-1934
## Estatutos de la Mutua Escolar Hos. Argensola
## (nuevo nombre del colegio) (Dic'33)

Dado el ambiente anticlerical que se respiraba, la Escuela Pía, para salvar sus obras y poder mantener su tarea escolar, convirtió sus colegios en Cooperativas civiles, coordinados desde Madrid, con el nombre de S.A.D.E.L (Sociedad Anónima De Enseñanza Libre). Cada Colegio escogió un nombre civil.

Barbastro por su parte creó sus Estatutos con 16 artículos. El primero sonaba así: "Se constituye dentro del régimen legal vigente una "Asociación Mutua de carácter civil conforme a la ley del 30 de junio de 1887 con el objeto de proporcionar a los hijos, parientes y pupilos de la Asociación la enseñanza y educación en todas las formas y grados" (ver los Estatutos en L.C. págs. 98-100)

Presentados en el Gobierno Civil de Huesca, fueron aprobados por el Gobernador el **28 de diciembre de 1933**. Se reunieron los siete socios fundadores el 7 de **enero de 1934**, en el domicilio social de la Plaza de la República: Francisco Pascau, José Bardina, Sebastián Gistaín, José Santamaría, Martín Colomés, Juan Santamaría y Manuel Plana, con el fin de constituir la Sociedad e inmediatamente se procedió al nombramiento de la Junta de Gobierno, formada por los siete fundadores.

## Miembros de la SÁDEL
## (Sociedad Anónima De Enseñanza Libre)

En la pág. 115 del L.C. se explicita más este tema: *"En este tiempo, en que tanto peligra la enseñanza religiosa, pues en muchas partes se ha dado ya el caso de prohibir terminantemente el enseñar a los Religiosos y Religiosas, y, lo que todavía es más doloroso y contra toda justicia legal, el incautarse de sus colegios sin indemnización de ninguna clase, nuestro P. Provincial, Félix León Zárate, de acuerdo con su congregación (sus cuatro ayudantes/asistentes), se ha dignado inscribir este nuestro Colegio de Barbastro en la Sociedad Anónima De Enseñanza Libre, la SÁDEL.*

*De esta manera, si alguna vez el Gobierno indagase sobre él, en lo relativo a la 1ª Enseñanza, se le puede contestar que no es un colegio religioso, sino dependiente de dicha Sociedad Anónima y que los documentos de inscripción se hallan en la Central de ella, según puede comprobar su Director Gerente, D. Romualdo de Toledo, cuyas Oficinas radican en la calle del Marqués de Valdeiglesias, nº 5, de Madrid".* (Firma esta crónica el P. Mariano Tabuenca).

## Canonización de S. Pompilio Mª Pirrotti, escolapio italiano (Marzo'34)

Pío XI lo canonizó el día de S. José, **marzo'34**. La Comunidad de Barbastro celebró solemnes cultos en su honor, del 10 al 13 de **mayo'34**: Primeras Comuniones, Velada Literario-Musical con representación de la zarzuela original del P. José Felis, escolapio, *El taumaturgo de Nápoles*, fiel reflejo de la vida de Pompilio Mª. el P. José Felis (1850-1918) fue, "proveedor, durante muchos años, de los teatros escolares con sus innumerables dramas, zarzuelas, juguetes cómicos y otras piezas, en las que usaba los pseudónimos de *Andrés Diéguez y Fray Simplicio*, Cf. Denes II, pág. 223). La obra se repitió el domingo siguiente, porque el aforo del Salón fue insuficiente. El triduo tuvo lugar los días 11, 12, 13, con tres Misas de Comunión General, por las mañanas, para todas las Asociaciones de Señoras, los alumnos de 1ª y 2ª Enseñanza, socios de la Juventud Católica, Exalumnos y devotos de S. Pompilio; y Función Solemne por las tardes con predicación. En los tres días se dio a venerar la Reliquia del Santo.

## Curso 1934-1935
## "La Semana Pro-Ecclesia et Patria".

El 6 de **enero de 1935**: hubo Velada, obra "Cuando las Cortes de Cádiz", de José Mª Pemán, y conferencia sobre el monasterio de San Victorián; el 8, Actuación del Orfeón de la catedral y conferencia sobre Ribagorza; el 10, música, charla sobre la Catedral de Roda, y fiesta gitana, Scherzo, Escobar; el día 12: "Angelus", escenas pintorescas, sesión de Jotas, Rondalla, y conferencia sobre los hermanos Argensola; el 13:

Repetición de la obra de Pemán, conferencia sobre San Ramón, Obispo de Roda y Barbastro, Saetas e Himno del Papa.

## Otra vez con el tema de la deuda del Ayuntamiento: 4, abril, 1935

El Ayuntamiento, en sesión del 20 de **febrero de 1935**, tomó la decisión de que se vuelvan a consignar en el presupuesto las mensualidades que faltan por pagar al Colegio, que son 42 (firmado el 4 de **abril de 1935** por el Alcalde, Luis Artero). El acuerdo literalmente copiado dice así: "Se dio cuenta de una instancia que dirige al Ayuntamiento el Sr. Rector del Colegio de las Escuelas Pías de esta Ciudad, en la que expone: que en el año 1926, y accediendo a la propuesta del Ayuntamiento, se firmó un concierto por el que se accedió a reducir el crédito de 70.000 pts. aproximadamente a 30.000 pts., que se pagarían en diez anualidades, entregándose a las Escuelas Pías de esta ciudad 250 pts. mensuales. Hasta el año 1932 inclusive se han ido consignando en los presupuestos municipales las mensualidades correspondientes para la amortización de ese crédito. Pero en los Presupuestos de 1933 se dejan de consignar, y así continúan en los años 1934 y 1935. Y por ello suplica el P. Rector que en los próximos y sucesivos Presupuestos vuelvan a consignarse las mensualidades correspondientes, siendo 42 las que faltan para la total amortización.

El Ayuntamiento, después de estudiar con atención la petición, acordó por unanimidad que en los próximos y sucesivos Presupuestos se consigne en la parte de gastos la cantidad necesaria para el pago de las mensualidades convenidas con las Escuelas Pías, y que no se hallan consignadas en Presupuestos anteriores... Barbastro, 4 de **abril de 1935**. El Alcalde: Luis Artero"

También se celebró, el 12 de **mayo'35,** la **"gran fiesta de la Primera Comunión",** con el mismo guión de años anteriores: orquesta; declamación de la poesía *El pueblo de Santa María*, original del escolapio P. José Beltrán; y dos obras de teatro: *San Tarsicio*, de la Galería Salesiana, y la zarzuela *El zapatero dentista*, del P. Manuel Sancho.

## Curso 1935-1936

El 16 de **diciembre 1935** la Juventud Católica de Barbastro conmemoró a sus Patronos, como de costumbre: Misa de Comunión, celebrada por el Obispo, desayuno con discursos; reparto de un postre en las Casas de Beneficencia; y por la tarde la Velada en la que se representó *El espanto de Toledo*, de Muñoz Seca.

**Fiesta de la Juventud Católica:** tuvo lugar el 22 de **diciembre de 1935**. A la Misa y la Velada concurrieron Comisiones de las Juventudes Católicas de Zaragoza y Huesca. Un cuarteto interpretó magistralmente varias composiciones; hablaron el Presidente de las Juventudes de Barbastro y el de Zaragoza; D. Francisco Izquierdo dio una conferencia sobre la Acción Católica; y se representaron "El Monólogo Baturro" y la pieza de Muñoz Seca y Pérez Fernández *Nicotioca*.

**Comienza a aparecer noticias sobre la Academia Cerbuna en nuestras Crónicas**: cuenta con 130 alumnos de 2ª Enseñanza, se halla en su auge'. El resultado de los escolapios es brillante. Los catedráticos nos felicitan por lo bien preparados que van los muchachos: 28 para Ingreso y todos aprueban; de ellos 18 son para primero y obtienen 3 matrículas, 4 sobresalientes y 11 notables.

**Comunidad de julio 1936**: El P. Cueva nos dice, en su obra *Las Escuelas Pías de Aragón (1902-1950)* pág. 150, que estaba formada por: los PP. Eusebio Ferrer, Clemente Merino, Félix Álvarez, Cruz García, Pedro Cester, Rafael Cólera, Crisanto Domínguez, Eulogio Malo, Isidro Paricio, Mariano Tabuenca y Valero Téjel, el diácono Santiago Mompel, los Clérigos Cosme Serrato y Antonio Rivarés, y los HH. León Adrián y Julián Mir.

## GUERRA Y REVOLUCIÓN: JULIO'36 – ABRIL'39

En las págs. 116 a 141 del Libro de Crónicas se narran los sucesos. Destaca el testimonio del P. Santiago Mompel, de su puño y letra, y firmado el 4 de abril de 1938. Digamos que Mompel, testigo presencial de cuanto escribe, se libró del martirio por no ser en aquellos momentos sacerdote, sino diácono.

## Crónica de los hechos ocurridos en este colegio durante la dominación roja:

"Sean mis primeras líneas al plasmar los hechos en este Libro de Crónicas de admiración y recuerdo cariñoso para nuestros gloriosos mártires, especialmente para nuestros queridos hermanos de la comunidad de Barbastro, que tan generosamente derramaron su sangre por Jesucristo, enalteciendo la sotana escolapia con la corona y palma de su martirio... LOS MÁRTIRES DE LA COMUNIDAD DE BARBASTRO fueron: los PP. Clemente Merino Piquer, Mariano Tabuenca Laborda, Valero Téjel Gómez, Rafael Cólera Ballestero, Eulogio Malo Sánchez, Pedro Cester Narro, Isidoro Paricio Sánchez, Crisanto Domínguez Gracia, Julián Domínguez Gracia (que pertenecía a la Comunidad de Peralta de la Sal y estaba en Barbastro pasando unos días) y Pompilio Torrecilla Liesa (de la comunidad de Tamarite, que vino aquí para sus vacaciones)... Presentes en nuestra memoria, trabajamos por hacernos dignos de vosotros... Proteged desde el cielo a este nuestro colegio...

<u>Supervivientes</u>: Formaban, además, parte de la comunidad: el R.P. Eusebio Ferrer Laporta, Rector (que se salvó por tener nacionalidad argentina); P. Felix Álvarez Puyol (que fue sacado del Colegio al principio de la Revolución y llevado a "El Amparo" y luego a las Hermanitas de los Pobres, en donde murió, después de ser atropellado), el Diácono Santiago Mompel Querol (autor de la crónica), Clº Cosme Sarrato, Clº Antonio Rivarés Bellosta, Hº León Adrián Martínez y Hº Julián Mir. Todos, a excepción del P. Cruz García Llarri, que le cogió de vacaciones en territorio nacional, pudimos salvarnos por una especial Providencia de Dios, a pesar de figurar también en la lista de los que había que fusilar" (La razón fue que no éramos sacerdotes).

He aquí, pues, la narración de los hechos más salientes, ocurridos en esta ciudad de Barbastro durante la dominación roja y de los que fui testigo ocular.

Fue el **18 de julio de 1936** cuando los revolucionarios se arrojaron a la calle.

Era sábado y celebraban los chóferes la tradicional fiesta de S. Cristóbal, consistente en un emocionante pasacalles nocturno, con antorchas encendidas. Apenas acabada semejante ceremonia, empezó a notarse no sé qué, algo anormal. Grupos nutridos de hombres subían y bajaban por la calle de la catedral en profundo silencio y con paso precipitado... A unos cuantos que se cruzaron pude oír que se decían cómo por el Coso cacheaban y detenían a la gente... Serían las 12 de la noche cuando un número considerable de personas cruzaban nuestra placeta en dirección al Ayuntamiento. Eran, sin duda, los dirigentes que tomaban las riendas del Gobierno...

No pasaría una hora cuando un gentío inmenso cruzaba de nuevo la placeta y subía al Ayuntamiento, a fin de dar fórmula legal nombrando el primer Comité, y tomando sus precauciones, por un si acaso...

A las primeras horas de la mañana, un grupo considerable de carabineros armados, bajaba de la montaña para hacerse cargo de la ciudad y recibir órdenes del Comité, que se constituyó en Jefe de toda la Provincia... Al preguntar el P. Ferrer qué pasaba, una indiscreta contestación fue la respuesta... Nuestro temor era bien fundado. Vino una vez más a confirmarlo el hecho de ser saqueadas las armerías de la población... a todo esto la tropa permanecía acuartelada, aguardando órdenes para salir a las calles... el grito de "¡Viva la república!" sería la señal de que se ponían de su lado.

En el día 24, por la noche, cuando se rendían los cuarteles, saliendo su guarnición sin arma alguna en manifestación... con su Jefe Villalba a la cabeza, siendo su uniforme en mangas de camisa y abrazado a algunos milicianos en señal de demócrata.

Por la tarde del 19 empiezan ya a detener y encarcelar a las personas de derechas, siendo el sacerdote-tenor de la catedral el primero de los del clero... Fue un silencio sepulcral el que se produjo en la muchedumbre reunida en la placeta, a la llegada del Vicario. No había pasado 15 minutos desde que volvió a su casa, cuando lo subían detenido a la cárcel. Después de él fueron muchos los que ya en aquella tarde quedaron presos.

Imbuidos de este temor, los PP. Crisanto y Eulogio tomaron la determinación de salir a dormir fuera del colegio, como así lo hicieron, volviendo al colegio a la mañana siguiente. El P. Crisanto intentó tomar el tren y marcharse a Barcelona, pero los trenes no circulaban... Los mismos vecinos de la casa lo denunciaron, poniéndose una pareja de fusileros a la puerta, los cuales poco después lo conducían a la cárcel. A los dos días lo trasladaron con otros muchos al Convento de las Capuchinas, convertido en prisión. Nos escribió algunos papeles diciendo se le había tomado declaración, imputándole muchas cosas de las que era completamente inocente... El día 2 de agosto, al ir el fámulo como de costumbre a llevarle el desayuno, volvió con él otra vez, diciendo que ya no lo necesitaba, pues se lo habían llevado a hacer un viaje muy largo...

Cada día, antes de las comidas, rezábamos todos un Responso, por los caídos de cada jornada. El día 20 de julio por la tarde fueron detenidos los Misioneros Claretianos en número de 51, casi todos estudiantes de Teología y a punto de cantar misa, siendo <u>alojados en el Salón de Actos de nuestro Colegio, que sirvió desde entonces para cárcel</u>. Se les atendió en todo lo que pudimos y estuvo de nuestra parte. Alguna vez, entre los panecillos del desayuno se les ponía las sagradas formas para que pudieran comulgar.

... Fueron muchos los escritos que estos jóvenes dejaron (en las paredes) y que apenas se ha podido leer ninguno, por haber pintado los rojos el Salón al convertirlo en Comedor Popular.

En la mañana del 21 fue detenido el Sr. Obispo, Florentino Asensio. Estaba diciendo misa y apenas si se le dejó terminarla, desposeyéndole de todo cuanto tenía. Fue traído al Colegio en calidad de huésped, instalándosele en el Internado, en el cuarto del Director. Allí fue pasando los días en compañía de todos nosotros (los escolapios) y de sus pajes, D. Marcelino de Abajo, y el joven seminarista, D. Manuel Laplana. Varias veces se le tomó declaración, mostrándose en todas ellas digno y enérgico contra las falsedades que se le atribuían... El 8 de agosto, último día de la Novena al Corazón de Jesús, se preparó de una manera particular por medio de una Confesión general, presagiando su último sacrificio…

Fue encarcelado como uno cualquiera sin ninguna especie de consideración, y aquella misma noche −la madrugada del 9- fue llevado cual manso cordero al sacrificio…

El día 26 de abril de 1940 fueron encontrados sus sagrados restos, por el que esto escribe, en ocasión de que estaba trabajando por reconocer los de nuestros Escolapios. Se le colocó provisionalmente en un nicho del Cementerio, hasta que, dispuesto ya todo, se le trasladó con toda solemnidad a la Catedral… Llevaba este santo Prelado tan sólo 6 meses de residencia en nuestra población y otros tantos desde su consagración episcopal.

El día 22 **de julio de 1936** fueron traídos en camión los Padres Benedictinos del Pueyo en número de 24, siendo alojados también en nuestro colegio y ocupando el Salón del Internado. Celebraron misa, la misma que nuestros Padres, hasta el día de Santiago (25 de julio). Formamos todos juntos como una Comunidad, practicando casi sin interrupción nuestros actos religiosos. Con las formas que teníamos en la iglesia y el copón lleno que trajeron los Misioneros Claretianos fuimos comulgando muchísimo tiempo y prestando culto y adoración a la Eucaristía, que la teníamos guardada en un rinconcito y entre papeles, en lo que era y es el Gabinete de Física.

El día **27** de **agosto'36**… fiesta de nuestro Santo Padre Calasanz… fueron arrebatados de nuestro lado y llevados al martirio los Padres Benedictinos. Tranquilos y contentos, al grito de "Viva Cristo Rey" cayeron… y regaron la tierra con su sangre la madrugada de S. Agustín…

Vino por vez primera un avión nacional, arrojando proclamas e intimidando la rendición. Por la tarde se formó en la placeta un gran alboroto… pedían a grandes gritos la cabeza de un joven sacerdote, párroco de la Puebla de Castro… El Comité sostuvo con la multitud una lucha titánica para no darles la presa codiciada…

Al mismo tiempo que esto ocurría nos enteramos que una columna catalana subía por las calles desaforadamente... El sitio que nos pareció más seguro fue la tribuna de la Iglesia. Pero aquello era verdaderamente una trampa, pues de haber continuado unos minutos más, nos asfixiamos todos.

Mucho miedo es el que pasamos... en este día de Santiago... Pero las zozobras se iban aumentando... El Jefe de esta columna se presentó al P. Ferrer pidiéndole le prestasen los colchones que tuviésemos para descansar la tropa... Nos prometió que, bajo su responsabilidad, nos aseguraba podíamos estar tranquilos, que nada nos pasaría, quedando el colegio bajo su tutela. Y así fue...

Algunos días más tarde, el Comité mandó a hombres de derechas que vinieran a tirar los santos y altares de nuestra iglesia... En la Catedral... gran parte de su tesoro en joyas y ornamentos fue llevado al extranjero por el tan triste famoso P. Lobos, recuperándose después gran parte de ello. (... ....)

Había salido por aquel entonces una disposición del Gobierno Rojo, ordenando que todos los extranjeros marcharan inmediatamente del territorio español. Enterado el P. Rector, Eusebio Ferrer, él, dos argentinos y un alsaciano fueron puestos en libertad. El 13 de agosto´36 salieron para Barcelona... embarcando con rumbo a Italia. Cuando el Rector pudo volver a España, entró en Barbastro al par que los nacionales se adueñaban de la población...

El P. Pompilio Torrecillas también tenía nacionalidad argentina, pero al no poder presentar los papeles, <u>fue asesinado junto con los de esta comunidad el 8 de septiembre'36</u>, aunque era de la Comunidad de Tamarite. Pudo conseguirse que el P. Félix Álvarez, de 82 años y enfermo fuese trasladado a El Amparo. Poco después, por convertirse aquello en Hospital, lo llevaron a las Hermanitas de los Pobres.

... Los días pasaban y las zozobras y sobresaltos iban en aumento... vivíamos siempre preparándonos para morir.

El día **7 de septiembre'36**, vigilia de la Natividad de la Virgen, la celebramos con el vigor que siempre se ha usado... Nos enteramos que a eso de las 11 de la noche vendría de Barcelona la columna aquella que tuvo que hacer la retirada cuando tomaron los nacionales la isla de Mallorca… Determinamos no acostarnos mientras no llegasen…

… Fui avisando uno a uno a todos los Padres. Mientras, uno de los otros leía la lista nuestra, lenta y muchas veces, sin darse cuenta que ya nadie faltaba hacía rato.

El P. Mariano Tabuenca, que llevaba en el colegio más de 40 años, al salir dijo a un propio discípulo suyo que le daba empujones: ¿Así me tratas a mí que he sido un padre para todos vosotros? El exalumno, en vez de considerarlo, dijo: *"Precisamente porque si en vez de enseñarme tanto Catecismo e ir a misa, me hubiera enseñado más cuentas, otra cosa sería yo"*. Palabras textuales que hicieron tan profunda impresión en el corazón del buen Padre, que no se pudo contener, echándose a llorar.

Por dos veces me amenazó a mí uno con matarme, al intentar otras cuantas meterme en mi cuarto y terminar de vestirme.

Reunidos todos los escolapios en el claustro, junto a la puerta pequeña de la antigua Biblioteca, iban dándose mutuamente la absolución. Confrontada la lista con el número de personas, procedieron a atarlos de dos en dos y codo con codo. Iban a hacer lo propio conmigo, cuando el Clº Rivarés tuvo la serenidad de leer la lista y preguntar al que los llevaba si los dos últimos, que no había leído, también tenían que marchar. Al decirle que no, me cogió inmediatamente del brazo y me sacó del grupo, metiéndonos en mi cuarto que estaba enfrente. En nuestros nombres faltaba poner la cruz que tenían anotada los que eran sacerdotes, figurando Rivarés y yo como estudiantes, siendo ésta la única explicación natural de quedar nosotros con vida.

Ultimado todo, dan la orden de marchar, y mis ojos, que seguían con ansia semejante calvario, se enrasaban de lágrimas al ver que se llevaban a los que tanto había querido y tanto me había tocado sufrir con ellos. Mi corazón dolorido seguía con pesar aquel caminar, lento y silencioso, de aquel cortejo fúnebre, para los que dentro de unos momentos se iban a abrir las puertas del cielo. Fui siguiendo sus pasos al atravesar la plaza, que todavía hoy en el silencio de las noches me parece escuchar.

Subieron las gradas del camión con el fervor que subían las del Altar Santo, para ofrecer el sacrificio cruento de sus vidas a Dios, nuestro Señor, a quien confesaban con toda la energía de su corazón a los gritos de "Viva Cristo Rey y la Virgen del Pilar". No cesaban durante el camino de proclamar bien alto sus ideales...

...Debieron llevárselos lejos, seguramente por la carretera de Fornillos, camino de nuestra Torre, en un ribazo y junto a la cruz, llamada de Selgua. Allí se cree que cayeron estos valerosos atletas de la fe **la madrugada del 8 de septiembre'36**, fiesta de la Natividad de María, a quien tanto habían amado en vida, concediéndoles esta celestial Señora fuesen ellos a nacer en el cielo el día que celebrábamos el nacimiento de la Virgen en la tierra. Fueron después enterrados seguramente en el cementerio viejo. Al liberarse Barbastro se procedió inmediatamente al desenterramiento de todos, siendo los nuestros de los primeros en salir, pero por no haber nadie de nosotros presente, no pudieron ser reconocidos, depositándolos en un Osario que se hizo nuevo para este objeto. Después de mucho tiempo y mucho trabajar sólo hemos podido recoger los restos de los PP. Rafael Cólera (completamente entero), Pedro Cester (todo entero), y Eulogio Malo (casi todo). Fueron colocados en dos cajas y depositados los tres en los nichos de nuestra propiedad en el nº 36. (De las dos cajas que hay en el nicho, la de abajo contiene los restos del P. Rafael Cólera; y la de encima los de los PP. Cester y Eulogio Malo, en sentido cruzado, uno a la cabeza de la caja (P. Cester) y a los pies el P. Eulogio (L.C. pág 139).

Estos, pues, son los datos que guardo en mi memoria de hechos tan dolorosos. Cada día iba apuntando en mi libreta de notas todos los sucesos del día y lo mismo hacían otros muchos, pero después nos desaparecieron todas al ser saqueado el colegio.

A los Hermanos Operarios los dejaron para las faenas de cocina, ayudando al personal que estaba encargado de los comedores. Al Clº Antonio Rivarés Bellosta se le encomendó la dirección de la despensa y suministro de víveres, cuyo cargo estuvo desempeñando casi hasta la liberación de Barbastro, por tenerse que marchar al frente, pues ya se le hacía la vida un poco imposible, pasándose a las filas nacionales en la primera ocasión que tuvo.

A mí (Diácono Mompel) se me castigó al principio junto con otras personas de derechas a pelar patatas y demás quehaceres de cocina. Más tarde se me confió todo lo que robaban en casas e iglesias, estando encargado de hacer el inventario de todo lo que se traía y con la obligación de entregar lo que se me pidiese por medio de vales. Estaba este almacén en nuestra iglesia.

Viendo que mi vida no estaba asegurada, pues ya se me denunció dos veces al Comité de Investigación, logré hacerme con un pase y en la primera ocasión que tuve me marché, ingresando más tarde en la Aviación y permaneciendo toda la guerra en poder de los rojos por haberme tocado el rotar en la parte de Valencia completamente interceptada e incomunicada con el resto de España, por haber cortado el Movimiento la carretera general de Madrid.

Por fin brilló de nuevo el sol esplendoroso… Fue **liberada esta Ciudad** (Barbastro) por las Tropas Nacionales el día **28 de marzo de 1938, tomando posesión (nosotros los escolapios) del colegio y sus fincas el <u>4 de abril del mismo año</u>**".

Fdo. Santiago Mompel de la V. del Pilar, Sch.P.
Barbastro, 31 de **agosto de 1940** (L.C. págs. 119-141)

## Intercambio de fincas: 1939

"El año **1939**, con la aprobación de la **Comunidad** formada por los PP. Eusebio Ferrer Laporta (Rector); Gabino Las Navas Sádaba, Francisco Encuentra Latorre y José Gazulla Cebollero, se propuso al P. Provincial el intercambio a la par de dos fincas, a saber: un olivar del Colegio, situado en el término de Barraón, de ½ Ha. de extensión, con unas 80 plantas; y un terreno propiedad de D. Ignacio Facerías situado en el término de Galafón y enclavado dentro de nuestra finca de unas 3 Ha. de extensión, con unos 50 almendros, algo de tierra de sembradío y lo demás de pastoreo. La Congregación Provincial dio su aprobación" (Barbastro **22-III-1942**, firmado por el P. Mariano Gaona, el Provincial Valentín Aísa, y, como Secretario, José Bielsa).

Por el Capítulo Local del 12 de **mayo'1940** sabemos que la **Comunidad** estaba formada por: PP. Eusebio Ferrer (Rector), Gabino Las Navas, Venancio Ortiz y Santiago Mompel (Secretario).

De este mismo año conocemos también que "desde 1938 a 1940 hubo de ingresos: 100.888' 18 pts. Y de gastos: 97.578'25 pts. Por tanto quedaban en depósito: 3.309'93 pts. Y en reparaciones se gastaron los religiosos "más de 30.000 pts.".

"En las fincas tenían 5 caballerías mayores, un asno, 4 cerdos, 100 gallinas y unos 50 conejos"

# CAPÍTULO IV

## DEL CURSO 1941-42 a 1952-1953

(En el L.C. hay un hueco desde marzo de 1942 a septiembre de 1946)

El 20 de **diciembre'42** Se recibió en Comunidad la Circular del P. Valentín Aísa tras la Visita provincial que realizó el curso anterior, animando a cuidar la Oración de la mañana, misa diaria de los Religiosos y de los alumnos, y la puntualidad en las clases.

En **marzo'43** aparecen en las Actas del Capítulo Local los PP. Valentín Hombrados Checa (Rector), José Bielsa (Procurador), Eusebio Ferrer (Ecónomo) y Mariano Gaona (Secretario). Se indica: "**La iglesia**, despojada de sus preciosos retablos y casi desnuda de altares, produce una impresión desoladora. En general, todas las dependencias necesitan adecentamiento. El mobiliario y ajuar son pobres y escasos. **La Biblioteca** consta de más de 5.000 volúmenes convenientemente colocados y distribuidos por materias, pero falta el catálogo. En **el Archivo** hay numerosos e importantes documentos. Se halla instalado en un armario del cuarto rectoral; su ordenación es deficiente y se precisa un Índice o catálogo de los documentos en él existente. **La Ropería** contiene el número imprescindible de sábanas, mantas, colchones, etc. para el servicio de la comunidad y el Postulantado. Existe, además, una máquina de coser. La cocina está surtida de los utensilios necesarios. En la despensa hay aceite, vino y judías para el consumo del año. Racionamiento de harina sólo hasta el mes de septiembre. En **las escuelas (aulas):** 3 colecciones de mapas; esferas armilar (aparato con varios círculos que representan la esfera celeste) y terrestres; medidas del sistema métrico, cuerpos geométricos, máquina de proyecciones, gabinete de Física e Hª Natural.

**El sello de tinta** usado en este Capítulo de **1943** es redondo y dice: COLEGIO ESCUELAS PÍAS – BARBASTRO. En cambio, el de 1894 era ovalado y decía arriba: COLEGIO S. LORENZO, y abajo ESCUELAS PÍAS BARBASTRO. Ampliaremos este tema del Sello y, por tanto, del nombre del colegio más adelante.

El 30 de **noviembre'44** es nombrado el P. Eusebio Ferrer Laporta (Rector del colegio), "Confesor extraordinario de las Siervas de María".

## Comunidad de 1944:

La conocemos por la Visita General de ese año: PP. Valentín Hombrados Checa (Rector y Colector), José Bielsa Buil (Vicerrector y procurador), Pascual Ferrer Laporta, Eusebio Ferrer Laporta (Ecónomo y profesor), Mariano Gaona Ramiro (Depositario y profesor), Benito Otazu Rubalcaba (profesor), Hº Ricardo Romero Abad (cocinero). Y la **estadística del alumnado:** 1º grado: 14 gratuitos y 46 vigilados; 2º grado: 11 gratuitos y 52 vigilados; Enseñanza Media: 27 vigilados; Postulantes e internos: 26. Total 176 alumnos.

## Marzo'45: IMPORTANTÍSIMA CIRCULAR

Se recibió en Comunidad tras la Visita General. Tenía estos apartados que evidencian su importancia: Ejercicios Espirituales y Eucaristía en las comunidades; Apostolado escolapio; Asociaciones piadosas: la Acción Católica; Ejercicios Espirituales para nuestros alumnos; Director Espiritual en los colegios; Vocaciones Religiosas; Orden y disciplina en los colegios; el Prefecto; Postulantes y Ediciones E.P. (Escuelas Pías); Reglamento de la Comisión de las Ediciones E.P.; Funciones propias del Personal de Ediciones E.P.; Nuestros religiosos del extranjero; Peralta de la Sal (llamamiento a la reconstrucción).

Está firmada en Zaragoza el 12 de marzo de 1945 por el P. Manuel Pazos, Asistente General y Visitador General.

## Comunidad en mayo'1946

Por el Capítulo Local de **mayo'46**, sabemos que la formaban: los PP. Eusebio Ferrer (Rector) Mariano Gaona (Secretario), Benito Otazu y Juan Larreátegui. **Alumnos**: Postulantes: 52; Gratuitos de 1ª Enseñanza: 28; y Vigilados: 126.

**Julio'46:** el P. Eusebio Ferrer, Rector del colegio es nombrado por Mons. Tabera "Censor de Oficio de la Curia diocesana de Barbastro".

**Septiembre'46: Rectorado del P. Eusebio Pera** (sustituyó a Eusebio Ferrer)

El 5 de **octubre de 1946** marcharon a Peralta de la Sal 23 Postulantes, para continuar su formación. El Postulantado se había instituido en Barbastro el año 1941 estando al frente el P. Valentín Hombrados, al que sustituirá el P. Benito Otazu (L.C. pág 143)

## Curso 1947-1948
## Homenaje al P. Ángel Clavero

Se celebró el **8 de septiembre de 1947**, en el Salón de Sesiones del Ayuntamiento; el Gobierno le condecoró con la Encomienda de Alfonso X el Sabio por sus obras de carácter españolista haciendo patria en Argentina. Asistieron el Alcalde, el Obispo, el P. Rector y las entidades de Barbastro, por ser el P. Ángel hijo de la ciudad.

En este mismo mes (sept 1947) marcharon 24 postulantes a Peralta de la Sal para hacer el Noviciado de clérigos y dos a Albelda, para el de Hermanos.

## 5, octubre 1947, Fundación de la Cofradía
## de Nª Srª de la Merced

Se crea para excautivos, excombatientes y sus familias, con sede en nuestra iglesia. Los Estatutos nombran Capellán al P. Rector; y en una de las capillas se ha colocado la imagen titular, costeada por el Gobernador Civil, D. Manuel Pamplona. La Cofradía ha adquirido el paso del Prendimiento de Cristo, que ha figurado en la procesión del Viernes Santo. En mayo del mismo año un grupo de señores iniciaron el restablecimiento de la **Pía Unión de San Antonio**.

En la misma pág 141 del L.C., donde está la firma del P. Mompel, se lee: "El día **31 de diciembre de 1947**, después de las declaraciones como testigo ocular de los hechos arriba relatados y otros muchos más, ante el Tribunal Eclesiástico convocado por el Sr. Obispo de la Diócesis, D. Arturo Tabera, C.M.F. para la introducción de la Causa de Beatificación del Obispo mártir y de los padres Misioneros Claretianos, fuimos al Cementerio para reconocer y cerciorarnos del estado de los restos de nuestros mártires colocados en el nicho nº 36, según arriba indicamos, viendo se conservaban bien y no habían sido tocados ni mezclados con otros.

Firman: Santiago Mompel; P. Eusebio Pera (Rector de 1946 a 1949); y P. Mariano Gaona.

### Abril 1948: visitan España las Reliquias de Calasanz: III CENTENARIO DE LA MUERTE DE CALASANZ.

La Presidencia de honor del Patronato se ofreció al Caudillo. El 21 de abril'48 se personaron en El Pardo los componentes, para agradecer a Franco su aceptación. Se programó que el 24 de noviembre'48 llegara el Buque Pizarro, cedido por el Gobierno, a Barcelona, con el Relicario del corazón y la lengua de Calasanz. En Barbastro estarán en marzo de 1949.

Previamente, el 12 de **junio de 1948**, llegó a Barbastro el P. General, el húngaro Vicente Tomek, acompañado del Provincial y del Asistente General. La ciudad vibró de entusiasmo. Fue recibido a cinco kms. de Barbastro por las Autoridades: el General de la plaza y otros mandos, Deán Francisco Izquierdo, P. Rector del colegio, Alcalde y componentes de Ayuntamiento, etc. Tras su entrada solemne en la ciudad fue homenajeado por la población en la Plaza de los Mártires y el P. Benito Otazu le ofreció un magnífico álbum con escenas de la vida del Postulantado. Durante la comida, Radio Zaragoza retransmitió un reportaje del colegio de Barbastro, el primero de los colegios escolapios abierto en España. Autoridades y pueblo se volcaron en atenciones. (L.C. págs. 151-155).

El **20 de junio'48** se inauguró la capilla y altar de la Virgen del Carmen y S. Pompilio.

## Curso 1948-1949

En **septiembre'48**, como años anteriores, los Postulantes marcharon a Peralta de la Sal, para comenzar su Noviciado. Esta vez eran 17 para clérigos; y dos para Hermanos, que fueron a Albelda de Iregua.

El mismo mes de **septiembre'48** se celebraron solemnísimas fiestas para la bendición e inauguración del altar mayor, como prólogo del "III Centenario de la muerte de Calasanz" y el "II centenario de su beatificación" (1748-1948); la canonización tuvo lugar en 1767. Se nombró una Comisión de Exalumnos, que lanzara una colecta para pagar el altar mayor de la iglesia. Extendieron una carta y un boletín. También se pidió ayuda al Ayuntamiento (que dos años consecutivos otorgó 3000 pts.) y al Ministerio de Justicia, Dirección General de Asuntos Eclesiásticos. La lista de donantes ocupa las págs. 167-175 del L.C. Entre los proyectos presentados se escogió el de los Sres. Navarro "Artes decorativas", de Zaragoza.

## Llegan las Reliquias de Calasanz a Barbastro: 17, 18 y 19 de marzo 1949

Las Reliquias llegaron a Barbastro, como estaba programado, el 17 de marzo. Hubo un Triduo los días 17, 18, 19, con misa de comunión general, Exposición Mayor, veneración de las Reliquias.

El cronista escribe: "todos los actos estuvieron concurridísimos" y se extiende en los adornos de la ciudad, el recorrido que hicieron, las autoridades eclesiásticas, civiles y militares, que, encabezadas por el Sr. Obispo, rindieron honores al **corazón y la lengua incorruptos** de este aragonés, que amó tanto a Dios y los niños y habló ininterrumpidamente en sus largos años de escuela de Jesús y su Madre, la Virgen (L.C. págs. 177-195).

El Programa comenzaba con el Triduo. Se les rindieron honores de Capitán General. Hubo una función de gala en el Teatro Principal el 18 con una Conferencia del director del Museo, D. Ricardo del Arce, sobre *"San José de Calasanz y Barbastro"* y la representación de dos cuadros de la obra "Calasanz", del laureado poeta escolapio P. Liborio Portolés. Se vio Barbastro transformado: las calles y plazas adornadas con motivos calasancios.

El Ayuntamiento, por su cuenta, colocó un magnífico arco en el puente de la Av. de Graus con esta inscripción: *Barbastro recibe fervorosamente las Reliquias de San José de Calasanz.*

El Frente de Juventudes situó fantástica iluminación con sus emblemas en la Plaza del Comercio.

En la Plaza de la Judería, las Señoras de A.C. adornaron una preciosa pintura del Busto de Nuestro Santo Padre, de cerca de tres metros de altura con la inscripción siguiente: *Al corazón que tanto amó y a la lengua que tanto enseñó.* La pintura era de nuestro paisano F. Zueras.

A la entrada del paseo del Coso, la Hermandad de Obreros del Campo puso una pancarta en la que se leía: *Los obreros, al Padre de los Pobres.* La Plaza de los Mártires lucía un artístico arco, con la leyenda: *Al Santo de los Niños,* y en mástiles ondeaban las banderas de España y del Movimiento.

La Academia Cerbuna también quiso contribuir a honrar a nuestro Santo colocando un arco, en forma de castillo, en cuyas almenas figuraban estudiantes, vestidos a la usanza de la Edad Media; se leía en el arco: *la Juventud estudiosa a San José de Calasanz.*

Los Maestros y Maestras adornaron el Grupo Escolar "Francisco Franco" donde tenía que colocarse la estatua de Calasanz que regalaba nuestro Colegio; además de las fachadas del Grupo Escolar y las cercanías, poniendo un arco con la siguiente inscripción: *Los Maestros, a su Patrón y Guía.*

Hubo derroche de iluminación en la fachada de la catedral, donde debía recibir las Reliquias el Obispo con el Cabildo, dando órdenes al Sr. Magistral para que fuese un marco digno de lo que allí se iba a realizar.

Las fachadas del Colegio estaban iluminadas con las luces de la Florista, que las cedió gustosa para contribuir al esplendor de las fiestas; sobre la puerta de nuestra iglesia había un letrero luminoso, que decía: *¡Gloria a Calasanz!,* combinado con el escudo de la Escuela Pía, coronado con hermosa cruz y otros detalles de luces de colores que fue admirado por todo Barbastro, obra de la paciencia, buen gusto y entusiasmo escolapio de nuestro P. Mariano Gaona, ayudado por un grupo de Postulantes. El Colegio de Hijas de la Caridad de San Vicente de Paúl adornó también su fachada y colocó una pancarta en que se leía: *Gloria y Honor a San José de Calasanz.*

Así, hermoseada la población con los arcos, y las casas particulares con colgaduras y luces, llegó el día 17 de marzo. El P. Benito Otazu, desde el micrófono, instalado en casa de D. Saturnino Acín, iba caldeando los corazones de los barbastrenses, que llenaban por completo la Av. de Graus, Pl. del Matadero y calles adyacentes, presentando un aspecto fantástico.

Las Autoridades civiles, eclesiásticas y militares, Seminario en pleno, Postulantados de los PP. Misioneros y nuestro (ostentando en su pecho la medalla del III Centenario de la muerte de Calasanz), comunidades de los PP. Benedictinos y Claretianos y Clero parroquial estaban junto al arco del Ayuntamiento esperando el momento de venerar las Reliquias, que llegaron en coche, acompañadas del P. Fermín Ramos, de nuestra madrileña Casa Pompiliana de Escritores, custodio de las mismas, el P. Narciso Monfort, Rector de Peralta de la Sal, y el P. Juan Otal, Vicepostulador de la causa de canonización de nuestros Mártires.

El disparo de bombas y cohetes, aplausos, himnos calasancios y el sonar de las campanas fue el anuncio de su llegada. La magnífica carroza había sido adornada con damascos y telas bordadas en oro, que galantemente había cedido el Cabildo Catedral. Se colocaron las Reliquias, entre el humo del incienso y el fervor del pueblo, sobre un magnífico Templete, encima del coche, seguido por niñas vestidas de ángeles y niños que sujetaban los cordones que salían del templete.

Las fuerzas militares cubrían el trayecto, pues se les había concedido a las Reliquias Honores Militares...

**Mayo 1949:**

Ocupa la Crónica de Mayo 1949 la **Confradía de Nuestra Señora de la Merced y el Cristo de la Agonía**, que se fundó en Barbastro en 1781; se trasladó a nuestra iglesia en 1813 y se rehízo en 1946. La imagen del Cristo es obra del zaragozano Bretón (L.C. págs. 197-198). Ver más en el capítulo de Las Cofradías.

**Julio 1949:** Se ha conseguido una subvención de 2000 pts. para **Comedores Infantiles** y 5000 para las **aulas gratuitas del Colegio**, por medio de Dª Mª Candelas Collado Herrero, empleada en el Ministerio de Educación Nacional y natural de Barbastro. En señal de agradecimiento se le regaló un crucifijo-relicario de Calasanz y otro para su madre.

El 11 del mismo **julio'49 tomaba posesión el P. Rector Benito Otazu,** que había sido durante seis años Maestro (Director) de Postulantes, en lo que le ha sucedido el P. Augusto Subías, procedente de Logroño.

Los **Ejercicios Espirituales de la Comunidad** fueron del 17 **de agosto'49 al** 24, víspera de la Festividad de Calasanz. Los dio el P. Rector y los Postulantes asistieron a algunas pláticas y actos. El 25 acudió un gran grupo de Exalumnos, a la eucaristía, la comida y la Hora Santa.

## Curso 1949-1950

20 de **septiembre'49**: marcha de 16 postulantes a Peralta, para iniciar su Noviciado.

El **28 de octubre'49** queda instalado el Teléfono en el colegio, con el número 259.

"El Noticiero", de Zaragoza, recogió el Triduo con el que **se inauguró "la monumental y artística imagen del Sagrado Corazón de Jesús"**, cuyo coste ascendió a 6.000 pts. Fue regalo del P. Benito Otazu antes de ser Rector, y no por subscripción popular como dijeron "El periódico" y la "Rev. Peralta". El P. Provincial, Moisés Soto, bendijo la imagen y consagró el colegio al Corazón de Jesús. Se reseña también que Dª Pilar Mauri confeccionó tres juegos −blanco, azul y rojo- para nuestros monaguillos; la construcción de una nueva Sala de Visitas, por 7.868 pts.; y la **elaboración de un nuevo Monumento para el Jueves Santo.**

## 31 diciembre 1949: queda cancelada la deuda del Ayuntamiento al Colegio

Y se cobran 9000 pts. del Ministerio de Educación Nacional, en concepto de dos grupos de aulas asimiladas a las Nacionales, Ropero y Cantinas escolares.

"El Heraldo de Aragón", "El Noticiero", "Amanecer" y "Nueva España" publicaron sendas crónicas. Dos autocares y cuatro taxis trasladaron a la cuna de Calasanz al Grupo artístico y familiares. Allí representaron algunos cuadros de la obra, cantaron jotas e interpretaron monólogos baturros. Al regreso hicieron parada en Monzón.

Visitan el Colegio el P. General de los Misioneros Claretianos, el P. General de los Benedictinos y el nuevo General Militar, D. Alberto Ruiz, Exalumno de nuestro colegio "San Antón de Madrid".

## 21 enero 1950: De nuevo, Asociación de Antiguos Alumnos

El periódico "Nueva España", de Huesca, publica un artículo comentando la creación de la Asociación de Exalumnos, la solemnidad de San Antonio, con predicación del P. Rector y la "espectacular bendición de caballerías, como de costumbre, en la plaza del Colegio". Cuatro días después "Nueva España" y "El Noticiero" vuelven a hablar de la Asociación de Exalumnos. **La Asamblea constitutiva fue el 23 de abril 1950.** Se apuntaron 120 y se fijó la cuota: cero para quien no pueda pagar y dos pts. para los que puedan. Se programó la representación del drama "Calasanz", original del P. Liborio Portolés, escolapio, que se llevará a cabo un mes después.

A continuación el cronista apunta **el Septenario de la Virgen de los Dolores** y la **Semana Santa**, que se celebró en nuestro templo, por estar la catedral en obras. De la Primera Comunión, "Nueva España" recoge la solemnidad con estas palabras: *"fueron brillantes los actos celebrados con motivo de la Primera Comunión, ajustada en sus símbolos y prestancia al ritual calasancio de las mejores épocas"*

**El 23 de mayo 1950,** la Asociación de Exalumnos tiene su primer acto cara al pueblo: la **representación del drama "Calasanz"** a las 10,30 de la noche en el Teatro Principal. Agotadas las entradas, se repitió dos días más. Y se conserva el programa de mano del 17 de **septiembre** para Binéfar.

## No se consigue el Instituto Laboral, pero se instala el Bachillerato

Se crea en Barbastro **un Instituto Laboral**, que se intentó funcionara en nuestro colegio, bajo nuestra dirección, pero no se consiguió, pese a la visita del P. Provincial (Valentín Aísa), el Rector (Benito Otazu) y el Teniente Alcalde al Sr. Ministro. Pero sí que fue nombrado Vocal del Patronato Provincial de Institutos Laborales nuestro P. Rector.

**17, agosto, 1950:** El P. José Mª Panillo dirige los Ejercicios Espirituales a la Comunidad y el Postulantado. **Se implanta el Bachillerato,** pero, al haberlo avisado muy tarde, sólo se matriculan siete alumnos.

## Comienza a sonar la Academia Cerbuna (1950) = "La A. Cerbuna nos hace despertar"

Después de varios años de interrumpido el bachillerato, se anota este dato: "Dada la marcha ascendente de la **Academia Cerbuna**, instalada en la Casa Sichar, frente al Colegio, y la instauración del Bachillerato Laboral... ante el inminente peligro de arrebatarnos lo nuestro – los niños- y el cuadro triste de estar nuestras aulas medio vacías, **nos lanzamos a la implantación del bachillerato,** a cargo del P. Subías y el P. Rector todas las asignaturas de 1°, que es el único que este curso funciona... Llegan los exámenes y, para implantar batalla, vamos a Lérida, donde los alumnos de la Academia Cerbuna se examinan. La vez siguiente ya son 70 los alumnos presentados y no hay ningún suspenso".

El 27 de **agosto'50**, aunque todavía continúan las obras por la parte externa de la iglesia, se celebra con la misma solemnidad la Fiesta de S. José de Calasanz.

## Curso 1950-1951

**El 2, octubre, 1950** se da por iniciado el curso con la misa del Espíritu Santo. Se explaya el cronista en las celebraciones del 29, 30, 31 de octubre y 1 de noviembre, con motivo de la **declaración del dogma de la Asunción,** la bendición del altar del Corazón de Jesús y de la Virgen de Fátima; y enumera los donantes de las vidrieras, con su precio incluido (L.C. pp. 224-225)

## Restauración e inauguración de la iglesia

Se cambiaron todos los tejados y hubo que quitar la espadaña y la Campana, llamada "Bachillera", porque era la que convocaba a los bachilleres en tiempos antiguos. Hasta aquí está Visto y Aprobado este libro de crónicas por el P. Provincial, Valentín Aísa.

En las obras del tejado apareció una cajita de cartón con tres medallitas de la Virgen del Pueyo y 21 anillos de distinta tamaño con la misma imagen. Terminadas las cubiertas y limpiadas las bóvedas se pasó a abrir las ventanas correspondientes a las vidrieras de la Virgen de las Escuelas Pías, S. Pompilio, P. Mistrángelo y P. Basilio Sancho, dos ilustres escolapios. Las basas de las columnas se hicieron nuevas. Los capiteles fueron reparados la mayoría.

El 27 de **noviembre 1950** se colocan los lienzos murales de la Asunción de María y de la Virgen de Fátima a ambos lados del crucero. La víspera, por la noche, se tiene un programa radiofónico dedicado al Fundador; la fiesta del 27 –Patrocinio de Calasanz- se celebra en total compenetración con el magisterio nacional, ya que, por primera vez, se tiene en el colegio un "ágape fraternal con ellos".

**Abril-junio 1951:** el Cronista se refiere al <u>Septenario de los Dolores</u>, la Semana Santa, la Primera Comunión (ésta el 14 de **mayo'51**), y los Exámenes finales en Lérida (24 de **junio'51**) "con resultados francamente satisfactorios, porque de los 70 presentados, no hubo ningún suspenso"

**Un Hallazgo Feliz:**

"Durante la primera fase de las obras de la catedral, ha aparecido en la cripta que hay en la Capilla del Cristo de los Milagros uno de los varios nichos profanados, en el que se encuentra un niño de unos cinco años en ataúd pintado de blanco, con algunos motivos ornamentales al óleo… el niño, momificado, no ha sufrido corrupción, a juicio médico, Dr. José María Cortina… Va vestido con túnica al parecer blanca, con cíngulo o ceñidor negro sujetado a la izquierda y bonete de cuatro puntas.

¿Será, por ventura **el Hermanito Juan Ranzón?** (de él hablaremos en el capítulo 13). Muchas probabilidades hay, certeza histórica es difícil… Póstulas no se notan en el rostro y, aunque el P. Jericó dice que murió de tifus, en aquel entonces llamaban tifus a una infección intestinal, a fiebres malignas, etc., etc..... ¿Cómo está en esta cripta? Cabe que al marcharse los PP. Mercedarios, lo llevaran a la catedral. Se ha consultado todo a dichos Padres, residentes en Lérida, y no nos han sabido dar noticias…

Ha reconocido este cadáver el P. Provincial y el amanuense (el que esto escribe), hasta tal punto que lo he levantado por los homóplatos y el cadáver rígido, sin descoyuntarse. Solamente tiene dos o tres vértebras cervicales caídas de la columna vertebral. ¿Será el Hermanito? ¡Dios lo quiera! Y deseo que un día salga a la luz. Se conserva las partidas de Bautismo y defunción, con las mismas fechas que nos da el P. Jericó. En la partida de defunción dice: 'fue enterrado de noche y con cerillas, de mercedario' (como sus padres lo llevaron a nuestro colegio el primer día).

**Primera misa del P. Ángel Alastruey Arbués:**

Se celebró en el Colegio a últimos de **mayo de 1951**. Apadrinaron al misacantano el Exmo. Sr. General, D. Alberto Ruiz y el Exmo. Alcalde, D. José Mª Marín. El orador fue el Sr. Deán, D. Francisco Izquierdo.

**Los Planos** de la situación antigua del Colegio, los de **julio de 1951** y la narración de las obras pueden verse en L.C. págs. 229-233. Al mismo tiempo que se hacen las obras en el colegio, se tira la casa de la huerta y se rehace "hospitalaria y habitable".

**Curso 1951-1952**

(Hay otro grande hueco en la información, desde agosto'51 a mayo'52; y de agosto'52 a noviembre'52)

El **22 de junio de 1952** quedan fijados los tres grandes lienzos en las bóvedas del templo; miden 8'15 ms x 4 el central y 3 x 4 los de extramuros; costaron 20.000 pts. Dos días después ya celebró el Obispo, D. Pedro Cantero Cuadrado, en nuestra iglesia con motivo del final de curso y asistió a continuación al Reparto de Premios en el Salón del Colegio.

**Curso 1952-1953**

Se inaugura el curso "con más solemnidad aún que el curso anterior". Nos hemos quedado, como otros muchos colegios, **sin la subvención**

**de comedores y ropero** que veníamos cobrando. A una simple insinuación del P. Rector, el Alcalde comunica que la subvención del Ayuntamiento se eleva a 15.000 pts. anuales (19 **diciembre 1952**). El 26 diciembre'52 es nombrado el P. Benito Otazu Censor de oficio en la Curia diocesana. Durante las cuatro primeras semanas de la **Cuaresma'53** se han dado en nuestro templo Ejercicios Espirituales a las distintas Ramas de Acción Católica, por canónigos y el Sr. Obispo.

**Adoración Nocturna en el Hogar:** Se ha constituido en Barbastro. El Director es el P. Benito Otazu. En el altar del Sagrado Corazón de Jesús se tendrá misa los primeros viernes a las 8,00 a.m. y, por la tarde, el ejercicio.

**El 21 de abril'1953** visitaron el colegio –no oficialmente- tres Inspectores de 1ª Enseñanza, los Sres. García Izquierdo, Bescós y Ezquerra; y esa misma noche, el Comandante Militar, Sr. General Sanz Vinageras. El 25 se tuvo Junta de Exalumnos para notificarles la Visita del P. General, Vicente Tomek. Se prestaron a pagar un coche que lo trajera desde Jaca.

**Llega el P. General a Barbastro el 1º de mayo'53**, a las 6,30 de la tarde. El objeto de la visita es conocer al personal. "El Cruzado Aragonés" recoge la noticia. Terminó la visita el 3 a las 8'00 de la tarde.

El 10 de **mayo'53** tuvo lugar la Primera Comunión de 37 alumnos "con el esplendor de años anteriores".

Y el **23 de junio'53**, un autobús lleva a Lérida a los muchachos de Bachillerato. Son unas 700 asignaturas las que sufren examen y un 3% las aplazan, por el rigor con que este año los tratan los catedráticos, por la supresión del promedio y la extinción del Plan.

**Otra vez, obras de reconstrucción en el Colegio y pérdida del Postulantado**

25 de **junio'53**: la Comunidad aprueba por unanimidad el plan de restauración del colegio. El 27 parten para Peralta de la Sal los postulantes.

El 1 de **julio'53** marchan a sus casas para sus vacaciones. "Desde este momento, el Postulantado de Aragón queda de nuevo instalado en Cascajo-Zaragoza, por motivo de las obras en nuestro Colegio de Barbastro.

Con fecha **5 de agosto'53,** conservamos una copia del Oficio mandado a Roma por el P. Provincial (Valentín Aísa) solicitando permiso para que la Comunidad de Barbastro pida un **préstamo** de 600.000 pts. para obras de reconstrucción y readaptación del Colegio.

En la pág. 247 del L.C. se recoge la aprobación de este Libro de Crónicas, con esta coletilla: "pero anótense los hechos dignos de mención desde el 29 de agosto de 1950".

### Comienza la piqueta demoledora: 29 agosto'53.

"Comienza la piqueta demoledora a dar principio a la obra gigantesca, que con la ayuda de Dios y de los Mártires de este colegio, se quiere llevar a cabo, para convertir el Colegio más viejo y antiguo de la España escolapia, en el más moderno... hemos pedido el auxilio de Quien todo lo puede y en él ha puesto toda su confianza la Comunidad. Los planos han sido levantados por el Arquitecto D. Regino Borobio. La Empresa constructora es de D. Sebastián Canellas, de Zaragoza; y el aparejador, el Sr Unzué".

### Día del Exalumno

El primer domingo a partir de la fiesta del Santo Padre hemos celebrado "El Día de los Exalumnos". A las 9'00 una misa nutridísima. Acto seguido la Junta ha tomado las clásicas "migas". Antes de la comida, campeonato de pelota en la terraza y examen de los planos, que han sorprendido, por lo reciente que habían sido inauguradas las obras anteriores. A la comida asistieron 140 exalumnos. En los postres, discursos del Presidente, Manuel Samitier, y del P. Rector, Benito Otazu. Se hizo entrega de un obsequio al General Alberto Ruiz, que en breve se despide de Barbastro, destinado a Madrid como Jefe del Patronato de Casas Militares. Termina el acto con el recital del Sr. Torrente y su ya tradicional "Pregón de Fiestas".

# CAPÍTULO V

## Del Curso 1953-1954 al 1959-1960

**Nueva Ley de Educación:** Con este año escolar comenzará la Reválida al terminar 4°, obteniendo el grado de Bachiller Elemental; y otra Reválida al finalizar 6°; para concluir con el Preuniversitario antes de ingresar en la Universidad.

### Curso 1953-1954

**El 2 de octubre'53** tuvo lugar **la inauguración oficial**. Se refuerza **la Comunidad** con los PP. Cirilo Fernández, Ignacio Iriarte y Marcelo Comín, dada la vitalidad que adquiere el Colegio. Los **alumnos** de 2ª Enseñanza suman 90… "Con el fin de que **la "Academia Cerbuna"** no reclute más profesorado –anda tras ello- y de que no se den comentarios en la ciudad, como que somos pocos profesores, se suman el Doctoral, D. Jacinto Fernández y D. Vicente Litago.

Como el año anterior, el Ayuntamiento nos subvenciona con 15.000 pts y 40.000 ladrillos para las obras.

### 27 de noviembre 1953: Patrocinio de S. José de Calasanz

La víspera el Rector (Benito Otazu) visitó las Escuelas Nacionales y habló con los niños y maestros/as. Por la tarde se concentraron en la Placeta todos los niños de la ciudad, y participaron en los juegos, cucañas, premios, etc. A continuación fuimos todos al Cinema, donde se proyectó una película que les encantó. Por la noche tuvimos una

emisión en Radio Barbastro en honor de Calasanz. Intervinieron niños/
as de las EE. Nacionales y del Colegio. Hablaron dos maestros y el
Rector, y se cerró con el Himno a Calasanz.

Al día siguiente la iglesia del colegio era un enjambre de niños; la
misa fue cantada por los bachilleres, bajo la dirección del P. Iriarte. Los
autobuses trasladaron al magisterio y la Comunidad a Peralta de la Sal.
Terminó la fiesta con unos fuegos artificiales en la Placeta.

## Visita del Nuncio al Colegio y Comunidad

El cronista deja luego constancia de la visita del Nuncio de la Santa
Sede en España, Mons. Hildebrando Antoniutti, así: "llega a Barbastro
de incógnito, con motivo del estudio del Concordato, a fin de llevar a
la práctica la División de Diócesis. Sin esperarlo, es llamado a Palacio el
Rector y el Superior de los PP. Misioneros. Con ellos conversó más de
media hora y les anunció la visita a sus Casas al día siguiente. A las 10'30
hace su entrada en nuestra iglesia... acto seguido recorrió el Colegio,
haciendo grandes elogios de él, comparando el que había visto en la
liberación de la horda marxista y el actual... Quedan fotografías en
el álbum del colegio, que reflejan su visita y el estado del colegio en
medio de las obras".

Recoge después la Crónica el Septenario de la V. de los Dolores.

El 16 de **mayo, 1954** fue la **Primera Comunión**. A mediado de mes
fueron los exámenes de 4º curso en Lérida. De los 14 presentados, tres
son eliminados. Del resto de alumnos de bachiller (76) sólo 7 asignaturas
salen descalificadas. El resultado de la Academia Cerbuna, en cambio,
ha sido "bastante deficiente"... Por todas partes se extiende la fama del
Colegio y las peticiones son muy numerosas.

## Curso 1954-1955

El Cronista resume así el inicio: "los actos del nuevo curso tienen
una tónica muy similar al anterior, sin dejar ninguna de las fiestas más

señaladas. Como el cronista pasó por alto la **fiesta del P. Rector,** que es día de alegría y que los Padres ponen todas sus dotes para el mayor esplendor, señalo esta vez que ningún año ha faltado el partido de fútbol, con copa de premio al Equipo vencedor, película de cine, sesión extraordinaria en la emisora de radio, excursión, etc. Son los hijos quienes corean al Padre con todo afecto y cariño"

## 8-diciembre-1954: Regalito de la Virgen al P. Otazu

Estando predicando el P. Rector, Benito Otazu, en Naval, quiso la Virgen darle 'un regalito' en este último día del Año Mariano: afectarle una enfermedad, parálisis facial, que según los médicos es debida a un frío que ataca al nervio facial. Es pronosticada de larga duración.

Se dedican las págs. 251-271 del Libro de Crónicas a detallar <u>las obras ya realizadas</u>; y en otras veinte páginas la <u>bendición e inauguración</u>. Me limito a copiar los subtítulos subrayados: "fachadas, puertas, atrio de la iglesia, fachada interior, salón de actos, sala de visitas, escalera, planta 1ª, planta 2ª, internado y enfermería, comunidad; electricidad, pintura, fontanería, escayolista decorador".

## Nota interesante: otro milagrito, esta vez al niño García

Así se narra: "Hecho milagroso podríamos llamar el que ni un rasguño tuvimos que lamentar, con los peligros que había en el patio de juego, donde estaba el montacargas. Al niño García le cayó un ladrillo del montacargas, y ni sangre le hizo en la cabeza. Se le curó como medida preventiva, un insignificante rasguño en el cuero cabelludo. ¡Cómo sería, que fue a su casa por su propio pie al salir todos los niños del Colegio, hora del accidente; y por la tarde asistió a clase como si nada hubiera sucedido! Gracias sean dadas a Dios y al Santo Padre Calasanz, que con tanto mimo y cariño han cuidado a nuestros niños, durante el transcurso de todas las obras".

A continuación cuenta que del mismo montacargas y a cuatro metros de altura cayó un obrero, se deshizo un riñón y el hígado quedó partido en tres partes... gracias al cirujano Bragado, de Huesca, salió con bien, cuando todos esperábamos un fatal desenlace.

Habla luego de los lienzos de la bóveda y de la obra de los Navarro, de Zaragoza (L.C. pág 270).

## Inauguración del Colegio Restaurado

Fue el **19 de junio de 1955.** Sobre este tema se dice "que rebasó todos los cálculos humanos" y transcribe el cronista lo que dijo el periódico "Nueva España" en su nº 5.767 del 22 de junio: Las obras han costado dos millones de pesetas, convirtiendo aquel Centro en el más moderno de los existentes en España. El Sr. Obispo, que lo bendijo, el Gobernador Civil y el P. Provincial (Moisés Soto) pronunciaron interesantes discursos... (págs. 271-290). Hubo acto académico, y tras él la **Velada teatral**. Con la representación de "*Hambre atrasada*". La visita detenida a las obras; el banquete, y, a los postres, el parlamento del Alcalde, del Gobernador Civil, que se comprometió a arreglar la Plaza, hoy llamada del Ayuntamiento. Hubo luego una audición de jotas de una estupenda Rondalla barbastrense... El mismo día y en el mismo Diario viene un Reportaje de la jornada inaugural.

El Alcalde de Barbastro hizo, en su discurso, el ofrecimiento de la Medalla de la Ciudad al P. Benito Otazu, Rector: "mientras la primera autoridad municipal pronunciaba un elogio sentido hacia la labor por él desarrollada, de las mejillas del P. Benito se deslizaban dos lágrimas, que las entendía uno como la mejor muestra de su cariño por la juventud de Barbastro y por la misma ciudad, que tantas veces ha venido demostrando a lo largo del tiempo de estancia al frente de esta gloriosa escuela calasancia. El momento cobró aires de auténtica emoción, cuando el Gobernador Civil, D. Ernesto Gil Sastre, se sumó, sentida y cálidamente, al acto de homenaje..."

El 23 de **junio de 1955** se recibió un Oficio del Ayuntamiento adjuntando tres certificaciones, para el P. General, el Provincial y la Casa, del acuerdo tomado -a petición del Presidente de los Exalumnos- de sumarse a los actos de la bendición e inauguración del "nuevo

Colegio" y al merecido homenaje hacia la persona que ha sabido cultivar y continuar la gloria de la primera Casa Calasancia de España, transformándola en modernísimo y ejemplar Centro de Enseñanza. Y conceder la medalla de Plata de la ciudad, primera que se otorga, al P. Benito Otazu.

Los Ejercicios Espirituales de este año los dirigió el P. Federico Ineva, escolapio. Se unió a ellos la comunidad de Peralta de la Sal. Al concluirlos hicieron las dos comunidades una excursión y tras la merienda-cena, el Noviciado les recreó con una Velada.

### Nuevo Rectorado: P. Narciso Monfort

El P. Benito Otazu es trasladado a Peralta de la Sal y **el rectorado de Barbastro recae en el P. Narciso Monfort**, que había sido el alma de la resurrección, reconstrucción y renovación del Santuario Calasancio.

En **septiembre'1955** se tiene Capítulo General en Roma: **es reelegido el P. Vicente Tomek.** Previamente había sido el <u>Capítulo Provincial de Aragón</u>, que nombró como Provincial al P. Moisés Soto.

### Curso 1955-1956

**Octubre 1955: La Comunidad** queda así: han sido trasladados los PP. Benito Otazu e Iriarte incorporándose el Hº Mariano Gil y el P. Narciso Monfort como Rector. Los **alumnos** de 2ª Enseñanza son 123; y los restantes, hasta 328, de Primera. Los **internos**, 44. En el **profesorado** se nos incorporan el Canónigo Doctoral, D. Jacinto Román (que dará clase de Religión) y el Comandante Gómez (que enseñará inglés).

### La REVISTA "LAS TRES R.R.R." (Reconstrucción, Renovación, Resurrección) PASA A BARBASTRO

Esta Revista fue fundada por el P. Narciso Monfort -diciembre de 1953- en Peralta de la Sal. Ante las muchas preguntas sobre si continuará al ser él trasladado a Barbastro se contestó que "no sólo continuará, sino que esperamos salga mejorada en todos los aspectos, desde enero de 1956. Lo único que cambiará será el destino del dinero que se obtenga, que pasará a ayudar los gastos de la mejora del colegio barbastrense y de alumnos necesitados.

El P. Director dice así: "en cuanto al segundo fin de la Revista (el primero era ayudar económicamente a la restauración del Santuario y del Colegio de Barbastro) de llevar a los hogares y a los corazones la doctrina más pura, el humor y la alegría, seguirá la trayectoria recorrida con nuevo entusiasmo, celo y optimismo. Por eso esperamos que continuarán favoreciéndonos todos nuestros subscritores, que se darán de alta muchísimos más y que lloverán los anuncios, de cuantos ayudando a la Escuela Pía, se ayudan a sí mismos. Finalmente, dado el volumen de subscritores de nuestra Revista, suprimiremos el sorteo mensual, a partir de enero'1956, por no disponer de tiempo para una labor tan entretenida"

## En el Nº 18 de la Revista, Octubre 1955, Año II, leemos esta "Historia Breve":

*Nació nuestra Revista "La Tres R.R.R." en Peralta de la Sal hace exactamente 19 meses, con ansias reconstructoras, renovadoras y de resurrección. Al tener que dejar aquel campo tan amado, contempla satisfecha un templo precioso para San José de Calasanz en su misma Cuna; un palacio austero, elegante y acogedor para los benjamines de la Escuela Pía y niños de Peralta; una Parroquia, que guarda la pila bautismal donde Calasanz recibió la regeneración de la gracia, en vías de reconstrucción; y un Noviciado repleto de jóvenes, que ansían perfección y apostolado en la niñez, hasta no poder cobijar ni a un solo pretendiente más.*

*Salió a la calle la Revista tan pobrecita y humilde, que más bien parecía una Hoja volandera. A los tres meses cambió su ropaje y su voz se hizo más potente... luego se atrevió a sacar un extraordinario de más de 30 páginas.*

*Así las cosas, por causas que todos saben (traslado del P. Narciso Monfort, fundador, a Barbastro como Rector) se traslada "Las Tres R.R.R." a*

*Barbastro, para ser CLARÍN AGUDO Y VOCERO AUDAZ DE LAS ACTIVIDADES DE LOS ALUMNOS Y EXALUMNOS, saliendo con nuevo ropaje, con ansias incontenibles, con trayectoria definida, como marca su lema, al encontrar un Colegio reconstruido casi en su totalidad (pero que hay que dejarlo completo) renovado (al cambiar, siendo el más moderno cuando era el más antiguo de los Colegios Escolapios en España) y resucitado (lleno de vida) al sentirse FELIZ con sus aulas rebosantes de niños que estudian, juegan, ríen, lloran y sobre todo REZAN.*

*Un colegio con sus trescientos cincuenta años y cientos y cientos de Exalumnos organizados, necesitaban una Revista orientadora, luminosa, valiente, sembradora de inquietudes, calasancia hasta la médula, amena y sobre todo batalladora. Y lo será, porque la haréis vosotros, queridos alumnos y exalumnos, pudiendo intervenir en todas sus secciones (como ya lo habéis hecho en este primer número, compuesto a uña de caballo). Y lo será, porque cuentan con LA BENDICIÓN DE DIOS, al recibirla de la mano de nuestro VENERADO OBISPO, Dr. Segundo García de la Sierra, y de nuestro amadísimo P. PROVINCIAL, Moisés Soto de San José, cuyos deseos serán para nosotros órdenes marciales y sus mandatos, algo sagrado que cumpliremos sin desmayo, esperando que nuestra publicación compense con creces las tribulaciones anejas a los cargos directores".*

Continúa esta "Historia Breve" con una Salutación cordialísima al "Cruzado Aragonés"… a la Emisora de Radio… a todas las Autoridades religiosas y civiles… y a cuantos trabajan en el mismo campo de la Enseñanza: Instituto Laboral, Academia Cerbuna, Escuelas Nacionales o demás Centros, donde nos encontraremos siempre bajo la protección del Celestial Patrono de todos los Escolares, San José de Calasanz…

Como dato curioso, transmito lo que dice la contraportada: "Colegio Internado de las Escuelas Pías, dirigido por los RR.PP. Escolapios: Parvulario, Primera, Segunda Enseñanza y Mecanografía. El mejor internado de la Provincia. Colegio reconstruido recientemente a tenor de todas las exigencias modernas tanto pedagógicas, como higiénicas y culturales. Alumnos Externos, Vigilados, Mediopensionistas e Internos. Teléfono 259. Barbastro (Huesca)". La suscripción anual estaba así: Ínfima: 15 ptas.; Cobre: 25; Níquel: 50; plata: 100; Oro: 250; y diamante: de mil pesetas en adelante.

## Sesiones dominicales de Cine, Salón de juegos y biblioteca

**Octubre'55:** el tercer domingo comenzaron las <u>sesiones dominicales de cine</u>. Las dos primeras sesiones, (la primera lleno el salón y la segunda vacío), fueron infernales por la mala visión y el horroroso sonido. Más de un mes se tardó en comprar una máquina válida, por 25.000 pts. a pagar en cinco meses (L.C. págs. 294-296).

Se habla en la crónica de una Conferencia del escolapio Máximo Ruiz de Gaona, colaborador del Instituto Nacional de Investigaciones Científicas e investigador infatigable; de las subscripciones que se van obteniendo para los gastos de la Reconstrucción del Colegio; de los Exalumnos, que se subscriben en bloque a la *"Revista las Tres R.R.R"*, que la miran y mirarán como a las niñas de sus ojos; de la Visita del P. Provincial; y de la finca "La Ramilla".

Pero lo más importante es que aparece **un apartado sobre la Piedad**, que dice: *"Muy pronto se pondrá en marcha la Acción Católica; es sumamente consolador ver los racimos de alumnos que se acercan a comulgar, así como los Turnos de Tarsicios, que se tienen a diario; y los Primeros Viernes. Todo edificante en extremo y ejemplarmente educativo"*.

Quedó encargado de la Escuela (aula) 2ª D. Jesús Uruel, quien desde septiembre la rige con acierto.

Tenemos ya, ¡bien visitado!, un **Salón de Juegos**, en el que pronto habrá, además, un magnífico billar, mesa de ping-pong y una biblioteca selecta y formativa.

## Las fincas de la comunidad

Una de las primeras preocupaciones del nuevo Rector, P. Narciso Monfort, fue la visita y vuelta al cultivo de nuestras fincas, "La Ramilla" y "Los Galafones". Asesorado por el Sr. Foncillas y con el consentimiento de la comunidad se volvieron a cultivar. Durante varios días dos tractores convirtieron el erial en una de las mejores fincas de aquellos contornos. La operación costó 16.000 pts

## Profesión Solemne y Patrocinio de Calasanz'1955

El **20 de noviembre 1955** se tuvo la **Profesión Solemne** del joven Félix Díez Carrera. La iglesia estaba llena de alumnos y exalumnos y más de uno de los asistentes echó sus lagrimitas. El **Patrocinio de Calasanz** contó este año con tres guiones radiofónicos los días 24-26, en la emisora de Barbastro, a base de los versos del P. Liborio Portolés y conferencias, por la Directora del Grupo Escolar de Niñas (Mª José Pena), D. Rufino Bruno Vidal (Delegado Local del Sindicato Español del Magisterio: SEM) y cinco Maestros nacionales más. El 26 hubo Misa para nuestros alumnos, junto con los de las Escuelas Nacionales. El 27 se tuvo la misa solemne, con nuestros alumnos, los del Instituto Laboral y la Academia Cerbuna, con homilía del Sr. Obispo; y a las dos de la tarde hubo un fraternal ágape con todos los maestros en el comedor de internos, con los clásicos discursos. Los actos terminaron con la intervención de los niños, bajo la dirección del P. Valencia, y unas palabras del Rector.

## Cuatro días de Conferencias sobre "El Mundo Mejor"

Organizadas por la Curia Diocesana se tuvieron en nuestro Salón y fueron dadas por destacados miembros de A. C. de Huesca, Zaragoza y Madrid. Concluyeron con las palabras del Obispo, "un discurso de tal altura y maestría que los hombres de Barbastro, que llenaban el Salón, difícilmente olvidarán".

Nos visitó D. Eusebio Martí, barbastrense y exalumno, Vicepresidente del Consejo Superior de Industria, y brazo derecho de Mons Zacarías en el apostolado seglar de A.C. Quedó maravillado de las mejoras introducidas en el Colegio. Elogió *"Las tres R.R.R."*, que prometió difundir por Madrid y Provincias.

Los alumnos respondieron a la Campaña de Caridad promovida por el Alcalde, con 500 pts. El 24 de **diciembre'55** se repartió el "Pan de S. Antonio", en tal cantidad que sobraron para llevar a las Hermanitas de los Ancianos Desamparados. La fiesta de Santa Lucía se celebró con nuestra participación.

**Enero 1956:** El cronista anota lo recaudado para la reconstrucción del colegio (174.316), ayuda a los alumnos pobres (1.776) y para los Ejercicios Espirituales de los alumnos (568 pts). Cuenta luego que en la **Fiesta de la Sagrada Familia**, la misa fue en la catedral, pero por la tarde hubo un solemne acto eucarístico en nuestro templo y a continuación la proyección de "*Agustina de Aragón*". La de **San Antón** se celebró con misa de comunión a las 8,30; y en la Placeta la bendición de las caballerías, por el Vicerrector, P. Bonifacio Andrés Sedano; a las 11'30 la misa solemne, al final de la cual fueron recibidos por el Obispo; nuestra iglesia fue insuficiente esta vez para tanto fiel. La función de los **"Tarsicios"** resultó emocionante por la piedad, los cantos y el ceremonial calasancio.

## Ejercicios Espirituales de los alumnos mayores

"Por vez primera en este colegio, siendo Rector el P. Narciso Monfort, un grupo numeroso de los alumnos mayores practicó los Ejercicios Espirituales en completo retiro. Fueron 41 y el lugar, Peralta de la Sal".

**Febrero de 1956** fue un mes de difícil olvido por la temperatura, que en Barbastro llegó a 15 bajo cero, y el daño producido al campo fue enorme.

**Marzo'56** comenzó con un triduo en honor del Papa, los días 1, 2 y 3. Predicaron los PP. José Valencia, Cirilo Fernández y el Rector. Los alumnos tomaron parte en la solemne procesión infantil, organizada por la Curia, y en el Te Deum de la catedral.

En la **fiesta de Santo Tomás de Aquino**, hubo Misa cantada, Velada "artístico-literaria, cómica y musical"; los alumnos del último curso representaron un Sainete de Muñoz Seca, dirigidos por el P. Pedro Mª Areta Berasaín; y emisión radiofónica de altos vuelos. En todo participaron nuestros alumnos con los del Instituto Laboral, Academia Cerbuna y sus profesores.

## Nuevo préstamo de la Caja de Ahorros:

Dados todos los pasos que manda nuestra legislación se solicitó un nuevo Préstamo, como el de 1954, para saldar la deuda de las obras.

Se nos concedió el 15 de **marzo'56**, al 4'50%, con la obligación de devolverlo con intereses y amortización en 20 años.

### Los estudiantes del S. Viator de Huesca

Los chicos de Huesca tuvieron sus Ejercicios Espirituales en Peralta de la Sal, y tanto al ir como al volver pararon en nuestro Colegio de Barbastro. Fueron invitados a una sesión de cine y a un encuentro deportivo.

El 22 de **marzo** comenzaron "los 13 martes de S. Antonio", con misa y comunión en el altar del Santo.

**Abril'56:** Como novedad, leemos que hubo en nuestro templo Ejercicios Espirituales abiertos para los alumnos de 1ª Enseñanza y los tres primeros cursos de bachillerato; los predicó el P. Rector, Narciso Monfort. Y también el retiro mensual para la A. C. del colegio. Se anota además la aparición del primer número del 'Periódico mural' de la A. C. del colegio. Recibió las dos primeras Órdenes Menores el Clº Félix Díez, de manos del Obispo de la diócesis.

### Mayo'56: Reliquias de S. Ignacio y Festividad de S. José Obrero

Visitaron Barbastro las Reliquias de S. Ignacio de Loyola, fundador de los jesuitas. En el recibimiento tomaron parte los alumnos y profesores del colegio.

El P. Rector expuso a los asistentes a nuestro templo el significado de la nueva fiesta de S. José Obrero. El **2 de mayo'56**, excursión de los Internos y algunos vigilados, a Monserrat después de visitar Lérida. El mismo día los del Calasancio de Zaragoza jugaron un partido con los nuestros e intervinieron en Radio Juventud, dando muestras de por qué son Premio Nacional de Canto. El 13 de **mayo'56** fue la Primera Comunión: 46 niños y una niña. No se habla de Velada, pero sí de que la mayor parte de los neocomulgantes dio un buen donativo para la reconstrucción del Colegio.

Los Exalumnos, reunidos bajo la presidencia del P. Narciso Monfort, acordaron "constituir en firme y a partir de la fecha de hoy el <Consejo

de Ingenieros y Técnicos Barbastrenses> como selecta hijuela, que coordinará, en servicio de la prosperidad y engrandecimiento de nuestra Ciudad, las iniciativas de todos sus miembros; fue elegido Presidente D. Emilio Martí. Y no habiendo más asuntos que tratar, se levantó la sesión" (se amplía la noticia en las págs. 320-323 del L.C.)

## Junio 1956: Resultado de los exámenes de nuestros alumnos en Lérida

Se presentaron 1.049 asignaturas; el 0'38 % obtuvieron matrícula de honor; el 10'5%, sobresaliente; 24'22%, notables; 56'35%, aprobados; y 8'85 suspensos.

También los alumnos de Enseñanza Primaria tuvieron exámenes en el colegio ante el Tribunal formado por Padres del Centro, presididos por el Rector, Narciso Monfort. Fueron examinados con cantos, poesías y diversos ejercicios que no sólo deleitaron a todos, sino que los llenó de admiración su saber y el desparpajo, gracia y seguridad con que contestaron. Se repartieron 20 matrículas, 80 sobresalientes, 100 notables y 40 aprobados (L.C. pág 311).

## Julio 1956: Hacia la fusión del Colegio con la Academia Cerbuna:

Hablando con el gran amigo D. Antonio Foncillas —dice el P. Rector, Narciso Monfort-- le indiqué lo acertado que sería, ante la escasez de religiosos profesores, incorporar a nuestro colegio el profesor de la Academia D. Adolfo Franco, del que yo tenía las mejores referencias en todos los conceptos. El Sr. Foncilla no sólo alabó mi idea, sino que fue más lejos y me dijo ¿y por qué no fusionan la Academia con el Colegio? ¿Había oído yo bien? ¿Se podía intentar esta fusión? De conseguirla, desaparecería la competencia entre los dos Centros y las no buenas relaciones que anteriormente hubo, y, sobre todo desaparecería un centro donde iban chicos y chicas. Valía la pena intentarlo. Por eso le dije a D. Antonio que él mismo se lo expusiera al Sr. Franco y me diera la respuesta cuando la tuviera.

No tardó en invitarme a dar un paseo hasta La Ramilla, y allí, en la soledad del campo, sin otro testigo que Dios, los pajaritos y las plantas, me dijo que el Sr. Franco estaba dispuesto a la unión o fusión siempre que nos entendiéramos y atáramos los cabos y resolviéramos todas las dificultades que, como se verá, no serían pocas.

Tuvimos la primera entrevista con el Sr. Franco, muy cordial y sincera, y aunque por las dos partes había verdadero interés en la fusión, ambos adivinamos que las conversaciones serían largas y laboriosas, y todos tendríamos que ceder un poquito, para poder conseguir el fin propuesto.

A medida que se iban repitiendo las entrevistas, se iban complicando las cosas. Conformes con la fusión, había que llegar a un acuerdo económico, ya que el Sr. Franco y D. José María Aniquino, director de la Cerbuna, pasarían a dar las clases en el colegio, pues reclamaban también ambos clases, juntamente con la Sra. Rosalía en el colegio de San Vicente, a donde habían de pasar las alumnas de la Academia.

Me entrevisté con la superiora del colegio de San Vicente (Hijas de la Caridad), quien al principio era opuesta a la fusión y se oponía tenazmente a que formaran parte de su profesorado, tanto el Sr. Aniquino como la Sra. Rosalía; y, por si esto fuera poco, de ninguna manera estaba dispuesta a dar el sueldo que pedían. Era el nudo gordiano tan difícil de romper o desatar que no encontré otra solución que incorporar a los tres en nuestro colegio, dando a la Sra. Rosalía una clase de párvulos.

**Así las cosas, llegó el mes de agosto'56.**

Abarrotado el Internado con los **44 internos**, parte de los cuales tuvieron que ser alojados en habitaciones nuestras, entre ellas la del Provincial, expuse, ya antes de terminar el curso, la situación al mismo Provincial, quien, con la aprobación de su congregación (los cuatro Asistentes), autorizó la construcción de un nuevo dormitorio entre la quiete (lugar donde descansan y conviven los religiosos después de comer y cenar) y la parte vieja; y la creación de una nueva Sala de Estudio en el piso de bachillerato, además de otras pequeñas reformas en el mismo piso. Inmediatamente de terminado el curso, empezaron las obras, a cargo de la

Empresa "La Rodera", después de haber aprobado los planos el Sr. Borobio, arquitecto que dirigió toda la renovación y restauración del colegio.

## Agosto 1956: Más sobre la fusión del Colegio y la Academia Cerbuna:

Preocupado de la marcha de nuestras entrevistas con el Sr. Franco y la superiora del Colegio de San Vicente, di cuenta de todo al P. Provincial y al Sr. Obispo. Ambos me animaron a seguir en las conversaciones hasta conseguir la fusión completa. Éstas duraron todo el mes de agosto, hasta la víspera de la Festividad de S.J. de Calasanz el 27 (después de la Reforma del Concilio la fiesta pasó del 27 de agosto al 25, día de su muerte). Fueron largas y laboriosas hasta que se venció la dificultad de la Superiora de S. Vicente, que sólo accedió a que diera clase la Sra. Rosalía, pero de ninguna manera D. José Mª Aniquino, a quien también le costó ceder, pues a toda costa quería dar clase en las monjas. Sólo cedió cuando le proporcioné cinco clases diarias en nuestro Colegio.

Por fin se firmó el contrato entre las tres partes cuando nosotros nos comprometimos a dar a D. José María 18.000 pts. al año, teniendo cinco clases diarias; y a D. Adolfo Franco 22.500 impartiendo cuatro clases y llevando la Secretaría, bajo la dirección de uno de los Religiosos. El contrato es válido para cinco años, a no ser roto por una de las partes en conformidad con la otra. Se hizo público desde la Emisora Local el 26 de agosto; hablaron D. José María con un discurso hermoso y documentado y el P. Monfort, Rector, que hizo una emotiva y larga historia del Colegio, que puede leerse en las págs. 314-317 del Libro de Crónicas. Termina esta crónica con la **celebración de S. J. de Calasanz, el 27 de agosto'56**, tan solemne como en años anteriores.

## CURSO 1956-1957

**Septiembre'56:** Se recoge que **en verano se dieron clases de recuperación** y que los exámenes en Lérida únicamente tuvieron un 0'8% de suspensos. En la Reválida sólo cayeron dos alumnos.

A continuación se habla del cambio de gestión en La Torre: de llevarla a medias, se pasó a hacerlo por administración. El Sr. Domingo Sierra fue el contratado como Administrador de las tierras de Galafón y Ramilla. Cobrará un jornal de 35 pts. diarias "mientras no cambie la situación actual del coste de la vida" y el 3% de todos los frutos. La duración del contrato era para cinco años. Se compró un remolque, capaz de 3.000 kilos para el tractor, por 12.500 pts.

La **apertura del nuevo curso** tras la fusión trajo **un aumento de alumnado en más de cien**. **Suman 430**, de los que 190 son de 2ª Enseñanza; **internos eran 70**, gracias al nuevo dormitorio con 22 camas. **Comunidad:** fueron trasladados cuatro Padres (José Valencia, Mariano Sahagún, Pedro Mª Areta y Félix Díez) y se incorporaron: Mariano Olivera, Fernando García, Jesús Angulo y el Hº José Giner Salvador. Al **profesorado** se unieron los Srs. José Mª Aniquino y Adolfo Franco. Cesaron el Sr. Canónigo Jacinto Román y el Comandante Gómez.

## Comedores escolares

Una vez pasados los primeros días del curso, de intensa labor en la organización del colegio, se abrieron los Comedores Escolares, para los niños más desamparados "y media docena de los mismos se sentirían aliviados tomando el mismo alimento que los internos, con lo que a la vez que alimentamos al mismo Cristo, como él mismo nos enseña, ayudaremos al crecimiento de unos cuerpecitos, que de otra manera estarían predispuestos, por lo menos a sucumbir a las enfermedades que se ceban en los jovencitos depauperados"

## Noviembre'56: Escuela Nocturna Profesional:

Siendo Barbastro una ciudad eminentemente comercial, aunque las enseñanzas del Bachillerato no dejan de preparar a los muchachos para abrirse camino en la vida... Nos dimos cuenta, en seguida, de la necesidad de instruir a estos muchachos en materias especializadas y nos decidimos a abrir **la Escuela Nocturna Profesional**, estando encargado de las enseñanzas del francés y caligrafía el P. Rector; de ortografía y geografía política, D. José María Aniquino; del Cálculo mercantil, D. Santiago Canet.

## La Fiesta del Patrocinio de Calasanz (27 de Noviembre)

Esta repetición de la festividad de Calasanz fue un privilegio papal. Se instituyó en noviembre, dado que los alumnos de algunos países y sus profesores no están el 27 de agosto en los colegios, sino de vacaciones. Pues bien, la de este año, **1956**, se celebró con más solemnidad de la habitual, pensando que el´56 era el IV Centenario de su nacimiento. Sin embargo, posteriormente los investigadores señalan el 1557.

El cronista escribe que "el acto cumbre fue la intervención del Sr. Obispo en la Institución del Centro Interno de A. C., bendición de la bandera e imposición de Insignias". Narra luego que antes de la fiesta hubo Triduo, en el que predicaron los PP. Conde, Olivera y Rector (Narciso Monfort); cucañas en la placeta; partido de fútbol contra los Salesianos de Monzón; tres sesiones de cine para todos/as los niños de la población; el 27, misa para todos los alumnos de las Escuelas Nacionales y más tarde la solemne, celebrada por D. Francisco Izquierdo Trol, en la que predicó el canónigo D. Raimundo Martín.

**Diciembre'56:** Marchó el Hº Fidel Ausín Cantera y le sustituyó el Hº Damián Bello. Los malos sucesos de Hungría tuvieron eco en el alumnado y la Cofradía de la Merced

**ENERO 1957:** El 22, a las 4 de la tarde salía un grupo de 44 alumnos de 3º y 4º de bachiller para hacer sus Ejercicios Espirituales en Peralta de la Sal. No pudieron ir cuantos lo querían, por falta de habitaciones. Ya es norma que los de 5º y 6º vayan todos los años.

La Festividad de **la Sagrada Familia** se compartió entre la catedral, donde el Obispo presidió la celebración por la mañana, y nuestra iglesia, donde tuvo lugar, por la tarde, un solemne acto eucarístico con la presencia del Obispo, y la representación de "El Millonario", que gustó mucho.

**San Antón** se celebró como de costumbre con la misa de comunión, bendición de los caballos, misa solemne y visita al Sr. Obispo.

## Petición de aumento de la subvención del Ayuntamiento

Tanteados todos los miembros de la Corporación municipal. Entre las razones que da el Rector en su Oficio consta: las condiciones de dar enseñanza gratuita a dos alumnos de Bachiller ha cambiado mucho; se ha creado una nueva Escuela (aula) de 1ª Enseñanza; el número de gratuitos y semigratuitos ha aumentado hasta rondar el centenar; se ha abierto el Comedor Escolar; si los Superiores Escolapios ven que aumenta la subvención nos podrán dar permiso para seguir ampliando el colegio; la subvención de 15.000 pts. fue espléndida para cuando se comenzó, pero el costo de la vida la hace hoy "insuficiente y menguadísima", no respondiendo ya al fin que cumplía hace años.

El Ayuntamiento contestó el 10 de **enero'57** diciendo que "acogió con cariño su petición, pero desconociendo cómo se han de desarrollar las consignaciones figuradas en el Presupuesto, ya confeccionado, y los rendimientos que darán algunas implantadas por primera vez, acordó por unanimidad dejar la subida de la subvención pendiente hasta que se cuente con elementos de juicio para poder resolver" (firma el alcalde, José María Nerín)

## Febrero'57: Tributación del Colegio al Ayuntamiento

En vista de que el Ayuntamiento nos pasaba al cobro trimestralmente la tributación correspondiente, se hizo la oportuna reclamación; y recibimos esta grata contestación: "Tengo el honor de participarle que, evacuada la oportuna consulta sobre el caso de tributación de ese colegio, resulta que es de aplicación el párrafo 1º del Artº 20 del vigente Concordato de 27 de agosto de 1953 y, en consecuencia, se halla exento de impuestos y contribuciones de índole estatal y local: 27 de febrero…"

## Obsequio a Dª Consuelo Clarimón

La Comunidad aprobó lo que sigue: "Ha determinado que Dª Consuelo, vistos sus favores e interés por las cosas del colegio, y reconociendo su vida abnegada y su sacrificio en bien del mismo, se compromete a atender todas sus necesidades, sin ninguna excepción, para que el día de mañana pueda tener una vejez digna y tranquila, sin que tenga que preocuparse por un porvenir incierto" (2 de **febrero'57**…)

En **marzo'57** tuvo lugar una <u>poda de los árboles</u> de nuestras fincas por seis expertos durante una semana, como consecuencia de las heladas del invierno pasado, "sacando de siete a ocho mil kgrs. de leña y 640 fajos de ramas."

## Visita Oficial del Provincial, P. Moisés Soto

**Abril'57** fue el mes de la Visita. Dejó escrito y firmado en el Libro de Crónicas: "Alabamos el celo y minuciosidad con que se han anotado los detalles referentes a la restauración del colegio, así como el cuidado con que se recogen noticias que harán luz en los tiempos venideros sobre los sucesos del pasado".

En efecto, nosotros, como redactor de la Historia de este Colegio de Barbastro, y ustedes como lectores/as, somos deudores de los sucesivos cronistas, cuyas noticias estamos usando.

**Mayo'57** nos trae el recuerdo de la Primera Comunión, los Exámenes, especialmente de las Reválidas de 4º y 6º, y la Excursión de los internos a Tarragona, pasando por Poblet "donde admiraron las bellezas del arte, los recuerdos de la Historia y las maravillas de la naturaleza".

**Junio'57:** Todos los cursos de bachiller, no sólo 4º y 6º, se examinaron en Lérida con resultados que se detallan a continuación: "el 1'3%, matrículas de honor; 9'5% sobresalientes; 39% notables; 42% aprobados; 9% pendientes, con la particularidad que la mayor parte de esos suspensos fueron en la asignatura de Política, en la que no toman parte los profesores del Colegio, sino los enviados por el Frente de Juventudes". Se especifica luego qué alumnos obtuvieron matrículas, destacando Andrés Cáncer, de 5°, que sacó cuatro. Al Ingreso se presentaron 40 alumnos y todos salieron bien".

**Julio'57** se abrió con las **Clases de Repaso en el Colegio**, desde el día 1, hasta el 15 de septiembre. Y con las obras de ampliación del colegio, totalmente necesarias por el aumento de alumnos: nuevos dormitorios (se espera que se puedan admitir 50 internos más), nueva quiete, nuevo Gabinete, otra aula para Primaria y cocina más amplia.

**Agosto'57:** Al terminar los Ejercicios Espirituales de la Comunidad, dirigidos por el P. Rector, P. Monfort, se tuvo la Fiesta de Calasanz con el Triduo que predicaron los PP. Fernando García, Víctor Conde y el Rector; el panegírico del día 27 estuvo a cargo del Superior de los Salesianos de Monzón, P. Manuel Ramón. Los cantos de estos cuatro días los aportaron los postulantes claretianos.

La **Clausura del I Centenario del nacimiento de Calasanz** la presidió el P. Narciso Monfort desde los micrófonos de Radio Barbastro leyendo un precioso artículo del P. Ángel Clavero y añadiendo una buena parte de su cosecha.

**Septiembre'57:** En los exámenes aprobaron la mayor parte de los suspensos en Política, y en las Reválidas de 4° y 6°. Es tradicional entre nosotros los traslados en las comunidades: Marcha a Jaca el P. Jesús Angulo y vienen Los PP. Máximo Leoz, Moisés Rubio y el H° Pantaleón Sorriqueta. Otra novedad gozosa es que el H° Damián Bello es encargado de los párvulos.

## Curso 1957-1958

**Octubre'57:** Llegó la hora de comenzar otro curso, los **internos** pasan de 80. El día 2 se abrió el curso con las consignas del Rector a alumnos y profesores; el H° Antonio Valero se hizo cargo de la nueva aula de pequeños. La fiesta del P. Rector se celebró el 29, con Velada en la que intervinieron el P. Conde y alumnos de todas las secciones, además de una sesión de cine, y regalos de los exalumnos y alumnos (éstos le obsequiaron con una casulla semigótica).

27 de **noviembre'57**: <u>La fiesta del Patrocino</u> va cogiendo fuerza. Comenzó el 26 con las campanas al vuelo y los cohetes, las cucañas para chicos y mayores en la Placeta, y la actuación de la "Agrupación Santa Lucía", de Huesca, que nos deleitó durante dos horas con lo mejor del folklore aragonés, en canto y baile. El 27 por la mañana misa para todo el magisterio con sus alumnos. Después celebró D. Francisco Izquierdo Trol para los nuestros. A la mesa nos sentamos más de cuarenta comensales, algunos eran maestros de la comarca, que por primera vez participaban. Terminó la fiesta con tres proyecciones gratuitas de "Ultimatum a la tierra".

### Febrero'58: repoblación en las fincas

Se hizo una profunda repoblación en las fincas: en la Torre 11.000 pinos, 600 almendros; y dos cerdas de cría con el macho correspondiente; todas las fallas en Ramilla, 34 puntales en la huerta, y una buena poda en la Torre y Ramilla.

### Marzo'58, se venden libros antiguos para comprar actuales

Se cuenta la lista de libros actuales que se han comprado con el dinero obtenido de la venta de libros antiguos, autorizada por nuestros Superiores de Roma (L.C.pág. 343).

En **abril'58** tuvo lugar el **Capítulo Local**, de Jueves Santo a Domingo de Pascua: salió de vocal para el Capítulo Provincial el P. Marcelo Comín y como adjunto el P. Cirilo Fernández.

**Mayo'58:** El 2 **Juraron la Bandera** ocho miembros de la Comunidad: los PP. Cirilo, Benito-Santiago, Marcelo, Víctor, Fernando, Máximo. Moisés y el Hº Antonio. **Primera Comunión** de 54 alumnos; exámenes y la celebración solemne de la Virgen de las Escuelas Pías, el día 31.

## Junio'58: Bodas de Oro del P. Bonifacio Andrés, Exámenes y clausura

El resultado de los exámenes finales fue: 1'5% matrículas; 4'4% sobresalientes; 23% notables; más del 50% aprobados y 17% suspensos. Los exámenes de los cinco grados de 1ª Enseñanza **fueron públicos,** como otros años y tuvieron resultados "altamente satisfactorios". Esto fue una práctica muy frecuente en la Escuela Pía, que le sirvió de propaganda. El P. Vicente Faubell los estudia en su libro *"Acción educativa de los Escolapios en España (1733-1845)"*, Universidad de Comillas, Fundación Santa María, 1987, págs. 661. El 22 fue la clausura del curso 1957-58, con la misa y la Velada en el Salón, con asistencia del Alcalde y el Presidente de la Asociación de Exalumnos. Hubo música, poesías y el reparto de los diplomas y premios. Los asistentes superaron los asientos.

El colegio participó en los primeros cultos públicos de la Beata Teresa de Jesús Fornet, en la catedral con la predicación a cargo del P. Rector.

## Agosto'58: Bodas de Oro de la Vestición del P. General:

El 27 se celebró en toda la Escuela Pía, coincidiendo con la fiesta de Calasanz, **las Bodas de Oro de la Vestición del P. General** (acto con el que se inicia el Noviciado). Nuestro colegio envió a Roma un donativo de 7.000 pts. y un valioso "ramillete espiritual" (oraciones y sacrificios que ofrecieron los alumnos por el General). La Revista "Las Tres RRR" publicó dos artículos del P. Rector, Narciso Monfort; y el número de febrero'59 de "Ephemerides", la Revista Oficial de la Orden, fue extraordinario en su honor. El P. Tomek es considerado el restaurador de la unidad en la Escuela Pía, después de los 'Regalismos', por los que quedamos varios países separados de Roma. También el Deán, D. Francisco Izquierdo, "muy amigo de la Escuela Pía", le dedicó una composición latina en el periódico local, "El Cruzado aragonés".

Los días 28-30 de **agosto'58** hicieron "la Comunidad y el Profesorado una **Peregrinación a Lourdes**, acompañados de los PP. Ángel Pastor, Emilio Monforte y de los Sres. Luis García Marrodán (comandante de Infantería), D. César Berdejo y esposa, D. Bruno Jordán y D. José

Fuentes". La amplia reseña que ofreció "Las tres RRR" la escribió el P. Rector.

El **31 de agosto´58** celebración del **Día del Exalumno** y **se renovó su Junta Directiva**: Presidente: José Mª Cortina; Vicepresidente: D. Vicente Agraz; Tesorero: Mariano Turmo; Secretario: Mariano Sanz; Vicesecretario: Fernando Mayor; Vocales: Manuel Samitier, Antonio Aznar, José Mª Nerín, Ernesto Torrente, José Mª Nevot, Sigfredo Ortega, José Parina y Javier Ferraz.

## Curso 1958-1959

Comienza la crónica con el cambio de cronista: cesa el P. Monfort, Rector, e inicia el P. Fernando García Marrodán. La **comunidad** está formada por diez Padres, un Clº y cuatro HH.: P. Narciso Monfort Tena, (51 años), Rector, colector de intenciones de misa; P. Bonifacio Andrés Sedano (74 años) Vicerrector, lleva la 'Oración Continua'; P. Mariano Olivera Arroyo (64 años), da Religión en 2º, 4º A y B y latín en 3º; P. Valentín Larriba Hombrados (32 años), ecónomo y da Literatura a 3º, 4º A y B; P. Cirilo Fernández Peregrina (30 años) Director de Internos y Prefecto de 2ª Enseñanza, da Matemáticas 3º, C. Naturales 5º, Química 5º, Física 6º; P. Santiago Muruzábal Gambarte (29 años), Secretario de la casa, Director de Internos, da Religión 1º, 3º, 6º, Literatura 1º, Dibujo 1º y Ortografía 1º y 2º; P. Víctor Conde López (28 años), Director Espiritual, da Literatura 2º y 6º, Latín 4ºA y B, Historia 6º, Filosofía 6º y Redacción 5º; P. Fernando García Marrodán (27 años), cronista, Director de internos, da Dibujo 2º y 5º, Matemáticas 1º y 2º; Física y Q. 3º y Caligrafía 1º y 2º ; P. Amador Santamaría Ibáñez (25 años) da 4º Primaria y Geografía de España 1º; P. Moisés Rubio Martínez (24 años), 5º Primaria en Ingreso; clases nocturnas, operador de cine y Prefecto de Primaria; Clº Dionisio Pérez Pardo (24 años) alumno en el Seminario diocesano, Ayudante de Internos, Delegado de Deportes y Salas de Estudio; Hº José Giner Salvador (41 años) Horario, ayudante del Sacristán y otras labores; Hº Antonio Valero Calvo (27 años) Primaria 2º, Preparación de 1ª Comunión y Operador de Cine; Hº Pantaleón Sorrigueta Alonso (18 años) enfermero y refitolero; Hº Damián Bello Gracia (23 años) sacristán y grado Infantil.

(N.B.- En la comunidad del curso anterior estaban el P. Marcelo Común y el P. Máximo Leoz; y NO estaban el P. Valentín Larriba ni el P. Amador Santamaría, ni el Cl° Dionisio Pérez)

**Profesorado seglar:**

D. José Mª Aniquino Durán (61 años) Geografía Universal 2° e Historia 3°, 4° A y B.

D. Adolfo Franco Lleida (41 años) Secretario de Estudios, Matemáticas 4° A-B, 5° y 6°; Física y Q. 4° A y B.

D. Santiago Canet Olivera (41 años) Clases nocturnas (contabilidad, etc)

D. Luis de la Torre Vázquez (24 años) Formación del Espíritu Nacional y Gimnasia en los 6 cursos de bachiller.

D. Ignacio Jordán Poyuelo (21 años), 3° de Primaria.

**Octubre'58:** En los primeros días fue **la enfermedad y muerte de Pío XII.** Exactamente la madrugada del 9. España guardó diez días de luto nacional El colegio entero, 1ª y 2ª enseñanza, tuvo un acto eucarístico y el P. Director Espiritual dirigió las preces por la salud del Pontífice. Dos días después se tuvo otro acto similar en la catedral, con asistencia del Obispo, Cabildo y Autoridades. El 14 se celebró en la catedral un solemnísimo funeral. El 25 del mismo mes comenzó el cónclave para la elección de su sucesor. El 28 Radio Vaticana anunció, a las 17'23, el **nuevo Papa, Ángel-José Roncalli, Juan XXIII.** El 4 de noviembre fue coronado. España declaró Fiesta Oficial este día, concediendo indulto a los presos.

El 19 **Octubre'58: Domund,** con una recaudación de 2.298'85; la clase que más recaudó fue 3° y la que menos el parvulario. El 29, **santo del P. Rector, Narciso Monfort:** Misa de comunión para todo el colegio, Velada literario-musical y entrega del obsequio de un bello cuadro; por la tarde, cine.

**Deporte:** En los torneos de fútbol celebrados entre los Centros de Enseñanza y Acción Católica de Barbastro, el Colegio se proclamó Campeón de las dos categorías: infantil y juvenil.

**ENERO 1959:**

A mediados de mes se tuvieron dos Tandas de Ejercicios Espirituales en Peralta de la Sal: una para los dos 4° y la otra para 5° y 6°.

En este tiempo, los sacerdotes que no llevaban más de cinco años ordenados tenían un examen anual, llamado "del Quinquenio". El cronista señala el día 4 como la fecha en que tuvo lugar el año 1959.

**Febrero'59**: El 13 falleció el H° José Giner Salvador, de 72 años

**Mayo'59:** El 24 subieron al Pueyo los alumnos de 2ª Enseñanza y el 30 los de 1ª.

**Junio'59**: El 21 fue ordenado sacerdote el P. Dionisio Pérez. Y tuvo lugar la Velada de Fin de curso, con asistencia de autoridades civiles, militares y de la Asociación de Exalumnos. Hubo poesías, cantos y bailes vascos, muy aplaudidos.

**Julio'59:** el 1 tuvieron lugar en nuestro colegio los Exámenes para obtener el Certificado de Estudios Primarios, presididos por D. Luis Lacau; los nuestros obtuvieron 2 sobresalientes y 9 notables de los 11 que se presentaron.

**Curso 1959-1960**

**Septiembre'59:** se examinaron en Lérida los suspensos: en 4°, 13 presentados y 10 aprobados; en 6°, 4 presentados y 4 aprobados.

En cuanto a los exámenes de la 2ª Enseñanza se presentaron 225 muchachos, contando los 30 de ingreso: 1.667 asignaturas, obteniéndose el 1'7% de matrículas, el 6'1% de sobresalientes, el 24'2% de notables,

el 59'2 de aprobados, y el 8'8% de pendientes. En la Reválida de 4°
triunfaron 36 alumnos, casi tantos como los de los tres últimos años.

El 11 falleció el alumno Miguel Ángel Molí Campo. Todo el alumnado
acudió al funeral y conducción del cadáver.

Antes de comenzar el nuevo curso fueron trasladados los PP. Valentín
Larriba, Dionisio Pérez, Antonio Valero y el H° Pantaleón Sorrigueta.
Vinieron nuevos: los PP. Juan Otal, Francisco Rubio, Fernando
González y los HH° Manuel Gargallo y Javier Samaniego.

**Comunidad del curso 1959-1960:**

P. Narciso Monfort, Rector y colector de misas; P. Bonifacio Andrés,
Vicerrector y Consultor; Juan Otal, ecónomo; Mariano Olivera,
consultor y revisor de cuentas; Francisco Rubio, Director Espiritual;
Cirilo Fernández, Revisor de cuentas y Prefecto de 2ª Enseñanza;
Santiago Muruzábal, Secretario de la casa y Director de Vigilados;
Víctor Conde, Director de Internos y Vigilados y Consiliario de A. C.;
Fernando García Marrodán, Director de Internos y Vigilados y Cronista;
Fernando González Beato, Director de Internos y Vigilados; Amador
Santamaría, grado 4°; Moisés Rubio, Prefecto de Primaria y grado 5°;
H° Manuel Gargallo, refitolero y enfermero; H° Damián Bello, sacristán
y parvulario; y Javier Samaniego, Grado 2°.

**Profesores seglares**: Adolfo Franco, Secretario de Estudios; José Mª
Aniquino; Luis de la Torre y Javier Ferraz.

Para el **Domund** de 1959 se recaudaron 3.270 pts., quedando
Campeón el aula de 5° grado. Las **pensiones** subieron así: Párvulos: 85
pts. mensuales; grados 2° y 3°: 100 pts.; 4° y 5°: 115 pts.; Ingreso: 125; 1°,
2°, 3° Bach.: 200 pts.; 4°,5°,6°: 235; Mediopensionistas: 600 pts.; Internos
de 1ª Enseñanza y 1° a 3° Bach: 1000 pts.; Internos de 4° a 6°: 1200
mensuales. (L.C. pág. 367)

**Noviembre 1959:** Del 7 al 14 tuvo lugar la Visita Oficial del P.
Provincial, Moisés Soto.

**ENERO 1960**: El 2 fueron destinados a Argentina los PP. Moisés Rubio y Fernando Gª Marrodán; y el 10 llegó de Argentina el P. Valentín Gallo, que se hizo cargo de la escuela (aula) 5ª; el 14 fue nombrado **nuevo Cronista el P. Francisco Rubio**. Del 24 al 28 hicieron sus Ejercicios Espirituales los de 4°, en Peralta de la Sal. Y el 31 marcharon los de 5° y 6° a los suyos.

**Marzo'60**: Hubo **Visita General Canónica**, hecha por los PP. Julián Centelles y Francisco Ineva.

**Mayo'60:** Los que hicieron **la Primera Comunión** fueron 39 niños y 5 niñas, celebró el P. Narciso Monfort, Rector. "La preparación y fervorines fueron encomendados al P. Francisco Rubio". La **Peregrinación al Pueyo** y ofrenda a la Virgen fue los días 19 y 26.

**Certamen Catequético:**

Primero tuvo lugar el arciprestal, en el que quedaron finalistas los alumnos Francisco Pascau y Fernando Antolínez, de los grados 2° y 3° respectivamente. Ambos acudieron al Diocesano, que fue en el Grado: Pascau salió con el título de Príncipe y Antolínez obtuvo un Accesit.

El día 29 hizo la entrada en la Diócesis su **nuevo Obispo, D. Santiago Flores**. Tanto en la recepción como en el besamanos participó parte de la Comunidad y todo el alumnado.

**Junio'60**: El 1, **día de la Virgen de las Escuelas Pías**, se tuvo la consagración de los alumnos a la Virgen. El 12 nos visitó el Cuadro Artístico de nuestro Colegio "Santo Tomás" de Zaragoza (hoy llamado "Escuelas Pías"): actuaron la Rondalla, el Cuadro Infantil de Jotas en pareja, tres artistas de "Ondas Infantiles", el solista de acordeón Otín y el ilusionista Paniego. El público estuvo complacidísimo. Del 21 al 28 tuvo la comunidad sus Ejercicios Espirituales, dirigidos por el Director Espiritual del Seminario.

A lo largo de **junio y julio'60** tuvieron lugar **los exámenes** de 1ª Enseñanza en el colegio; y los de Ingreso y Bachillerato en Lérida. El **4**

**de julio'60** llegó destinado a la Comunidad el P. Andrés Pereda, recién ordenado sacerdote y, más tarde el P. Pedro Elola.

El 26 de **agosto'60**, víspera de la fiesta de Calasanz, la comunidad cantó las Vísperas; y la misa solemne fue el 27 por la tarde. El 28 se celebró el **"Día del Exalumno"**: a las 8,30, misa; a las 14,00 comida de fraternidad con 32 Exalumnos, la comunidad y la presidencia del Obispo. A los postres hablaron los Sres. Cortina, Presidente de la Asociación, el Sr. Puyuelo, residente en Barcelona y el P. Rector

# CAPÍTULO VI

## Del Curso 1960-1961 al 1971-1972

**Comunidad de 1960-1961:** P. Narciso Monfort (54 años), Rector, colector y profesor de Bachillerato; P. Bonifacio Andrés (77) Vicerrector, Consultor, confesor y encargado de la "Oración Continua"; P. Mariano Olivera (68) Consultor, Profesor de bachillerato; P. Francisco Rubio (66) Ecónomo y profesor de bachillerato; P. Valentín Gallo Arnáiz (53 años) prefecto y profesor de Bach. y Director de Internos; P. Pedro Elola (35) Director de Internos, Cronista y profesor de Bach.; P. Santiago Muruzábal (32) Depositario, Director de Internos y del cine, profesor de Bach.; P. Cirilo Fernández (33) Director de Vela (cuidado del Estudio); P. Víctor Conde (31) Director de internos y Director Espiritual, profesor de Bach.; P. Amador Santamaría (28) Prefecto de pequeños y grado 5°.; P. Andrés Pereda (25) Grado 4°; H° Manuel Gargallo (64) refitolero y enfermero; H° Javier Samaniego (23) Grado 2° y operador del cine; H° Damián Bello (26) Sacristán y Grado Infantil.

**Profesores seglares:**

D. José Mª Aniquino, profesor de Bach.; D. Adolfo Franco, Secretario de Estudios y profesor de Bach.; D. Luis de la Torre, profesor de Bach.; y D. Juan Latorre, Maestro de 3° grado.

**Primeros Cursillos de Cristiandad en Barbastro**

El 2 de **octubre'60** se hizo en el Seminario de esta ciudad la clausura del primer "Cursillo de Cristiandad". Intervino activamente el P. Víctor

Conde; y muchos de los Padres de esta comunidad estuvieron en el acto de clausura. El P. Francisco Rubio viajó a Zaragoza y estuvo una semana para formarse en el modo de llevar el Libro de Economía.

El **29 octubre'60 se celebró el santo del Rector**: misa por la mañana y una efusiva felicitación de los alumnos, con poesías, cantos, discursos, etc. A la comida asistieron autoridades de la plaza, el Deán, Sr. Izquierdo, profesores del colegio y el Rector de Peralta de la Sal. Por la tarde se proyectó *"Cinco pistolas"*.

### Clases de "Cultura" y horario de los grupos

Además de la 1ª Enseñanza y el Bachillerato, hay alumnos que asisten a algunas materias de Bachiller y a otras de la clase 5ª. Los de 1ª Enseñanza entran a las 8'45 y salen a las 12'30; vuelven a las 3'00 y terminan a las 6'30, menos Ingreso que lo hace a las 7'00. El Horario detallado de Bachillerato puede consultarse en L.C. pág 380.

**Festividad de Cristo Rey:** El Obispo se ha preocupado de dar solemnidad a esta fiesta. La víspera hubo una Velada en el seminario: los seminaristas representaron el Auto Sacramental *"El colmenero divino"*. Al día siguiente se concentraron en la catedral los niños de la ciudad para honrar a Cristo Rey con una devotísima misa de comunión.

### Noviembre'60: Clases especiales de música e instrumentos de cuerda

Desde comienzos de mes se tienen en el colegio, de 19'45 a 20'45. El P. Amador es el encargado, con los Sres. Mariano y Ferraz. Asisten 20 alumnos.

**Número de alumnos:** Primera enseñanza: 254; Segunda: 213. Total 467, de ellos Internos son 67.

## La celebración del Patrocinio de Calasanz

Comenzó la víspera por la tarde con lanzamientos de globos y cohetes. El día de la fiesta: misa de comunión con plática del Obispo; y por la tarde partido de fútbol de los mayores contra Salesianos de Monzón, y proyección de *"La Cenicienta y Ernesto"*, para terminar con una traca y fuegos artificiales en la Placeta.

El 18 de **diciembre'60** llega el P. Provincial, Moisés Soto. Las Vacaciones navideñas son del 21 de diciembre al 8 de enero'61. El P. Conde asiste en Madrid a un Cursillo sobre Ejercicios Espirituales para alumnos. Nos visitó el P. Mompel, testigo presencial y redactor de la presencia roja en nuestro colegio, más el martirio de su comunidad.

**ENERO 1961:** Nuestros chicos salen con sus huchas a pedir por las calles de la ciudad. Destacaron los de 5° grado y 1°-2° cursos. El 9 de **febrero'61** nos deleita un ilusionista chino, de nombre "Fumanchú" durante dos horas. Y el 15 el P. Amador es nombrado Consejero Diocesano de la Cáritas Escolar.

Este invierno han sido muchos los casos de paperas, gripe y sarampión, no sólo entre nosotros sino también en el Seminario y el Instituto, que suspendieron las clases. Llamativamente el clima primaveral se ha adelantado un mes.

## 7 de marzo'61: Festividad de Santo Tomás de Aquino

En Barbastro se han unido todos los estudiantes de los cursos superiores, para celebrar a su Patrono: la víspera (6 de marzo), Velada en nuestro Salón; a las 22'00 la Tuna Estudiantil rondó por la ciudad a la Reina de la fiesta y autoridades. El 7, misa y partido de fútbol con copa entregada por la Reina; a las 4'00 y 6'30 proyección de *"Un ángel pasó por Brooklyn"*, carrera de cintas, etc.

Del 18 al 24 de **marzo'61** se celebró el **Septenario de la V. de los Dolores**, que lo cerró el Obispo con su plática; pero la Procesión no se pudo celebrar por la lluvia. El 25, día de la Anunciación se tiene una emotiva Comunión General y comienzan las vacaciones de Semana Santa, hasta el 3 de **abril**. Aprovechando las vacaciones los religiosos tienen el **Capítulo Local** con tres sesiones.

Desde comienzo del curso dos canónigos dan **Conferencias de Moral** en nuestro templo: los lunes para hombres y los miércoles para mujeres. También desde comienzos del curso se suelen tener **"Horas apostólicas"** siempre que hay Cursillo de Cristiandad en que intervengan personas de la ciudad.

**Certificado de Primera Enseñanza:**

**Abril'61:** el día 6, los llamados alumnos de "Cultura" y otros de Primaria, en total 17, fueron a las Escuelas Nacionales para ser examinados y obtener el Certificado. Aprobaron los 17. El día 22 se dio una Conferencia por un Padre de la sociedad de Misioneros de África, a la que asistieron todos los alumnos. El 29 fueron los exámenes de FEN (Formación del Espíritu Nacional) por el Sr. Macarro y de Gimnasia (Educación Física) por el Sr. Parra, profesores ambos que vinieron de Lérida. También se examinaron aquí los Postulantes de Peralta, 42 de los cursos 3° y 4°. El P. Rector, Narciso Monfort, va a Lérida, del 23 de abril al 2 de mayo.

**Mayo' 61:** El 1 y durante varias semanas, se preparó **"Ofrenda de sacrificios y oraciones, junto con una limosna"** para entregar al Sr. Obispo. Los alumnos del Colegio con la comunidad contribuyeron, destacando la sala de 1°-2°, que reunió 730 pts. Los de Secundaria asistieron en la catedral a la Misa de Comunión, oficiada por el Obispo, al Te Deum y besamanos en el palacio.

Los Exalumnos organizan una charla de D. José Cabezudo Astrain, el 4 de **mayo'61**, sobre "La brujería en el s. XVI: un proceso de la Inquisición a una bruja de Pozán de Vero".

El 7 fue la **Primera Comunión**, hubo más niñas que los años anteriores; y nuestros escolares fueron más de 40.

## Exámenes escritos y orales con entrega de Premios:

El cronista presenta las notas de todo el Bachillerato, incluidas las Reválidas de 4° y 6° en Lérida (L.C. págs. 402-406). En cuanto a Primaria se dice que **los diez últimos días de mayo** tuvieron lugar las pruebas escritas en los distintos grados y <u>los exámenes orales</u>, presididos por el P. Rector. Para el Catecismo también hubo exámenes y día especial.

El 14 de **junio'61** los Internos Pequeños excursionaron, con los PP. Muruzábal y Elola, a Graus, Benabarre y Peralta.

**Junio'61: La entrega de Premios** se hizo el 18, a continuación de la Santa Misa, a las nueve de la mañana. Y a las 11'00, en el Salón, actuó la Rondalla del colegio, hubo cantos, poesías, etc. Presidieron el P. Monfort (Rector), los PP. Mariano Olivera y Pedro Elola, el Teniente Alcalde, Sr Cortina, y el Presidente de Exalumnos. En el Programa-invitación se anunciaba que las **clases de verano** serían de las 9'00 a las 13'00 y que los **precios para el curso siguiente** permanecerían los mismos. El 19 llegan los Novicios de Peralta, aprovechando la visita médica prescrita y suben al Pueyo. También estuvieron aquí 33 clérigos de nuestro Juniorato de Albelda de Iregua, que acaban de terminar sus estudios teológicos y han ido a Peralta de la Sal; 20 de ellos están recién ordenados Sacerdotes. Y el 22, la Comunidad pasa el día en el Valle de Ordesa.

Al examen de Ingreso se presentaron 41 chicos, de ellos sacaron sobresaliente 4, notable 16, aprobados 20 y suspenso sólo uno (L.C. pág 409)

Del 24 de junio al 1 de julio'61 tiene la comunidad sus Ejercicios Espirituales, dirigidos este año por el P. Juan Aris, S.J. (Las págs. 412-414 recogen las fotos de todos los cursos de Primaria).

**Julio'61:** los religiosos de la comunidad organizan sus vacaciones en dos turnos, para poder atender las <u>clases de verano</u>, los compromisos de las misas, etc. El primero las inicia el 3 de julio; y el 2° el 28 de **julio'61**, para estar de vuelta el 21 de agosto.

## El 25° aniversario oficial de los Mártires de nuestra Comunidad de Barbastro

Tuvo lugar el Día de Santiago Apóstol (**25 de julio**'61), en el Salón de Actos, por iniciativa del Vicario General, D. Santos Laluega. Fue un acto solemne y sencillo a la vez, en el que se reunieron los claretianos, el clero diocesano, los benedictinos, los escolapios y las autoridades eclesiásticas y civiles, junto con el público concurrente. El acto comenzó a las 12'30 de la mañana, presidido por el Sr Obispo, D. Jaime Flores, con el que fuera el primer Obispo de Barbastro, Mons. Tavera C.M., y el Deán, D. Francisco Izquierdo Trol.

La introducción estuvo a cargo del Vicario y a continuación los representantes de las tres Órdenes hablaron de sus respectivos mártires. El haberse elegido nuestro Salón fue debido a que sirvió de cárcel y 'altar' de los Misioneros Claretianos, Benedictinos, Escolapios y del Obispo, D. Florentino Asensio, que estuvo recluido en el cuarto del Director de Internos.

El coro de los claretianos entonó los cantos que cantaron entonces sus hermanos mártires. Palabras emocionadas y sentidas de los dos Obispos cerraron el acto.

## Nuevo P. Provincial, P. Teófilo López

El 2 de **agosto'61** toma posesión el que hasta ahora ha sido Secretario General y Rector de S. Pantaleón, la casa de Roma donde viven el P. General y su Curia.

El 26-27 de agosto'61 se celebró la **fiesta de nuestro Fundador**, S. José de Calasanz, como de costumbre.

## Nuevo Rector de Barbastro, el P. Augusto Subías

El 28 se leen los nombramientos: El P. Monfort marcha como Rector a Peralta y en su lugar es nombrado Rector de Barbastro el p. Augusto

Subías. El P. Manuel Comín, Rector de Daroca; y el P. Valentín Gallo, Asistente Provincial. Los periódicos "El Noticiero", "El Cruzado Aragonés" y "Nueva España" se hacen eco de los nombramientos habidos. De los 25 años de los mártires escolapios se conservan dos crónicas: una del 8 de septiembre en el "Nueva España" y otra del 9 en "El Cruzado Aragonés", ambas del P. Pedro Elola.

## CURSO 1961–1962
## Comunidad y Profesores seglares:

P. Augusto Subías (46 años) Rector, colector y profesor de Bach.; P. Bonifacio Andrés (78) Consultor, confesor y Encargado de la Oración Continua; P. Mariano Olivera (69) Vicerrector, consultor y profesor de Bach.; P. Francisco Rubio (67) Director espiritual y profesor de Bach.; P. José Mur (58) Profesor de Bach. y Director de Vela (Sala de estudio); P. Pedro Elola (36) Director de Internos mayores, Cronista y profesor de Bach; P. Cirilo Fernández (34), Director de Vela y profesor de Bach.; P. Santiago Muruzábal (33) Director de Internos, Procurador y profesor de Bach.; P. Moisés Navascués (31) Director de Internos Menores, Prefecto de Bachillerato y profesor de Bach.; P. Amador Santamaría (29) Ecónomo, Director de Internos Menores, profesor de Bach.; P. Andrés Pereda (26) maestro de la 5ª; Hº Manuel Gargallo (65) refitolero y enfermero; Hº Damián Bello (27) sacristán y grado Infantil; Hº Javier Samaniego (24) grado 2º y operador del cine.

**Profesores seglares:** D. José María Aniquino, profesor de Bach. y Director de Vela; D. Adolfo Franco, profesor de Bach. y Secretario de Estudios; D. Juan Latorre, profesor de Bach. y maestro de 4º grado; D. Enrique García. Profesor de Bach.; D. Ignacio Gil, maestro de 3º grado (fue sustituido en enero por D. Jaime Domínguez); El Sr. Luis de La Torre fue sustituido en FEN y Ed Física por D. Enrique García.

El 11 de **septiembre'61** comienza el curso la 1ª Enseñanza, con los mismos horarios del año anterior. La 2ª Enseñanza lo hace el **2 de octubre**'61.

**Misa diaria del alumnado:** Tanto los de 2ª Enseñanza, a las 8,30, como los de 1ª, a las 9,00, acudían diariamente a la eucaristía.

### ¿Instituto de Enseñanza Media en Barbastro?:

El 2 de **septiembre'61** "El Cruzado Aragonés" había publicado: *"Instituto de 2ª Enseñanza en Jaca: Nos alegramos y felicitamos a la ciudad de Jaca por la reciente creación del Instituto. Recordamos también los tiempos en que Barbastro tuvo un Instituto y pensamos si el próximo año −IV Centenario de uno de los Hermanos Argensola- podría traernos un aumento de interés para conseguir esta mejora".*

Así las cosas, empieza a crearse un falso ambiente en pro del Instituto y se aprovecha la llegada del Sr. Gobernador de Huesca, con motivo de la inauguración de la sucursal de la Caja de Ahorros, para salir éste con la siguiente declaración: *"Marchan por el mejor camino las gestiones para dotar a Barbastro de un Instituto de Enseñanza Media, que permitirá que los escolares cursen aquí mismo sus estudios, sin necesidad de desplazamiento ni alejarse del ambiente familiar, precisamente en los años en que les es más necesario".* "La afirmación del Gobernador fue interrumpida por una gran ovación". Así copiamos, al pie de la letra de "El Cruzado Aragonés" con fecha 25 de **noviembre'61**.

Y análoga noticia fue publicada en "Nueva España", "Hoja del lunes, de Zaragoza" y "El Noticiero", los días 19 a 21 de noviembre. Además, el Sr Alcalde de Barbastro se expresaba en términos semejantes, aunque negaba haber sido el autor y haber conocido semejante Plan…

La cuestión del Instituto quedó en mera palabrería, porque el Sr. Gobernador lo proponía como adscrito al de Huesca, y esto no agradó a los barbastrinos.

El 1° de **noviembre'61** se abre el curso de A. C. con una conferencia de D. Joaquín Pano, en nuestro salón. Acuden militantes y el Sr. Obispo, autoridades eclesiásticas y civiles.

**Homenaje a Su Santidad Juan XXIII:**

El domingo **5 de noviembre'61** tuvo lugar este homenaje en la catedral, y a él se sumó el colegio entero.

El **22 de noviembre'61:** pasaron por el Colegio el P. Provincial (Teófilo López) y el P. Poch (escolapio de Cataluña e Investigador del Periodo Español de Calasanz).

El **Programa del Patrocinio de este 1961** recoge el Triduo y la Misa del **27 de noviembre'61** en la catedral para todos los niños/as de las Escuelas Nacionales, del Colegio de San Vicente y Escolapios; y los "actos profanos" del 25-26-27: distintas sesiones de cine para todos los Centros de la ciudad, partidos de fútbol y presentación de la Compañía Teatral *"Millón de seriedades"*, para terminar con la traca habitual. El **30 de noviembre'61**, "Nueva España" publicó una crónica de estos días.

**ENERO 1962:** Por primera vez y por iniciativa del P. Elola se había construido un precioso **Belén en la clase de 1º**, que fue muy visitado y elogiado. "Las Tres RRR" de **enero'62** publicó las fotos del grupo de peticionarios, del trío ganador del DOMUND y los partidos de juveniles e infantil.

**El Obispo en el colegio:**

D. Jaime Flores, obispo de nuestra diócesis, "tiene la amabilidad de costear "el pan de los pobres" que se reparte cada martes, próximo al día 13, en nuestro templo y viene él a repartirlo. Con esta ocasión el **8 de enero'62** subió a ver el Belén y conversó amablemente con los Religiosos. El 13 vino a visitar las clases, pasando por todas ellas y aprovechando la ocasión para hablar a los alumnos sobre el **Concilio Vaticano II** y sobre las oraciones y obras buenas que han de ofrecer a Dios por su éxito. En la tarde del mismo día, nuestros alumnos de los grados 2º,3º,4º,5º y los de los cursos 1º y 2º se unen a los de las parroquias para orar por el Concilio.

**La Santa Infancia:** este año es el **28 de enero'62** y se tiene interés especial en avivar el sentimiento de todos. Para ello se organizan audiciones por Radio Barbastro. El 27, a las tres de la tarde, diversos alumnos del colegio tienen un breve serial misional y el P. Elola lo finaliza con unas palabras alusivas a la Obra Misional de la Santa Infancia. Los niños recorren las calles con afán de superarse los unos a los otros y "recolectar más limosnas para sus hermanos los paganos".

**Cross gigante en Barbastro:** Se celebró el domingo, 21 de **enero'62**, hubo infantiles, juveniles, juniors y seniors. En Infantiles, el Colegio tuvo un éxito pleno: consiguió los diez primeros puestos de entre cuarenta participantes. El cronista añade: "al hablar de Deportes, destacamos al Hº Javier Samaniego, que se desvive con gran ardor por estas cuestiones y tiene gran predicamento en los círculos deportivos de la ciudad"

**febrero'62:** La comunidad se animó y estrenó, el día 18, **tractor y máquina de cine** nuevos. Los Ejercicios Espirituales de los alumnos mayores fueron, en Peralta como siempre, y dirigidos por el P. Monfort, Rector de aquella comunidad: 4º del 22 al 25 de febrero; y 5º-6º **del 11 al 15 de marzo'62.**

**Marzo'62: Jornadas pro-vocaciones escolapias:**

Este año han sido extraordinarias. Se han celebrado los días 2, 3, 4, a cargo de los PP. Dionisio Cueva y Blasco: conferencias, encuestas, conversaciones, preguntas privadas, seriales, filminas en el Salón, actos religiosos en la iglesia… En fin, todo lo que contribuye a llenar y caldear el corazón de los jóvenes en ideales vocacionales.

El 5 de **marzo'62 el Sr. Obispo se reunió con la Comunidad:** les habló de temas apostólicos y juveniles, pero se centró en "El Concilio Vaticano II", animando a todos en la obra del apostolado y pidiendo el acercamiento mutuo.

En la **fiesta de Santo Tomás,** que coincidió con el Miércoles de Ceniza, la Tuna Estudiantil, compuesta en su mayoría por chicos del colegio, actuó en Radio Juventud de Barbastro. El 28 comenzamos la **fiesta del P. Rector**: en el campo del U.D. Barbastro dos selecciones del colegio disputaron un trofeo. Posteriormente se representó en el salón *"Hambre atrasada"* y actuó la Rondalla del colegio. El 29, misa melodiada para todo el alumnado, Velada literario-musical y proyección del film *"Cita en Melbourne"*.

El día del Corpus hicieron su **Primera Comunión**, preparados por el P. Elola, 39 alumnos. Les acompañaron todos los escolares y los pequeños llevaron multitud de estandartes.

### Mayo'62: Excursión a Tarragona y Poblet

La tuvieron los **Internos** el 1. Visitaron el Buque "Martín Zubizarreta", que acababa de llegar de Boston. El 16 se tienen los **exámenes finales** de todos los grados de 1ª Enseñanza. **Exámenes de Suspensos de la 2ª Enseñanza:** los de 4° y 6° los tuvieron el **10 de mayo.** El **29 de mayo'62** fueron los **Exámenes de Ingreso en Lérida**: se presentaron 35 y sólo suspendieron tres. Al examen para obtener Beca asistieron seis y la obtuvieron tres.

**El 12 de junio'62** fueron los de 1° y 3°; y los de 2° y 5°, el 14 también. Los **resultados de las dos Reválidas** fueron así: a la prueba de aptitud de 4° se presentaron 16 y sólo uno resultó no apto; en la de 6° concurrieron 15 y suspendió uno.

### Fiesta de Fin de Curso

Este año tuvo lugar el 17 de **junio'62**. Hubo: poesías, cantos, bailes de jotas y la actuación de la masa coral de 4° y 5° y de la Rondalla de Peralta, dirigida por el P. Forcano, para terminar con sesión de cine.

**Excursión de la comunidad a Andorra**: el cronista escribe: "Casi todos los años hace una excursión la comunidad. Este año **el 23 de junio'62**, a primeras horas, salió la comunidad para Andorra. Entre ida y vuelta pasó gran parte del tiempo… en esta excursión nos acompañaron los profesores Adolfo Franco y Juan Latorre. En cambio, el P. Rubio quedó en el colegio y Los HH. Gargallo y Damián Bello no vinieron por haber salido a sus vacaciones. En cuanto a las vacaciones, los PP. Santamaría y Pereda tuvieron que hacer Cursillos para Instructores del Frente de Juventudes".

**Varios:**

Durante el curso hubo todos los días **clase de música** (de 20'00 a 21'00), dirigida por D. Mariano Anadón Julián. La **cocina** está atendida, desde hace varios años, por la Sra. Consuelo Clarimón Ferraz y su ayudante es la Sra. Ángela Franco Trell. El Hº Javier Samaniego sacó en marzo el **carné de conducir**, para poder llevar el tractor. En la Portería continúa el Sr. Mariano Anadón. La **limpieza** corre a cargo de la Sra. Francisca García Cuadros (el dormitorio de Internos pequeños); las Sras. Antonia Carrera Guardia y Concepción Salvador (lo restante). El 26 de **junio** se compró el **remolque para el tractor** (40.000 pts). El **fotógrafo D. Agustín Mateos** es el autor de casi todas las fotos que se han hecho durante el curso. La **máquina de cine** estuvo reparándose durante un mes, con el consiguiente trastorno para los internos y externos.

**"Fámulos"**: En estos 'varios', el cronista da la lista de cinco fámulos que dormían en el Colegio y dos externos. Sus edades, desde 11 años a 17 y todos estudiaban al mismo tiempo.

**Alumnado del curso** 1961-62: Primera Enseñanza: 220; Segunda Enseñanza: 208. Los internos fueron: 35 pequeños y 30 mayores. El curso de 4º de bachillerato estuvo dividido en "A" (25) y "B" (15)

**Agosto'62: Los Ejercicios Espirituales de la Comunidad** los dirigió el P. Patricio Esteban, del 17 al 24; el Horario fue: 6,30 despertar; 7,00 oración personal en común; 7,30 misas y desayuno; 10,30 Corona de las 12 estrellas y 1ª Plática; 13,15 Visita al Santísimo y Examen de conciencia; 13,45 comida; 4,30 Coronilla de cinco salmos y Meditación; 17,15 Tiempo personal; 19,00 novena a Calasanz y 2ª Plática; 20,45 Rosario; 21,00 cena; 21,30 2º Examen de conciencia.

La festividad de S.J. de Calasanz, el **27 de agosto'62,** "se celebró con la solemnidad de costumbre"

## Curso 1962-1963

**Septiembre'62:** comienza como Cronista el P. Francisco Rubio. A lo largo de septiembre se tienen los exámenes de suspendidos, en el colegio y en Lérida.

**Octubre'62:** La apertura de **curso 1962-1963** fue el día 2: a las 9'00 la misa con plática del P. Rector (Augusto Subías); a continuación, en el Salón, lectura de la Memoria del curso pasado por el P. Moisés Navascués, prefecto de 2ª Enseñanza, y luego les habló a los alumnos sobre 'la esencia de la educación'. Cerró el acto el P. Rector. El mismo día llegó de Daroca el P. Bonifacio Valderrama en sustitución del P. Elola.

**El Profesorado** queda así: **En 1ª Enseñanza:** Párvulos: Hº Damián Bello; 2ª, Hº Javier Samaniego; 3ª, D. Pascual Martínez Larío; 4ª, D. Juan Latorre; Ingreso, P. Andrés Pereda. **En 2ª Enseñanza:** el P. Rector da latín en 4º y francés en 2º a 6º; el P. Vicerrector: Religión y latín en 3º; el P. Francisco Rubio: Religión en 2º y 4º; P. José Mª Mur: matemáticas 2º y 3º; P. Bonifacio Valderrama: gramática en 1º, dibujo sólo en 5º y Contabilidad; P. Cirilo Fernández: dibujo en 3º, matemáticas 4º; química 5º, física 6º; P. Santiago Muruzábal: matemáticas y religión 1º, sólo religión 5º y 6º; P. Moisés Navascués: dibujo y gramática 2º, literatura 4º y 6º; P. Amador Santamaría: Hª Universal 4º, ciencias 3º, Hª del Arte 6º; D. José Mª Aniquino: filosofía y Director de Vela (cuidado de la Sala de Estudio); D. Adolfo Franco: Matemáticas 4º y 6º, Física y Química 4º, Ciencias Naturales y Dibujo 5º; D. Enrique Gracia: Educación Física y F.E.N.; D. Juan Latorre: geografía 1º.

**El Horario de la Comunidad** sufre una variación en las tardes: 20'30 Oración vespertina; 21'00 cena; 21'45 Examen de conciencia; 22'00 retirarse.

**Se solicita una Televisión al P. General:** se pidió el **19 de octubre 1962** y el P. General contestó el 6 de noviembre marcando unas rígidas normas.

**Domund:** tanto los alumnos de 1ª como de 2ª Enseñanza superaron las marcas de años anteriores. Esta vez recaudaron 3.000 pts. El **Día de todos los Santos** se rindió culto a nuestros difuntos, un buen número de ellos, mártires. Y las **Fiestas del Patrocinio de Calasanz** duraron del 23 al 27 de **noviembre'62:** triduo, misa en la catedral para todas las Escuelas Nacionales, Colegio S. Vicente y Escuelas Pías. En deportes: encuentro de fútbol contra el Instituto Laboral y miniliga de voleibol de 4° a 6°, juegos y cucañas para la 1ª Enseñanza; película y traca final.

**Diciembre'62: Visita Canónica del P. Provincial, Teófilo López:** Fue del 7 al 13. Nuestra legislación señala que dentro del periodo para el que es nombrado el P. Provincial debe hacer una "visita oficial" a todas las casas y obras. El 8 y 9 se entrevistó con cada Religioso y habló a la Comunidad. Los días 10, 11, 12 los dedicó a visitar las clases y dependencias.

**ENERO'63:** No se pudo concluir la Visita por no estar los Libros de Crónica, Secretaría y Economía finalizados, de manera que volvió el **9 de enero'63**.

**Bendición de la primera piedra del nuevo Postulantado en Zaragoza:** asistieron en representación de la comunidad el P. Rector (Augusto Subías) y el P. Cirilo Fernández, el **20 de enero'63**.

**Circular del Sr Obispo, Jaime Flores, sobre el "Octavario por la Unidad de las Iglesias":**

En ella convoca a todas las parroquias y colegios "a realizar actos especiales, y que en ellos se atengan al programa incluido en la Circular, que debe ser luego adaptado a los horarios propios de cada centro, por los respectivos directores". En el colegio se tuvo un acto eucarístico diario con asistencia de la comunidad y alumnado, menos el 21 que fuimos a la catedral junto con los restantes niños de la ciudad.

**Febrero'63: Tandas de Ejercicios Espirituales:** la de 4° comenzó el 13; y la de 5°-6°, el 20. Ambas las dio el P. Rector de Peralta, Narciso Monfort. El 18 se incorporó a la Comunidad el P. Jesús Martínez, procedente de Sos del Rey Católico.

### Tres charlas en el "XIX Centenario de la venida de S. Pablo a España":

Contó con tres actos: uno en el Colegio de S. Vicente, con charla sobre "Los Viajes de Pablo", por el canónigo Joaquín Ferrer (día 21 febrero'63) y otra sobre "Pablo apóstol" (el 22). El domingo 24, en el cine Argensola, con la presidencia del cardenal Arriba y Castro, que por la mañana había celebrado la misa en la catedral, fue la 3ª conferencia "Sobre la venida de S. Pablo a España", por el canónigo Miguel Melindres.

**El brazo de Santa Teresa en Barbastro:** a las 8'00 de la tarde del **27 de febrero'63** llegó la reliquia a la catedral, fue recibida por el Sr Obispo. A la mañana siguiente asistieron nuestros alumnos a la misa. Recoge el cronista a continuación un Triduo por las Vocaciones, que predicó el P. Rubio; estuvo en el Colegio, el Procurador de Vocaciones, P. Joaquín Blasco (28 febrero, 1 y 2 de **marzo'63**); la fiesta de Santo Tomás de Aquino, con Misa en la catedral para todos los estudiantes de la ciudad; y el **Septenario** de la V. de Los Dolores, predicado a medias entre escolapios y párrocos.

**Mayo'63: Ejercicio de las Flores durante,** Primera Comunión el 5, con 53 neocomulgantes, y el día 20 fue la subida al Santuario del Pueyo.

### Junio'63: El 3 falleció Juan XXIII, el Papa que convocó el Concilio Vaticano II:

La comunidad y el alumnado se unieron al dolor de toda la Iglesia con un solemne funeral en nuestro templo. Dos días después asistimos también al de la catedral, presidido por el Obispo. El 21 de **junio'63,** festividad del Sagrado Corazón, coincidieron el **anuncio del nuevo**

**Papa, Pablo VI**, y, en Lérida, el examen de las **Reválidas de 4º y 6º**. El 29, festividad de S. Pedro y S. Pablo, tuvimos la **Ordenación sacerdotal** del P. José Mª Bescós Torres, por el Sr Obispo, Jaime Flores (L.C. pág 486-487)

## CURSO 1963-1964

**El 3 de octubre'63** tuvo lugar la apertura del curso, con la Misa del Espíritu Santo que ofició el P. Rector, Augusto Subías.

**Primeros viernes de mes**: dice el cronista: "Como en cursos anteriores, los alumnos todos celebran los Primeros Viernes con sentidas comuniones, previas las confesiones la víspera por la tarde, en las que toman parte algunos canónigos, sacerdotes diocesanos y PP. Claretianos.

**El día del Pilar** salió la comunidad para Zaragoza a visitar la Virgen. En el **Domund**, "desde primeras horas de la mañana, nuestras brigadas de niños se dedicaron a asaltar personas, entidades privadas, casas, pisos... con objeto de superar los records de años anteriores".

**Los cargos para este curso:** Rector, P. Subías; Consultores del Rector: PP. Olivera y Rubio; Ecónomo: P. Mompel; Director Espiritual: P. Goicoechea; Consiliario de A.C., P. Rubio; Directores: PP. Valderrama, Muruzábal, Moisés y Javier Goicoechea; Revisores: PP. Valderrama y Martínez.

**Noviembre'63: La Solemnidad del Patrocinio de Calasanz** vino precedida de una <u>Novena</u> y se alargó hasta el 28. Como novedad un Cuadrangular de balonvolea –en la Plaza– entre los equipos de 4ºA-B, 5º y 6º; y, allí mismo una bella tabla de gimnasia, preparada por el profesor Alfredo Puértolas; a las 7'00 de la mañana, coros estudiantiles saludaron al Santo con una armoniosa aurora por las calles céntricas de la población. Sesiones de cine *"Regreso del Infierno"* para todos los estudiantes de Barbastro. Fútbol entre alumnos y profesores, fuegos artificiales... El 28 fue la Velada con varios concursos: tres preguntas sobre el Santo; canto individual libre; recitación de poesías. Reparto de galardones, sorteo de Rifa benéfica y el sainete cómico *"Seis retratos,* *tres pesetas"*, a cargo de alumnos de bachiller. A los actos reseñados se unió este año un "apoteósico traslado de la imagen del Santo desde la catedral al Grupo Escolar: todos los muchachos en masa compacta cantando himnos a su Patrono celestial con el entusiasmo propio y la generosidad con que siempre proceden".

**Diciembre'63: Jornada de la Inmaculada "Día de la madre":** "De excepcional puede calificarse el "Día de la madre" en nuestro colegio: el **7** por la tarde se tuvo la felicitación oficial a las madres, en la que intervinieron todos los alumnos. El 8 en la misa se ofrecieron flores al Señor por las madres, comulgaron juntos madres e hijos; cantos piadosos, Besamano a la Virgen. Terminó la jornada con un vino de honor".

**Obras de albañilería y pintura:** a partir del **verano**'63 se han llevado a cabo varias obras, de consolidación unas, otras de reparación y alguna nueva: el piso de los servicios higiénicos del dormitorio de Mayores; en la huerta, un hermoso cobertizo para el tractor; y en la Torre varios remiendos, y arreglo del piso bajo; pintura en los pasillos de la 1ª y 2ª Enseñanzas; techos, paredes y ventanas; se modernizó la iluminación en la sala de estudio y clases; se ampliaron las salas y se hizo alguna aula más: todo ello se pintó *"ofreciendo un conjunto que da al Colegio un aspecto señorial y de muy buen gusto"* (L.C. pág 495)

**Febrero'64: Furgoneta y Campo de Deportes:** Llevamos meses soñando con una furgoneta para servicio del colegio. Y con respecto al 'otro sueño', el 10 de se firmó la compra del terreno al matrimonio Miguel Sancho y María Subirá para el campo de Deportes, de 1 hectárea, 76 áreas y 40 centiáreas, por 529.200 pts.

**El 29 de febrero'64** el P. Bonifacio Andrés se fracturó el cuello del fémur y tuvo que estar en la Clínica del Pilar, Zaragoza, hasta el 24 de marzo.

"Con objeto de remozar el colegio en la parte vieja y dotarlo de lo necesario para el reconocimiento legal del mismo, se envió al Ministro de Hacienda, D. Mariano Navarro Rubio, una carta de amistad... solicitándole 250.000 pts...." El Ministro contestó el 5 de **marzo de 1964**: "Me es grato notificarle que ya he tomado debida nota de sus necesidades. Como Ud sabe se reciben diariamente muchas peticiones, siendo imposible atenderlas todas con la prontitud deseada..."

**Marzo'64: Día del Padre:** Al salir de la misa, D. Tarsicio Barco, papá de cuatro alumnos, leyó la Consagración a S. José. Acto seguido se bendijeron las banderas de los Grados, siendo madrinas las mamás de los niños condecorados. Terminada la eucaristía se obsequió a los asistentes con un Vino de honor; la Tuna Calasancia amenizó el acto. En el Salón de Actos los alumnos más destacados recibieron de sus papás las banderas y bandas de honor y hubo recital de poesías y canciones, que fueron muy aplaudidas.

En la **Semana Santa,** el Monumento mereció calurosos elogios de cuantos lo visitaron; en él lucían los cuatro ángeles que estarán en el suntuoso altar. En el Monumento velaron los alumnos, sin interrupción.

Del 15 al 20 de **marzo'64** se celebró el **Capítulo Local**.

**Abril'64:** Se trasladó el santo del P. Rector al 16: a las 9'00 misa de comunión y a continuación una Velada: Presentación, *"Coro de monaguillos"*, por alumnos de 1ª y 2ª Enseñanza; *"El don de los hijos"*, diálogo por los alumnos de 6° Grado; *"Pastor y borrego"*, comedia de Muñoz Seca en cuatro actos.

**Mayo'64:** hubo **Excursión** de más de un centenar de alumnos de 1ª y 2ª Enseñanza. Después de la misa de comunión, pues era Primer Viernes, partieron en tres autocares hacia San Juan de la Peña; visitaron Huesca y Jaca; hicieron alto a orillas del pantano de La Peña donde almorzaron. Regresaron sin novedad y encantados.

Como todos los años tuvimos el **Ejercicio de las Flores,** a horas distintas la comunidad, la 1ª enseñanza y la 2ª. En la **Primera Comunión** de este año (3 mayo'64) hubo sesenta y nueve neocomulgantes.

**Día del Clero Indígena:** La mañana del domingo después de la Ascensión, nuestros alumnos, derrochando entusiasmo y audacia, recaudaron 1.156 pts. para el clero indígena.

El Sr. Obispo solicitó del Rector una Reliquia de Calasanz para depositarla en las tecas al consagrar el nuevo altar de la Ermita de San Ramón.

## Agosto'64: Nuevo P. Rector, P. Valentín Larriba

Llegó el 16, acompañado del P. Subías, Rector cesante. Tomó posesión el 29.

**Septiembre'64:** el 8, el matrimonio, D. Pedro Lugo y Dª Irma Medina, con Carta de Hermandad por ser generosos bienhechores de nuestra Parroquia de Ponce de León (Puerto Rico), pasaron por el colegio y visitaron Peralta de la Sal y Arén, para saludar a los padres del escolapio Luis Gracia, que se encuentra de profesor en la Universidad Católica de Ponce.

## Curso 1964-1965

**Octubre'64:** el 2 fue la **apertura del curso**; y ese mismo día el Hº José Mª Arranz, zahorí acreditado, vino de Soria a buscar agua en nuestra Torre y en **el nuevo Campo de Deportes**, cuya nivelación comenzó el 26 de agosto y concluyó el 27 de noviembre.

**Noviembre'64:** Fiestas del **Patrocinio de Calasanz**: el 22, domingo, habían comenzado entre los alumnos las competiciones de fútbol, carreras de mobilettes, ciclo-cross y pedestres. Del 23 al 25 fue el Triduo. El 26, volteo de campanas y cohetes; cine, mañana y tarde, para todos los niños de las Escuelas públicas; por la tarde concursos de poesías, cantos, etc. y como remate la graciosa comedia *"Miedo ridículo"*. **El 27, procesión con el Santo a la catedral para presidir la Misa**. Al terminar, llevamos el Santo al Grupo Escolar por las calles principales. Por la tarde, competiciones, cine y *'Toro de fuego'*.

**Diciembre'64: El Día de la madre** se bendijo y entronizó la imagen de la Inmaculada en la placeta y entró en procesión en el templo. Terminó la celebración con la Velada. El 15 falleció nuestro médico, D. Manuel Mur; sus exequias fueron en la catedral.

# AÑO 1965

**Febrero'65:** el 8 operaron al P. Mariano Olivera de hernia, en la clínica del Pilar de Zaragoza, y el 14 fue el **onomástico del nuevo Rector**, Valentín Larriba. Mons Antonio Riberi, **Nuncio** de S.S. Pablo VI, visitó Barbastro y la diócesis. La comunidad y el alumnado participaron en el recibimiento. Posteriormente el Nuncio habló con una Comisión de la Comunidad, que le agradeció sus frases de especial cariño hacia la Escuela Pía en el discurso de su presentación.

El cronista anota que la **Misión pro Vocaciones** (Semana Vocacional) **resultó** como el año anterior.

**Mayo'65:** el 2, **Primera Comunión** de 50 niños.

**Los Exámenes** dieron comienzo **el 24 de mayo'65**, con los pendientes de 4º y 6º. Las Reválidas tuvieron lugar en julio.

El **30 de mayo'65** se nos fue, en una enfermedad de seis días, el niño José Luis López Fernández, alumno de cinco años. A su sepelio acudió la comunidad y el alumnado completo.

**La clausura del Mes de mayo** fue en la placeta, rodeando a la Virgen, a la que los chicos ofrecieron, con túnicas blancas, cantos, poesías y oraciones.

**Julio'65:** A mediados de mes empezó el **Cursillo de Matemáticas Modernas**, al que asistió el P. Jesús Martínez, que ya en enero se había examinado para obtener el título de Auxiliar de Ciencias, Matemáticas Grado superior, y Física y Química.

**Agosto'65: Clases en verano:** se tuvieron, para los 'aplazados' en asignaturas y ambas Reválidas, del 1 hasta finales de septiembre, Como novedad, este verano hubo **Ejercitaciones del Mundo Mejor y Ejercicios Espirituales**, aquéllas en el Real Sitio de San Ildefonso (asistieron tres Padres); y éstos, en Peralta de la Sal y Zaragoza, para los Padres; y en Sarriá-Barcelona para los Hermanos.

## CURSO 1965-1966

Con la Misa del Espíritu Santo, para los grados 4° y 5° de 1ª Enseñanza y toda la 2ª, los discursos clásicos y el anuncio de cambio en el <u>Horario de la Misa Diaria</u> (a las 12'00 los de 1ª Enseñanza y a las 19 los de 2ª Enseñanza) se inauguró el curso.

**Octubre'65: El Río Vero se desborda**: Leemos en la Crónica del día 6: a las tres de la madrugada "las insistentes llamadas a la puerta nos despertaron. Era la Guardia Civil que nos pedía abriésemos el Colegio para que se refugiasen los vecinos evacuados de sus casas ante el peligro que creaba la enorme crecida del río Vero, que se salía de madre inundando las zonas próximas a su cauce, llegando a alcanzar una altura de 8'20 ms. sobre el nivel normal, rebasando el puente de San Francisco. En el Salón de Actos se congregaron muchas familias, así como en las galerías bajas. Gran parte de la comunidad permaneció en pie atendiendo a todos, y en espera de prestar otros servicios si la necesidad lo exigiera. Afortunadamente no hubo que lamentar desgracias personales. Las pérdidas materiales fueron cuantiosísimas, según datos de los técnicos".

**Profesorado y alumnado para el curso 1965-66:**

En Bachillerato: P. Rector (Valentín Larriba); P. Vicerrector (Mariano Olivera); P. Francisco Rubio; P. José Mur, P. Santiago Mompel, P. Bonifacio Valderrama, P. Jesús Martínez, P. Vicente Moreno, P. Moisés Navascués y P. Jesús Angulo.

**Profesores seglares**: D. José Mª Aniquino, D. Aurelio Puértolas, Teniente Reinante (Ed. Física) y Sargento Sampedro.

**La 1ª Enseñanza**: Grados 5°, 4°, 2° e Infantil están atendidos por los PP. Santiago Muruzábal y Juan José Garralda; y los HH Javier Samaniego y Tomás Torres. Las **clases de "Cultura General"** y grado 3° están regentadas por D. Joaquín Ruiz y D. Miguel Clemente.

**Alumnado**: Bachillerato: 217; 1ª Enseñanza: 303. Total: 520, de los cuales 75 son Internos.

**Noviembre'65: Ejercicios Espirituales:** los alumnos de 5° y 6° los hicieron del 3 al 7, en la nueva casa de Ejercicios de San Ramón; se los dirigió el párroco de Pueyo de Santa Cruz.

**Visita del Ministro de Obras Públicas, D. Federico Silva:**

Vino el 15 de **noviembre'65** a cerciorarse de los destrozos causados por el desbordamiento del Vero y atender a las demandas de la población. Una Comisión de la comunidad salió a recibirle, acudiendo también a saludarle en el Ayuntamiento. Todo el alumnado formó en la Plaza, aplaudiendo y vitoreando al Sr. Ministro y autoridades, tanto al llegar como al partir.

**Patrocinio de S. José de Calasanz (27-XI) y Vacaciones de Navidad (21-XII):**

La fiesta del Patrocinio comenzó el **21 de noviembre'65** y terminó el 29. Hubo Triduo, misa cantada por los Postulantes claretianos el 27; la música la puso D. Joaquín Broto, organista de la Seo de Zaragoza. A la comida asistieron el Sr. Obispo, los profesores y los sacerdotes Broto y Alcaide. No faltaron los clásicos partidos de varias especialidades, carreras, cine (*Furia Salvaje*) y sainete cómico por los alumnos de 4°.

**Mejoras en el material y fábrica del Colegio:**

En el comedor de Internos se sustituyeron los arcaicos bancos y mesas colectivas por banquetas y mesas, de formica y mármol, de cuatro plazas; en 1ª Enseñanza: 8 pupitres bipersonales en tres de sus cinco grados, más 3 mesas de Profesores; en Bachillerato 159 pupitres individuales; en el Salón se elevó y entarimó la segunda mitad, para darle más visibilidad y se adquirió un rectificador; en comunidad: en los bajos se han construido Dirección, Despacho de material, Secretaría de estudios y Procuraduría; se han pintado las habitaciones del piso 3°.

Para el cultivo de las fincas se ha comprado una sulfatadora y una barrena para hacer los hoyos de las plantaciones.

**Marzo'66: Campaña vocacional:**

Como en años anteriores, el 3 vino a animarla el P. Narciso Monfort, y propagó la "operación sobre", que dio un buen resultado económico. **El 23**, en la casa de Ejercicios de S. Ramón, tuvo los Ejercicios el curso 4°. Se los dio el párroco de Pueyo de Santa Cruz, D. Lázaro.

**Visita Canónica del P. General, Vicente Tomek:** comenzó el 29 de marzo'66 su Visita Oficial, acompañado por el P. Laureano Suárez y el P. Provincial. Vino de Peralta, a donde una pequeña comitiva, formada por el Rector (Valentín Larriba) y tres Exalumnos, había ido a recogerlo. Ya en Barbastro fue saludado por una comisión de Exalumnos: el Presidente –D. José Cortina- y los Sres Montaner y Salvador Sanz.

**Abril'66:** El **1** se bendijo e inauguró el **altar de la Virgen de los Dolores** con una misa, presidida por el P. Rector. Después de repetidos intentos del Colegio y de varias personas, y por iniciativa de Dª Manolita, viuda de Jusen, se encargó a la empresa "Arte Sacro" de Zaragoza (Hos Navarro) la construcción y montaje del altar. Costó 64.949'55 pts. que quedaron saldadas con aportaciones de cofrades, del Colegio y, sobre todo, con la generosidad de D. Marcelino V. Plana Marco, que se comprometió a entregar lo que faltara (20.000 pts). Los damascos de los paños laterales se deben a una donante anónima.

**Mayo'66: Jubileo Conciliar del Colegio:** La comunidad se dirigió por escrito al Sr. Obispo diciéndole que desearía que todo el colegio pudiera lucrarse con las gracias del Jubileo Conciliar el 6 de mayo, Primer Viernes, en la catedral, celebrando él. La respuesta no se hizo esperar. "Resultó una jornada y un magnífico hito en la vida del Colegio".

**Peregrinando:** Los de 1ª Enseñanza lo hicieron a Peralta de la Sal, acompañados de los PP. Mompel (organizador), Muruzábal y Garralda y los HH. Samaniego y Tomás. Los de 2ª Enseñanza peregrinaron a Alquézar, con los PP. Jesús y Moisés.

## CURSO 1966-1967
(No tenemos noticias desde mayo'66 a diciembre'66)

**Enero'67:** el 4 llegó a Barbastro el P. José López Navío, para visitar los archivos de la ciudad, investigando sobre los Hos. Argensola, y comunicó que encontró datos curiosos y muy interesantes. El 8 salieron para Zaragoza el Rector (Valentín Larriba) y Vicerrector, en nombre del colegio, para asistir a la imposición de la encomiendo de Alfonso X el Sabio al exprovincial, P. Valentín Aísa.

**Febrero'67:** el 7 nos visitaron, al regresar de Argentina, los PP. Moisés Rubio y Fernando Gª Marrodán. El 8 se recibió la **intimación de los Capítulos** locales, provincial y General. El 18 tuvimos reunión con el Sr. Obispo, nosotros y los claretianos, para preparar el Consejo Presbiteral.

**Marzo'67:** el 9 llegó el P. Monfort, Procurador de Vocaciones.

**Abril'67**: Las dos tandas de Ejercicios Espirituales para bachillerato fueron el 3 y el 6.

**Mayo'67:** el 13 fue la **Visita al Pueyo,** por ser la conmemoración de los 50 años de la Aparición de la Virgen de Fátima. Nuestra población escolar visitó a la Virgen en su trono del Pueyo.

### Novedades en la Primera Comunión:

El cronista escribe: *"Por primera vez en los anales del Colegio hubimos de privarnos del gozo inmenso de ver acercarse a nuestros alumnos a recibir la Primera Comunión en nuestra iglesia. Por disposición superior, diocesana, tanto la preparación inmediata como la solemnidad tuvieron que hacerla en sus respectivas parroquias. Se unieron a Jesús treinta niños del Colegio"*

**junio'67: Certamen Catequístico Diocesano'1967:** El del Arciprestazgo fue previo al Diocesano. En éste, que se celebró el 14 presentamos, del Grado 1º de catecismo al niño de la 2ª aula Luis Alberto Sanz Salanova; y por el 2º grado, al alumno de la 4ª aula José

Manuel Pueyo Nerín. El 19 concurrieron en Castejón de Sos los Campeones de los Arziprestazgos. Nuestro alumno Luis Alberto Sanz Salanova quedó **Campeón absoluto del 2° Grado.**

### Calasanz en la filatelia:

El Secretario de la Asociación de Exalumnos de Zaragoza, D. Gonzalo Roche y Asensio, solicitó en marzo al Ministerio de Hacienda y de la Gobernación la emisión de un sello postal conmemorativo del "II Centenario de la Canonización de Calasanz". El 16 de **junio'67** llegó la respuesta concediendo lo que se pedía.

### CURSO 1967-1968

**Septiembre'67:** el 11 comenzaron las clases de **1ª Enseñanza**, después de la misa. **Su profesorado** fue: H° Tomás Torres, Infantil, 80 alumnos; H° Javier Samaniego, grado 1°; D. Miguel Clemente, 2°; D. Joaquín, 3°; y P. Maximiliano Pérez, 4° grado.

### Nuevo Rector, P. José Luis Mallagaray

El 19 de **septiembre'67** tomó posesión. Estuvieron presentes, además de la comunidad, dos Padres del Calasancio de Zaragoza y otros dos de Logroño. El 25 se incorporaron, procedentes del Colegio Santo Tomás (hoy Escuelas Pías) de Zaragoza, el P. José Mª Clavero; y de Jaca el P. Esteban Valdazo. Han sido destinados a Cristo Rey, de Zaragoza, y Daroca los PP. Fernando Rubio y Vicente Moreno respectivamente.

### Pensiones para el curso 1967-68:

Los Vigilados: Párvulos 225, pts. mensuales; 2° y 3°: 250 pts.; 4°: 275 pts.; Ingreso: 300 pts.; Bachiller: 1°-3°: 400 pts.; 4°-5°: 500 pts.; 6°: 600 pts. Mediopensionistas: 800 pts. mensuales; además, los Internos de 1ª Enseñanza y 1°-3° Bachiller: 1.600 mensuales; el resto de Bachiller:

1700 pts. Los internos, además, abonarán 200 pts. mensuales por seguro de accidentes, cine, calefacción, fútbol, peluquero, médico y conservación del menaje; Los mediopensionistas, 100 pts. mensuales por seguro de accidente, cine y fútbol. Sigue a continuación en la Crónica 16 observaciones (cf. Programa inserto en la pág. 534 del L. C).

**La comunidad** está formada por los Padres: José Luis Mallagaray (Rector); Jesús Martínez (Vicerrector); Bonifacio Andrés; Mariano Olivera; José Mª Mur; Santiago Mompel (Ecónomo); José Castel; Santiago Muruzábal; Jesús Angulo; Esteban Valdazo, Prefecto de 2ª Enseñanza; Bonifacio Valderrama, Secretario de Estudios; José Mª Clavero, Director Espiritual; Maximiliano Pérez, Prefecto de 1ª Enseñanza; Hº Javier Samaniego y Hº Tomás Torres.

Los **Profesores seglares** eran: D. José Mª Aniquino, Sr. Sampedro y Sr. Emiliano. **Alumnos**: 266 en 1ª Enseñanza y 258 en 2ª Enseñanza. TOTAL: 524.

**Octubre'67: El P. Rector sale elegido miembro del Consejo Presbiterial.** Del 10 al 12 la comunidad peregrinó a Zaragoza para rendir homenaje a la Virgen del Pilar, la Reina de la Hispanidad. **Se compra un "furgón Mercedes"** para traer y llevar a los obreros de la Torre.

**Noviembre'67**: Del 23 al 27, celebración del **Patrocinio de Calasanz.**

**Diciembre'67:** Del 5 al 8 celebración de la Inmaculada. El 9 se anota que se está elaborando una Agenda para los alumnos. El 22 comienzan las vacaciones navideñas, y la reforma a fondo de la cocina. La noche de Navidad se canta la Kalenda, como de costumbre, y se inaugura la nueva Quiete (habitación donde se reúne la comunidad). El 29 pasa el Obispo con nosotros unas horas. El 31 "la comunidad espera el nuevo año entre oraciones y cantos. Y se reúne después en la quiete con humor y hermandad"

**ENERO'68**: los Religiosos han escrito sus cartas a los Reyes y el 6 encuentran lo pedido al pie de sus puertas. El 8 no pueden incorporarse los internos, por no estar terminada la obra de la cocina. Se reparte la Agenda Juvenil que ha editado el colegio. El 12 vuelven los internos y se estrena la nueva cocina de gas. Del 29 al 31, los Ejercicios Espirituales de 5°-6°.

**Febrero'68**, del 1 al 3, Ejercicios Espirituales de 4°, en San Ramón del Monte.

**Marzo'68**, Santo Tomás de Aquino, día 7, lo celebran los nuestros juntamente con los del Instituto. Del 11 al 13 la **Campaña Vocacional**. El 19, santo del Rector, José Luis Mallagaray, en total intimidad. 30, comienza el **Septenario de la Virgen de los Dolores**.

**Abril'68**: Semana Santa. De nuestro templo han salido los dos pasos del Cristo de la Agonía y Nuestra Srª de los Dolores. La Comunidad ha vuelto a ir a Andorra. El 28, presente la comunidad, el P. Rector administró el viático y la unción al P. Bonifacio Andrés. Al día siguiente moría. El 30 a las 10'00 fue el entierro. "Los alumnos mayores llevaron a hombros el féretro hasta el cementerio, como homenaje al Padre bueno que tantas veces había puesto en orden sus conciencias"

**Mayo'68**: Se celebra, como siempre, el "Mes de mayo". El P. Rector es nombrado miembro del Jurado que calificará los trabajos literarios de la "Semana Cultural de Barbastro". Se realizan Pruebas Sicopedagógicas a los alumnos, por unos médicos de Barcelona. El 29 fue la Peregrinación al Pueyo, con **consagración de cada curso a la Virgen**. Las Reválidas de 4° y 6°, en Lérida, fueron el 30 de mayo.

**Junio'68:** el 12, examen, en Lérida, de los alumnos de 1°, 2°, 3°, 5° de Bachiller. El 20 empezaron unos expertos perforaciones en los campos de deportes buscando agua. Se encontró el agua a 96 ms, se entubó y colocó una bomba; salen 7.500 litros por hora. El 29 hay dos obediencias inesperadas: los PP. Esteban Valdazo y José Mª Clavero son destinados a Nueva York.

**Obras para el Reconocimiento Oficial del Colegio:** Votadas positivamente, con vistas a obtener el Reconocimiento Oficial del Colegio, se ha pensado realizar lo que falta: Gabinetes nuevos de Física,

Química y Ciencias Naturales y dotación de los mismos; calefacción; y en la iglesia: pavimentación, bancos, reforma del Altar Mayor según las nuevas normas del Concilio, iluminación general; y pintura de todo el colegio.

## RAZONAMIENTO PARA PEDIR EL RECONOCIMIENTO OFICIAL DEL COLEGIO

En la circular repartida **en junio'68** leemos: *"Nos permitimos notificarles lo que sigue: con el deseo de independizarnos en todo lo posible del Instituto, **estamos tramitando el Reconocimiento Oficial del Colegio**. Sería erróneo pensar a este respecto, que, una vez conseguido, los chicos aprenderán más o menos, habrá más o menos suspensos. Únicamente aspiramos con ello a que las notas se repartan en consonancia con la labor y rendimiento escolar de todo un Curso, y no dependan de lo que hagan o no los chicos en un examen en circunstancias anómalas de ordinario, y muy poco pedagógicas siempre.*

*Es obligación nuestra afirmar que quien vive la enseñanza vocacionalmente ha de trabajar y trabaja con igual eficiencia, independientemente de que el colegio sea Libre o Reconocido. Del mismo modo que quien no siente esa maravillosa vocación de enseñar puede sentir, a veces, la tentación de sestear un tanto sabiendo que, al final, es él quien examina, corrige y califica.*

*Entonces, como en cualquier centro Oficial, Instituto, Colegio, Universidad, habrá quien sea benigno y quien no lo sea tanto. A Profesores y alumnos habrá que exigirles responsabilidad y rendimiento durante el año. A los primeros, además, justicia al calificar. Juego limpio siempre. Y los alumnos y aquellos de quienes dependan, aceptarán, deben aceptar siempre, el resultado".*

### Sobre las clases en verano leemos:

"No es intención del Colegio tener repasos en verano. Ni éste ni los sucesivos veranos, salvo que circunstancias especiales hicieran, alguna vez, reconsiderar tal determinación. Este año, además, nos lo impiden ciertas mejoras que han de emprenderse en el colegio: instalación de la calefacción, preparación de gabinetes, pintura de todas las dependencias.

No obstante, por este año, nos ha parecido conveniente prestar nuestra colaboración a las familias anunciando un breve Cursillo intensivo de preparación para los cursos 4° y 6° y sus Reválidas. Empezaría el 16 de **agosto'68** y finalizaría con los exámenes de septiembre. En jornada matinal, y los honorarios serían por meses completos. Aun comprobando prácticamente el incremento en los precios que todo va experimentando, mantendremos los honorarios que rigieron el Curso anterior, menos en los internos, que pagarán 2.000 pts. mensuales en 1°-3° Bach. y 2.300 en 4°-6°'".

**La fiesta de Calasanz** de agosto'68 se celebró en la iglesia de las Hermanitas, por estar la nuestra en obras.

## CURSO 1968- 1969

**Septiembre'68**: Comienza el nuevo curso el día 9, al terminar las fiestas de la ciudad. Número de **alumnos**: Infantil y 1ª Enseñanza suman 316 alumnos.

**Los Religiosos profesores de Bachillerato** son 12 y **los seglares, 7**: D. José Mª Nerín (F.E.N), D. José Mora (Lic. en Letras), D. Manuel Vega y D. M. Alfonso Gálvez (los dos Lics. en Ciencias), D. Francisco Doménech (Médico, auxiliar en Ciencias), Sres. Sampedro y Emiliano (E.F.)

**Octubre'68:** el 13 viaja el Rector (P. Mallagaray) a Madrid, a presentar la documentación para el Reconocimiento Oficial. **Se solicita el Bachillerato Elemental.**

**Noviembre'68:** El **Patrocinio de Calasanz** (27), como siempre.

**Diciembre'68:** En el Triduo de la Inmaculada **se estrena la iglesia con sus mejoras**, entre ellas, la calefacción. Se anota que en la misa del Gallo hay concelebración.

**Febrero'69:** El 15 nos visita el Inspector de 2ª Enseñanza. Terminada la inspección estuvo hablando amigablemente con toda la comunidad en el despacho del Rector; y quiso que éste le acompañara a Zaragoza. Nos dejó a todos gratamente impresionados.

**Marzo'69: Exámenes trimestrales, el 13;** y el 19 **Fiesta de San José y "Día del padre":** misa para las familias a las 10'00, "vino de honor" a continuación; y, por la tarde, Velada artístico-musical con 10 números, entre ellos *"El General Bum-bum"*, *"Los limpiabotas"*, la Rondalla y la Tuna del colegio, la zarzuela *"Los Mendigos"*, Baile de jotas y Despedida al estilo de Aragón.

**Marzo'69:** el 22 comenzó el **Septenario de la V. de los Dolores**; del 26 al 28 los **Ejercicios Espirituales** para los alumnos, en el colegio. El cronista dice: *"hemos demostrado, viendo los frutos del año anterior, que somos nosotros los que mejor conocemos a los chicos y más les podemos ayudar".*

**Abril'69:** Esta Semana Santa no ha habido procesiones, por el mal tiempo. Los Religiosos han tenido sus Ejercicios Espirituales. La **excursión de la Comunidad**, a Barcelona (8 abril).

**Abril'69: Reconocimiento del Colegio para el Grado Elemental:**

**"Se publica en el Boletín Oficial** el 11 de abril. La orden es <u>provisional</u>, según norma común de procedimiento, para las dos próximas convocatorias. La alegría es enorme y el júbilo más grande, si se piensa en la rapidez con que se ha conseguido todo. Han quedado como pobres agoreros los que anunciaba que no se conseguiría. Se hará saber para que se alegren los que lo deseaban y... los otros, si había, que sí los había... ...

"El Cruzado Aragonés" se ha hecho eco de la noticia y la ha destacado en primera página... Hacemos notar que la mano buena que desde Madrid ha movido el asunto ha sido el Comisario Adjunto del Plan de Desarrollo, D. Vicente Mortes Alfonso, discípulo de las Escuelas Pías de Valencia. Desde el primer momento tomó el asunto con cariño y no lo ha dejado hasta conseguirlo. Dios se lo pague". **La aprobación**

**definitiva del colegio,** saltándose los plazos, está reseñada en el 26 de junio'69. Del 14 al 16 de **abril'69** fue la <u>Campaña anual de Vocaciones</u>.

**Mayo'69:** Ejercicio del Mes de María y Peregrinación al Pueyo, como todos los años. El 24 <u>se anuncia</u> <u>por primera</u> vez en su larga historia del colegio los días y horas de <u>los exámenes para los de 4º</u>. Se han organizado en una semana entera, para hacerlos más racionales. El 30 fueron los de 5º y 6º en Lérida. Y los de 1º-3º, en el colegio.

**Junio'69: Primera Comunión, otra vez, en el colegio, el día 1.** "<u>Desde hace cuatro años no era posible</u> hacerla aquí, por disposición de la Diócesis. Se sirvió un desayuno después de la misa, que resultó emocionante", fueron 48 los neocomulgantes.

**La Circular de junio'69** para las inscripciones decía: *"No podrán inscribirse EN NINGÚN CASO: los alumnos que no rindan escolarmente; los que con su conducta sean estorbo y peligro para los demás; los que hayan repetido infructuosamente un curso; y los que no estén íntegramente al corriente de sus pagos en el colegio".*

**Curso 1969-1970**

**Septiembre'69,** el 1 se inició el curso en 1ª Enseñanza; el 3 y 4, los exámenes de 4º en el colegio; y del 11 al 13 los de 1º-3º.

**Octubre'69,** una vez incorporada la 2ª Enseñanza, el día 2 se tuvo la Misa del Espíritu Santo y Acto Académico en el Salón por **la apertura del curso.**

**Profesores de 2ª Enseñanza:** PP. Rector (José Luis Mallagaray), Jesús Martínez, Mariano Olivera, José Mª Mur, Santiago Mompel, José Castel, Jesús Angulo, Martín Sobrino, Srta. Josefina Corral, Srta. Mª Alfonsa Gálvez, Sr. Mora, Sr. Bestué, Sr. Nerín, Sr. Sampedro, Sr. Emiliano.

**Profesores de 1ª Enseñanza:** Hº Tomás, Hº Samaniego, Sr. Aguayos, P. José Antonio Lázaro y P. Domingo Subías.

**Noviembre'69: Festividad del Patrocinio de S.J. de Calasanz,** Patrono del S.E.M. (Servicio Español del Magisterio) y de la Escuela Popular Católica: Del 24 al 28 de **noviembre'69,** se celebró un Triduo, los deportes, campeonato de "cesta y puntos" y la Velada consiguiente.

**Diciembre'69,** el 20, acto de despedidas en la iglesia para las vacaciones. Dice la misa y habla el P. Rector (José Luis Mallagaray), y se reparte las felicitaciones para las familias. El 24, **Misa del Gallo.**

**ENERO 1970:**

Hubo **Visita Oficial del P. Provincial, Benito Pérez,** que dejó escrito: *"Además de los 4 cursos del Bachillerato Elemental, para el cual está reconocido el colegio, éste tiene también 5° y 6°, que se examinan como libres en Lérida. El número total de bachillerato es 211 alumnos. Los Internos van descendiendo...".*

**Febrero'70:** el 18 se tuvo Reunión de los Profesores para estudiar la marcha de cada curso e informar después a los alumnos de lo que piensan sus profesores de ellos.

**Marzo'70:** el Opus Dei ha organizado, del 9 al 11, unas charlas de captación en nuestro colegio, y de orientación profesional, sobre métodos, estudio y aprendizaje. El 19 la comunidad sola celebró el **santo del P. Rector** (J.L. Mallagaray), como años anteriores, pero recibió muchas felicitaciones de fuera; celebró la misa de bachillerato y les habló. **Campaña Vocacional,** por el P. Narciso Monfort. En la Semana Santa algunos Padres salieron presidiendo las procesiones que tienen sus pasos aquí: Santo Cristo, Nª Srª de los Dolores y Prendimiento. **Capítulo local** el 27-28 de marzo. El 30, **excursión de la comunidad** a Barcelona y Monserrat.

**Abril'70:** del 2 al 4, **Ejercicios Espirituales** de 5° y 6° con el P. Rector, elegido voluntariamente por ellos. El resto de los alumnos tuvieron un **Retiro** con el P. Jesús Martínez. El 11 vino el Inspector de Enseñanza Media, D. Ángel Fernández Aguilar.

**Mayo'70**: como siempre. El 6, subida al Pueyo. Del 22 al 26, <u>exámenes de 4º</u>; el 29, la calificación y reparto de notas. El 30, Reunión de Profesores para pensar los cursos de cara a los exámenes. El 31, como el año anterior, comulgaron nuestros alumnos, esta vez más de 70 que habían hecho su <u>"Primera Comunión" en las parroquias</u>.

**Junio'70**: El 3 se repartió la Circular de las Inscripciones. El 5 fue día de luto en Barbastro por el **fallecimiento del Alcalde**, D. Rafael Fernández de Vega, en accidente de circulación. Día 7, exámenes de 6º en Lérida. Del 11 al 13 ha predicado el P. Rector el **Triduo de S. Antonio**, en nuestra iglesia. Del 15 al 18, los exámenes de 1º a 3º. Y el 19 se puso <u>punto final al curso 1969-1970</u> con misa para los profesores y alumnos; sólo quedan en el colegio los de 1ª Enseñanza y los de 4º y 6º que esperan sus reválidas.

## Junio'70: Festival gimnástico de toda la Primera Enseñanza de la ciudad

Tuvo lugar el 20 en nuestros Campos de Deportes, con un largo reparto de premios a los campeones de las diversas pruebas. Y el 22 recibimos la gran noticia de que la Junta Nacional de Educación Física y Deportes nos concedía un millón de pesetas a fondo perdido, como habíamos solicitado.

Nos llama la atención dos cosas de la Crónica: la primera que en junio'70 **los de 4º se examinan en Binéfar**, porque una comunicación escrita de la Inspección de Enseñanza Media así lo decidió para los alumnos de 4º de las ciudades y pueblos cercanos, a fin de evitar los desplazamientos largos. Y en segundo lugar, que los nuestros fueron felicitados por estos resultados: presentados 31; aprobaron los tres grupos del examen: 19; diez aprobaron sólo dos; y dos sólo uno; y "el Tribunal felicitó al Colegio, porque el resultado había sido estupendo". El 27 de **junio'70** comenzaron las vacaciones los Religiosos; hubo exámenes de promoción en la 1ª Enseñanza y, a continuación sus vacaciones. El día 30, treinta y dos chicos marcharon **de campamento a Pineta**, acompañados de los PP. Subías y Lázaro y el Hº Tomás. Estuvieron 15 días y después viajaron a Jaca de turismo.

**Julio'70:** el 4 comenzó en Peralta de la Sal **el Capítulo Provincial de Aragón**. De Barbastro asisten el Rector (J.L. Mallagaray) y el P. Jesús Martínez. El 7 y 8, <u>exámenes de Reválida de 6° en Lérida</u>: se presentaron 14 y los catorce aprobaron los tres grupos.

## Nuevo Rector del Colegio, el P. Ángel Alegre, y nuevo Alcalde

El 29 de **Julio'70** fue día de nombramientos: el nuevo Alcalde de la ciudad, D. Manuel Gómez Padrós; y el nuevo Rector del colegio.

**Agosto'70**: el 19 la Comunidad comenzó los Ejercicios Espirituales. Del 24 al 26, **Triduo** y el 27 Misa solemne por ser la **fiesta litúrgica de S. J. de Calasanz**. El 29, **Excursión de la comunidad** al Valle de Arán, como despedida del anterior P. Rector, J.L. Mallagaray; dos días después tuvo lugar una comida en la comunidad con amigos personales del Padre y del colegio.

## Curso 1970-1971

**Septiembre'70**: El día 1 comenzó el curso para 1ª Enseñanza. El cronista escribe: *"Otra vez la hermosura de las bandadas de niños que llenan el Colegio ¡Bendito sea Dios!"*. El 12 fue la toma de posesión del nuevo Rector, P. Ángel Alegre. Vienen destinados: Cl°. Emilio Pérez procedente de Irache y el P. Juan José Garralda, del Cristo Rey de Zaragoza. Salen de Barbastro para Jaca el P. Santiago Mompel; y el P. José Antonio Lázaro, con destino al Calasancio de Zaragoza, para comenzar la carrera de Ciencias.

**Octubre'70:** el 3 fue la inauguración del curso para Bachillerato. El 12, festividad de la Virgen del Pilar, tiene lugar la **consagración episcopal del nuevo Obispo**, D. Damián Iguacen, asistieron todos los Religiosos.

**Profesores de Primera enseñanza:** Párvulos. H° Tomás Torres Solans; 1° grado A: Srta. Mª Pilar Betrán; grado B: Srta. Marcela Arasanz; 2°: Srta. Angelines Abarca; 3°: Cl° Emilio Pérez; 4°: P. Domingo Subías.

**Profesores de Segunda Enseñanza**: D. José Mª Negrín, Política; D. Emiliano Gonzalo, Gimnasia; D. Alfonso Sampedro, Gimnasia; Sra. Josefina Corral, Ciencias; Srta. Ildefonsa Gálvez, Ciencias; D. José Mora, Letras; D. Ramón Bestué; P. José Mur, Ciencias; P. José Castel, Ciencias; P. Jesús Martínez, Ciencias; P. Rector (Ángel Alegre), Letras; P. Mariano Olivera, Letras; P. Jesús Angulo, Letras; P. Juan José Garralda, Letras; P. Martín Sobrino, Letras y Cronista.

Horario de las seis clases diarias: 9,00-10,00; 10-11: 11-11,30 recreo; 11,30-12,30; 12,30-13,30; 15,30-16,30; 16,30-17,30.

**Noviembre'70:** El 12 se dio fiesta a los niños por el paso del Príncipe Juan Carlos, que inauguró el encauzamiento del Río Vero. Acudió mucha gente a recibirle y al acto dicho.

**Patrocinio de Calasanz:** Por primera vez el programa se titula: **SEMANA DE SAN JOSÉ DE CALASANZ**, del 23 al 29. En él se anuncia que TVE a las 8,30 de la noche pondrá en pantalla "Calasanz" y se pide a los Maestros que "en el último cuarto de hora, ellos y los Profesores de bachiller hablen a sus alumnos sobre "el Santo de Peralta de la Sal". Del 24 al 26 habrá Triduo, a las 12'00 y a las 19'00. La excursión mensual será a Torre Ciudad; el 26, fútbol desde las 3'30; y a las 18'00, en el Cine Cortés, película para los nuestros y las Escuelas de El Amparo: *"20.000 leguas de viaje submarino"*, el 27, a las 9'00 en la catedral, **misa para todas las Escuelas de la ciudad**; a continuación traslado de la imagen del santo a la **nueva Sala de Juegos**, que con su presencia quedará bendecida e inaugurada; a las 11'00, "II Competición Escolar de Atletismo"; mientras, los Colegios S. Vicente, S. Francisco y Dª Clara verán la película; A las 4'00, la selección de los **alumnos jugará contra profesores y padres de familia**; a las 6,00, cine para las Escuelas Nacionales; a las 6'30, Semifinales de **"Cesta y Puntos"**; a las 20,30 **conferencia para los Educadores y padres de familia** sobre "La nueva Ley de Educación", por el P. Heredia, de nuestro ICCE de Madrid (Instituto Calasanz de Ciencias de la Educación). El 28, a las 10'30, en el Campo de Deportes, Juegos infantiles; y a las 11'00, Campeonatos Escolares: Monsanto, de Monzón, contra Escolapios de Barbastro; a las 16'00, **Velada Literario-Musical**: el sainete *"Miedo ridículo"*, **final de "Cesta y Puntos"** y cinco números más; a las

20'30, Conferencia del P. Heredia. El día 29, a las 11'15, fútbol: C.F. Ballobar contra Escolapios de Barbastro. Y a continuación el **Primer Motocross** para Vespinos o Mobilettes (jóvenes en edad escolar) y **"II Ciclocross"**.

**Diciembre'70**: El Día de la Inmaculada "se celebra con gran solemnidad". Antes de las Vacaciones de Navidad, se tuvo la **"Campaña del Bote"** para los ancianos del Asilo. De ello se hizo eco la prensa local y también "Nueva España", de Huesca. El 24, después de la Misa del Gallo, **el Obispo bendijo el "Salón Scout"** y terminamos con un ágape. El acto fue reflejado igualmente en la prensa local y el periódico de Huesca. El 26 marcharon varios Padres a un **Cursillo de Evaluación**, en Zaragoza, que duró cuatro días. El cronista anota: *"el resto de las navidades, normal, aquí en Barbastro, esperando los Reyes Magos, que, como siempre, llegarán pobres"*.

## ENERO 1971

El 8 se reanudan las clases. La fiesta de Santo Tomás de Aquino se ha adelantado este año al 29: "los niños del Colegio y los otros centros docentes han organizado una serie de festejos, que esperamos se cumplan fielmente"

**Febrero'71**: en los primeros días han hechos los Ejercicios Espirituales los de 5º y 6º en San Ramón.

**Marzo'71**, EL 1, onomástico del P. Rector, Ángel Alegre, se celebra con toda solemnidad: a las 10'00 misa de todo el colegio y a mediodía comida con el profesorado y otros invitados; por la tarde, cine para los alumnos. **El 19 celebramos a S. José**, pero no el Día del Padre, como se hiciera otros años.

**Abril'71**: los Religiosos tenemos nuestros Ejercicios Espirituales con el P. Javier Aspa, del Opus.

**Mayo'71**: Mes de las Flores, el 21 fue la subida al Pueyo.

**Junio'71**: el 5 marcharon a Lérida los de 6° para examinarse; y el 18 los de 5°. Las vacaciones de verano comenzaron el 26.

**Julio'71**: Durante este mes han hecho sus dos **Campamentos los Scouts**: los pequeños en Jaca y los mayores en el Valle de Pineta. Se adquirió un **nuevo tractor**, dado que el que teníamos daba señales de estar en sus últimos días.

### A mediodía del 24 de julio se ha despedido el P. Rector, Ángel Alegre, que dimite:

Se hace cargo de la comunidad, hasta el nombramiento del próximo, el Vicerrector, Jesús Martínez. El 27 fuimos varios Padres a Jaca al homenaje del P. Santiago López. Aprovechamos para dar una vuelta por Candanchú, y al regreso se vino con nosotros el H° Damián Bello, para asistir en Peralta a la Profesión Solemne del H° Joaquín Nadal.

### Curso 1971-1972: Nuevo Rector, P. Narciso Monfort

**Septiembre'71** el 8 llega el nombramiento del **nuevo Rector, P. Narciso Monfort**, que ya lo había sido de este colegio (de 1955 a 1961). Tomó posesión el día 12 'día mariano' para nosotros, por ser el Dulce Nombre de María la Titular de la Orden, en un acto sencillo pero emotivo.

*"El Noticiero de Zaragoza"* del **10 sept'71** comenta así la **Jornada de Atletismo**: *"Con un calor inesperado, pero con muchísimo entusiasmo y deportividad se han desarrollado exitosamente las pruebas que, como en años anteriores, organiza en esta ciudad el CLUB DE ATLETISMO ESCOLAPIOS. Han estado presentes numerosos representantes entusiastas y de gran valor de toda la provincia, de los más importantes Clubs y, además, del Instituto, del colegio San Vicente y de Escuelas Pías".*

Comienza el curso el 16 para la 1ª y 2ª Enseñanza.

**Profesores de Primera Enseñanza**: Srta. Angelines Abarca, Srta. Marcela Arasanz, Srta. Mª Pilar Betrán, D. José Vicente Gabarri, Hº Juan Pedro Artieda, Hº Tomás Torres, P. Juan José Garralda (prefecto), P. Domingo Subías, P. Martín Sobrino.

**Profesores 2ª Enseñanza**: Srta. Alfonsina Gálvez; Srta. Josefina Corral; Capitán D. Emiliano Gonzalo; Teniente D. Alfonso Sampedro; D. José Mora; D. Ramón Bestué; P. Narciso Monfort (Rector y Director Técnico); P. Jesús Martínez; P. Mariano Olivera; P. José Mur; P. José Castel; P. Jesús Angulo (Prefecto); P. Martín Sobrino.

**Octubre'71**: el 24 vino el Asistente de Pastoral, P. Saturnino Muruzábal, y tuvimos una Convivencia con él. El 29 se celebró el onomástico del Rector (Narciso Monfort) con misa y Velada.

**SE SUPRIME EN EL COLEGIO 5º Y 6º DE BACHILLER**. Fue una decisión tomada en abril de este año. La votación dio: 6 a favor y 6 en contra, pero se ejecuta ahora y se mandan nuestros jóvenes alumnos al Seminario Diocesano. **Alumnos**: En Preescolar (Infantil) tenemos 62; en la EGB 340; y en 2º, 3º y 4º de Bachiller 123 TOTAL 525. Los Internos son 68, de ellos 7 acuden al Seminario por ser de 5º y 6º, (L.C. pág 578)

Los fámulos o monaguillos son: Cuello (4º Bach), Latorre (Preu), Ev. Galdeano y Gambau (4º Bach.) Coronas y Vives (5º EGB).

**Noviembre'71: Patrocinio de Calasanz:**

Semana del 23 al 29, Triduo; el 26 lanzamiento de globos hechos por los alumnos en Trabajos Manuales, con premio al que más tiempo permanezca flotando y al que suba más alto; *"Emilio y los detectives"*, en el Cine Cortés; Fútbol entre Internos y Externos; el 27, misa y competición de Atletismo; campeonato triangular de fútbol; acampada de la Tropa Scout, Cesta y Puntos y pasacalles de la Rondalla Calasanz. El 28, **Gran Cross Interprovincial** de infantiles, benjamines, juniors y féminas, más cine, "como todos los domingos". El 29, Velada literario-musical: sainete *"El tío de Buenos Aires"*, Rondalla, *"La locura* *del año 2.000", "The revolutions",* Final de Cesta y Puntos y Sorteo de la Rifa.

Las vacaciones navideñas del 23 al 10 de enero

**ENERO 1972**

El **"Club de Atletismo Escolapios"** obtuvo una subvención de la Federación Nacional de 15.000 ptas. además del 50% del material que se usa; el Club de Fútbol Escolapios ascendió a 1ª Regional, dirigido por el Hº Samaniego. En los Campeonatos Provinciales de Atletismo Infantil nuestros chicos obtuvieron el primer puesto, en Huesca.

**Marzo'72:** El "Diario de Lérida" del 23 dio cuenta de la "activa temporada de **'Campo a través' de nuestro Club**, señalando que participó en las competiciones de Logroño, Soria, Lérida, Tarragona, Fraga, Torrente del Cinca, Sabiñánigo, Alcañiz, Estada y Monzón, sin dejar fecha libre en lo que llevamos de año".

**Abril'72:** El Asistente General, P. Adolfo García Durán, hizo la **Visita General** y firmó la Revisión del Libro de Crónica el 14.

En la Provincia de Huesca el Delegado de Educación decretó vacación en toda la Semana de Gloria, lo cual fue aprovechado por los Religiosos para hacer una **Excursión**; los alumnos fueron a Andorra.

**Junio'72:** El 30 concluyó el curso 1971-72. Para las vacaciones de verano los Religiosos dispusieron de 4.000 pts. más viajes, en 2ª clase, a su destino.

Los PP. Angulo y Martínez acudieron al Curso de Soria, dirigido por el ICCE, sobre el 6º Grado de EGB.

**Agosto'72: La fiesta de Calasanz pasa del 27 al 25 de agosto**, según el nuevo Calendario Litúrgico de la Iglesia, porque se considera que el día de la muerte (falleció el 25 de agosto'1648) es el inicio de su gloria.

## GAMBERRADA EN NUESTRA HUERTA:

"El <u>26 de agosto'72</u>, a las 12 y minutos de la noche sonó el teléfono de comunidad. La esposa de nuestro hortelano, José del Río, pedía auxilio, porque su marido, despertado por los ladridos de los perros salió de casa y una hora después fue encontrado fuera del cercado, malherido, magullado a golpes. Media docena de ladronzuelos acudieron a media noche a robar melones, y sorprendidos por José, la emprendieron contra él a puntapiés, puñetazos, palos, dejándole medio muerto.

Acudimos a la llamada telefónica en la furgoneta el que esto escribe (P. Martín Sobrino) y el Hº Samaniego; de paso avisamos a la pareja de la Guardia Civil, y a los pocos minutos llegó el Comandante del Puesto, trasladamos el herido a la Clínica del Dr. Ollé, dejamos el asunto en manos de la autoridad y a José hospitalizado. Pocas horas después eran detenidos los culpables, que bajo fianza salieron de la cárcel local, pendientes del juicio"

En el **Campo de Deportes** se ha puesto una separación para que el público no lo invada. La mano de obra estuvo a cargo de los mismos dirigentes del Club.

# CAPÍTULO VII

## Del curso 1972-1973 al 1976-1977

**Septiembre'72**: se tuvo la apertura del curso **el 12**, coincidiendo con la fiesta de la Titular de la Orden: El Nombre de María. (En las Reglas de la Orden se dice: *"Nuestra Orden se gloría de tener, como Patrona principal, a la Bienaventurada Virgen María Madre de Dios de las Escuelas Pías; y, como Titular, el preclarísimo Nombre de la misma Virgen María"*: n° 4).

<u>Los alumnos son</u>: 39 de párvulos; 315 de 1° a 6° EGB; 104 de 3° y 4° de Bachillerato Total 458. <u>El profesorado</u>, el mismo del curso anterior con pequeñas variaciones.

**Octubre'72:** el 12 celebraba Fraga sus fiestas patronales, nos invitaron a la Competición Atlética y nos trajimos 17 medallas.

**Noviembre'72: Patrocinio de Calasanz**:

"Con resonancia interprovincial se volvió a celebrar el **"Cross S. José de Calasanz"** en las faldas del cerro de San Ramón. Procedentes de Lérida, Tarragona, Zaragoza y de toda la provincia oscense se concentraron en Barbastro 700 corredores de categorías superiores, para todos los cuales hubo bebidas, y al ganador en cada prueba se le entregó una copa, al segundo, medalla de plata, al 3° bronce. Al 1° de Barbastro, medalla de oro; y obsequios de banderines de S. J. de Calasanz y Peralta de la Sal hasta los 20 primeros.

Como preparación a esta competición se celebró el 18, sábado, otra prueba para benjamines, alevines e infantiles, que totalizaron 300 corredores locales".

**Enero 1973:** Se concedió la **Carta de Hermandad a la Sra. Consuelo Clarimón**, que sirvió más de 50 años de cocinera en el colegio y al Sr. Agustín Mateo, que fue Fámulo del Colegio de Zaragoza (Santo Tomás, hoy Escuelas Pías) por los años 1935-38, que incesantemente nos favorece con su "Estudio Fotográfico Ismael" de Barbastro (L.C. pág 586: figura como "crónica retrasada, porque es del 8-XII-1972)

**Febrero'73: Resonante triunfo del "Club de Atletismo Escolapios Barbastro":**

En el "Cross José Mª Peran", de Lérida, nuestro Equipo Juvenil Femenino obtuvo el primer puesto entre 1.400 atletas. "Desde 'La Vanguardia' hasta el más sencillo de los periódicos de esta región dieron noticia del triunfo, e incluso varios con fotografía de las triunfadoras". Los equipos de infantil y alevines fueron Campeones Provinciales y habrán de representar a la provincia oscense en los Campeonatos de Sector, que tendrán lugar en Valencia. Allí quedó Luis Romera 1° en salto (5'37 ms.) frente a atletas catalanes, baleares, valencianos, aragoneses, murcianos y andaluces. (L.C. p 586)

**Cursillo de Esquí en Cerler:** Siete sábados seguidos acudieron 30 alumnos a las nuevas pistas de Cerler, para aprender el deporte de la nieve, enrolados como Montañeros de Aragón.

**Marzo'73:** El 2 viajan a Laredo 4 atletas de nuestro Club, seleccionados por la Delegación Provincial de Atletismo, para participar en los Campeonatos de Sector, representando a la provincia oscense el 28-29 de marzo'73.

**Abril 1973: Semana Santa y Capítulo Local:**

Es elegido Vocal al Capítulo Provincial el P. Benito Forcano.

**Mayo'73: ¡¡Fuego en el colegio!!:** En la mañana del martes, 15, a las 6'00 llamaba a la puerta el Cabo de Municipales y la bomba de incendios, recientemente adquirida y que hoy hacía su tercera intervención. Les habían avisado desde las huertas que salía humo denso del tejado del colegio. Eran vigas de la parte vieja, encima de los servicios de Internos Menores, que estaban carbonizadas con fuego lento, sin llamas. Se roció bien de agua toda esa zona, pero tres días después todavía salía humo, hasta que se desplomó el techo sobre los Servicios. Afortunadamente el colegio está asegurado en cuatro Compañías, que una vez constatado el siniestro dieron 60.000 pts. (L.C. p 588)

El 19 y 20 de **mayo'73, Excursión de los alumnos a San Sebastián** en autobús por Pamplona, Velate e Irún; durmieron en el Albergue estudiantil; y el regreso fue por Tafalla, Tudela, Zaragoza. La Visita a la Virgen del Pueyo fue este año en dos fechas: 9 y 23, menores (hasta 5° EGB) y mayores (6° EGB y 3°-4° de bachiller).

**Junio'73: Nuevo P. Provincial (Antonio Roldán, 1973-1976):**

El 4 es su primera visita no oficial a Barbastro. Al día siguiente es llevado a Zaragoza.

El 22 se tiene los Exámenes Finales de 3° y 4° de Bachillerato. Este curso, 3° desaparece para dar entrada a otro de EGB.

**Curso 1973-1974**

**Septiembre'73:** "Nueva España", en su n° del día 5 recoge ampliamente la Jornada Atlética que tuvo lugar en las fiestas de Barbastro, el 2, donde el "Club Escolapios Barbastro" obtuvo 11 medallas.

El 23 de **Noviembre'73:** la jornada del 23 nuestro Equipo de Atletismo participa en el "VI Cross de Sabañánigo", donde consigue cuatro medallas.

## Nuevo Rector de Barbastro, para el trienio 1973-1976, el P. Benito Forcano.

Es nombrado después del capítulo Provincial.

## GRATUIDAD DE LA EGB:

El cronista escribe: *"es la gran noticia que ya se esperaba; habrá el curso próximo siete grados de EGB gratuitos, abonando el Estado 230.000 pts por curso y año, de las que 160.000 será el sueldo del profesor".*

"A requerimiento de la Delegación Provincial de Educación y Ciencia, **la comunidad ha decidido duplicar los grados 1°, 2°, 3°"**.

**Septiembre'73:** El exrector, Narciso Monfort, padeció un amago cardíaco muy fuerte, que le obligó a ponerse en tratamiento médico. Escribe diciendo que va mejor y que a mediados de mes ha de presentarse nuevamente a revisión médica. El 11 algunos de nosotros vamos a visitar al P. Monfort a su pueblo, Villafranca del Cid, junto con los Religiosos de Peralta y el P. Teófilo. Y el 29 de octubre se le pone un telegrama felicitándole.

Del 15 al 20 de **septiembre'73** se realizan los exámenes de recuperación. El 15 se celebra ASAMBLEA GENERAL DE LA ASOCIACIÓN DE PADRES DE ALUMNOS: se hace balance del año anterior, y se planifican las actividades para el presente: temas para conferencias, películas y otras posibles actividades (Hacía años que la Crónica no recogía reuniones de esta Asociación). El 29 se reúne la Junta para concretar algunos asuntos de los que salieron en la Asamblea.

El 23 y 25 de **septiembre'73** se incorporan a la comunidad el joven Juan José Palacios Fernández, que se hace cargo de 5° de EGB y el H° Antonio Pastor.

Se inicia el nuevo curso el 24 de **septiembre'**73 con la misa presidida por el **nuevo Rector, P. Benito Forcano.**

**Octubre'73:** El 18 se va a Zaragoza en autobús, para participar en la **Peregrinación del Deporte de Aragón al Pilar.**

**Noviembre'73:** del 24 al 29 se tiene el **Triduo a Calasanz** y el **"Cross S. J. de Calasanz"**; el 26, excursión a Peralta de la Sal de toda la EGB y sus profesores para celebrar el **"Día del maestro"**; el 27, la misa para toda la población estudiantil y el film *"Risas y sensaciones de antaño"* en tres sesiones; el 28 la Rifa Calasanz; y el 29, la película *"Los comulgantes"*, para los Padres de alumnos.

**Diciembre'73:** el 2 nuestro **Equipo de Atletismo** participa en Monzón en el "Cross de Santa Bárbara", donde **Amado Hernández**, de nuestro Club, resulta el **Campeón absoluto** y su compañero, Fernando Negro, obtuvo el trofeo "Heraldo de Aragón". El 9, Reunión de la <u>Junta de la APA</u>. El 23 nuestra **Rondalla**, dirigida por el P. Garralda, participa en la III Gala de Navidad.

## ENERO 1974:

El 2 vienen los Novicios a pasar unos días en el Colegio, acompañados por el P. Cecilio Lacruz. Una de las jornadas la dedicaron a Retiro, que se lo dio el Sr. Obispo, D. Damián Iguacen. El 17 se celebró con solemnidad la **fiesta de S. Antonio Abad**. El 23 asiste el P. Castel a la <u>canonización de la Fundadora de las Hermanitas</u>, como capellán de ellas; y tres días más tarde viaja el P. Rector para lo mismo. El 25 acuden a Zaragoza el Rector (Benito Forcano) y el Hº Antonio Pastor para la **Asamblea** del 25 y 26. El **27 de enero'74** el Hº Antonio Pastor, representando a la comunidad, visita al P. Monfort en Valencia.

**Febrero'74:** el 17 las MM. Combonianas proyectan a nuestros alumnos diapositivas sobre sus Misiones en África. Vuelven el 23 para hacerles ver tres películas. También el 17 de **Febrero'74** se desarrolla en Barbastro el **'VI Campeonato de Aragón en campo a través'**, **organizado por nuestro Club.** Lo recoge la prensa ampliamente. Y 24 de **febrero'74,** nuestro Club de Atletismo se desplaza a Fraga, para participar en el "Cross de la Estacada".

**Marzo'74:** El 9 tuvo la EGB excursión a la Torre (la finca) de los Escolapios. Pasaron allí todo el día. El 19 la comunidad viaja a Valencia a visitar al P. Monfort. Lo encuentran dispuesto a volver a la Provincia, tan pronto como los médicos lo autoricen. El 29 el P. Rector y los HH. Samaniego y Torres van a Peralta de la Sal con motivo del santo del Rector de aquella comunidad, el P. Subías. El 30 comienza con gran brillantez el **Septenario a la Virgen de los Dolores**, predicado por D. Ramón Susín. El programa dice: <u>Septenario y Ejercicios Espirituales Abiertos</u> del 30 de marzo al 5 de abril; los tres primeros días: "La salvación en el Evangelio de S. Juan" y los cuatro siguientes:"La hora de Jesús y la manifestación de su gloria". En el Salón se pronunció la <u>conferencia "Problemática de la Educación en la coyuntura actual"</u>, por el Exmo. Sr. D. Enrique Sánchez de León, para los padres de alumnos.

**Abril'74**: el día 5 comenzaron las Vacaciones de Semana Santa y la comunidad marcha a Peralta para hacer sus Ejercicios, dirigidos por el P. Benito Forcano. Se reanudan las clases el 17. El 27 excursión de EGB a Roda de Sábena.

**Mayo'74:** Se proyecta el film *"Vida para Ruth"*, dentro del programa de la APA. El 15, la tradicional peregrinación al Pueyo. El 18 la Asociación de Padres proyecta *"Juegos prohibidos"*. 24, el Rector, Benito Forcano, asiste en Huesca a una reunión para tratar asuntos de los Profesores de Educación Cívica, Campamentos y otras actividades de la Jefatura Provincial del Movimiento. El 25, D. Jesús López Medel, Presidente del Sindicato Vertical de Enseñanza y exalumno escolapio, dio la <u>charla "La familia y su participación en la Reforma Educativa"</u>, y por la noche la Asociación de Padres organizó una cena-homenaje a él en el Hotel Sancho Ramírez. 26, la Asociación de Padres proyecta "Tiempos modernos". El 28, reunión en el Colegio de miembros de las distintas Asociaciones de Padres de la ciudad, para tratar asuntos comunes a alumnos que se encuentran desfasados de curso. La O.J.E. tuvo una misa en nuestro templo en honor de S. Fernando. El P. Narciso Monfort viene a estar unos días con nosotros. El 31, <u>Reunión del Consejo de la Provincia</u>, con asistencia del Rector y Hº Pastor.

**Junio'74:** día 8, **Excursión de Fin de curso** al Safari de Río León (Tarragona) y la playa de Comarruga. El 15 fue en Graus la <u>Fiesta</u>

Catequística, en la que intervino nuestra Rondalla y se expusieron varios trabajos de nuestros alumnos. Los PP. Garralda y Forcano concluyeron los cursillos celebrados en Huesca. Día 20, última evaluación y marcha de los Internos a sus casas. El Rector, Benito Forcano, acompaña a <u>ocho alumnos al "Certamen Internacional de Cine para Niños", de Gijón</u>; teníamos concedidas tres becas. Del 25 al 27, Triduo en honor de Nª Srª del Perpetuo Socorro.

**Julio'74:** del 15 al 29 **Campamento** en la Selva del Asieso con alumnos de Cristo Rey, Peralta y Barbastro, dirigido por Juan José Palacios.

## Transformación definitiva del colegio en CENTRO DE EGB, con 16 unidades

**Agosto'74:** el 2 fue la fecha que señaló la transformación definitiva y una capacidad para 640 alumnos, según consta en el B.O.E. La noticia sale en "El Noticiero" del día 10. Se ha hecho un aula más y se han pintado las del primer piso. El 31 actúa la <u>Rondalla</u> en la inauguración de la FEMAR de Barbastro, en presencia de las autoridades locales y provinciales y numeroso público.

## CURSO 1974-1975

**Septiembre'74**: el 13 tiene el P. Rector (P. Forcano) reunión con los maestros noveles dándoles orientaciones para el nuevo curso.

**La comunidad** <u>está formada por</u>: P. Benito Forcano (Rector), P. Mariano Olivera, P. José Mur, P. José Castel, P. Jesús Angulo, P. Juan José Garralda, P. Antonio Dieste, P. Juan Artieda, Hº Javier Samaniego y Hº Antonio Pastor.

El 20 de septiembre'74 nos visita el P. Provincial, Antonio Roldán, acompañado de los PP. Alejandro, Asensio y Benito Pérez.

**Octubre'74**: del 13 al 20 fue la **Semana del Domund**: el 16 vino el Obispo a hablar a los alumnos sobre el Domund y pasó un rato en la quiete conversando con los Religiosos. Esta visita sirvió de despedida para todo el colegio, porque el 20 tomó posesión D. Damián de la Sede de Teruel. El 28 tuvo sesión la Junta de la Asociación de Padres, para hablar, entre otras cosas, de la próxima Junta General. El 31 el P. Mallagaray, que se encuentra estos días con nosotros, ha dado una catequesis a los alumnos sobre "el Obispo y su conexión con los apóstoles", como preparación de la consagración del nuevo Obispo, D. Ambrosio Echevarría Arroita, que será el 2 de noviembre.

## Noviembre'74: PRIMER INTENTO DE EDIFICAR UN COLEGIO NUEVO

Los días 7 y 8, de **noviembre'74**, el P. Rector, acompañado del Alcalde, del Presidente de la Asociación de Padres y del Sr. Carrillo, miembro de la Asociación, viajan a Madrid para hablar con D. Jesús López Medel, Presidente del S.E.M (Sindicato Español del Magisterio) sobre la financiación de la obra del colegio nuevo en nuestros Campos, ya que él nos ofreció su apoyo incondicional. El 16, la Comunidad tuvo el día de Retiro (1ª vez que se habla de esto) con el sacerdote de Torreciudad D. Alberto Sancristóbal. El 22, el P. Mallagaray dio la conferencia "Responsabilidad paterna", organizada por la Asociación de Padres. El 23, se proyectó, también organizada por la Asociación de Padres, *"La madriguera"*, de Carlos Saura; y dos días antes tuvieron la Asamblea General para renovar los cargos necesarios. Del 23 al 28 de **noviembre'74**, la celebración del **Patrocinio de Calasanz**, con los actos acostumbrados: triduo, Cross, visita a Peralta, Pasacalles de la Rondalla, misa en la catedral, cine para los centros escolares de la ciudad: *"Misión Imposible"*, Velada y rifa.

**Diciembre'74**: En el fascículo que edita el P. Rector, Benito Forcano (s.f.) leemos que los internos marchan a casa los sábados y domingos; y que **el Colegio queda con Preescolar, EGB e Internado**.

El día de la Inmaculada, el P. Rector y el Hº Pastor asisten a la consagración del altar del Santuario de Peralta de la Sal, por el Obispo de Lérida. El 13 se celebra en nuestra iglesia la festividad de Santa Lucía, patrona de las modistas.

El 19 se tuvo con los alumnos un **Acto Penitencial como preparación para la Navidad**, presidido por el Sr. Obispo, D. Ambrosio. El 20, comenzaron la vacaciones y nos visitó el P. Provincial, Antonio Roldán, para explicar a la comunidad el informe económico presentado en el último Consejo de la Provincia. El 23 fue el <u>Retiro de la comunidad</u>. El 25 tuvimos la renovación 'oficial' de los Votos. El 26 pasó con nosotros el Sr. Obispo un rato en la quiete. En el Libro de Crónicas constan dos de los modelos con que el colegio ha felicitado a las familias la Navidad.

**Enero'1975:**

**Revisión del L.C. por el P. Roldán:** en la pág. 608 se puede leer el amplísimo texto que dejó escrito el P. Provincial el 28 de **enero'75**. Por su interés, para que los lectores de esta Historia del Colegio de Barbastro comprendan y disculpen la falta de material con el que he tenido que enfrentarme, transcribo lo siguiente: *"Revisado este Libro de Crónicas de la Comunidad en Visita Provincial canónica, hemos podido apreciar en él, a partir de la Visita General en abril de 1972, dos partes bien distintas. La primera —si hemos de atenernos a las noticias recogidas y consignadas en la Crónica—<u>presenta una imagen muy pobre</u> de la vida del Colegio: pocas noticias, separadas por lagunas frecuentes de un mes o varios entre ellas; la mayor parte de las consignadas se refieren a los <u>Deportes</u>, concretamente al Atletismo, que aparece como la ocupación y preocupación principal del Colegio; a su lado, <u>algunas</u> otras noticias sobre otros temas, <u>lagunas</u> en que deberían figurar otras que no existen, y las que se consignan muchas veces sin la fecha, que permita localizarlas en el tiempo. Hacia el final de esta parte se va subsanando la falta de fechas. La información gráfica, sin ser excesiva, no queda descuidada.*

*<u>La segunda parte</u>, desde el cambio de Cronista, ofrece una imagen más completa del Colegio y actividades de la Comunidad: van <u>aumentando las noticias en número y en variedad de aspectos: religioso, pastoral, cultural, deportivo</u>, etc., etc. hasta conseguir lo que podría considerarse como normal para este colegio. Y cada una con su fecha perfectamente visible al margen de la página. Ha aumentado también la información gráfica, sobre todo con los dos álbunes separados, que, como parte complementaria de la Crónica, va rellenando el cronista.*

*En resumen, podemos decir que se han corregido los defectos señalados en la Visita General y apuntados por nosotros en la primera parte.*

*Sería de desear que algunas veces al año apareciera la firma del Cronista, dando fe de las noticias que consigna.*

*Aprobamos la Crónica de este Colegio, confiando que continuará el nivel actual e incluso mejorando" (Barbastro 28 de enero de 1975, firman Antonio Roldán de la Virgen del Pilar, Prepósito Provincial, y Manuel Ovejas de la Virgen de la Soledad, Secretario).*

**Febrero 75: Entrevista al Presidente de la Asociación de Padres sobre el Nuevo Colegio:** "Nueva España", en su pág. 5 del 9 trae a toda página una entrevista con el Presidente de la Asociación de Padres sobre el nuevo Colegio, presupuestado en 50 millones, en los campos de deportes. **Se dice que este año, 1975, se cumplirán cuatro de la puesta en funcionamiento de la APA**... en julio de 1971 nos aprobaron los Estatutos... no obstante, se había venido funcionando provisionalmente desde unos meses antes... la forman más de 400 padres y menos de 500... Hay dos temas... **Abordar la construcción de un nuevo colegio** *a ubicar en los terrenos ahora ocupados por el Campo de deportes. Estamos ya en fase de redacción del anteproyecto. Permitiría una considerable mejora en todos los aspectos y le dotaría de unas modernas instalaciones con las que se podría llegar hasta otras actividades docentes, que ahora son imposibles de alcanzar, como por ejemplo la enseñanza profesional. --¿Tenemos proyecto a largo plazo acaso?—Dependerá del presupuesto económico y la agilidad con que podamos llevar a cabo unas cuestiones encaminadas a conseguir la ayuda económica necesaria --¿Presupuesto aproximado?—Basándonos en la similitud con otros colegios recientemente construidos o en periodo de construcción debe hablarse de unos 50 millones de pesetas. –Ante cifra tan alta ¿hay esperanzas?—Si no fallan los canales de financiación, no será una utopía. La Junta está ilusionada en ello y el P. Rector (P. Benito Forcano) también" –Pasemos al segundo de los problemas—Estamos implicados con el resto de las Asociaciones locales, Ayuntamiento, Colegio Local, etc, en trabajar de cara a la solución del* **problema planteado por la Enseñanza Profesional en la ciudad el curso próximo**... *nos inquieta que no sea puesta en marcha en las debidas condiciones...*

**Febrero'75:** el 2 se recoge en la Crónica que el **Equipo Infantil de Fútbol** se desplazó a Alcolea para jugar el primer partido del "XII Campeonato de España de Fútbol infantil", y lo perdió por 2-1. Otro equipo marchó a San Juan del Flumen para el "Campeonato Provincial de Campo a través". Y el Equipo Infantil de fútbol que participa en los "Juegos Escolares Nacionales" derrotó al Equipo B del Seminario de Barbastro por 5-0.

**Campaña contra el Hambre:** En las colectas de las misas de las 19'30 del sábado y 11'00 del domingo, sumando ambas, se obtuvo 5.230 pts.

**Se habilita un Oratorio y una Sala para Pretecnología:**

El 10 de **febrero'75** leemos en el L.C. que se está acomodando una habitación para Oratorio, como se acordó a raíz de la Visita Canónica. Está acabándose también el saneamiento y acomodación de los bajos contiguos al Salón de los Scouts, para Sala de Pretecnología.

El 12, **Miércoles de Ceniza**, se celebró la misa y se impuso la ceniza a todo el alumnado y sus maestros, pretendiendo que incluso los más pequeños vayan tomando contacto con la Liturgia. El 22 se proyecta *"El optimista"* entre los actos de la Asociación de Padres. El 23 se reunió en nuestro Salón la Cofradía de la Esperanza, como ya es tradicional. El 27, evaluación del alumnado y el día siguiente el Rector celebró la **misa del Santo Ángel, con la Guardia Municipal** (que todavía hoy, 2015), continuamos teniéndola).

**Marzo'75:** En el Día de Hispanoamérica y de los Misioneros de la Diócesis se celebró un acto, en el Teatro Principal, presidido por el Obispo, en el que se repartieron los premios de los Concursos Misionales. A nuestros alumnos les correspondieron tres: 2º premio de Centros Misionales, y dos de Dibujos. Del 3 al 5 han tenido los de 8º **Ejercicios Espirituales** en S. Ramón del Monte y los de 6º y 7º en el colegio, en grupos separados. El 9 de **marzo'75**, la misa del Santo Cristo de la Agonía y Junta de la Cofradía en la Sala de Visitas. El 10 se inaugura el Oratorio con una concelebración y rezo de Vísperas. El 12, un Misionero del Espíritu Santo habla de las Misiones a 8º y el 14 a 7º.

El 15 comienza el **Septenario**: los tres primeros días oficia el Obispo y los restantes el Rector. El 16 da en nuestra iglesia la Coral Barbastrense un <u>Concierto Sacro</u>; y del 16 al 18, el Rector, Benito Forcano, habla a los ancianos de las Hermanitas. El 19 fue el <u>Día del Seminario</u>; se recogió 3.050 pts.

A la mañana siguiente tuvimos "**El Día del Árbol**", la 2ª etapa de EGB marchó a la Torre a plantar pinos, con personal de Icona y Extensión Agraria; por la tarde la 1ª etapa tuvo cine. Tanto el <u>Septenario</u> como el Día del Árbol fueron recogidos por "El Cruzado Aragonés".

**Abril'75:** "El Cruzado Aragonés" del 5 publica un artículo del P. Valentín Aísa con este título: "El Colegio de las Escuelas Pías: muy pronto, <u>el tercer centenario de su fundación acaecida en 1677</u>". El 17 hubo Reunión de los Rectores de la Provincia de Aragón en la que el P. Provincial informó de nuestro problema vocacional; y sobre la próxima entrevista de los PP. Provinciales en el Ministerio de Educación y Ciencia. El 19, el Rector acompaña a cuatro alumnos de 8º para participar en el Concurso Nacional de Coca-Cola. El 26, Reunión de la Junta de la Asociación de Padres.

**Mayo'75:** El mes se inició con la **visita a la Ermita de la Virgen del Llano**. Por la tarde del 3, el Rector del Seminario Diocesano se entrevistó con nuestro Rector para tratar el asunto de los Internos y la matrícula de los que vayan al Seminario el curso próximo.

El 9 el Rector (Benito Forcano) subió al Pueyo con un grupo de 6º de bachillerato, que habían sido alumnos nuestros hasta 4º y ahora estudian en el colegio-Seminario. El 15 subió todo nuestro colegio. El 17 **Excursión** de la 2º etapa de EGB a Huesca-Castillo de Loarre, Monasterio de S. Juan de la Peña, Jaca y regreso.

**"Iª Semana de Cine para Niños":**

Fue del 26 al 31 de mayo'75 organizada por la Asociación de Padres de los Escolapios.

**Junio'75:** "El Noticiero" del 1 recogió la noticia de la "Iª Semana de Cine para Niños!: cinco películas en el Teatro Principal. El P. Benito Forcano, Rector, ha sido el alma; el Ayuntamiento la ha promocionado con el patrocinio de Nocilla.

El 7, el alumno Miguel Ángel Casanovas, de 8º EGB, ha quedado 4º en el Concurso de Coca-Cola. El 18 se tiene la "prueba de madurez" para los alumnos de 8º.

El **19 de junio'75**, el Rector y la Srta. Araceli salen con 14 chicos para el **Festival Internacional de Cine para Niños** en Gijón. El 26 de junio se da por terminado el curso 1974-75, con una misa.

**Julio'75:** El 2, un grupo reducido de chicos va de **Campamento** a Las Paúles con el P. Garralda. La cocina la lleva el Hº Antonio Pastor; los mayores ayudan a la gente del pueblo en la recogida de la hierba; utilizan las dependencias de la parroquia. Concluye el 15.

El **7 de julio'75**, el P. Rector asiste en Torreciudad al **funeral por Mons. Escrivá**, Exalumno de nuestro Colegio barbastrense: con este acto se inaugura la iglesia al culto diario.

El 17 se inicia la pintura del 2º piso del colegio; realizan este trabajo los PP. Rector, Garralda y Antonio con el Hº Pastor. Terminan con el mes.

**Agosto'75: la fiesta de Calasanz fue el 25**: misa y Vísperas. El Obispo pasó un rato con nosotros. Esa misma tarde la comunidad con la de Jaca marchan al Monasterio de Leyre, para sus Ejercicios Espirituales con el P. José Cánovas, benedictino.

**Septiembre'75:** 2 y 3, exámenes de recuperación para la EGB. El 13 hay reunión de Rectores en Zaragoza.

## Curso 1975-1976
## El 16 de septiembre'75 comienza el nuevo curso.

En torno al 20 aparece en la Revista "Vínculo" una de las últimas fotos de Mons Escrivá en Barbastro, hablando con el P. Benito Forcano. Viene acompañada de estas líneas: *"Mons Escrivá fue alumno de las Escuelas Pías de Barbastro. En las clases de Primera Enseñanza tuvo de maestro al P. Juan Otal, inteligente pedagogo… En la comunidad escolapia de Barbastro vive el P. José Mur, que fue condiscípulo de Monseñor. Entre los seguidores del Opus Dei hay sacerdotes y seglares exalumnos de las Escuelas Pías.*

*Es conocida la devoción de Mons. Escrivá a San José de Calasanz y la admiración por su pedagogía. Así lo manifestó en público en el Homenaje que le hizo la Universidad de Zaragoza, y en la recepción que dispensó a los zaragozanos en el Seminario de San Carlos. Cuando recientemente fue a Barbastro, con motivo de entregársele por el Ayuntamiento el título de Hijo Predilecto de la ciudad, al conversar con gran afecto con el P. Rector dijo: 'Guardad bien el Espíritu de S. J. de Calasanz, renovándose, pero sin hacer cosas raras…'*

La madre de Mons. nació en Barbastro… El Alcalde de Barbastro leyó un discurso del que entresacamos: *"Es el recuerdo primero a vuestra infancia, a esos juegos que de niño llevasteis muy cerca de aquí, en ese colegio Escolapio que repetidas veces me habéis comentado, ese recuerdo de unos Padres que en vuestra Primera Enseñanza fueron comunes a muchos de los aquí presentes: esa Salve a la Virgen que todos hemos rezado los sábados por la tarde en esta iglesia escolapia* (donde actualmente hay un cuadro de S. Josemaría), *y es, sobre todo, esa vida de los primeros años que, a medida que el tiempo avanza, nos viene su recuerdo con más fuerza…"*

**Octubre'75:** el día 4 la comunidad se traslada a Peralta de la Sal para dos charlas que el P. Dionisio Cueva da sobre nuestras Constituciones. Del 10 al 12 asisten los Ecónomos a una Reunión sobre la materia. Por Barbastro está el P. Castel; el 11, Junta de la Asociación de Padres, para preparar la Asamblea General en la que se informará del nuevo curso.

## Se inaugura la Biblioteca Infantil

Leemos el 16 de **octubre'75**: "Ya hacía tiempo que se iba tras un local, aunque fuera pequeño, para dedicarlo a **Biblioteca Infantil**. Hemos conseguido un primer paso, el local, y unas primeras y elementales instalaciones. Queremos acabarlo totalmente, haciendo algunas pequeñas transformaciones... Será para todos, no sólo para los internos. Presentando el carnet del Club se podrá hacer uso de los servicios de esta Biblioteca. Además de los libros que puedan emplear los niños para lectura, se podrá disponer de material de distintas Editoriales, para que los maestros puedan consultarlo. Pensamos que debe ser una dependencia del colegio que tenga su atención y cuidado. El tratar de conseguir en los alumnos hábitos de orden, silencio, lectura y disciplina, puede ser una forma estupenda de contribuir a la educación completa de ellos. Ahora que tienen esta oportunidad, debemos aprovecharla. Tal vez en el futuro la busquen y no puedan tenerla". Estas palabras van acompañadas de cuatro fotos del local y alumnos en él (L.C. págs. 632-633).

El 19 de **octubre'75**, grupos de alumnos postulan por la ciudad para el Domund (Domingo Mundial por las Misiones). La colecta total ascendió a 10.706'75 pts. El lema para las Catequesis de la semana fue: "La misión universal, fuerza y garantía de la renovación cristiana".

El 26 de **octubre'75** viene el P. Provincial (Dionisio Cueva) con el P. Asensio a <u>entregar personalmente las nuevas Constituciones a cada Religioso</u>, como se acordó en el Consejo de la Provincia. El 28 se llevó a la Inspección Técnica de EGB un informe completo del colegio. El 30, con motivo de la apertura del curso 1975-1976 el 'Colegio Menor de la Juventud' ha organizado una conferencia sobre "El Asociacionismo Juvenil", dada por el Presidente de nuestra Asociación de Padres, D. José Mª Guillermo.

**Noviembre'75:** En la Festividad de Todos los Santos, el P. Rector celebra la eucaristía en Naval y administra a dos niños el Bautismo. A partir del día de los difuntos la comunidad hemos celebrado cuatro jornadas la misa y las Vísperas en el Oratorio. "Nueva España" del 9 comenta que el Gobernador Civil de Huesca, exalumno de

Escuelas Pías de Albacete, ha recibido en su despacho, entre otros, a los Rectores Escolapios de Jaca y Barbastro. El 11 recoge "Nueva España" la participación de **nuestro Club de Atletismo** en el "Cross San Martín", de Albalate del Cinca, y el 11 en el de Sabiñánigo.

**El 20 de noviembre'75 muere Franco**: se tiene con los alumnos un breve acto en la iglesia y se les manda a casa una semana. Dos días después, funeral en la catedral, presidido por el Obispo, en el que concelebran el Rector y el P. Antonio.

**El 27 noviembre'75, <u>Patrocinio de Calasanz</u>,** tuvimos la misa, a las 11, en la catedral y, a pesar de coincidir con la solemnidad del **nombramiento del Rey, Juan Carlos I**, han asistido muchos niños.

<u>Se ha obsequiado a todos los profesores con la Vida de Calasanz, del P.</u> <u>Arce</u>; y al Gobernador y Delegado Provincial de Educación y Ciencia, ésta y la del P. Bau. El 28 lo pasamos, con nuestros profesores, en Peralta. Y al regresar, se tuvo en nuestra iglesia el **Concierto Espiritual por la Coral Barbastrense**, anunciado para el 21 y trasladado a hoy por el fallecimiento del Generalísimo. Y el 30 de **noviembre'75** se tuvo el ya tradicional **"Cross de San José de Calasanz"** (cf. "El Cruzado Aragonés" del 29; "Heraldo de Aragón" del 3-XII; "El Noticiero" del 4-XII; "Nueva España" del 7 de diciembre).

**Dciembre'75:** el día 2 "El Noticiero" calificó el Concierto "de acontecimiento artístico, quizás el más relevante celebrado en nuestra ciudad en el presente año". Explica a continuación que estaba programado en la "Semana Musical de la Coral" y que lo que se interpretó fue el Oratorio de D. Julio Broto para soprano y coros sobre textos de S. Juan de la Cruz en su "Cántico Espiritual". La soprano fue Lourdes Lachen. La hermosa iglesia de los Escolapios estuvo llena de público interesado en escuchar la obra del autor, director-organista y por oír a la soprano. El concierto tenía carácter eminentemente barbastrense: autor local, coral y soprano, todo barbastrense". También el 2 es visitado el colegio por la Inspectora Dª Clara Barahona, nueva para esta zona. Se lleva una buena impresión. Se tiene la **1ª celebración de Adviento para la 1ª Etapa**. El 3 concelebran el Rector (Benito Forcano) y el P. Angulo en el templo de los Claretianos, con motivo de

S. Francisco Javier y "Día de los Misioneros de la Diócesis". El 6 asiste el P. Rector a la Reunión de la Provincia, que tuvo lugar en Santo Tomás de Zaragoza (hoy, Escuelas Pías).

El 14 de **diciembre'75** golea nuestro **Equipo Infantil de fútbol** a la Escuela Hogar de Boltaña: 9-0. El 19 marchan los Padres de Ejercicios Espirituales a Zaragoza. El 21 el Grupo de Atletismo participa en el **Cross de Navidad de Monzón**. Y el 24 vuelven los Padres de las Convivencias tenidas en Quinta Julieta, dirigidas por el P. Clemente Domeño. Lo último que se reseña es la **Renovación de Votos** el 25, a las 13,30, acompañada de una lectura-meditación del cap.º II de las nuevas Constituciones; la enfermedad del P. Mariano y las visitas recibidas de los PP. Mallagaray, Jesús Martínez, Muñoz y el Hº Damián.

**ENERO 1976:** Se reanudan las clases el 8 de enero. El 17 por la tarde, el P. Rector dio una charla −"Colegio-Familia"-- organizada por la APA. El 19 inició el alumnado **"La Semana de la Unidad por la Unión de los Cristianos"**, que concluyó el Día de la Santa Infancia, para la que se recolectaron 2.231,50 pts. entre las misas del sábado y domingo. El 27 se vuelve a administrar la Unción de los Enfermos al P. Mariano, por su estado crítico.

**Febrero'76** fue el mes en que se celebraron los **"XXVIII Campeonatos Escolares Nacionales"**. Fueron tres las categorías y 10 las modalidades. Nuestros alumnos tuvieron una destacadísima participación. El 9 nos visitaron el Inspector Jefe y la Inspectora de la Zona, para comprobar la titulación del personal.

**Marzo'76**: el 3 tuvimos la **Imposición de la Ceniza** y durante unos días un misionero que trabaja en Tanzania y una misionera que lo hace en Oceanía han pasado por la 2ª Etapa hablando ampliamente de sus trabajos. El **Capítulo Local** fue del 6 al 7 y del 13 al 14. Precisamente el 6 ha estado en el colegio el Rector de Torreciudad, D. José Luis Saura, consultando unos datos sobre Mons. Escrivá. La APA proyectó el 18 el film *"Forja de hombres"*. El 28 se celebró una misa, pedida por el Alcalde, en el Aniversario de la liberación de Barbastro. El **Septenario** de este año también ha sido compartido por el Sr. Obispo y el P. Rector.

**Abril'76:** Con motivo del "**V Día Forestal Mundial**" los alumnos realizaron una serie de trabajos, que el 5 fueron mandados a la Delegación Provincial. El **Capítulo Provincial** fue en Peralta del 15 al 22 de **abril'76.**

**Mayo'76:** El 18 tuvo **el Rector Reunión con los Profesores**, para hablar de libros y material del curso próximo, los chicos que van camino de repetir, calificaciones, profesorado del curso próximo, recuperaciones y sugerencias. El 24, **nos reunimos** representantes del profesorado y APA **con el colegio de San Vicente**: tratamos de clarificar las cantidades de la subvención y las horas de dedicación. Este mismo día comenzó **la Exposición Escolar** que nosotros montamos en la Casa de la Cultura por la "Semana Cultural". El 28, el P. Rector dirigió una **charla** al APA: "Padres e hijos en familia"; y los Scouts han salido de **acampada** el fin de semana.

**Junio'76**: el 11 nos visitó el P. Provincial (Dionisio Cueva), habló con todos los religiosos, antes del nombramiento de Rectores y dio una charla al APA sobre **"Juventud inconformista y comportamiento familiar"**. El 13, fiesta de S. Antonio, se celebró con la solemnidad de siempre. Del 16 al 23 se tuvieron las distintas pruebas de Promoción en la EGB.

## Junio'76: NUEVO RECTOR en Barbastro: P. Luis Domeño

El 21 llega el nombramiento. El 25 clausuramos el curso 1975-1976.

**Julio'76**: el 5 nos visitan algunos Padres de Zaragoza, entre ellos nuestro nuevo Rector, que tomará posesión el 15.

**Agosto'76**: el 11 comienzan las obras en Portería y Oficinas.

## Curso 1976-1977

**Septiembre'76**: el trece iniciamos nuevo curso con una concelebración en la que participa el cuadro de profesores y todo el alumnado.

**Llega a Barbastro el P. Provincial, Dionisio Cueva, Octubre'76:**

Viene para sustituir al Rector, Luis Domeño, que marchó hace seis día a atender a su hermano, el P. Clemente Domeño, en la operación que sufrió en Pamplona. El 30 llega el P. Gimeno, Asistente Pedagógico, para exponernos los pasos que se han dado para componer el **Ideario** y animarnos a elaborar nuestro **Reglamento** y **Proyecto Educativo.**

**Noviembre'76:** el 11 fallece el padre de nuestra compañera, Srta. Araceli: toda la comunidad acompaña a la familia en esta situación dolorosa. El 18 asisten en Zaragoza los PP. Rector y Vicente al **Primer Consejo de la Provincia.** Al día siguiente los **Alevines quedan Primeros en el Cross de Sabiñánigo.** El P. Rector acuerda el programa del Patrocinio de Calasanz con los otros centros de la ciudad. El 24 se inicia la Huelga de Profesores Estatales de EGB.

**El Programa del Patrocinio'76** dice en la cara delantera: *San José de Calasanz, Patrono del Magisterio Español* (en efecto, este patronazgo fue promocionado por un profesor de nuestro colegio de Granada, D. Andrés Balló, en el S.E.M; pero también es patrono del Magisterio Argentino, por declaración estatal). En la 2ª cara: *"Los Centros de EGB de Barbastro celebran la Fiesta de San José de Calasanz, Patrono de la Enseñanza Popular Cristiana"* (nombrado por Pío XII en el III Centenario de su muerte, 1948). Son tres los días que abarca: 26, viernes, a 28, domingo. Cohetes, suelta de globos y proyección de "Pequeño Gigante", misa en la catedral, competiciones deportivas y el "XIº Cross San José de Calasanz", patrocinado por el Ayuntamiento y distintas firmas comerciales y bancarias, con las siguientes categorías femeninas y masculinas: alevines, infantiles, cadetes, juveniles, junior y senior. La prensa local, provincial y autonómica se hizo eco de este acontecimiento deportivo con abundantes trofeos.

**Diciembre'76:** "El Cruzado" del día 4 publicó **"Un comunicado de los Centros de la Iglesia de Barbastro"** (Escolapios, San Vicente, Seminario y La Milagrosa) dados los comentarios que aparecen en la prensa por el momento de la Enseñanza en España y Barbastro. El 6, el P. Rector (Luis Domeño), invitado por el Gobernador Civil de la Provincia, bendice el Instituto y la Escuela Hogar, con la presencia del Subsecretario del Ministerio de Educación y Ciencia. El 22, antes de iniciarse las Vacaciones de Navidad se tiene una **Celebración Penitencial con todos los alumnos.** El 25 **la Comunidad renueva sus cuatro votos** (obediencia, pobreza, castidad y dedicación a la educación), tras una meditación sobre su significado, con más solemnidad que la renovación diaria, como disponen nuestras Constituciones. El 27 celebramos las **Bodas de Oro Sacerdotales del P. José Mur**: el templo estaba abarrotado. El P. Provincial (Dionisio Cueva) predicó y el P. Mur, lleno de emoción, pidió a las madres que no le negaran ningún hijo, si Dios lo pedía para el Sacerdocio o la Vida Religiosa. Luego se sirvió un vino a los asistentes. La Prensa y Radio locales informaron del acontecimiento.

**Enero'77**: Los Novicios y su Maestro convivieron tres días con nosotros. La jornada de Reyes amaneció **Barbastro embellecida por la nieve**. Hacía varios años que no veíamos blanca la ciudad. La FERE (Federación Española de Religiosos de la Enseñanza) se reunió en Huesca el 22; y el 31 asistieron los PP. Rector (Luis Domeño), Vicente y Angulo a un Cursillo sobre la Especialización de los Tutores, en nuestro "Instituto Calasanz de Ciencias de la Educación–ICCE".

**Febrero'77**: Se reúnen en el Colegio San Vicente representantes de las APAs con el fin de estudiar la **creación de una Federación de APAs.** Y dialogar sobre la problemática actual de la Enseñanza. Días después, la nuestra tiene la elección de nueva Junta y el P. Rector les anuncia el envío a las familias del Anteproyecto del Ideario. El día 18, nueva Reunión de los representantes para el tema de la Federación. Y el 19 se encuentran en Huesca todos los Directores de Centros Religiosos de la Provincia.

**Marzo 77**: el 4, tercera reunión de la Comisión coordinadora de las APAs, con el fin de organizar ya las actividades de la Campaña. Y el 8, **conferencia del P. Dionisio Cueva**, Provincial escolapio, organizada por la Comisión: *"Alternativas a la Enseñanza y derechos de los padres"*. Después de su exposición hubo un animado coloquio. Radio Huesca estuvo presente e hizo una entrevista al P. Dionisio y a varios padres de familia. Tres periódicos reseñaron el acto. El 13, la

Coordinadora de Barbastro publica un Comunicado, que es recogido por "El Heraldo de Aragón" literalmente y en "El Cruzado", resumido.

**Abril'77**: La **Semana Santa** se celebra con gran solemnidad en nuestra iglesia. Tres de los religiosos ayudan en otros tantos pueblos a los párrocos. Y al terminar, la Comunidad hace una excursión-peregrinación a Lourdes.

**Mayo'77**: El 15 marchan a Zaragoza los profesores de E.F. y el Hº Samaniego con un grupo de 37 alumnos, para participar en el **"Trofeo P. Teófilo López"** (el P. Teófilo, natural de Tordecilos-Guadalajara, fue Provincial de Aragón de 1961 a 1967 y P. Vicario General de 1971 a 1973, por dimisión del P. General Laureano Suárez). Los nuestros quedaron Campeones en Infantiles.

El 18 de mayo, el P. José Mª Arranz inicia la "Campaña Vocacional". Se cerró el mes con la Peregrinación al Pueyo.

**Junio'77**: La Coordinadora de APAs, que el 25 de abril había publicado otro documento con la doctrina de algunos Partidos Políticos sobre la Enseñanza, ahora saca *"La Escuela que propugnamos"* y organiza una charla de D. José Luis Calavia: *"En defensa de un sistema educativo de libertad de opciones"*. El 17 de junio la Inspectora de la Zona visita la Exposición de Trabajos Manuales, montada con mucho gusto por el P. Angulo. **Los alumnos de 8º, en su despedida**, invitan a cenar a los 11 escolapios y a la Junta de la APA. En ella, el P. Rector (Luis Domeño) proclamó a los tres que habían destacado en Letras, en Piedad y Compañerismo; y entregó a todos la insignia del colegio con el escudo de las Escuelas Pías. Su viaje es a Madrid, acompañados del P. Dieste y el Hº Samaniego.

**Julio-Agosto-Septiembre'77**: Los PP. Ángel Martínez y José Ramón Pérez, de Valencia, pasan sus vacaciones en Barbastro. La Comunidad celebra la **Fiesta litúrgica de Calasanz** en Peralta, el 25 de agosto. El 11 de **septiembre'77** vino destinado del Calasancio de Zaragoza el Hº Secundino Comín: ha acabado el magisterio y se hará cargo de 5º EGB.

## Curso 1977-1978

**Hemos suprimido el Internado, ya que sólo había 13** de los 333 alumnos (38 en Párvulos; 44 en 1º EGB; 34, 2º; 34, 3º; 33, 4º; 43, 5º; 36, 6º; 37, 7º; 34, 8º EGB). Las **clases** (aulas) son: una de Párvulos y ocho de EGB. **Los Profesores seglares**: Dª Mercedes Salanova (tutora de párvulos), Mª Pilar Betrán (1º), Araceli Laplana (3º), José Vicente Bayarri (4º); hay, además, un sacerdote diocesano: D. Ramón Bestué (Francés en la 2ª Etapa). **La comunidad Escolapia la forman:** los PP. Luis Domeño (Rector y tutor de 8º), Mariano Olivera, José Mur, José Castel (profesor de Ciencias Naturales), Vicente Moreno (Tutor de 7º), Jesús Angulo (Tutor de 6º), José Mª Arranz y Antonio Dieste (Religión en 2ª etapa); y los HH. Juan Artieda (tutor de 2º), Javier Samaniego (encargado de la Torre), Secundino Comín (tutor de 5º), Arturo Gil (Religión en 1ª etapa).

### Octubre'77: Tricentenario de la primera fundación de la Escuela Pía (en España):

El día 10 aparece en "El Cruzado Aragonés" un artículo de Santos Lalueza, Vicario General de la diócesis, con el título que abre este párrafo; el 16, el P. Provincial, Dionisio Cueva, presenta y reparte las nuevas Reglas de la Orden a la Comunidad.

**Noviembre'77**: Se ha comenzado una intensa <u>Campaña de concienciación sobre la Libertad de Enseñanza</u>: se reparten cartas para que las firmen los padres de alumnos y las manden al Presidente del Gobierno, Congreso y Ministro de Educación. Del 25 al 27 **fiestas del Patrocinio de Calasanz**, Patrono de los maestros de España y Argentina; hace años se viene celebrando el **"Día del maestro"** a nivel nacional: misa, juegos, fútbol, baloncesto, pin-pon, futbolín, cine –Los diez Mandamientos--, balonmano, y el "Gran Cross S. J. de Calasanz"; comida con los profesores... La prensa provincial y el "Ya" de Madrid se hicieron eco del Cross.

**Diciembre'77**: El 22 celebramos los **"60 años de sacerdocio del P. Mariano Olivera"**. Presidió la concelebración el P. Provincial. El

24 vienen los escolapios de Peralta y tenemos con ellos un **Retiro de preparación a la Navidad**; lo da el P. Cecilio Lacruz.

**Enero'78**: Los novicios conviven con nosotros tres días. El 28 celebra la APA Asamblea General.

**Febrero'78**: El viernes, 3, se tiene en nuestro Salón la conferencia *El reto de los padres ante la Educación,* por Gerardo Laiborra. Fue presidida por el Sr. Obispo, D. Ambrosio. El coloquio final evidenció la <u>situación acuciante de la Enseñanza hoy en España</u>.

## Federación de APAs de los colegios de PP. Escolapios y MM. Escolapias de Aragón

El 6 de **febrero'78** asisten a una Reunión en Zaragoza el P. Rector (Luis Domeño), el Presidente y un Vocal del APA, para constituir la Federación. El 25 el P. Rector participa en Huesca en la Reunión que informa de la Asamblea General celebrada en Madrid.

**Marzo'78**: Del 11 al 17, **Septenario de la V. de los Dolores**, en nuestra iglesia, tras haber acordado con la Junta el temario. Fruto de las reuniones con la Cofradía es el programa que se elabora con el título *Hacia la Pascua*. Un grupo de alumnos, acompañados por el P. Angulo y el Hº Comín, participan en el Concurso del **"I Festival Misional"**, que se realiza en Font, obteniendo el 2º premio. El 19 habló el P. Gimeno a la comunidad sobre *"Participación de los padres en la marcha del Centro"*. El cronista anota que "se han celebrado los actos de Semana Santa con gran esplendor y asistencia; y que nos han acompañado, del 25 al 27, doce Padres escolapios de la comunidad de Getafe (Madrid).

## Abril'78: Visita del P. General, el P. Ángel Ruiz:

El 12 el P. Ángel se reunió con la comunidad y con la Junta del APA, que le presentó algunos problemas del colegio.

**Mayo'78**: El 1 nos visitan los Escolapios de Alcañiz. El 5, **nueva conferencia** organizada por la Coordinadora: *Problemas actuales de la*

*Enseñanza*, por José Antonio Escudero. El 11 vino al colegio nuestro Obispo, celebró la eucaristía a los alumnos y cenó con la comunidad; el 18 nos reunió a todos los rectores de iglesias, para organizar las celebraciones litúrgicas en los templos. Este mismo día se empezó a echar el firme en los Campos. El 26, profesores y alumnos hacen la **Peregrinación anual al Pueyo**; la mayoría prefirió bajar a pie, en lugar de volver en los autobuses que nos subieron. El 28 participamos en Logroño con tres miembros de nuestra APA, en la Asamblea constitutiva de la Federación de Asociaciones Escolapias; y por la tarde estuvimos en la **ordenación sacerdotal de tres escolapios**: PP. Javier López Rejado, Alberto Alonso Gómez y José Manuel Hernáez Movilla. El 30, nuestros Alevines de minibásquet vencen a Salesianos de Monzón y se clasifican para el Campeonato Provincial.

**Junio'78**: entrevistan al P. Rector, Luis Domeño, sobre la Jornada Deportiva, en Radio Barbastro. El 22 celebramos la fiesta de San Ramón, patrono de la ciudad, y el onomástico del P. Rector. **El curso se clausura el 28** con una misa, en la que participa todo el alumnado.

**Julio-Agosto'78**: **Fallece el P. Mariano Olivera**, el 17 de **agosto**, con 84 años. El 18 regresan los Padres que estaban de vacaciones y llegan otros de distintas comunidades; por la tarde se traslada el cuerpo de la Sala de Visitas a la iglesia; el funeral lo preside el Sr. Obispo, D. Ambrosio, con más de 45 concelebrantes. El P. Provincial, Dionisio Cueva, dirigió la palabra al pueblo. **Los restos mortales se depositaron en el nicho 34** del cuartón 24 del cementerio. En el 36 reposan nuestros mártires. La prensa y radio de la ciudad se hicieron eco.

# CAPÍTULO VIII

## Del Curso 1978-1979 al 1983-1984

**Septiembre'78**: La tarde del 17 ha sido **ordenado sacerdote el P. Javier Bosque**, de esta comunidad; le ordenó Mons. Elías Yanes. **El 18 comenzó el nuevo curso** con una concelebración.

**La comunidad** está formada por: PP. Luis Domeño (Rector), José Mur, José Castel, Vicente Moreno (Vicerrector), Jesús Angulo, Antonio Dieste, Javier Bosque y el Hº Arturo Gil; dos individuos menos que el curso anterior.

**Los profesores seglares**: Mercedes Salanova (párvulos), Mª Pilar Betrán (1º), Araceli Laplana (3º), José Vicente Bayani (4º), y da algunas clases Ramón Bestué, párroco de Salas Altas.

**Los alumnos** son 386, que se reparten así: 38 en Párvulos; 35: 1º, 45: 2º, 33: 3º, 38: 4º, 33: 5º, 38: 6º, 37: 7º y 29: 8º EGB

**Octubre'78**: Se reduce el número de misas en la ciudad, por orden del Obispo, para hacerlas más comunitarias y prepararlas mejor. En la iglesia del colegio sólo tendremos para los fieles la de los sábado 19,00 y la de los domingos, a las 11,00 (en la actualidad –2014– sólo queda la de los sábados).

**Diciembre'78**: el 20, Barbastro fue cubierta por la nieve, fenómeno poco frecuente aquí. El 25 celebramos la Misa del Gallo, con la iglesia repleta, sobre todo de jóvenes: la iniciamos con proyección de filminas; y un grupo de chicos/as fueron escenificando la Navidad; en la procesión hacia el altar se cantó *Ven, ven, Señor, no tardes*. Al terminar la misa, los scouts nos invitaron a una Velada en la luneta. El 29 nos visitaron los Juniores de Cataluña.

**Enero'79**: el 26 acuden los PP. Rector y Bosque a la convocatoria del Inspector Jefe de Enseñanza a programar un Cursillo de perfeccionamiento para los profesores del ciclo Preparatorio (Preescolar, 1°-2°). El 29 se reúnen en Huesca todos los Directores de Centros Privados, con motivo de la huelga anunciada por los profesores de estos centros. Se estudian los documentos llegados de Madrid y posibles tácticas a seguir.

**Febrero'79**: el 11 comienza la **Campaña de Esquí**. Los PP. Vicente y Bosque llevan alrededor de 60 niños/as. Del 23 de febrero al 4 de marzo tiene lugar el **Capítulo Local**: intervienen 7 sacerdotes y dos HH. -Arturo Gil y Juan Pedro Artieda- Son elegidos como Secretario el Hº Arturo y su Adjunto, el P. Bosque. Representarán a la comunidad en el Capítulo Provincial los PP. Rector y Dieste. Se estudió el Anteproyecto de la Planificación de la Provincia; el Ecónomo hizo una exposición exhaustiva de la situación de nuestra economía y su diferencia con la 'economía centralizada'.

**Marzo'79**: Los Infantiles se han clasificado para las finales de Huesca en minibásquet, baloncesto y tenis. Sólo ganamos la de tenis. El 29, jueves, se proyectó en nuestro Salón el trabajo de dos estudiantes de COU en el Seminario, sobre la catedral de Barbastro; fue todo un éxito.

**Las elecciones municipales del día 3 abril'79 tuvieron este resultado:**

10 de Unión de Centro Democrático; 6 del PSOE y 1 del Partido Comunista de España. El mismo día concluye la **Campaña de Promoción del Esquí**. Las Vacaciones de Semana Santa comienzan el 11. **La liturgia tuvo mucha solemnidad en nuestro templo**. Destacó la Cofradía del Santo Cristo de la Amargura y la Dolorosa por su orden y fervor. Nos visitaron los escolapios del Capítulo Provincial, a su vuelta de Peralta donde se celebró. El P. Vicente acompañó a Teruel a los **Campeones provinciales de tenis**, para jugar las finales del Sector.

**Mayo'79**: los días 5 y 6 acuden a Alcañiz los PP. Rector y Dieste con una selección de 30 atletas para participar en las **"II Olimpiadas de S. Valero"** con muchachos de 15 Centros (10 escolapios y 5 escuelas nacionales). Nos trajimos 5 medallas de oro, y en la puntuación final nos proclamamos Campeones Infantiles y Cadetes; y 2° en Alevines. El 25 vamos a Monzón a participar en el "II Trofeo María Auxiliadora": el cronista escribe: *"de nuevo se han portado bien nuestros atletas, superando en algo los resultados de Alcañiz"*.

**Junio'79**: en este mes tuvo lugar la **Confirmación de todos los alumnos de 7° EGB**: "el grupo scout con sus guitarras anima las eucaristías, tanto en S. Francisco por la mañana como en la catedral por la tarde. Los párrocos nos han felicitado y agradecido la colaboración, porque participaron los PP. Dieste y Bosque con el grupo de guitarras y el P. Domeño dirigiendo los cantos y haciendo de solista. Se ha observado un cambio muy grande respecto a los escolapios. El 16 fue la **Fiesta Final de curso**, organizada por el APA, con misa a las 19'30, vino español y proyección del audiovisual *La catedral de Barbastro*. El 21, S. Ramón, Patrón de la ciudad, el Ayuntamiento organizó, ayudado por varios escolapios y ocho seglares, unas Pruebas de Promoción deportiva en el Coso. Seis alumnos nuestros quedaron muy bien. Al día siguiente los Scouts tienen un Encuentro en la Torre y en él hicieron la Promesa los Pioneros, con la presencia de sus padres; hubo eucaristía y apetitosa merienda.

**Julio'79**: Los alumnos de 8° EGB han estado de **Viaje de Estudios**, por ciudades castellanas, acompañados del P. Vicente Moreno, recorriendo los principales monumentos de las mismas. El 4 celebraron una merienda en el colegio, como despedida. Un centenar de niños/as scouts se reunieron en el **Campamento** Selva de Oza, con los PP. Dieste y Bosque. El 24 se nos comunicó que **el P. Luis Domeño continúa otro periodo de Rector**.

**Curso 1979-1980**

**Septiembre'79**: el 17 comienza el curso con la habitual concelebración para alumnos, profesores y padres.

**La comunidad** queda así: PP. Luis Domeño (Rector y tutor de 5°), Vicente Moreno (vicerrector y tutor de 6°), José Mur, José Castel, Jesús Angulo (Secretario de Estudios y tutor de 8°), Antonio Dieste (Ecónomo y tutor de 7°), Javier Bosque (secretario de la comunidad y tutor de 2°), H° Juan Artieda (sacristán, encargado de misas y bibliotecario).

**Los profesores seglares** son: Mercedes Salanova (párvulos), Mª Pilar Betrán (tutora de 1°), Araceli Laplana (tutora de 3°), José Vicente Bayani (tutor de 4°).

**Alumnado**, en el que no aparece Preescolar, pero sí lo hay: en 1° EGB, 40; 2°, 37; 3°, 45; 4°, 37; 5°, 37; 6°, 33; 7°, 40; y 8°, 35. Total: 304 Preescolar.

El colegio puso un anuncio en el Programa de Fiestas de su primitiva ubicación así: *Escolapios desde el Entremuro: 300 años al servicio de Barbastro.* El precio del anuncio y la colaboración importaron 5.000 ptas. El día 6 hubo reuniones con la comunidad, el profesorado y la APA para informar del estado económico del colegio. El 20, **los PP. Dieste y Bosque se reúnen con los papás de todos los scouts**, comienzan con una eucaristía, proyectan un audiovisual sobre el Campamento en Selva de Oza, rinden cuentas del curso pasado y terminan con una merienda. La colecta del **DOMUND** fue de "17.000 ptas., equivalente a medio sueldo mensual de un obrero cualificado".

**Noviembre'79**: el 2 y 3 están aquí los ocho novicios (2 de Castilla y 6 de Aragón) con su maestro, P. José Mª Arranz, que han ayudado a recoger las almendras, por lo que han recibido 5.000 pts. El 10, la APA celebró su Asamblea General, donde es elegido Presidente el Dr. Carreño. El 12 se reúnen en Zaragoza, en el Colegio La Salle, los Directores de Centros Privados de todo Aragón: les habla el P. Martínez Fuertes (Presidente del Sindicato Vertical de la Enseñanza) sobre la problemática de la Enseñanza en estos momentos; de Barbastro asisten miembros de las APAs del Seminario, San Vicente y Escolapios. El 24 comienzan las fiestas del **Patrocinio de Calasanz**, con programa igual al del año anterior.

## Diciembre'79: Posible Huelga de Profesores:

El día 1, el cronista se extiende al hablar de la Reunión tenida en Huesca: *"El tema fue la posible huelga, a partir del 1 de enero, si el Gobierno no accede a una serie de peticiones: subvenciones, a tiempo y en la cuantía que exija la subida del coste de la vida; en el fondo se trata de existencia y subsistencia de la libertad de enseñanza; los Obispos han publicado una Pastoral defendiendo esa libertad para enseñar; la existencia del Ideario en los colegios y el Estatuto del Centro irrita a los Partidos de Izquierda, que desean sólo la Escuela Pública y Estatal. En la reunión se vota: a favor de la huelga, 13 y en contra, 5 votos, que provienen de las Religiosas de Santa Ana".*

El 4 da comienzo la **construcción de una pista polideportiva en los Campos** de La Millera, de 41 x 21. El 6 tenemos una breve visita del P. Provincial, Dionisio Cueva, que comenta a la comunidad los documentos recibidos últimamente. Y el cronista añade: *"por su dimensión práctica, sólo anotamos uno que asigna a todo religioso como tope máximo para sus gastos en viajes, ropa, libros, tabaco, etc., la cantidad de 60.000 ptas. al año".*

El 14, nueva **Asamblea de la APA**; acuden unos 200 y se les explica el problema de la Enseñanza Privada; se les convoca para un viaje a Huesca. Acuden unos 200 de Barbastro, junto con los de Jaca, Monzón, Fraga, etc. La Reunión es en el colegio de los Salesianos y pronuncia la conferencia el Diputado Provincial Sr. Tisane. Ese mismo día comienza a emitirse la **"Operación Pañuelo"**: los alumnos bajan al teléfono y hacen sus ofertas. Se recoge gran cantidad de chocolate, arroz, fruta, turrón… y una buena cantidad en metálico. <u>La finalidad es ayudar a los dos Asilos de Ancianos de la ciudad.</u> El 18, el Rector, P. Luis Domeño, con D. Antonio Plana, se unen en Huesca a los restantes Directores de Colegios Privados, y en autobús viajan a Madrid para la reunión de todos los Directores de España, en el Pabellón de Deportes de la capital.

**Lleno total. El problema de la Enseñanza se hace Nacional.**

Se acuerda mantener el cierre de los Centros a partir del 8 de enero, al no haber contestación por parte del Gobierno. **El 19 de diciembre'79** nos visita la Inspectora de Zona, Dª Clara Barahona: revisa los títulos académicos, cursillos, y asiste a la Junta Económica para asuntos de cuotas. El 22 tenemos el **Retiro de Navidad** con la comunidad de Peralta. Lo da el Rector de ellos, Andrés López. Por la tarde, los novicios visitan al Obispo, D. Ambrosio Echeberría. El 24 celebramos la **Misa del Gallo** con los scouts y sus familias. La Velada que le siguió tuvo que ser en la Sala de Juegos y quedó pequeña para tantas personas. El 28 se celebra un **Pleno Municipal** para debatir una moción del Grupo Socialista contra la Enseñanza Privada. Días antes, el Concejal Presidente visitó al P. Rector para manifestarle su aprecio al colegio, donde está su hijo. La moción es rechazada. Asistieron al pleno muchos padres de alumnos nuestros, concienciados del problema por los colegios y espoleados por algunos carteles que han aparecido esta mañana contra la enseñanza privada de la Iglesia. **El 29** de diciembre'79 **se desconvoca desde Madrid la huelga y cierre de Centros**.

**Enero'80**: comenzamos el 8 con la calefacción estropeada. El P. Castel la arregla la misma mañana. ¡Otra avería!: la del tendido eléctrico que abastece cocina, comedores y gabinetes. Cenamos a la luz de las velas. Los PP. Castel y Bosque, con paciencia escolapia van detectando la avería después de recorrer la línea, caja por caja. Logran restablecer el fluido, y luego se refuerza la línea con un tendido nuevo de manguera antihumedad. El 20, nuestra Torre es el lugar de reunión para los cazadores de conejos del Coto Social: hay unas 15 escopetas, y conejos matados, unos 20. Terminan con una enjundiosa comida. Los scouts "Rangers" acampan en la Torre el fin de semana 25-26. Algunos días por semana se cede la Biblioteca para dos Cursillos sobre Dietética y Puericultura.

**Febrero'80**: 9-10, sábado y domingo, asisten chicos de 14-17 a **Convivencias organizadas por los Scouts, en S. Ramón, para Actividades de Tiempo Libre**. El 15 recibimos la noticia de concesión del Consejo Superior de Deportes de 50.130 pts. para material deportivo: un par de porterías de balonmano, redes para las mismas, seis balones de baloncesto, cinco de fútbol, seis para balonmano y dos de futbito.

**Marzo 80**: el 10 **estuvieron en nuestra comunidad y colegio los PP. General, Ángel Ruiz y su Asistente por España**, Santiago

Muruzábal. El 27 la comunidad concelebra con el Obispo en el Colegio San Vicente, en el funeral de Sor Juana. Durante este mes se están desarrollando las Competiciones Deportivas Escolares.

**Abril'80**: el Miércoles Santo salió la **Cofradía del Prendimiento**, acompañada por el P. Rector; y el Viernes, la Dolorosa, que tuvo –como siempre- su **Septenario**. El Monumento del Jueves ha sido preparado por el Hº Artieda con esmero y gusto, en la 2ª capilla de la izquierda. El detalle más sensible de la Pascua fue la celebración del **grupo Scout, que estuvo de Campamento en la Torre**. Eran de 90 a 100 participantes entre chicos/as. Les acompañaron los PP. Javier, Antonio y Luis. El 20 asisten el Rector, con el Presidente de la Junta del APA, Dr. Carreño, y otros miembros, en Soria, a una **Reunión de las APAs de la Provincia Escolapia de Aragón** para intercambiar ideas y coordinar la actuación de las APAs. Esta reunión se viene celebrando últimamente todos los años. El mismo día marchan los PP. Javier y Antonio a Las Paúles, para localizar el lugar del Campamento de Verano y gestionar los permisos necesarios. El 27, **Excursión escolar a Roda y Obarra**, acompañados por varios padres de alumnos.

**Mayo'80**: el 1 viene montando el P. Angulo una Excursión a Andorra, para alumnos y familiares. Y este mismo día **es operado en Huesca el Sr. Juan** que trabaja para nosotros desde hace muchos años y su salud se resiente desde el accidente de unos ocho cursos atrás, por hacer frente a quienes entraron a robar en la Torre. Entre el 4 y 18 tienen lugar en tres parroquias las **Primeras Comuniones** en las que participan alumnos nuestros, especialmente de 3º. Del 12 al 15 **nos visitan los novicios para animar la Semana Vocacional**, con charlas, montajes audiovisuales, encuestas. Todo un trabajo bien planificado y probado ya en otros colegios. Fruto de su presencia es que 10 exalumnos que ya están estudiando en el Seminario quedan en contacto con ellos y dispuestos a plantearse su opción vocacional. Para los más pequeños tuvieron también: mimo, payasos, juegos. **Los novicios nos acompañaron en la tradicional Peregrinación al Pueyo**. El 13 nos informa el Asistente de Pedagogía, P. Gimeno, sobre la problemática educativa que se tramita ya en el Senado. El 23-24 el P. Dionisio Cueva, Provincial, nos entrega solemnemente las nuevas Constituciones. El 24-25 celebran **los scouts en el colegio dos días de Convivencia**;

y la noche del sábado se juntan con otros grupos en la Ermita de San Ramón, para celebrar Pentecostés.

**Junio'80**: La **Fiesta de Fin de curso** es el 14. El APA organiza: fútbol de padres contra hijos, misa, vino español y película. El "Cruzado Aragonés" recoge el acto. El trofeo –un jamón– lo ganaron los papás, pero lo regalaron a los alumnos, "que lo liquidarán en Mallorca, destino de su Viaje de Estudios", comenta el cronista. La asistencia desbordó los cálculos. El 15, la APA organizó una **Excursión con dos autobuses a San Juan de la Peña y Jaca**, padres e hijos. Como final de la temporada deportiva, el Colegio organizó la **"Olimpiada Escolar Barbastro'80"**, los días 16-19. El 20 se cobra una subvención de 200.000 pts. por parte del Consejo Superior de Deportes para instalaciones elementales. Supone 1/3 de lo que gastaremos en una pista de baloncesto y otra polideportiva (2 de minibásquet, una de voleibol y otra de tenis). El 28 "El Cruzado" recoge los resultados de la Olimpiada y presenta, además, una amplia entrevista al P. Vicente Moreno. Los alumnos de **8º EGB salen a Palma de Mallorca**, del 22 al 27, como despedida del Colegio. Les acompañó su tutor, el P. Angulo. "El presupuesto del viaje para 30 alumnos fue algo superior a las 200.000 ptas. que los chicos habían recogido con su trabajo y sus cuotas". Del 25 al 28, los exámenes finales y sus calificaciones.

**Julio'80**: Las vacaciones de los religiosos fueron de unos 22 días más viajes. Pero el **Campamento scout –Eresué'80–** duró del 15 al 30 y lo disfrutaron 120 chicos/as.

### Sobre los Exámenes Públicos y las "Academias" en el colegio:

*El P. Vicente Faubell ha pasado con nosotros unos 12 días investigando sobre su especialidad, la pedagogía escolapia. Nos ha comentado la importancia de las "Academias" y "Exámenes Públicos", práctica de los colegios escolapios en el XVIII y prolongada al XIX. Ha investigado en la Biblioteca del Colegio y Archivo de la catedral y ha fotocopiado importante material. En su libro* **"Acción educativa de los Escolapios en España: 1733-1845"**. *Pueden verse las págs. 517-534 donde expone la valoración que hace de los "Exámenes Públicos y su función social"; en las págs. 548-552 todos los*

*documentos que enumera de la Biblioteca del Colegio de Barbastro; y en la pág.*
*626 las numerosas veces que se cita Barbastro en la obra.*

**Agosto'80**: Nos han visitado muchos escolapios en su camino a Peralta,
Torreciudad o Andorra. **El 25, Fiesta de Calasanz**, misa a las 13,00.
El cronista se extiende así: el sábado 30 fue la **ordenación sacerdotal
de Joaquín Nadal**, en nuestra iglesia. Reside en Logroño, pero como
estudió en Barbastro y aquí sintió la vocación escolapia, quiso escoger
este templo. Ofició el Obispo, D. Ambrosio, y le acompañamos unos 40
escolapios con el Provincial, P. Dionisio Cueva, que fue el presentador
del candidato. Después tuvimos un lunch. El domingo, 31, tuvo
Joaquín Nadal la primera Misa en su pueblo, Costean, 9 kms al Norte
de Barbastro. "Joaquín es un ejemplo de trabajo, sencillez y constancia.
Ingresado para H° Operario, ha realizado sus estudios de Magisterio
y luego de Teología. ¡Enhorabuena, Joaquín, desde este colegio de
Barbastro que tanto significó para ti en tu primera etapa!" (3 L.C. pp.
761-762).

## Curso 1980-1981: nuevo Rector, P. Vicente Moreno

**Septiembre'80**: "Cada día se habla más la posible remodelación de
la parte vieja del Colegio. Se trataría de sanear toda la zona que da
al río, muy deteriorada. Junto con el patio interior (la luneta) dejaría
un espacio para patio, que hoy no tenemos, debiendo salir los niños
a la Plaza de la Constitución para los recreos. Es un conjunto de
volúmenes no aprovechado. Por el contrario la zona deportiva de La
Millera (nuestros Campos) está revalorizándose cada día más, gracias al
equipamiento progresivo y a su situación excelente. Las fiestas locales
se celebran del 4 al 8. Visitamos la FEMAR (Feria de Maquinaria,
Automóvil y Riquezas de la comarca) y asistimos al izar de la Bandera
de Barbastro, por primera vez. El P. Rector, Luis Domeño, destinado ya
a Salamanca (Juniorato P. Scío) preside la misa del 14, fiestas del barrio
del Entremuro (donde estuvo originariamente el colegio y está el
actual), solicitado por los habitantes del Barrio.

**Septiembre'80:** El 22 de se abre un nuevo curso y se tiene la cena
de **despedida del hasta ahora nuestro Rector**, P. Luis Domeño,

**y bienvenida al nuevo**, P. Vicenete Moreno, en el Restaurante "Pirineos", a la que asisten la Junta del APA, padres de los Scouts, profesores seglares y escolapios. Los cuatro años de estancia entre nosotros, el P. Luis ha dejado sensación de competencia, trabajo y dedicación; todo ello con una sencillez admirable.

**La comunidad** está formada por los PP.Vicente Moreno (Rector, tutor de 7° EGB y profesor de Lengua española); Antonio Dieste (tutor de 8° y profesor de Religión y Sociales); Jesús Angulo (tutor de 6° y profesor de Matemáticas y Pretecnología); José Castel (profesor de Ciencias Naturales); Javier Bosque (tutor de 2°); Javier López (llevará 5°); José Mur; y H° Juan Artieda.

**Profesorado**: Se amplía a dos las Aulas de Preescolar, llevadas por Araceli Laplana y Mercedes Salanova; entra un profesor nuevo: José Pablo Pena (tutor 3° EGB); Pilar Betrán (1°), José Vicente Bujarrí (4°), Ramón Bistué (párroco de Salas y profesor de Francés).

**El alumnado** ha aumentado hasta 366.

**El Equipo Juvenil** de Fútbol estará entrenado este curso por Miguel Ángel Laporta, jugador del Monzón, y **participará en la Liga Provincial**. Los días 27-29 se celebran los "II Juegos altoaragoneses". El 28 la comunidad asiste en Peralta a la profesión de siete novicios y las Bodas de Oro del P. Narciso Monfort.

**Octubre'80**: el 3 y 4 hubo Reunión en Huesca de los Centros asociados a la CECE (Confederación Española de Centros de Enseñanza). Asisten unos 20 directores, entre ellos el nuestro y el del Seminario. El tema principal fue el Estatuto de Centros, que se está elaborando para su presentación al Gobierno. Otros temas: el precio de Preescolar, 3.500 ptas. (350X10) y la nueva tasa a los asociados: 800 por aula y 5.000 por centro. El 8-9 pasan aquí los seis Novicios (3 de Aragón y 3 de Castilla); ayudan a recoger las almendras y les damos un dinerillo, pero sobre todo, convivieron con nosotros. El 14 Reunión de los padres/madres de Preescolar. El 15 toma posesión el P. Angulo del Vicerrectorado. El 27 fue día de luto y no lectivo en toda España por la muerte de 50 niños en la Escuela de Ortuella, debido a la explosión de un depósito de gas propano; la eucaristía del 30, jueves, fue de oración y recuerdo por estos chicos y a ella asistieron 3°-8°. El 31 cedimos cuatro aulas para un examen de Puericultura.

**Noviembre'80**: el 1 y 2 pasa por el colegio el P. Asensio con el Secretario provincial, H° Lucio Piquer, para la Revisión de los Libros de Economía; le acompañamos en su visita al cementerio y comentamos la necesidad de arreglar los nichos que poseemos, cuyas lápidas están desconchadas y en mal estado. El mismo 2, domingo, se celebra Asamblea General del APA, en la cual son nombrados tres Vocales: Sres. Jerez, Mor y Luis Berruel, para sustituir a Pérez Arnal, Magín Roca y Luis Valdovinos. El día 8 asisten cinco profesores de Preescolar y 1° EGB a una Reunión sobre "Programación", con la Inspectora de Zona. Del 10 al 12 los alumnos de 6°-8° han tenido en el colegio un **Cursillo de "Primeros Auxilios"**, organizado por Cruz Roja. El 15 <u>La comunidad tuvo un día de Convivencia con la de Jaca</u>, en nuestra Torre (Galafones). Después de comer, **acompañamos al Obispo a Peralta** y allí tuvimos el Retiro con los Novicios. El 19-20 el "Club Montañeros de Aragón", de Barbastro, ha montado en nuestro Salón dos sesiones de audiovisuales, dedicadas a Parques Naturales: la 1ª, Canarias y la 2ª, Ordesa. El 22, cuatro de nosotros acompañamos al **P. Domingo Cejudo** en su **Ordenación sacerdotal**, en Jaca. Nos juntamos 54 escolapios de la Provincia. Por la tarde asistimos a un **Festival Pro-vocaciones**, montado por los Juniores de la Residencia de Zaragoza. Desde hace días estamos proyectando un 'tiempo vocacional y preparatorio de la Fiesta del Patrocinio de Calasanz". El 28 fue la **Excursión a Peralta** con eucaristía y fútbol y el 29, sábado, Convivencia Vocacional para 8°, también en Peralta.

**Diciembre'80**: El día 3 el P. Asensio informa al APA de la situación económica del colegio, para que vayan responsabilizándose de la gestión del colegio. El 5 falleció en Zaragoza el P. Jesús Martínez, que había sido de nuestra comunidad y desempeñado el cargo de Cronista durante largos años. A su funeral vamos cinco escolapios. El 13 los Directores de Centros No Estatales se reúnen en Huesca para recibir el Estatuto de Centros. Acuden unos 20. Por primera vez lo hacen los de Peralta, que solicitan su inscripción.

**Aparece el primer número de la HOJA "EPB" (Escuelas Pías de Barbastro):** Leemos: *Esta primera Hoja Informativa nace en esta Navidad'80-81. Es pequeña, sencilla y sin alardes. Pretende haceros sabedores de la marcha del Colegio a todos, alumnos y familias que tenéis aquí vuestros hijos. En ella, cada mes:*

- *expondremos la línea educativa del colegio;*
- *contaremos la realización de las actividades que vayamos haciendo a lo largo del mes;*
- *informaremos de horarios, vacaciones, evaluaciones, y recuperaciones, direcciones…*
- *daremos cabida a las actividades extraescolares, deportivas y de nuestro Grupo Scout;*
- *dejaremos a la Asociación de Padres/Madres un espacio;*
- *Informaremos de las cosas de cada curso;*
- *y, desde este número, a todos ¡FELIZ NAVIDAD!*

De hecho, en este Nº 1º se informa de los dos cursos de Preescolar; de 3º a 8º EGB; los cargos del colegio; los tutores y Vocales de la APA por cursos; y otros Avisos.

## Enero'1981

Durante todo el mes, muchos alumnos, el P. Bosque, el Hº Juan y la cocinera, Srª Esperanza Subías, han pasado una **gripe fuerte y dura**. El 22 celebramos el santo del Rector, P. Vicente Moreno, como es tradicional: vacación, eucaristía, reparto de caramelos, competiciones deportivas y comida en el Restaurante "Roxi", el Obispo, los 8 religiosos, 8 profesores, los encargados de la huerta (Josefina y José) y cuatro escolapios de Peralta. No podía faltar el cine, superlleno: *Tarzán y el niño de la selva*. Durante este mes de enero se están realizando las obras de saneamiento y decoración: las 4 oficinas de la planta de la portería se han recubierto de planchas de corcho para disimular la humedad. Veremos lo que dura el arreglo. Y para el suelo, una plancha de fibra sintética, ya que estaba muy dañado por el tiempo. En la entrada a la iglesia se ha realizado el mismo friso de corcho. El valor de la obra (albañilería, pintura y decoración) ha importado 480.000 ptas. aproximadamente.

**Febrero'81**: el 8 tuvimos la **visita mensual del P. Asensio y el Hº Lucio para la Revisión de la economía**. Se nos recomienda preparar el Presupuesto Extraordinario, para someterlo a la Junta Económica de la Provincia. Del 12 al 14 hay en nuestro Salón proyecciones sobre Montañismo, dirigidas por montañeros de Aragón-Barbastro. A la clausura acude el Delegado Provincial, Javier Santibáñez. El 12 nos visita el Asistente de Vocaciones. Con él programamos las Convivencias para 8º, en Peralta; repasamos el material y realizamos el esquema. Durante el mes se han realizado los encuentros deportivos escolares de voleibol, baloncesto, balonmano y fútbol. En los dos últimos pasamos a la fase comarcal. El 21, sábado, **se convoca a los directores por la patronal CECE** (Confederación Española de Centros de Enseñanza). Se nos entrega el Convenio de Enseñanza Privada, que se está negociando estos días. La comunidad vive esta tarde y noche preocupada por las noticias que llegan del Congreso de Diputados ocupado por fuerzas militares. La Hoja "EPB" nº 2 informa que ya está entregado en la Delegación Provincial el **Estatuto de nuestro colegio** y que desde el 17 de enero'81 ha comenzado a regir.

**Marzo'81**: La **Visita canónica del P. Dionisio Cueva** tiene lugar el 3-4; en ella hay reunión comunitaria, concelebración y revisión de los libros de Secretaría y Crónica. El 8, el colegio y el grupo Scout celebran el **"Día forestal"**, con proyecciones, charlas, redacciones y **excursión a los Galafones** o Torre de los escolapios; se plantan unos 150 pinos en el montículo que sirve de campamento a los scouts y se celebra la eucaristía dominical. Eran unos 100 chicos y 40 papás. El 13-14 los alumnos de 7º están de Convivencia Cristiana, que concluye con la celebración de la Penitencia y eucaristía. El 16, lunes, da una charla D. Francisco Seral, Presidente del APA de S. Viator de Huesca: *"Por una ley de protección a la familia y una Ley de financiación a la Enseñanza"*. Asisten unas 200 personas de los tres colegios de Barbastro. Del 19 al 22 los de 8º han tenido un **Viaje de estudio y deporte** en la comarca de Jaca y el Pirineo; han recibido un Curso de Esquí en Asún. Asistieron con ellos alumnos/as de otros colegios, hasta 60. Les acompañaron el P. Rector(Vicente Moreno), el P. Bosque y la Srta. Puri Ferrer. Marzo'81 ha sido un mes de cumpleaños (López Rejado) y santos (Angulo, Mur, Castel y José Vicente) ¿Cómo los celebró la comunidad?: con algo especial en la comida y luego, en la quiete, alguna bebida y dulces. El 27, **el grupo scout hace una Ronda por la ciudad**, en honor de sus padres, con guitarras, bandurrias, trajes de tunos y una coral formada por ellos mismos.

**Abril'81**: del 4 al 10 se ha celebrado el **Septenario de la V. de los Dolores** con más fieles que el año anterior, pero menos que antaño. Se sigue un rito antiguo: rosario de siete misterios con siete avemarías (siete dolores) cada uno. Se canta una Salve a varias voces por la Coral barbastrense, de gran efecto musical; se celebra la eucaristía a intención de las principales familias de la Cofradía.

**La Semana Santa en nuestra iglesia:**

El Miércoles Santo tuvimos **celebración penitencial** para los chicos de 4° a 8° EGB. El Jueves Santo, la Cena del Señor a las 17,30, procesión del Prendimiento a las 22,00 y Hora Santa por la Adoración Nocturna a las 24,00. Viernes Santo, Viacrucis a las 12,00 y procesión de la V. de los Dolores y Cristo de la Agonía. Pero el Sábado Santo no tuvimos Vigilia Pascual. Según costumbre, ayudamos a los dos curas de Binéfar la tarde del miércoles santo en las confesiones: fueron los PP. Angulo, Mur y Javier López.

El 22, **Excursión de la comunidad** al Valle de Cistaín y cañón de Aniselo, en dos coches alquilados. Visitamos también Tella y otros pueblos. Y ya de regreso, los cañones del Vero, nuestro río.

**Mayo'81**: el fin de semana (1-3) el Rector y el vocal (P. Angulo) asistieron al Consejo de la Provincia, en el que los PP. Asistentes informaron de sus sectores y el P. Provincial de su Visita canónica; en la tarde del 2 fueron en el colegio Calasancio las ordenaciones de Diáconos (Pedro Burgués y Secundino Comín) y sacerdocio (Javier Negro). El 8 tuvieron los alumnos de 6° una **Convivencia de Reflexión Cristiana**. El 9, sábado, toda la comunidad hemos tomado café con el Obispo, D. Ambrosio, en el palacio, hemos contado mutuamente nuestras experiencias y se ha pasado un rato muy agradable. Del 11 al 15, **Semana Vocacional**: nos acompañan los novicios y trabajan con 6°-8° en las horas de Formación y Religión; explican sus vivencias y tienen ratos de Oración, libre, después de las clases. El 26 fue la clásica **Peregrinación al Monasterio del Pueyo:** los pequeños subieron en dos autobuses; y 5°-8°, a pie, con sus tutores.

**Junio'81** los alumnos de 6°-8° han participado en un **Cursillo de Tráfico** conduciendo karts, el día 2. Se anota en la crónica que en torno al 13 se están pasando unos días de calor no usual para estas fechas, y que la cosecha se ha agostado y se prevé un 50% nada más. El 13, fiesta de **S. Antonio** y sábado, la misa de las 19,30 ha tenido un llenazo tal que ha sido necesario abrir las puertas de atrás. Al final se ha repartido **"el pan de los pobres"**. También se ha celebrado la **Fiesta Fin de Curso**, que organiza el APA; ésta –por primera vez- se ha montado en las instalaciones de La Millera, ya que en el colegio no se cabía; la tarde ha sido muy calurosa; hemos tenido unas competiciones, en plan de exhibición, y luego la eucaristía, cantando sobre música grabada la Misa Joven aragonesa. A continuación el reparto de bocadillos y bebida. La reunión ha durado hasta las 24,00. El 22 realizamos la Evaluación final del curso 80-81.

**Olimpiada Escolar Barbastro'81:**

El mismo día 22 de **junio'81** comenzó la Olimpiada. "El Cruzado Aragonés" publicó un artículo del P. Vicente Moreno –"O todo o nada"—que ofrece tres sugerencias concretas para que el Atletismo cuaje en Barbastro, ahora que el Ayuntamiento está a punto de inaugurar la pista de atletismo. **Premio literario**: nuestro alumno de 8°, Ignacio Mayor Varea, ha recibido el Premio del **Concurso Centenario del nacimiento de Juan Ramón Jiménez**, en el que participaron los 5 colegios de EGB; y nuestro Centro ha recibido 8.000 ptas. para comprar un lote de libros. Se reparte una **Hoja ampliada de "EPB"** con todos los Avisos importantes desde el 29 de junio al 14 de septiembre. Con motivo de la Visita del Rey Juan Carlos se ofrecen las ventanas del colegio para las familias de los alumnos.

**Julio'81**: este mes está dominado por las vacaciones y los **Campamentos**: nuestros scouts lo tuvieron en Esué del 15 al 30, con 150 chicos/as, según "El Cruzado".

## Agosto'81: Traslado de la Biblioteca:

El P. López Rejado sigue ordenando la Biblioteca que estamos trasladando desde la parte vieja del edificio a otra más soleada y seca, para que los libros no corran peligro de estropearse. Después de comprobar el estado de las járcenas y vigas, la hemos instalado en el piso 3º sobre las clases que dan a la calle Argensola. Las nuevas estanterías han costado 616.000 ptas., equivalente a diez mensualidades de un profesor. **El 25 celebramos la fiesta litúrgica de Calasanz** en la intimidad, una vez vueltos todos los religiosos de sus vacaciones. Estos días han pasado por casa, camino de Peralta, la comunidad de Escuelas Pías de Conde Aranda–Zaragoza y algunos PP. Catalanes, acompañados por el P. Monfort. El 31, **la comunidad comenzamos los Ejercicios Espirituales Anuales**, en San Ramón; asiste con nosotros el Sr. Obispo.

## CURSO 1981-1982

**Septiembre'81**: los días 1-2, exámenes de recuperación. Las fiestas de la ciudad (4-8) tienen poca incidencia en los religiosos, ya que la mayor parte estamos preparando el nuevo curso: el P. Javier López, arreglando mesas; el P. Dieste, pintando pizarras; en la Secretaría, el P. Angulo con listas, notas, etc., y todos, programando. La venta de libros ha sido del 9 al 13. Y la apertura del nuevo curso, el 14.

**La comunidad** ha quedado igual, con algún cambio de cargo o función: PP. Vicente Moreno (Rector, tutor de 8º y cronista), Jesús Angulo (Vicerrector, tutor de 7º y Secretario del colegio), José Mur (jubilado), José Castel (capellán de las Hermanitas), Javier López (tutor de 5º, capellán de San Vicente y Secretario de Comunidad), Antonio Dieste (tutor de 6º y ecónomo), Javier Bosque (tutor-profesor de 2º y encargado de los scouts); Hº Juan Artieda (jubilado, encargado de Sacristía y misas).

**El profesorado**: José Vicente Bayani (tutor de 4º), José Pablo Pena (tutor de 3º), Pilar Betrán (tutora de 1º), Araceli Laplana (Preescolar 1º) y Mercedes Salanova (Preescolar 2º).

Se editó un pequeño Calendario, que puede verse en la pág. 808 del L.C.

El día 26 fuimos seis religiosos con un grupo de chicos/as con inquietud vocacional a Peralta, para estar en la Profesión de los Novicios. Después los nuevos novicios (de Valencia, Aragón y Castilla) han estado en Barbastro, como en años anteriores, recogiendo las almendras.

**Noviembre'81**: El 1 y 2 hemos estado en el Cementerio y se ha inaugura la lápida nueva, que cubre los seis nichos en forma de cruz. En el nº 36 están nuestros mártires y en el 34, el P. Mariano Olivera, el último religioso fallecido. Del 2 al 6 hemos elevado oraciones y ofrecido la eucaristía, según marca nuestra legislación, por los difuntos escolapios, bienhechores, las MM. Escolapias y nuestros padres/parientes. El 15 fue la **Junta Ordinaria del APA**, con renovación de cargos y Asamblea General, en la cual el P. Rector da una muy amplia visión general del año escolar pasado en lo religioso, académico, material, cultural, deportivo; y del uso del Salón. La **Visita de los Reyes, Juan Carlos y Sofía, al Ayuntamiento** tuvo, por nuestra vecindad, repercusión en el colegio. Como anécdota apuntamos que los dos sillones donde se sentaron SS.MM. eran de nuestra Sala de Visitas; y que, por razones de seguridad, las entradas y salidas del colegio fueron controladas y muy limitado el acceso. El 21 fue la **ordenación sacerdotal de J.M. Asún Jordán, en Jaca**. Fuimos cuatro de nosotros, que nos juntamos allí con 30 ó 40 escolapios más. La Fiesta del **Patrocinio de Calasanz**: el 16 comenzaron en las clases los trabajos para los concursos; del 20 al 24, competiciones deportivas en La Millera; el 26, la tradicional Peregrinación a Peralta; el 27, misa solemne, cine –*Puños fuera*- , **finales de las competiciones** de futbito, minibásquet y balonmano; el 28, Ferietas en el colegio, para Preescolar y 1º-4º EGB; a las 10,00 nuevas modalidades deportivas: Carrera ciclista, Salto de trampolín y Lanzamiento de Jabalina; y a las 17,00 Gran Festival en el Salón, para las familias; y **8º tuvo "Convivencia" en Peralta**. Como siempre, la prensa local se hizo eco de este amplio Programa. **Más obras todavía**: con un presupuesto de 314.000 pts. hemos instalado **agua en los Campos de La Millera** con 8 tomas de riego. La votación de la comunidad obtuvo 6 votos a favor, una abstención y otro negativo. Vamos a presentar en el Presupuesto extraordinario la instalación de calefacción de agua por radiadores, en la zona donde vivimos los religiosos. El tercer tema fue la posibilidad de **remodelar el colegio suprimiendo la parte antigua** que hoy es un montón de ruinas y resulta antihigiénica. Ya tenemos lo principal, que es el permiso del Patrimonio Histórica Artístico, que tiene declarado todo el Barrio del Entremuro como zona a no retocar. Ahora, a esperar que quepa en los Presupuestos de la Provincia. ¿Saldremos adelante con unos tres millones?

**Diciembre'81**: el sábado, 5, nos ha visitado la nueva Inspectora de la zona, Dª Visitación Martínez, y hemos reunido a la Junta de seguimiento y control de las subvenciones, ya que recibimos fondos públicos. El resultado final es que tenemos un **déficit de medio millón**. Se ha levantado Acta en el libro de Secretaría del Colegio.

**Desasosiego por los límites de la Diócesis**: con motivo del onomástico del Sr. Obispo (día 7) se ha avivado el malestar, porque los territorios orientales de la Provincia de Huesca aún pertenecen a la diócesis de Lérida. La resolución de la Santa Sede ha sido "dilatada" y ha producido un cierto malestar entre los sacerdotes.

**Premios literarios**: En el Concurso sobre Picasso, convocado por el Ayuntamiento, han conseguido los premios 2º y 3º nuestros alumnos de 7º EGB Ignacio López Barrel y José E. García Mur. Retiro diocesano de sacerdotes y religiosos conjuntamente, para preparar la Navidad; ha sido en San Ramón y hemos participado unos 40. Ha servido también de revisión del año civil. La tradicional ambientación del colegio por Navidad ha tenido este año una novedad: **un Belén con figuras de plastilina, hecho todo él por los alumnos**. Además, en las celebraciones de nuestra iglesia ha habido un **Belén viviente**, interpretado por los monaguillos, dirigidos por el Hº Juan Artieda. **La Misa del Gallo** ha tenido una asistencia escasa. Unos 50 fieles. El 25 tuvimos la comunidad la Renovación de Votos más solemne que la diaria, como manda nuestra legislación. A partir del 26 fuimos tomando los cuatro días de vacaciones para visitar a nuestras familias.

**Enero'82**: el 12 se reúne en el colegio la **Coordinadora de Centros de la Iglesia**. Se aborda el tema de apoyar a EDICA (Editorial Católica) para la creación de una cadena privada de TV con inspiración cristiana. El 22**, onomástico del P. Rector, Vicente Moreno**: vacación escolar, misa con asistencia de todos los alumnos y profesores, los clásicos regalillos y Velada–Festival, a base de escenificaciones y cantos; comida de hermandad y cine. El 29, la Peña "Choben" solicitó una sala para celebrar unos Torneos de Ajedrez. El Campeón de Aragón jugó varias partidas simultáneas con una veintena de aficionados locales. Sólo 4 ó 5 aficionados locales lograron derrotarlo, entre ellos estaba el P. Angulo, que tiene buenas cualidades para este deporte.

El 30-31 hay un **Consejo Provincial Escolapio Extraordinario**, al que asisten cuatro de nosotros; los temas fueron tres: creación de una "Comunidad Cristiana" en cada Centro, Formación de los candidatos a nuestra Orden y Preparación de los próximos Capítulos locales y provincial.

**Febrero'82**: la Fiesta de la Candelera que, tradicionalmente era vacación escolar, ahora se ha convertido en día de clases. Desde hace seis años venimos organizando un **Cursillo de Esquí**. Este año dura seis domingos (del 7 de febrero al 28 de marzo) y lo hacen unos 60 chicos/ as de la ciudad, siendo mayoría los del colegio. Como responsables vamos el Sr París, la Sra Mari Carmen y los PP. Rector, Bosque y López.

**Marzo'82**: el Capítulo local se celebró los días 1, 5 y 6. La **Semana Vocacional** ha sido del 10 al 12: reflexiones, charlas y celebraciones, ayudados por los 7 novicios. Hemos realizado encuestas para hacer un seguimiento de los alumnos que muestren inquietud vocacional. La Campaña ha abarcado de 2° a 8°. **Retiro extraordinario**: unidos a los sacerdotes y religiosos/as de la diócesis hemos tenido otro Retiro en la casa San Ramón. Asistieron también los novicios, que terminaban así su estancia entre nosotros.

**Deporte escolar**: marzo ha sido denso en actividades. Los nuestros han participado en balonmano, baloncesto, minibásquet y futbito.

Hemos quedado 2°, menos en balonmano; y en el Cross, primeros en las dos categorías. Estos torneos han sido organizados y sufragados por la CECE (Confederación Española de Centros de Enseñanza). **Septenario de la V. de los Dolores**: desde el 27 de marzo al 2 de abril tuvo lugar en nuestro colegio. Predicó el P. Rector y el último día hubo imposición de escapularios.

**Abril'82**: Del 7 al 14 se celebró, en Peralta, el **Capítulo Provincial**. Los cargos elegidos han sido: **Provincial, P. Cecilio Casado,** y Asistentes: PP. Crispín Megino, Antonio Bastero, Saturnino Muruzábal y Víctor Manuel Asensio. **Cultos de Semana Santa:** el Jueves Santo, la cena del Señor, Procesión del Prendimiento y Hora Santa por la Adoración Nocturna. Viernes: Víacrucis, Procesión de los Dolores y Cristo de la Agonía (a las 13,00) y la procesión general a las 20,00. El Sábado, Vigilia Pascual, con escasa asistencia. **23, S. Jorge**: numerosos chicos de los scouts han asistido, en Zaragoza, a la Reunión de toda la zona (Aragón y Soria). La participación muy activa. Al regresar se trajeron material para una **Exposición**, que montaron **en la Casa de la Cultura** y ha sido muy visitada. Entre final de abril y comienzo de mayo se montó una **Semana Scout,** con conferencias, cine y demostraciones. **Visita del P. General**: aunque no estaba prevista, nos ha visitado durante una hora el P. General, Ángel Ruiz, con su Asistente, el P. Manuel Rodríguez Espejo. Cenaron con nosotros y charlamos fraternalmente, informándonos sobre cosas de la Orden.

**Mayo'82**: el 1 se entregaron los **premios del Concurso "Invéntate un cuento".** Se presentaron unos 290 trabajos de los Centros Privados y Públicos. Había tres categorías. De los 9 premios, tres han recaído en el cole. Durante el mes de mayo, **los alumnos tienen un Acto mariano y traen flores a la Virgen que hay a la entrada**; cada día un curso, en nombre de todos. Este año la **Peregrinación a la V. del Pueyo** ha sido el 18. Nos han acompañado algunas familias, al precio de 50 pts. ida y vuelta en autobús.

**Junio'82**: el 12 se tuvo la **Fiesta Fin de curso**, especialmente dedicada a 8° EGB, como se viene haciendo los años anteriores. El acto central, la eucaristía, y el más aplaudido el partido de papás contra 8°. Ganaron los adultos 3-2, adjudicándose el trofeo donado por el Ayuntamiento. Este mismo día, sábado, fue la **misa de S. Antonio de Padua y el reparto del pan**. Entre los habituales de esta eucaristía y los Cofrades, el templo se llenó. El 23 tuvimos la **jubilación del profesor D. José Vicente Bayani**, con comida en el Restaurante "El Toral". Asistimos todos los profesores y le regalamos unas pieles ornamentales. Al día siguiente celebramos una eucaristía y los alumnos le regalaron una bandeja decorativa de plata de Meneses. La **boda de Araceli Laplana** se celebró en nuestra iglesia. El sacerdote fue el Rector, P. Vicente Moreno. Los cantos los puso el Grupo Scout y el banquete fue en el Restaurante "Sancho Ramírez".

**Nuevo periodo del Rector, P. Vicente Moreno:** el 19, después de la evaluación de la Programación Comunitaria del 81-82, tuvo lugar la toma de posesión del P. Vicente Moreno, cronista y Rector los dos años anteriores: concelebración, lectura del nombramiento, y profesión de fe, según el Ritual, seguido de unos dulces y una copa fue la forma sencilla de celebrarlo. Desde el 13 hemos visto bastantes partidos del Mundial en TV y hemos sufrido la mala actuación de nuestra Selección. El domingo, 27, **nos hemos reunido con la comunidad de El Pueyo** para rezar juntos y contarnos nuestras cosas. **El 30 repartimos las notas finales**.

**Julio-agosto'82**: destacamos el **Campamento Scout**, celebrado en Campo, a orillas del Ésera. Entre chicos/as se han reunido unos 150. Los Responsables han sido Juan Izuel y el P. Bosque. El Antiguo Alumno Luis Cusculluela Montaner ha sido nombrado Ministro de Administración Territorial. Íntima y fraternal fue la **despedida al P. Javier Bosque que va destinado a Nueva York;** comprendemos el interés de toda la Provincia por esta fundación. Él, Juan Izuel y Ángel Valenzuela, los tres, van a trabajar con el mundo hispano. Marcharon el 15 de agosto'82. **Cursillos**: el P. Dieste ha participado en dos en Salamanca: uno, para profesores de Religión y otro, sobre "La Comunidad Cristiana en nuestros colegios". **El 25 celebramos la Fiesta litúrgica de Calasanz** con una concelebración, unas palabras sobre su vida y la mesa compartida con el Obispo, al que acompañamos por la tarde a Peralta, para conocer la comunidad y los novicios que acabarán dentro de unas semanas. Cuatro de nosotros nos quedamos allí para hacer los Ejercicios Espirituales.

## Curso 1982-1983:

**Septiembre'82**: el 13 inauguramos el curso a las 10,00 con una concelebración para los alumnos, acabada la cual marcharon a sus casas. Cuando empiece el Horario normal será: Mañanas: entrada a las 9,00 y salida a las 13,00 EGB-1 y 13,45 EGB-2 Tardes, de 3,30 a 5,30.

**Profesores tutores**: Preescolar: Araceli Laplana; 1° EGB, Pilar Betrán; 2°, José Pablo Pena; 3°, Mercedes Salanova; 4°, Cl° José Antonio Gabelas; 5°, P. Javier López; 6°-7°-8°: área de Matemáticas y Tecnología: P. Jesús Angulo; área de Lengua Española y Francés: P. Vicente Moreno (Rector); área de ciencias sociales y E.F.: P. Antonio Dieste; área de Religión: P. Antonio Dieste; y área de Ciencias naturales: P. José Castel.

**Octubre'82**: el 9, sábado, tuvimos el **Retiro Mensual**, cuyo tema fue "Cómo prepararnos a la Visita del Papa"; del 15 al 28, unos días de mentalización sobre la problemática de la Enseñanza, según los Partidos que concurren a las Elecciones Generales. Ha habido charlas en Zaragoza a las que asistimos unos 55 participantes (padres y profesores) para escuchar al agustino, P. Ángel Martínez Fuertes, Presidente de CECE; en Huesca participamos a una Mesa Redonda, donde cuatro representantes de otros tantos Partidos nos expusieron sus Programas de cara a la Enseñanza. Aquí, en Barbastro, montamos una charla, dirigida por D. Luis Álvarez, Director de S. Viator de Huesca, y un padre de alumno, sobre el mismo tema.

## Octubre'82: Separación de los cargos Rector de comunidad / Director del Colegio

El 25 tratamos en comunidad la separación de estos dos cargos, como se hizo en la reunión de Zaragoza. En la Provincia Escolapia de Aragón es ya efectiva casi en todos los centros, menos Alcañiz y Barbastro. El 23 hubo **Asamblea General de APAs**, con renovación de cargos. Salió Presidente D. Carlos Jerez Funes.

## Noviembre'82: Visita Papal a España

Abarcó desde el 31 de octubre al 10 de noviembre. La comunidad ha seguido momento a momento el viaje de Juan Pablo II. A su estancia en Zaragoza acudieron muchos barbastrenses, entre ellos los PP. Angulo y Dieste. Resaltamos la ordenación sacerdotal en Valencia del P. Secundino Comín, que estuvo en esta comunidad cuatro años y al que acompañaremos en su primera Misa el 28 en Alcañiz. El 11 hemos tenido reunión con los padres de 6°-7°-8° EGB, con asistencia casi total para informarles de la problemática de cada área y repartirles las notas de la 1ª evaluación. **El 27 todos los colegios hemos celebrado el Patrocinio de Calasanz** sobre la Enseñanza Primaria universal y los maestros españoles. Están en marcha los Concursos de Redacción, dibujo, Cesta y Puntos (preguntas sobre la vida del Santo), las competiciones deportivas, el cine… Y eucaristía el 26 en Peralta y el 27 en Barbastro.

## Diciembre'82: Calefacción, Salón de Actos y teléfonos:

Hemos estrenado este invierno la calefacción por radiadores de agua en las habitaciones del piso 3°, del 2° (capilla y quiete), del 1° y en el entresuelo (oficinas y Biblioteca Escolar). La caldera está debajo de la escalera, con tres ramales que se pueden aislar. El costo ha sido 900.000 ptas. más obras de albañilería del Sr. Clavería. Para dar una referencia del precio, diremos que es inferior al sueldo/año de un maestro. La ha montado el Sr. Manuel Rodríguez, de C/. San Ramón. El tanque de abastecimiento es el mismo que emite a la calefacción de las clases. La bomba para el gasóleo, igualmente vale para las dos. El tanque está situado en el hall de la iglesia, y su capacidad es de 7.500 litros; fue instalado hace unos diez años para fueloil; después se adaptó para gasóleo-C, que contiene menos impurezas; y es ahora preceptivo para calefacciones. **El trabajo de albañilería** en cuanto al paso de piso a piso y de habitación a habitación ha tropezado con el problema de que los muros no son de igual anchura de un piso a otro y de habitación a habitación. Los agujeros no coincidían, pues, de piso a piso. **El Salón de Actos** es usado cada vez más como lugar de charlas, reuniones, conferencias. Era preciso, dada su longitud, cambiar **el sistema de**

**megafonía**. Usando el amplificador ya existente para audiciones musicales, la casa Moreras de Lérida, ha instalado dos columnas y un micro Bouwer. Esta empresa había montado ya el equipo de la iglesia, que lleva funcionando perfectamente unos ocho años. Las dos columnas adosadas a la pared de las ventanas han costado 22.000 ptas cada una; y el micro lo ha servido el Sr. Antequera, que nos vendió la TV en 1970 y la nueva, en color, en 1979. Es un nuevo "Canon". **El Teléfono que teníamos** funcionando con unas palancas pasaba el servicio de unos a otros, dos a lo más. Por este motivo hemos adoptado el SATAI 262 con dos líneas, seis terminales y dos comunicaciones internas entre los seis terminales: los tres pisos, cocina, oficinas y portería. El alquiler de este sistema es 7.000 pts. mientras que por los dos números anteriores pagábamos 6.000.

**"Operación pañuelo"**: cada año se hace entre los alumnos la cuestación de alimentos y dinero a favor de los ancianos. La dirige la emisora local, que, desde hace tres años, ha pasado a la RCE, perteneciente al Estado. Este año se ha adoptado el sistema de globalizar las aportaciones por cursos, u ofrecer algún canto, poesía u obra de teatro. Los alimentos recogidos han sido muy numerosos y el dinero, unas 8.000 ptas.

**Festival**: el 22 por la tarde, último día de clases, **los chicos de EGB-1 a 5° han tenido un Festival** en el Salón; Preescolar y 1° han escenificado un Belén; 2°, un cuento con sombras sobre pantalla; 3° y 4°, un montaje sobre la Luz y la convivencia; y los de 5° han cantado villancicos y otros cantos populares.

**Felicitación a los padres/madres**: el colegio ha felicitado a las familias, como años anteriores, con una postal y una "Hojita E.P.B". Por su parte, muchos alumnos han felicitado a los profesores con algún regalito. Y el P. Rector ha hecho igual con todos los colegios de la ciudad y autoridades locales, civiles, religiosas y académicas.

**Celebración Penitencial, Misa del Gallo y Renovación de votos**: el mismo 22 culminamos el Adviento con una Celebración Penitencial; el 24 tuvimos la Misa del Gallo, animada por los scouts y sus familias;

y el 25, concelebración con la renovación de votos por parte de los religiosos.

**Enero'83**: el 15 y 16 nos visitó la Congregación Provincial: fueron dos días de reflexión conjunta sobre nuestra vida y trabajo.

**San Antón**: La Cofradía celebró a su Patrono con dos misas, una el día de la fiesta y otra al siguiente, por los hermanos difuntos. La iglesia se llenó de devotos, sobre todo agricultores.

**Febrero'83**: cursillo de esquí, en dos fines de semana, con 55 chicos nuestros y chicas de San Vicente. **Ola de frío**: alrededor del 10-16 hemos padecido en toda España unas temperaturas muy bajas; en Barbastro, entre 4 y 8 bajo cero. Aunque todavía no podemos regar en los Campos de Deportes, pronto podremos hacerlo en los campos y en la Torre. Las obras realizadas para ello han importado 363.000; pero **tenemos anunciada una subvención de 551.000 pts.** En la finca Los Galafones hemos aprovechado la coyuntura de reforma de un canal, para solicitar seis tomas de riego, además de dos fuentes.

**Visita a Escolapios de Mataró**: por consejo del P. Provincial, los Rectores han visitado el funcionamiento de un "Centro Integrado Escolapio", formado por colegio de EGB y BUP, Centro de Formación profesional y Centro de Cálculo. El objetivo es ver si podemos implantar, en nuestra Provincia de Aragón, algo similar, pero aquí no tenemos nada de F.P. y, menos aún, Centros de Cálculo e Informática.

**Montaje de diapositivas sobre el Colegio de Barbastro**: el cronista escribe: *"Desde Roma y Zaragoza hemos recibido el encargo de hacer un montaje con ayuda del fotógrafo local, Alfredo. Se han sacado tres ejemplares, para: Roma, Zaragoza y nosotros".*

Se ha celebrado el tradicional **Septenario de la V. de los Dolores** y hemos prestado el templo para la parroquia de la catedral, que suele tener aquí sus Ejercicios Espirituales. Jueves y Viernes Santo han caído en el 31 de marzo y 1 de abril. **Novedad ha sido la gran afluencia a la Cena del Señor**; no tan numeroso, el Oficio del Viernes; también ha sido novedad el grupo de alumnos que, dirigidos por el P. Ángel Mª Garralda, ha cantado en las celebraciones.

**Abril'83**: El día 5, a las 8,30 de la mañana, hemos inaugurado la bajada del agua del Canal del Cinca a nuestra zona deportiva. Los PP. Rector, Angulo y Dieste han participado en los **Cursillos organizados por la Inspección**, que preparan la Reforma del Ciclo Superior de EGB (fueron los días 16 y 30 de abril; 7, 14 y 21 de mayo). El 17 de **abril** nos han visitado nuestro **Provincial, P. Cecilio Casado**, y la M. Provincial de las Anas, en calidad de Presidentes de CONFER (Confederación Española de Religiosos), porque habíamos constatado que ni en la diócesis de Jaca ni en la de Barbastro estaba constituida dicha Confederación. Hemos dado los pasos necesarios para fundarla, nombrando Presidenta a Sor Ángeles. Y Presidente a nuestro Rector. El 18, el Rector ha partido para una Tanda de Ejercicios que da el P. Larrañaga, con el título de "Experiencias de Oración". El 30, **el Rector asiste a la entrega de la nueva Bandera Española –la constitucional—al Regimiento de Infantería**, ofrecida por el Ayuntamiento de la ciudad. Tres de nuestros alumnos han obtenido **Premios en el Concurso** "Invéntate un cuento": Luis Sacán y Javier Meler, de 3° y Foradada de 6°.

### Mayo'83: Elecciones Municipales:

se celebraron el 8, y, con cierta sorpresa, porque parecía que Barbastro era de derechas de toda la vida, han ganado los socialistas con 8 concejales por 6 la coalición P.P. y C.S.D. Total, que **tenemos Alcalde Socialista, D. Francisco Víu, que tiene a su hijo con nosotros en 7° EGB** y ha sostenido con el colegio relaciones normales, aunque las directrices dadas por Madrid desde la cúpula del Partido no serán tan amistosas. De hecho, tenemos pendiente la LODE (Ley Orgánica del Derecho a la Educación). Parece que no habrá problemas para obtener la subvención, pero a costa de ceder en otros puntos como el nombrar Director, que pasaría al Consejo Escolar en acuerdo con la entidad titular. Hasta ahora era el P. Provincial (entidad titular) quien nombraba al Director y éste realizaba la contratación de profesores.

La subvención de 500.000 pts. para mejorar la zona deportiva la hemos hecho efectiva estos días. Ha sido a cargo del Consejo Superior de Deportes. Tramitada en súplica al Ministro de Administración Territorial, Sr. Cosculluela, discípulo de este colegio.

**Festival del Día de la Madre**: ha corrido a cargo de EGB-II y ha consistido en dos obritas de teatro, algunas canciones y la ofrenda floral a las mamás.

En **Deportes no ha sido un año brillante**. En casi todos nos hemos quedado 2º, cosa que no era habitual en este colegio. El 14 de **mayo'83 hubo Consejo de la Provincia** en Zaragoza. El 15 <u>venimos celebrando desde hace unos años</u> **la fiesta de S. Isidro Labrador**; la eucaristía congrega en nuestro templo a todos los ligados al campo.

**Semana de la paz y el desarme** (16-18). El 20 acude el P. Garralda a una Convivencia vocacional con tres chicos, en el Cristo Rey de Zaragoza. El 24, la acostumbrada **Romería al Pueyo**; para 1º-2º un acto de presentación a la Virgen; para el resto, eucaristía.

**Junio'83**: **Excursión de 8º** a Poblet, Tarragona y Torredembarra (11-12). Les han acompañado los profesores Nieves y José Pablo Pena. El 13 la **celebración de S. Antonio** con eucaristía y reparto de panecillos, este año con más orden. Ese mismo día, **Fin de Curso**: a las 19,30 la eucaristía, a las 20,15 la película-montaje **"Barbastro 69"** y el vino español. **A los de 8º se les despidió con una medalla conmemorativa**. Aunque parezca mentira, el 19, domingo, a las 15'15 tuvimos los profes la evaluación final.

**Cena de profesores y APA**: fue el 25 en el "Tres Caminos" y la novedad ha sido la presencia del APA. El 26, el Equipo de Senior ganó la copa contra el Moulinex. El trofeo se le entregará en Zaragoza, en el restaurante de la Feria de Muestras.

**Muerte de D. José Vicente Bayani**: falleció en la carretera de Salas, junto al Molino, por infarto de miocardio, cuando iba en bicicleta. El funeral y entierro fue en Graus el 29, con asistencia de muchos alumnos y padres. Otro funeral se celebró en el colegio, para los que no habían podido subir a Graus. Don José Vicente se había jubilado el año pasado.

**Julio'83**: Del 15 al 29, **Campamento Scout** en Las Paúles. El jefe ha sido el P. Dieste, que estrenaba el título de Monitor y Jefe de Campamento. Unos 140 chicos/as.

**Agosto'83**: Al P. Castel le han detectado una fuerte arritmia cardíaca, y al no mejorar se le llevó a Huesca, el 22. Allí quedó nueve días: al regresar a la comunidad y ver que no mejora, es llevado a Zaragoza. **El 25, festividad de Calasanz en la intimidad**, el 26 iniciamos la Comunidad los Ejercicios Espirituales en Peralta de la Sal.

### Curso 1983-1984

**Septiembre'83:** El 2 comienzan los exámenes de recuperación. El 14 se inicia el curso. El **cuadro de profesores** no presenta más novedad que la baja del P. Castel y el alta provisional de Jesús Carrera, que llevará Ciencias naturales y el Deporte.

**Octubre'83**: la crónica del mes la acapara la enfermedad de los PP. Mur y Castel.

**Noviembre'83**: el día 5, Asamblea del APA, con elección de vocales; formación del Consejo del Centro; y Junta Económica. El tema que interesa es la LODE (Ley Orgánica del Derecho a la Educación), promovida por el PSOE, gobernando. La CECE (Confederación Española de Centros de Enseñanza) y la FERE (Federación Española de Religiosos de la Enseñanza) reaccionan ante ella y montan una Campaña de concienciación para los padres de alumnos y la sociedad en general. El 9-10 reuniones de padres para explicarles los contenidos, métodos y actividades, con bastante asistentes. El 19, los de 7º tienen una Convivencia en Peralta con alumnos de otros centros. El P. General nos visita el 22-23, se reúne con la comunidad, el APA, la Comunidad Educativa, las Cofradías y el Grupos Scout.

**El P. General NOS URGE A VENDER EL ACTUAL COLEGIO Y HACER UNO NUEVO, con Residencia para los Padres**, *con tal que no cueste nada a la Provincia. También opina que hay que revalorizar la finca, llamada "Torre Escolapia". A partir de este momento, el P. Rector comienza una serie de contactos y ofertas al Opus Dei, al Ayuntamiento, a una inmobiliaria y al Arquitecto Sr. Rambla, al aparejador Sr. Clavería, a los propietarias de las fincas colindantes con nuestra zona deportiva, que, poco a poco, van aclarando aspectos e intereses. El único interesado parece ser el Ayuntamiento, vecino nuestro. Se redacta una Memoria de costes, para una posible permuta y hay un tiempo de estudio y reflexión.*

Del 25 al 28, noviembre'83, las fiestas del **Patrocinio de Calasanz**. El cronista escribe: *"es un hecho renovado cada año y actos que se repiten como los deportivos, concursos* de dibujo, redacción…, cine, etc. Hay una excursión a Peralta –este año el 28-- allí se juega un partido de fútbol, se celebra la eucaristía en el Santuario… Pero destacaremos la conferencia del P. Dionisio Cueva sobre el IV Centenario de la ordenación sacerdotal de Calasanz, que celebraremos en Urgel el 27 de diciembre'83.

**Diciembre'83**: comienza la crónica así: "Este mes tiene diversos temas que vienen del mes anterior": sigue la enfermedad del P. Castel, que se deteriora por días. Continúa la problemática de la Enseñanza Privada, porque se aprueba la LODE. Y prosiguen las entrevistas con diversas personas, para hacer viable la construcción de un colegio nuevo. Sobre la Enseñanza se tiene una serie de actos y movilizaciones. Se declara el 12 como "Día de la Libertad de Enseñanza". El 17 se reúne en Madrid una Manifestación de 300.000 a 500.000 personas. En Barbastro la Coordinadora de los tres Centros Privados: S. Vicente, Seminario y Escolapios, acuerda adoptar medidas uniformes. **Respecto a nuevo Colegio, siguen los contactos y se avanza mucho en los planos**, etc. Nuestros alumnos ocupan el día 21 hora y media en la "Campaña del pañuelo" de Radiocadena Española, actuando por cursos y cantando, recitando poesías y relatando lo que han recibido de alimentos y 11.000 ptas. El 22, como final del Adviento en el colegio, por las vacaciones, se tuvo una **Celebración Penitencial**. En las confesiones nos ha ayudado el P. Jiménez, claretiano. Esta Navidad no hemos tenido Misa del Gallo, por la poca asistencia de años anteriores. El 25 renovamos los votos en la eucaristía. El P. Castel se unió con todo conocimiento y emoción.

**APERTURA DEL "IV CENTENARIO DE LA ORDENACIÓN SACERDOTAL DE CALASANZ":** Fue ordenado el 27 de diciembre de 1583 en Sanahuja. Con este motivo hubo un Simposio en la Seo de Urgel. Las sesiones fueron recogidas en un Número Extraordinario de "Analecta Calasanctiana" (1983, n° 50, de 689 págs). El P. Manuel Rodríguez Espejo, Asistente General por España, tuvo la charla al pueblo sobre la figura de este santo aragonés, patrono de todas las Escuelas Populares Cristianas y de los maestros españoles y argentinos. De Barbastro asistimos el P. Rector y el Coordinador de Pastoral, P. Javier López.

**Enero'1984**: el 19 se llenó el depósito del gasóleo con 5.000 litros; estamos comprobando el consumo diario, que calculamos sea entre 85-90 litros. El 21, la comunidad participó, en el Seminario, del Retiro mensual junto a los curas de la zona, como preparación de la Misión General de Barbastro, que se celebró en febrero. Como tónica general del mes, señalamos la preocupación diaria por el P. Castel, que ya necesita vigilancia casi continua. En cuanto a la agilización del nuevo colegio, el Ayuntamiento ha vuelto a interesarse por la compra, a cambio de la construcción del nuevo, posiblemente en la zona deportiva de La Millera. Una comisión de padres de alumnos ha intervenido en las gestiones.

**Febrero'84**: el día 3, reunida toda la comunidad, se le administra al P. Castel la Unción de los Enfermos y fallece el día siguiente, a las 11,00, estando presentes varios religiosos. Se señaló el funeral para el 5, domingo, y lo presidió el Sr. Obispo, D. Ambrosio. Concelebramos unos 35 entre escolapios y diocesanos. Está enterrado en el nicho 48 del cementerio de Barbastro. Del 14 al 20 hubo **numerosas reuniones de la APA y la Coordinadora de Centros de la Iglesia, con motivo de la LODE**: el ambiente es preocupante y se promueve otra manifestación en Madrid para el 25 de febrero, sábado.

**Gran Misión General de Barbastro:** el 19 de febrero'84 fue el día cumbre. Ha movilizado al pueblo cristiano. La han coordinado los PP.

Redentoristas, y bastantes de los actos han tenido lugar en nuestro colegio, por su céntrica situación: asamblea general de la parroquia catedralicia; charlas a chicos/as de 7°-8° EGB; charla-oración para jóvenes mayores de 15 años. Varios miembros de la comunidad visitaron las Asambleas Familiares.

**Marzo'84**: entre la semana final de febrero y los cuatro primeros sábados de marzo se ha desarrollado el **Cursillo de Esquí en Cerler**. Los participantes han sido unos 50. El precio total: 5.000 pts. por alumno.

**Itinerario de los pasos para el Nuevo Colegio:** en la pág. 855 del L.C. 3° figuraba el encargo del P. General, Ángel Ruiz. El cronista – que en esta ocasión es el Rector, P. Vicente Moreno, dedica las páginas 863-866 a enumerar las gestiones realizadas hasta el 22 de marzo'84:

*"el 7 de diciembre'83 hablo con el Arquitecto, Sr. Rambla, con el Aparejador, Sr. Clavería, y con el Sr. Alcalde, D. Francisco Víu Barbastro; se me dice que la Diputación Provincial de Huesca prestaría ayuda.*

*El 9 de diciembre'83 se comienza el estudio de precios.*

*El 17 de diciembre'83 llegan los planos solicitados al Ministerio de Educación. Son los de un colegio de EGB para 8 unidades y otro para 16 unidades. Se establecen unos precios en alta que se sitúan en 93 millones.*

*27 diciembre'83: se estudia en la Comisión Permanente del Ayuntamiento y se desecha, ya que está con una deuda cercana a los 200 millones. El tema entra en vía muerta.*

*20 enero'84: La Directora de San Vicente me comunica que van a actuar como colegio mixto. Llamada mía al P. Provincial (Cecilio Casado) poniéndole al corriente de la situación nueva de la coeducación. Parece a la comunidad que no vamos a ser los únicos que mantengan la enseñanza para sólo chicos.*

*30 enero'84: ante el largo silencio del Ayuntamiento y la posibilidad de que se comiencen las obras de la UNED (Universidad Nacional de Educación a Distancia) en la vecina Casa de Zapatillas, de Dª Valentina Cancer, solicitamos entrevista con el Sr. Alcalde, y asistimos el Presidente del APA, un miembro del Consejo Escolar y yo (P. Rector, Vicente Moreno)). Sugerimos la cantidad de 80 millones y el Sr. Alcalde nos sugiere una entrevista con D. Carlos Gómez, del Patronato de la UNED y diputado provincial. La idea de la permuta del colegio parece asequible y factible. Notamos un cambio de intenciones.*

*22-23 febrero'84 con motivo de la Visita Provincial, el P. Cecilio Casado se entrevista con la M. Provincial de San Vicente y la Delegada de Enseñanza, y llegan a la idea de unificar los dos centros en uno. Nos ofrecen la dirección y titularidad. Nosotros pagaríamos un alquiler o la compra.*

*24 febrero'84: marcho a Zaragoza con el P. Provincial y después de cenar, en reunión con la Curia Provincial deciden la asociación de los dos Centros en régimen de colaboración, unión o cesión.*

*El mismo día por la noche, reunión del Provincial con el Consejo Escolar y Junta del APA: prefieren colegio aparte en la zona deportiva. A última hora, nuestro Provincial habla con la M. Provincial de San Vicente y descarta la fusión de los dos Centros. Y deja vía libre al colegio nuevo en la zona deportiva de La Millera. Se comienza a barajar la cifra de 63 millones como real. 50 millones el colegio de diez aulas y 13 millones para la Residencia.*

*27 febrero'84: nos visita el Presidente de la Diputación Provincial, D. Carlos García, el Rector de la UNED, el Alcalde y varios concejales más, que recorren todo el colegio. Se fija el 5 de marzo para una nueva reunión.*

*5 marzo'84: se concreta una primera entrega de 28 millones y los 35 restantes para el ejercicio del 85, a cargo de la Diputación Provincial. El Ayuntamiento dejaría de ser promotor-constructor. Esto crea dificultades añadidas.*

*7 marzo'84: en ausencia del P. Provincial por su viaje a la Viceprovincia americana, el P. Saturnino Muruzábal y la Congregación nos exponen que: NO al colegio, Sí a la residencia. Por su parte, nos dice que votemos en comunidad y el resultado es siete blancas (síes) de 7 votantes a favor de la doble obra: Colegio y Residencia. Ante esta diferencia de criterios, visitamos los PP. Jesús Angulo, Javier López, Ángel Mari Garralda, Antonio Dieste y yo (Rector, Vicente Moreno) a la Congregación Provincial (formada por el P. Provincial y sus cuatro Asistentes); y, en Zaragoza, el día 11, domingo, intercambiamos puntos de vista, desde las 8'00 a las 23'00. La Congregación opina que hay que llegar a una colaboración con los otros Centros de la Iglesia (Seminario y San Vicente); la comunidad vemos factible el nuevo colegio y la Residencia, con tal que la financiación sea absorbiendo la Provincia los intereses. El P. Vicario Provincial (P. Saturnino) y la Hª Provincial de San Vicente piden una entrevista con el Sr. Obispo.*

*13 marzo'84: el Presidente de la Diputación Provincial telefonea al Alcalde que quedan rotas las negociaciones sobre compra del colegio y que actúen en Casa Zapatillas (local vecino al Colegio). El tema parece semizanjado.*

*18 marzo'84: Entrevista del P. Vicario y la superiora Provincial con el Obispo, D. Ambrosio, para buscar líneas de cooperación entre los tres colegios de la Iglesia.*

*22 marzo'84: El Rector del Seminario, D. Antonio Plaza, la Directora de San Vicente, Sor Rosa, y yo (rector) nos reunimos con el Sr. Obispo para concertar líneas de actuación. El Obispo ve bien esta colaboración. Señalamos a Sor Rosa para que nos convoque de vez en cuando, a planificar las líneas.*

*Paralelamente a todas estas gestiones, hemos hablado con los dueños de los terrenos próximos a nuestra zona deportiva. El precio aproximado era de 1.000 ptas/m2. Teníamos ya gestiones bastante adelantadas con el Sr. Bultas, que nos pedía por su era 1.150.000. El Sr. Moscate, lo mismo. Y la familia Rovira 1.700.000, y dos millones, si nos vendía también la era.*

**Abril'84**: **Septenario de la V. de los Dolores** y Semana Santa.

**Mayo'84**: Después de cinco años de sequías penosas, este mes ha llovido de forma espectacular. La cosecha de nuestras fincas puede ser muy buena. El 15 celebramos en nuestro templo la **fiesta de S. Isidro**. La organizan la Cámara Agraria, Sindicato de Jóvenes Agricultores, Comunidad de Regantes y Cofradía de S. Antonio Abad.

**Romerías: todos los años íbamos al Pueyo. Este año hemos cambiado:** Virgen del Plano (1º-2º); V. de la Candelera, de Salas Altas (3º-5º); y Nª Srª de Obarra (6º-8º), que no se celebró por no salir alumnos suficientes. Como otros años, la entrada del colegio ha cambiado de aspecto: una imagen de María, que recibía diariamente oraciones y flores de los niños.

**"Semana de Puertas abiertas":**

La hemos celebrado del 14 al 19 de **mayo'84**, como otra novedad. Los padres han podido asistir a las clases de sus hijos en el horario normal. Ha caído bien y han participado bastantes familias. **Convivencia**: el 15, cada Tutor de 6°-8° ha planificado la Jornada como mejor ha visto, pero usando el cuadernillo editado por el Equipo Provincial de Pastoral.

**Festival de felicitación a las madres**: lo celebramos el 17, como desde hace unos años. La asistencia fue grande y muchos los números, a cargo de 2°, 6°-8°, todo montado por los propios alumnos. **Fallecimiento del P. Benito Otazu**: nos llegó la noticia durante el Festival y el martes tuvimos aquí un funeral con sus discípulos y amigos.

**Junio'84**: Solicitamos otra aula subvencionada. **En Deporte, año sólo regular**. La cosecha ha sido 227.570 Kgs. de cebada cervecera, que hemos vendido a "S. Miguel" de Lérida por cuatro millones. La **Despedida de 8°**: tuvo lugar el 23, conforme al amplio programa que traía la "Hoja E.P.B". **Fin de curso**: se clausuró con una cena del profesorado y APA, en el Restaurante "Tres caminos".

**Julio y agosto'84**: **Campamento Scout**: del 15 al 30 de julio, en Las Paúles, con 100 chicos/as, incluso de Alcañiz. Jefe, el P. Javier López y Ayudante, el P. Enrique Latorre, de Peralta.

**Otra vez, obras importantes en el colegio:**

El cronista encabeza este apartado con el siguiente prólogo: "Desde hace años de la reforma del P. Benito quedó una zona del colegio muy mal. No se tocó la Bodega, el Internado viejo, cocina y comedores, que hace que cada año se deterioren más. Por otra parte, nos faltan patios. La Luneta (el único patio) de 195 m2 es insuficiente para albergar a los 340 alumnos del colegio. Hemos de usar la calle y la plaza entre coches y gente que va y viene al Ayuntamiento y que se llevan algún pelotazo y empujón". En los Presupuestos de la Provincia se abre la posibilidad de realizar esta reforma, que consistiría en eliminar la zona vieja, reduciendo todo a la parte mejor conservada, para ganar patio. El P. Rector (Vicente Moreno) pide presupuesto de derribo a seis constructores. Pero, además, hace falta acondicionar las paredes, rehacer un muro, abrir ventanas, pavimentar el patio resultante, rehacer la cocina y el comedor. El importe total sube a 8.640.000 ptas. Recibimos las visitas de los PP. Muruzábal, Asensio, Provincial (Cecilio Casado) y Ángel López y se va camino de adjudicar la obra y firmar contrato. Y a continuación el cronista señala las fechas exactas de las obras: del 4 de julio al 17 de septiembre, comienzo del nuevo curso.

# CAPÍTULO IX

## Del Curso 1984-1985 al 1993-1994

**Octubre'84:**

**Visita del Papa a Zaragoza**: aunque no hemos asistido a la Visita, la hemos seguido por TV. Aprovechando el puente del Pilar, tres de la comunidad hemos estado en Alcañiz, Morella, Peñíscola y zonas de Tarragona. **Actividad del P. Rector** (Vicente Moreno), en representación de la comunidad: el 12 asiste a la misa en la casa-Cuartel de la Guardia Civil; el 15 a la inauguración de la UNED; el 17, a una Reunión de la CECE, en Huesca; el 19, a la inauguración de la nueva Residencia de las Siervas de María; y el 30 a la Coordinadora de Centros de la Iglesia de Barbastro. La Catequesis, celebraciones y cuestaciones del DOMUND recogió este año 24.000 ptas y el colegio 9.017.

**Noviembre'84**: del **Patrocinio de Calasanz** destacamos el buen día que hizo el 27, durante la excursión a Peralta. En este mes se ha procedido al hormigonado de casi todo el patio; días antes se terminó la estructura del Salón Multiusos, debajo del patio; y se acabó con la pintura de la fachada este.

**Diciembre'84**: el 8 hizo su profesión solemne el Clº Domingo Sáez, que ha estado en Barbastro todo el curso. Fue en el Calasancio de Zaragoza, y le acompañamos el Rector (Vicente Moreno) y los PP. Angulo y Dieste.

## Clausura del IV Centenario de la
## Ordenación sacerdotal de Calasanz:

Resultó una gran fiesta escolapia. La eucaristía estuvo presidida por los Obispos: Elías Yanes (Zaragoza), Ramón Maya (Lérida), Ambrosio Echebarría (Barbastro) y Ramón Rúa (Tarazona). En ella **se ordenó de sacerdote el P. Antonio Valero**; y de diáconos Domingo Sáez, José Manuel Pascual, Miguel del Cerro y Manel Mira. Asistieron unos 400 escolapios, MM. Escolapias y Calasancias, acompañando al P. General (Ángel Ruiz) y los Provinciales de España. Tuvo lugar en la parroquia de Peralta de la Sal. A continuación, en la plaza del pueblo hubo una actuación folklórica y en el Hotel Sancho Ramírez, de Barbastro, una comida para 275 participantes. Se escucharon discurso muy importantes: Mons Elías Yanes proclamó el derecho inalienable de la Iglesia a la enseñanza; D. Ambrosio destacó la huella de Calasanz en Barbastro, en la Historia y en su obra (el colegio escolapio, primero de los abiertos en España); el P. General, Ángel Ruiz, nos recordó que la batalla futura se librará en los campos extraescolares: la cultura del ocio y del tiempo libre. De la Navidad dice el cronista que se atuvieron al ceremonial y las tradiciones de siempre.

**Enero'85**: Entre finales del 84 y comienzos del 85 se produjo una Orden Ministerial, en la que **se deniegan algunas subvenciones a Centros Privados**: 43 en las 88 provincias del MEC. 12 son de Aragón y uno de ellos es ¡nuestro colegio de Barbastro! La noticia es explicada en la prensa confusamente. Matizando y leyendo despacio la O.M., se ve que lo que se deniega es el paso del módulo C al B y del B al A. Y este no es nuestro caso. Nosotros pedimos el aumento de un aula, por tener una ratio (relación alumnos por aula) de 39, mientras que el Ministerio permite 30. Era una aula de Apoyo nueva, que la solicitábamos para el curso próximo; y ésta es lo que nos han denegado. Del 5 al 15 se vivió en Barbastro otra ola de frío, con mínima de -7 y máxima de -14.

**La fiesta de S. Antón** no ha tenido este año bendición de animales, porque ya no hay tantos en las casas como antes. El 22, fiesta de S. Vicente, este curso —después de escamotear el Rector (Vicente Moreno) años anteriores el día de su santo- lo celebramos con el nombre de "Día del Colegio". Sube la cuota colegial a 1.080 ptas. mensuales; y así lo razona el cronista: *"este mes comienza a efectuarse el cobro de 600 ptas. por las Actividades complementarias, previa autorización de la Delegación Provincial del MEC. Sumadas a las 480 de la Enseñanza Reglada, dan un total de 1.080 por alumno/mes"*

**Febrero'85**: **Informática:** se comienza a hablar y estudiar las posibilidades de esta nueva experiencia y sus aplicaciones a la gestión y la enseñanza; durante unos días hemos tenido un **Cursillo en la UNED**. Asistimos todos los profesores. Hay muchas ganas de estar al día. Hablamos de montar algunos ordenadores. Hemos recibido ofertas de la antigua CECE y de la Provincia Escolapia, que ya tienen la Informática en otros colegios de Aragón.

**Cursillo de Esquí**: Han asistido alumnos nuestros y de otros Centros. Ayudó la D.G.A. y el Ayuntamiento a un total de 120 escolares.

**Marzo'85**: del 4 al 9 tenemos la **"Semana de la Primavera o de la Paz"**. La **"Semana Verde"** ha tenido como objetivo sensibilizar al alumnado sobre la Naturaleza como obra de Dios para todos y aprender a plantar árboles, colocar nidos y conocer especies protegidas. Los profesores nos hemos reunido en Monzón con motivo de la inauguración del Centro del Profesorado allí.

**Nuevo patio**: el 9 se inauguró, con grupos de patinaje artístico, cucañas, concursos, carreras… El 16 se tuvo en Huesca Reunión para unificar los criterios a la hora de justificar las subvenciones. Del 23 al 30, **Septenario** de la V. de los Dolores.

**Abril'85: Nuevo Provincial, P. Cecilio Lacruz:**

Del 1 al 7, Semana Santa. En el **Capítulo Provincial**, celebrado en Peralta, fue nombrado el nuevo Provincial. Al finalizar, los capitulares pasaron por Barbastro para ver las obras realizadas, cuyo importe ha alcanzado los 15 millones. Todo ha sido alabanzas. Los alumnos han pasado revisión dental, detectándose abundantes caries.

**Mayo'85**: La Peregrinación al Pueyo ha sido con actos distintos para pequeños (hasta 3° EGB) y mayores (4°-8°). Cantamos los Gozos de El Pueyo con letra del Obispo Casaldáliga y música popular. El 15 – S. Isidro labrador-- se vuelve a celebrar la eucaristía en nuestro templo, y luego un vino español.

**"I Congreso de la Enseñanza Libre de Aragón"**: se celebró en Cogullada (Zaragoza) con el lema "El pacto escolar es posible". Asistimos los PP. Rector (Vicente Moreno), Angulo y Javier López. **Una Primera Comunión en el colegio**: el cronista escribe: *"Aunque ya no se celebran en nuestro colegio las Primeras Comuniones (por disposición del Obispado), siempre hay algún caso particular: este año ha sido el niño Salvador García Molí".*

**Deportes**: El equipo de fútbol de Mayores ha quedado Campeón de su liga. Destacamos el ajedrez, dirigido por el P. Angulo: **quedamos Campeones provinciales y subcampeones de Aragón, en categoría Infantil**. En baloncesto hemos llegado a la final provincial. Actuaciones más discretas en fútbol-sala y balonmano y algo mejor en atletismo.

**Julio'85**: El día 15 fue una jornada grande para nuestra comunidad: **se ordenó de presbítero el Diácono Domingo Sáez**. Concelebramos con el Obispo, D. Ambrosio, unos 40 sacerdotes entre escolapios y diocesanos. La parte musical la organizó el P. Garralda. Y la comida la tuvimos en San Ramón.

**Volvemos al teatro como actividad escolar**: se ha recuperado una actividad muy importante en años anteriores y algo olvidada últimamente en nuestro Salón: Se ha presentado, en tres sesiones, una adaptación de la obra de Muñoz Seca *El verdugo de Sevilla*. La interpretación ha sido muy comentada. La obra fue dirigida por el profesor José Pablo Pena (en la actualidad -2015- Director Titular del Colegio). Los decorados fueron montados por el P. Javier López.

**Despedida de 8° EGB:**

Fue el sábado, 22. Nuestros alumnos terminan con 14 años y casi todos han estado en el colegio 9-10 años. Hubo eucaristía a las 19,30 y luego un 'tente en pie', en el nuevo Salón, decorado para el caso; reparto de la medalla conmemorativa y un **concurso de gastronomía con más de 20 platos presentados por las mamás con verdadero primor** ante un Jurado calificador. Más tarde, los profesores y la Junta del APA celebran una cena en "Tres caminos". El 25, **Excursión**: los menores van a Vendrell, al Safari "Río León"; y los mayores a San Juan de la Peña y Jaca.

**Nuevo curso: 1985-1986**
**Septiembre'85: Nuevo Rector, el P. Gregorio Landa**

**Comunidad**: Es nombrado Rector el P. Gregorio Landa, hasta ahora ecónomo/administrador de Escuelas Pías de Zaragoza. Sucede en el cargo al P. Vicente Moreno. El P. Javier López va de Rector a Logroño; el P. Ángel Mª Garralda, a Madrid, de Maestro de Novicios; el P. Domingo Sáez, a Cristo Rey, de Zaragoza; se incorpora el P. Luis Domeño, que viene de Soria. El 9, 14 y 16, **Reuniones de Programación**.

**Octubre'85**: de este mes sólo se anota que el 26 **se reunió la primera Junta General Ordinaria del curso;** que la asistencia fue muy escasa; y que resultó nombrada Presidenta Celia Rajoy Alonso.

**Noviembre'85**: **Reunión importante en la UNED:**

El 7 fueron convocados todos los Directores de los Centros y Presidentes del APA, para proponerles un ciclo múltiple de conferencias: un Cursillo sobre el problema de la droga en los adolescentes y jóvenes; otro, para profesores y educadores, sobre "Sexualidad y Educación", que se podría ampliar más tarde a los padres; y, si lo ven conveniente, incluso a los hijos; se habló también de unas demostraciones para los alumnos/as de BUP y COU, sobre el rayo láser y cristales líquidos, por el catedrático de Física, Dr. Valverde. La reunión fue muy cordial y distendida. El primer fruto de esta Reunión se vio ya el 28 de nov'85, día en el que tuvo lugar la charla del Seminario destinada a padres de alumnos y profesores sobre la droga, con una duración de dos horas. Continuó el 5 y terminó el 13 con el film *"Cristina F"* y el consiguiente diálogo, al que asistieron todos los ponentes del Seminario. **Convivencia en La Torre**: en el claustro alguien propuso una Convivencia en La Torre y la idea fue recogida: llegó el día y todos los profesores acudimos a la cita; los grandes expertos en cocina compitieron en el guiso de conejo montés, no faltó la caracolada, tampoco el vino con melocotón y el champagne; faltaron sí los cangrejos. Nos llevamos buen sabor de boca y esperamos que se repita.

**Comunidad Educativa**: el 7 nos reunimos para programar la **Fiesta del Patrocinio de Calasanz**: caramelos, suelta de globos y chupinazo inicial. Fue el 25, porque así lo señaló la Delegación del MEC. La eucaristía estuvo presidida por el Obispo, pero en lugar de Homilía **se representó "Diálogo de dos niños con S.J. de Calasanz"**; después cine, juegos y deportes. Comida de hermandad con los profesores, presidida también por el Obispo. Seguimos el 26 con el **eslogan "Deporte para todos",** en los Campos: por la mañana Profes contra 8°, victoria abrumadora de los profesores. El 29 se reúne la Comunidad Educativa para evaluar las Normas de Convivencia y Disciplina. El nuevo Rector, P. Gregorio, insistió en que hemos de entender "disciplina" como: organización, orden, responsabilidad, convivencia, respeto, trabajo y eficacia. Miramos especialmente las normas cuyo cumplimiento deja algo que desear… Hablamos también de los idiomas francés **e inglés que se va imponiendo**…

**Diciembre'85:** Al final del primer trimestre, los Profesores de 5°-8° EGB han realizado la 2ª evaluación, mientras que los de la 1ª etapa hemos mandado el informe 1° a las familias. Concluimos el trimestre con un magno Festival, protagonizado por los alumnos de Preescolar y toda la 1ª etapa. El **Belén**, que este año se ha puesto en la portería, fue hecho por los alumnos. **La Torre ya está sembrada**: pasa de los 13.000 kgrs. la simiente que se ha echado. El 23 estuvimos de **Convivencia con la comunidad de Peralta**. Nos vinieron a recoger y nos devolvieron a Barbastro con su furgoneta. **Visita a las MM. Capuchinas**: fuimos el 25, y, enterados de las muchas penurias que están pasando, les llevamos algunos presentes: carne, 25.000 ptas., la mayor parte de nuestro presupuesto personal, turrón, alguna conserva e incluso tres botellas de champagne. Pasamos un rato muy agradable hablando con ellas.

(Aquí concluye el Libro de Crónicas 3º y comienza el 4º)

**Enero 1986**: **La comunidad** está formada por los PP. Gregorio Landa (rector y director del colegio), Luis Domeño (Vicerrector), José Mª Mur (jubilado), Jesús Angulo y Antonio Dieste, más el Hº Juan Artieda (jubilado). **Los profesores** son: Jesús Carrera (2ª etapa EGB), José Pablo Pena (5º), Mª Pilar Betrán (1º), Mercedes Salanova (3º), Araceli Laplana (2º) y Mª Pilar Asín (Preescolar).

El 24, nuestros alumnos de 8º realizaron la **1ª visita cultural a Zaragoza**, patrocinada por "El Heraldo Escolar" y ampliamente recogida por la prensa.

**Febrero–Marzo'86**: por la escasez de inscripciones, el colegio pone un anuncio en el Semanario "El Cruzado", durante los sábados del mes. El 2 de **marzo'86** pasó el P. Provincial, Cecilio Casado, para Peralta y nos leyó la circular que había escrito explicando su estancia en Nueva York y Puerto Rico, visitando a los escolapios de allí, dependientes de Aragón. **La 2ª etapa de EGB fue a La Torre**, el 7 de marzo, **a repoblar unos 1.000 pinos** y limpiar la isleta donde acampan los scouts. Les han acompañado los PP. Angulo, Domeño y Dieste.

**Nuestro colegio es considerado de Interés Histórico-Artístico**

El **8 de marzo'86** aparece la noticia en "El Cruzado". Por tanto, está desde esta fecha protegido para que no pueda ser demolido. Del 15 al 21, **Septenario** de la V. de los Dolores, a cargo de los PP. Domeño, Gregorio y D. José Mª Ferrer. **Deporte: buenos resultados en ajedrez** (campeones de la zona 3ª); **y en fútbol**, Campeones Provinciales por 2º año consecutivo.

**Cofradías**: el Domingo de Ramos nos visitó la Cofradía del Prendimiento, de Zaragoza (Escuelas Pías), con intención de realizar un hermanamiento con las nuestras. El acto resultó muy brillante. Trajeron una representación de la banda de tambores e hicimos una procesión por la ciudad. El cronista añade: *"nuestras cofradías se están muriendo, pero esta visita de la de Zaragoza ha sido como una inyección. Parece que se han reanimado y tienen ganas e ilusión por empezar a funcionar"*. El Jueves Santo tuvimos un breve **Retiro con el clero secular**, en las Hermanitas de los Ancianos y, terminado, nos trasladamos a la catedral para celebrar la misa crismal y renovar las promesas sacerdotales. **El 30 de marzo, Domingo de Pascua**, fue la renovación comunitaria de los votos.

**Abril'86**: el 4, viernes de Pascua, **nos visitaron los escolapios de Escuelas Pías y Cristo Rey de Zaragoza, los de Alcañiz y Peralta, más el Secretario Provincial y el P. Gimeno**. A las 11 nos juntamos en el Pueyo, concelebramos, pasamos por el camarín de la Virgen y cantamos los gozos. Almorzamos y marchamos a La Torre. Fue una mañana ideal para recorrer la finca, llena de añoranza para algunos. El P. Domingo Herranz, experto en asados criollos, nos preparó el asado. No faltaron las peras con vino, ni el carajillo, invitación de Barbastro. Sobre las cinco de la tarde partimos todos al Puerto de Vadiello, excepto los de Alcañiz. Después de contemplar la fuerza salvaje de la Naturaleza, hicimos merienda–cena de tortilla española y embutidos. Y seguidamente, tras los abrazos, cada comunidad marchamos para nuestra casa, dando gracias a Dios de haber podido gozar de un día tan maravilloso, estando juntos como hermanos.

### Hacia la Huelga en la Enseñanza Privada:

El 18 de **abril'86** tuvimos **Asamblea General Extraordinaria para informar a los padres** de nuestros alumnos sobre "el cese de actividades escolares" (equivalente a huelga de alumnos y profesores) los días entre el 20-30 de abril. **La reunión fue conjunta con los otros dos colegios privados: San Vicente y Seminario**. El lugar, el Teatro Provincial. Y la concurrencia, un éxito. La prensa recogió que *"D. Luis Álvarez, miembro de la Coordinadora Nacional Pro Libertad de Enseñanza, afirmó la voluntad ministerial de ir ahogando poco a poco la Enseñanza Privada, hasta conseguir su desaparición; y que, por un lado se construyen colegios públicos, que nos cuestan a todos mucho dinero, y, por otro, se regatea en la concertación con los privados, lo cual saldría mucho más barato.*

La **Coordinadora de Barbastro ha hecho público un comunicado** en el que se dice que muchos Centros Privados se van a quedar sin concierto. Por este motivo… se adhieren al "cese de actividades" previsto a nivel nacional… La Coordinadora confía en que los padres y alumnos sepan comprender las razones del "cese", con el que se pretende, precisamente, defender el derecho de los padres a escoger el centro que prefieran para sus hijos…".

El 24 de **abril'86 los alumnos de 8º**, respondiendo a una invitación de los Jefes Militares de Barbastro, **visitaron el cuartel**, las instalaciones, comieron junto con los soldados, vieron unas maniobras con fuego real y el desfile de los vehículos de la C.O.E.

**Mayo'86**: el 9 tuvo lugar una cena en Monzón a la que asistió el P. Angulo con los jugadores de Ajedrez, campeones provinciales. Y el P. Luis participó en otra con el Equipo de fútbol, Campeones de la liga.

**Visita canónica del nuevo P. General, José María Balcells, con sus Asistentes:**

El 13 se inició la Visita a las 16'30. Tuvieron reunión con la 2ª etapa de EGB; a las 17,30 con los profesores; a las 19'00 con la comunidad; y de 20,30 a 22,00 con la Junta del APA.

"El Cruzado" del 17 de mayo'86 publica una amplia entrevista con el P. General, en la que le preguntaron sobre la situación de la Enseñanza Privada, los Conciertos y si los padres de alumnos están conscientes de los problemas que, en estos momentos, atraviesan los colegios de sus hijos.

**Firma del Concierto con el M.E.C:**

El 19 firma el Rector-Director el Concierto, haciendo a la vez un Manifiesto Notarial y un Recurso de Reposición, afirmando que no se está de acuerdo; y lo mandó directamente al Ministerio de Educación. Antes de terminar el mes de mayo, se envió a los padres de alumnos una circular convocándoles a la elección de Vocales para el **Consejo Escolar del Centro**, cuya proclamación se anuncia para el 19 de junio.

**Junio'86**: "El Cruzado Aragonés" del 21 recoge la Competición de Atletismo y la **Fiesta Final de Curso**, en el patio de recreo del colegio, con bailes, juegos, disfraces y caricaturas de los pequeños; cucañas, exhibiciones de judo, ping-pong, saltos de gimnasia para los mayores; y un compartir de los alimentos que trajo cada uno. A las 20,00 fue la entrega de trofeos a los ganadores de las pruebas atléticas e insignia del colegio a los de 8°. Sobre las 20,30 tuvo lugar el **"II Concurso gastronómico"** con un éxito rotundo por el número de mamás participantes y algún que otro papá. La fiesta concluyó con una cena de convivencia, compartida por toda la Comunidad Escolar: APA, profesorado y religiosos. También hubo un gran **"Torneo de Ajedrez Fin de curso"**, con 92 participantes, sistema suizo a ocho rondas, y grandes premios, que se repartirán el 19, a las 13,00.

**Constitución del Consejo Escolar del Centro:**

Fue el 19 de **junio'86,** y al día siguiente participaron sus miembros en la Cena Fin de Curso, en los Campos de La Millera, a la que asistieron también los componentes de la Junta del APA, con sus esposas e hijos, y todo el profesorado.

**Agosto'86**: El 10 se reunió en el colegio la **Promoción de Exalumnos** que terminaron aquí en 1962. De 45 que eran se reunieron 35, entre los que se encontraba el hoy P. Joaquín Nadal; al final de la eucaristía se les impuso la insignia de Exalumnos.

**Curso de Espiritualidad Calasancia:** Los 42 escolapios que lo han hecho en Peralta han venido, hoy, 11, a Barbastro a visitar los lugares donde estuvo Calasanz. La **Festividad Calasancia del 25** de agosto la celebramos en la Parroquia de Peralta, con la comunidad de allá, con la cual también compartimos la comida.

## Curso 1986-1987

**Septiembre'86:** El día 1º se incorporó el profesorado, que del 4 al 8 tuvo el paréntesis de las Fiestas de Barbastro, y del 9 al 15 elaboramos el Proyecto Educativo y el calendario Escolar. Discutimos ampliamente la idea del P. Rector de cobrar 1.000 ptas./mes por Actividades Complementarias, para cubrir el déficit del Presupuesto. Prácticamente sólo él la defendió. Pero, **después de proponerla al APA y al Consejo Escolar, fue aprobada**, ya que los padres de familia veían el cobro como algo necesario. El 15 iniciamos el curso, con sesión única de 9,00 a 13,00.

**Comunidad para el 1986-87**: PP. Gregorio Landa (Rector-Director y tutor de 4º), Luis Domeño (Vicerrector y tutor de 7º), Antonio Dieste (Ecónomo y tutor de 8º), José Mur (jubilado), Clº José Antonio Jimeno (tutor de 2º) y Hº Juan Artieda.

**Profesorado seglar**: Jesús Carrera (tutor de 6º), José Pablo Pena (tutor de 5º), Mercedes Salanova (tutora de 3º), Pilar Betrán (tutora de 1º) y Araceli Laplana (Infantil)

**Octubre'86:** del 20 al 24, **Semana de Domund**. Y el 26, **Excursión de toda la Comunidad educativa** (padres, hijos, profesores) al Monasterio de S. Juan de la Peña, organizada por la APA.

**Noviembre'86**: Durante los días 1 y 2 nos visitó el Grupo Scout de Logroño y tuvo un encuentro con el nuestro. El Clº J. A. Jimeno marchó el 9 a Peralta para tener la **Convivencia de Animadores** de principio de curso y trazar los objetivos y actividades del año. **El P. Amador Santamaría aplicó los tests a 5º y 8º**, y dio una charla a sus padres sobre el "Fracaso Escolar". Este año la **Fiesta del Patrocinio de Calasanz** ha supuesto una **Semana Calasancia**, del 24 al 28. El 29 nos visitó el P. Provincial con sus acompañantes, que venían de Peralta.

**Diciembre'86**: el 13 celebró la ONCE a Santa Lucía en nuestro templo. Del 15 al 19 preparamos en el colegio la Navidad: el primer día **se monta en la Portería el Belén**. El 17 tuvieron **los de 8º su Convivencia con el P. Provincial, durante la Visita canónica**

que éste hizo a la comunidad. Terminó la Visita con una comida en nuestra Torre, el 20. El Grupo scout y todo el alumnado ha colaborado con Cáritas en la "Campaña de Navidad". El material repartido será trabajado a la vuelta de las vacaciones. El 18 hubo **Asamblea General del APA** para aprobar la renovación de sus Estatutos. El 22 por la tarde **nos visitaron los PP. y MM. Escolapios/as de Peralta**: rezamos juntos las Vísperas y luego compartimos una sabrosa merienda–cena. Al mismo tiempo, en la Parroquia de S. José se tuvo la **'Celebración Juvenil de Navidad'**. Concelebramos en la Misa del Gallo, preparada por el grupo scout. Concluyó con una fiesta en los Salones del Grupo. El 25, concelebración presidida por el P. Rector, Gregorio Landa, y renovación de los votos. Del 27 al 30 **los scouts tienen una "Acampada de Navidad"**, con el Clº Jimeno, en la ermita de Bruies. Eran unos 20 chicos de Barbastro y 25 de Altorricón.

**Enero'87**: Para participar en el **Seminario de Seglares Escolapios** –en Madrid, del 2 al 4- salen el Rector con José Pablo y Mercedes. La **Reunión-Coordinación de grupos juveniles** de los escolapios aragoneses fue en Zaragoza. De nosotros asistieron el P. A. Dieste y J. A. Jimeno. El 21 se reunió en el colegio el **Consejo Escolar**, para presentar a los nuevos miembros, estudiar la zonificación y la aprobación del Presupuesto del año. Seis días después se tuvo que reunir para discutir cómo suplir la ausencia de los profesores, por la huelga anunciada a nivel nacional, que se celebró el 28-29, como medida de presión para que se firme el Convenio. Hubo varios padres de alumnos que se ofrecieron a ayudar estos días. El 30 se reanudaron las clases con normalidad.

**Febrero'87**: **Cross ciudad de Barbastro**: se celebró el día 1, domingo. Participaron 200 atletas de Clubs provinciales y uno de Zaragoza. Nuestro alumno alevín, Luis Lacoma, fue 3º con 14'31. Del 2 al 6 la **Campaña contra el hambre**, en la que hemos tenido diversos actos: sensibilización sobre el problema, exposición de murales hechos por los alumnos; y el viernes, los que quisieron se quedaron a comer simplemente un bocadillo con un vaso de naranjada a cambio de dar una limosna; después compartimos la eucaristía. La asistencia fue de unos 200, más algunos padres de alumnos y todo el profesorado.

**Reunión diocesana de Pastoral Juvenil:** fue el 7, con dos temas estrella: la Pascua Juvenil diocesana y la necesidad de coordinación de todos los agentes de pastoral juvenil. El cronista, que es el Clº J. A. Jimeno escribe: *"Últimamente están saliendo en la prensa bastantes noticias del **Grupo scout**. En la Hoja Diocesana del 8 de febrero se explica cómo surgió nuestro Grupo, objetivos y metodología del movimiento scout, actividades, cuántos somos y cómo nos organizamos (lobatos, scouts, pioneros…)"*.

**"I Encuentro de Educadores de la Escuela Pía de Aragón"**:

Se tuvo el sábado, 14 de **febrero'87** "Tenía como objetivo el intercambio de experiencias pedagógicas y fomentar el mutuo conocimiento". Por Barbastro participaron: P. Rector, José Pablo, Jesús, Araceli, Pilar, Mercedes y Jimeno. Los días 21-22 se celebró la 1ª parte del **Cursillo de Psicomotricidad**, destinado al profesorado del ciclo Inicial y Preescolar. Del 23 al 29 varios cursos del colegio celebraron la **Semana de carnavales**. El 28 los protagonistas fueron Preescolar y Ciclo 1º, por su gran Fiesta, con merienda incluida.

**Marzo'87: Varios:** Los alumnos han recibido **la Ceniza por ciclos**. Ambientamos el colegio con carteles, para ayudarles a vivir mejor este tiempo de Cuaresma, tan importante. El mismo día hubo para 1º y 8º revisión médica de la DGA. El jueves, 12, tuvimos una cena de todo el claustro. La iniciativa se debió a los profesores y el motivo fue la **celebración de la firma del Convenio**. El sábado, 14, comimos en la Torre con la comunidad de Peralta y la Congregación Provincial (el P. Provincial y sus cuatro Asistentes), al concluir la Visita canónica de ellos. A la **Convivencia vocacional** de los días 20-21, en Zaragoza, acuden tres alumnos, con el P. Dieste. **Semana de la Naturaleza**, del 23 al 27. El primer día los alumnos del ciclo superior y 6º tienen una charla sobre "Influencias socioeconómicas del bosque", por D. Francisco Abós, director de la Cámara de Extensión Agraria. El 27, **Encuentro de padres de los scouts**. Y el 31, 6º tiene una **Convivencia** con el P. Enrique Latorre.

**Abril'87: "Campeonato provincial de ajedrez":**

Se celebró el 4 en el colegio. **Nuestros Infantiles quedaron Campeones**. El día 8, 2º EGB visita la fábrica de Moulinex. El P. Provincial nos hace entrega de la **nueva edición de las Constituciones** de la Orden.

**Primera reunión de la Escuela de Padres en el colegio:**

Coordina dicha Escuela un Equipo formado por D. José Pablo Pena, D. José Mª Ferrer, sacerdote diocesano muy allegado al colegio, y J. A. Jimeno. Se tendrá un Seminario sobre Técnicas de Comunicación, siguiendo el Método ECCA; a estas reuniones asisten alrededor de 30 personas. **El Septenario** de la V. de los Dolores y la Semana Santa, como siempre. El día 29 de abril, el curso 3º visita la 'emisora Antena-3' de Barbastro.

**Mayo'87: Fundar en el Tercer Mundo:**

Se habla de la **posibilidad** de que la Provincia Escolapia de Aragón se haga cargo de una fundación en el T.M. durante el **Consejo Provincial de Aragón**, celebrado el 1, con asistencia del P. General y sus Consejeros. Asistieron de Barbastro los PP. Landa (Rector) y Domeño (Vicerrector). La Comunidad es informada de cómo se desarrolló el Consejo Provincial y del Proyecto de Misión que la Provincia tiene, que parece va encaminado a CAMERÚN (África). El 6, nos visita el P. Garralda con tres novicios, que tienen un Encuentro con 7º-8º. El mismo día los de 2º-3º visitan una fábrica textil. Y "El Cruzado Aragonés" titula así su **crónica deportiva: "Por 3ª temporada consecutiva, Escolapios Campeón del torneo local de fútbol"**; nuestro cronista añade: *"Éste y otros muchos son el fruto de la buena marcha del deporte escolar durante el curso 1986-1987"*. El 11 de mayo nos visitan el P. Provincial y Asensio. **El P. Asensio, acompañado de los PP. Dieste y Landa, se reúne con el APA** para informarles de los problemas económicos del colegio. El 13 es el **Consejo Escolar** quien estudia el informe para el proceso de admisión de los alumnos, la zonificación, la circular de la Dirección del MEC, la presentación del presupuesto aprobado por la entidad Titular (la Escuela Pía), las actividades complementarias y la necesidad de cobrarlas.

El jueves, 14 **mayo'87**, todo el colegio tuvo la tradicional **Peregrinación anual al Pueyo**; Preescolar y ciclo inicial en autobús, después de comer; y los restantes, a pie, a las 12,00, con comida arriba. Hacia las 16'00 se tuvo un acto mariano en el Santuario; y llegamos al colegio sobre las 18,30.

**Mesa Redonda sobre Política Municipal de Juventud:**

El viernes, 15 de mayo, organizada por el Grupo Scout, la tuvimos en el Salón de Actos de la UNED. Participaron representantes de los 6 Partidos Políticos que se presentaban a las elecciones. La asistencia fue muy buena; participaron alrededor de 100 personas. Al **"I Congreso Latino-americano de Teología de la Caridad"**, en Madrid, asistió nuestro Clº J. A. Jimeno y representantes de Cáritas Barbastro. El 24 se reúnen en Zaragoza los escolapios **encargados de la Informática**. Nos hizo presentes el Rector, P. Landa. El 26 los de 3º visitaron la fábrica de miel. El **Viaje de Fin de Estudios** de 8º fue del 28 al 30, por Madrid y Toledo; les acompañaron el P. Dieste y dos matrimonios. El viernes, 29, fue **Jornada de Viajes Culturales**: 3º-4º, El Grado y Naval; 5º, Huesca y su Museo Arqueológico; 6º-7º, Monzón y la Comarca de La Litera.

**Junio'87**: La comunidad y el colegio han seguido con interés la **"Semana Cultural del Pueblo Gitano"** celebrada en la ciudad, del 1 al 6. Preescolar y ciclo 1º visitaron el día 4 Huesca y el castillo de Loarre. Además de sus profesores, fueron con ellos algunas mamás. El mismo día, el P. Santamaría hizo entrega de los tests de 1º EGB. Tras un año de reciclaje en Salamanca, regresó el P. Jesús Angulo el día 5.

**Fiesta en honor de los padres con hijos religiosos escolapios:**

Esta bonita iniciativa tuvo lugar el domingo, 7, en Zaragoza; tres miembros de nuestra comunidad, con sus padres acudieron a este homenaje: los PP. Dieste, Domeño y Landa. El viernes, 12, estuvimos reunidos los profesores para la **última evaluación del curso**. El 15 iniciamos la <u>jornada continua</u>, las pruebas globales y los exámenes de suficiencia. El 20 se entregaron las calificaciones globales. Los días 22-24 estuvieron ocupados por la **Fiesta Fin de Curso**: gran Olimpiada en los Campos; eucaristía por ciclos; cine, entrega de medallas a los ganadores, exhibición de Judo; después, la **Despedida de 8º EGB** con recepción de la insignia y el Diploma; y se terminó con el **"III Concurso de platos fríos"**, hechos y presentados por sus mamás. Concluimos con una merienda-cena de los alumnos que despedíamos, sus profesores y sus padres. El 25-26 se entregan las notas y los trabajos para el verano. Y el sábado, 27, **Excursión Final de Curso** al Agua-Park de Salou, organizada por el APA.

**Curso 1987-1988:**

**Septiembre'87**: La **comunidad** pierde al Clº J. A. Jimeno, que va trasladado a Zaragoza; continúan los PP. Landa (Rector), Angulo, Domeño, Dieste y Mur, más el Hº Artieda (los dos últimos, jubilados). El **Profesorado** es el mismo, menos D. Andrés Olivas, que dará francés. El total de **alumnos**: 294.

**Octubre'87**:
**Bodas de Plata de la Promoción de Exalumnos 1957-1963:**

Les acompañaron sus 'antiguos' educadores, PP. Subías, Cirilo Fernández y Secundino, con el profesor Adolfo Franco. Editaron la Revista *"Tras 25 años de Foineta"*. Y *"El Cruzado Aragonés"* del 17 publicó la foto del grupo con un extenso pie. A la celebración se unieron también algunas exalumnas de San Vicente. La colecta del **Domund** ascendió a 36.454 ptas. en el colegio y 19.621 en el templo.

**Noviembre'87**: el 22, domingo, el APA organizó una **Excursión a Barcelona** para toda la Comunidad Educativa. La **Fiesta de Calasanz**, nombre del Colegio, comenzó el 25 y terminó el 27 con la eucaristía y comida de hermandad con los profesores, a la que asistió el Sr. Obispo y el Rector de Peralta, P. Gerardo López. No pudimos ir a Peralta –como en años anteriores– por el mal tiempo, pero quedó aplazado el viaje. El Presidente del APA hizo pública la nueva Junta, por medio de un Saluda.

**Diciembre'87**: Los días 4 y 5 los PP. Félix Jiménez y Fernando Negro dieron un **Retiro** a 8° y otro a los jóvenes de Confirmación de la parroquia de la catedral. Previa reunión de comunidad, se vendió una "calajera" grande (500.000 ptas.) y otra pequeña (60.000) y dos pilas de agua bendita (40.000). En la **Campaña de recogida de alimentos** entre los alumnos, se obtuvo mucho y bueno, en opinión de los técnicos de Cáritas. Novedad por Navidad fue el **"Concurso navideño"** que organizó el APA. Se presentaron 35 dibujos; fueron los alumnos quienes votaron; y el APA, en un acto que comenzó con una eucaristía y terminó con un vino español, entregó a los tres ganadores sendas Placas, en recuerdo del triunfo. Del 28 al 30 hubo **"Simposio Escolapio en Gandía"**, al que asistieron el P. Domeño y los Profesores José Pablo Pena y Jesús Carrera.

**Enero'88**: comenzamos las clases el 11, pero dos días antes fue vilmente asesinada la mamá de nuestro alumno de 7° Sergio Sanmartín. Al funeral, un duelo de toda la ciudad, asistieron los PP. Landa (Rector), Dieste y Domeño (Vicerrector). El 16 iniciamos los religiosos el **Capítulo Local**. En Binéfar se celebró el **Campeonato Provincial de Cross el 31. Luis Lacoma, de 6°, quedó Campeón Provincial de su categoría**; y por equipos conseguimos un 2° y 3° puestos.

**Febrero'88**: La **Operación Bocata** para Manos Unidas costó a los que participaron 250 pts.; el bocadillo lo ofreció gratis Cáritas. Se recaudó 38.612 ptas. en el colegio y 52.373 en el templo. El **Carnaval** se redujo a la tarde del 16 para los ciclos Inicial y Medio. La visita aplazada a Peralta el 25, víspera de la fiesta de M. Paula, fundadora de las MM. Escolapias, no pudo ser el 26 porque en Barbastro estaban todos los autobuses ocupados por los militares y nosotros necesitábamos cuatro. El programa, parecido al de otros años, con la novedad de visita en grupos al pueblo, a la Olivereta, las salinas…; y compras en la Tienda de Recuerdos del Santuario.

**Fin de las obras de remodelación en Los Campos de La Millera**:

Lo que se ha hecho ha sido derribo y construcción de Vestuario; adecentamiento y techo de los urinarios; muro en el campo de minibásquet, malla y alambrada en parte del portalón y almacén; arqueta de llave general del agua; arranque y nueva plantación de seto; encementado de la entrada y parte delantera de los vestuarios; tres W.C. con taza y lavabo; departamento para árbitros y otro para los contadores y el termo. Lo realizado ha pasado de dos millones de pesetas

**Marzo-Abril'88**: Del 8 al 20 de marzo ha estado el P. Rector, Gregorio Landa, ausente por asistir a su padre en el Hospital Clínico de Zaragoza. El 14 vino el P. Provincial con el Asistente de Economía, para informarnos de la situación económica de la casa y colegio. El 20 partió para la nieve un grupo de 15 alumnos nuestros con otros de diversos Centros de la ciudad. Les acompañó el Sr. Carrera.

**Mayo'88**: Los ciclos Medio y superior hicieron una **Excursión** a Huesca, castillo de Loarre y ciudadela de Jaca. En los **Campeonatos Deportivos** conquistamos numerosos trofeos. En **ajedrez**: cadetes, Campeones y subcampeones Provinciales; en Infantiles: subcampeones; en Alevines, Campeones. En **tenis de mesa**: Campeones los Alevines. Y en **Atletismo**: los Terceros de Aragón por Equipos.

**Junio'88:** El alumno de 8°, Eduardo Quevedo, apareció muerto en el garaje de su casa. Al funeral, en la parroquia de la catedral, asistió gran número de profesores, alumnos y público. El 8 salieron 1°-3° de **excursión** a Roda de Isábena y Obarra. Del 20 al 23, competiciones deportivas; y el mismo 23 **Fiesta de Fin de Curso**, como siempre. El 24, comida de fraternidad con el Profesorado, en El Pueyo. El 25, sesión del **Consejo Escolar para aprobar la renuncia del P. Gregorio Landa**, trasladado al Cristo Rey, de Zaragoza.


**Nuevo Rector-Director, P. Domingo Cejudo:**

La elección del P. Domingo fue el 25 de **junio'88**. La **Despedida de 8°** tuvo un día lluvioso; por la mañana realizamos todo lo previsto, pero invirtiendo el orden de algunos actos; la tarde, en el Salón, fue muy emotiva: palabras del Director y del alumno Mariano Gistaín y **"IV concurso de platos fríos"** con 38 platos de las mamás.

**Julio'88**: el 1 se presentó el nuevo Rector a la comunidad, acompañado del P. Provincial, la comunidad de Jaca y algunas familias jacetanas. En la concelebración tomó posesión y esbozó las líneas del trienio 1988-1991. Hubo comida de hermandad con todos los asistentes; y por la tarde, reunión con la **comunidad** (que permanece con los mismos del curso que ha terminado, menos el P. Landa); y el **Profesorado** (con la ausencia de Andrés Olivas y la aparición de Javier Padrós).

### Curso 1988-1989

**Septiembre'88**: La primera quincena la dedicó todo el profesorado a la programación del curso, con reuniones matinales; la segunda, a fichar los libros de la Biblioteca, para su puesta en funcionamiento. El curso escolar comenzó con una eucaristía, en la que participaron todos los alumnos. El 18, los **Exalumnos** que terminaron en el colegio en 1963 celebraron las **Bodas de Plata**.

**Octubre'88**: El primer día se tuvo la **Junta General Ordinaria del APA**, para el informe económico del curso anterior (con un saldo de 76.807 ptas.), la renovación de cargos (seis por Estatuto) y el Informe del nuevo P. Director. **En las Actividades Extraescolares hay una novedad: se oferta el inglés.** Los de 8° participan en el **Concurso "Viva la gente del cole"**, organizado por Antena-3. El P. Rector (Domingo Cejudo) es entrevistado por dos radios: Valle del Cinca y Radio-5 de R.N.

**Noviembre'88**: Este mes está dedicado, sobre todo, a la **Festividad de Calasanz**: los deportes de otros años, lectura del libro "San José de Calasanz", Concurso de 'Cesta y Puntos'; charla a los padres, por el P. Dionisio Cueva: *"Calasanz, una vida al servicio de la Juventud"*. El 26 se organizó un **café-tertulia para los papás**, en los locales del colegio, que resultó del agrado de todos. Ese mismo día se da la bienvenida a otro **grupo de Exalumnos** (medio centenar, nuestros y de San Vicente), **que celebran sus Bodas de Plata**. La "Hoja EPB" lo recuerda con una foto y un articulito muy lindo del P. Rector. El 27, eucaristía y excursión a Barcelona, para ver el encuentro de fútbol Barcelona-Murcia. El 28 fuimos todo nuestro colegio a Peralta de la Sal, para celebrar a nuestro Padre y Patrono. Tras la eucaristía, visitamos el Museo y Relicario de Calasanz, las Salinas, la Playa fósil, los lugares de interés geológico y botánico. Para terminar, el tradicional partido de fútbol entre las selecciones de Peralta y Barbastro, que esta vez ganamos nosotros; y otro de básquet, que también ganamos. Luego, una merienda con los escolapios y escolapias, en la Torre.

**Diciembre'88**: el 2 hubo **Asamblea extraordinaria del APA**, para revisar la cuota de los asociados. La participación fue sólo del 20%. Se celebró el **"II Concurso navideño de dibujo"**. Los días anteriores a las vacaciones se preparó un **Belén en el hall del colegio**, obra de todo el alumnado. Tuvimos una Celebración Penitencial para cada etapa. También hubo **Concurso de Villancicos** y varias representaciones teatrales, a las que acudieron padres de los alumnos, principalmente madres, ya que fueron en horario escolar. El 25, **Misa de Navidad**, a la que se invitó a las familias, profesores y amigos.

**Enero'89**: El 8 comenzamos las clases, con unas **nieblas** que se iniciaron el 22 de diciembre y perdurarían hasta el 23 de enero. Dedicamos bastantes ratos de las Reuniones del profesorado a preparar el dosier para la Renovación del Concierto con el Ministerio de E y C. Celebramos la **"Semana de la Unidad de los Cristianos"** (también llamado Octavario) haciendo carteles y rezando en especial esos días, en las clases, por la unión. El 17, **la Cofradía de S. Antonio** tuvo una eucaristía en nuestro templo, a la que acudió gran cantidad de fieles. El 23, la comunidad y el profesorado **celebramos el cumpleaños de nuestro Rector-Director, P. Domingo Cejudo**. Las competiciones escolares han comenzado, y nuestros Equipos van haciendo furor.

**Febrero'89**: El M.E.C ha juntado cinco fiestas y nos ha concedido una semana de vacaciones (**Semana Blanca**). La hemos aprovechado para una estancia en la nieve, padres y alumnos. Para quienes no van se han preparado unos vídeos-forums, en el colegio, y una serie de partidos en los Campos de La Millera. Ambas cosas son bastante concurridas.

**Marzo'89**: Todos los alumnos de 1°, 5° y 8° que lo desearon realizaron tests de: memoria auditiva y visual; orientación profesional; aceptación entre sus compañeros y adaptación; inteligencia en todas sus facetas; personalidad; y hábitos de estudio. Desde el día 6 está abierto el plazo para solicitar plaza en el Jardín de Infancia, Preescolar y EGB.

No todo va a ser ir a clase: **Los alumnos de 7° confeccionaron un Programa de radio**, de una hora de duración, en el que hubo entrevistas, chistes, canciones en directo, mesas redondas, anuncios irónicos… El programa se emitió por "Radio Cadena Española", el día 9, de 10,00 a 11,00. Todos los que lo oyeron quedaron sorprendidos por lo bien que lo habían realizado. El Miércoles Santo, la 1ª y 2ª etapa de EGB tuvimos **Celebración Penitencial**, para preparar el Triduo Sacro, en el que los cristianos celebramos –en tres momentos– la realidad del misterio salvador: el Señor nos ha amado hasta dar la vida por todos y está vivo para siempre (la palabra "misterio" significa en la Liturgia 'un hecho histórico en el que interviene Dios, y, por eso, arranca de él fuerza salvadora').

En este mes de marzo'89, el alumnado está inmerso en las competiciones **de fútbol-sala y baloncesto**, con otros equipos de la comarca de Barbastro y Monzón. Los mayores de fútbol-sala van los primeros y tienen grandes posibilidades de clasificarse para la final provincial. Los Pequeños ya se han clasificado para la Final Comarcal, de la que saldrá el representante para Huesca.

**Abril'89**: **Abriendo las puertas a los profesores seglares**: El P. General, José María Balcells, nos visita, y en la Reunión nos anima a que sigamos abriendo las puertas a los profesores; que no les tengamos miedo, porque son el futuro de la Escuela Pía. Nos insiste en que los colegios existentes actualmente no deben cerrarse bajo ningún concepto.

**"Iª Semana Cultural en el Colegio"**: tuvo lugar del 17 al 21 de abril'89. La Comunidad Educativa la valoró positivamente. Resultó una gran oportunidad –según niveles– de adquirir o reforzar conocimientos con especialistas en estas áreas: desde la Historia hasta la Plástica, pasando por las Ciencias, la Etnología… *"Si hubo una pequeña* *laguna* –escribe el cronista- *fue la del interés mostrado por los padres ante las conferencias de 'Drogadicción'. La Semana tuvo eco en los medios de comunicación"*. Durante la **"Semana de San Jorge"**, los peques de 1º EGB realizaron un mural de los pueblos, paisajes, monumentos y platos típicos de Aragón. Las **niñas/os de 2º** presentaron una Exposición de elementos de los cuentos clásicos. Los de 3º visitaron algunos Medios de comunicación. Y 4º-5º iniciaron el trabajo "Prensa-Escuela".

**Mayo'89**: El colegio se ha enriquecido en el área audiovisual con la **adquisición de 7 nuevos equipos magnetofónicos**. En **Deporte**, quedamos Campeones Provinciales en fútbol-sala y tenis de mesa. Como es tradicional, el 19 subimos de **Romería** a la V. del Pueyo, para presentarle a María nuestro trabajo como un homenaje, o, mejor, como un beso a su Madre. Preescolar y 1º-2º EGB fueron a la V. del Plano. Los de 8º marcharon de Viaje de Estudios a Madrid, del 24 al 28 y no les paró de llover. Los restantes cursos viajaron el 24 a Barcelona, donde visitaron el Zoo, Barcelona Olímpica, el puerto, la Sagrada Familia, etc. Se celebró con emoción todo el **Mes de mayo**: se le rezó a la Virgen, se le trajeron flores…

**Junio'89: Tests de 1º, 5º, 8º:** se entregó a los padres los tests, precedidos de una charla pedagógica. En el **Deporte**: los Infantiles representaron a Huesca en fútbol-sala y tenis de mesa. **En fútbol de 11 quedaron Campeones de Aragón** y en Tenis de mesa, terceros. Los últimos días de colegio participamos en las diferentes modalidades 'olímpicas' y obtuvimos marcas muy buenas. Despedimos a la 312ª Promoción de alumnos, con la entrega de su Orla y la insignia del colegio, además del **V Concurso gastronómico.**

### Julio'89: Cursillo de Plástica aplicada

La primera semana la dedicamos el profesorado a pintar las dos clases de Preescolar; empezamos raspándolas y luego les dimos dos manos de pintura; a continuación dibujamos motivos pedagógicos en sus paredes. Al finalizar lo celebramos con una cena, profesores y religiosos.

**Agosto'89**: Transcurrió sin acontecimientos especiales, si exceptuemos el calor insoportable. La **Fiesta de Calasanz** la celebramos en Peralta.

### Curso 1989-1990

**Septiembre'89**: la **Comunidad** queda así: PP. Domingo Cejudo (Rector), José Mur, Jesús Angulo, Juanjo Garralda (procedente de Jaca), Antonio Dieste y el Hº Juan Artieda. Del 11 al 14 tuvimos **claustro para Programar**. El 15 comenzó el curso, con horario matinal y eucaristía a última hora.

**Octubre'89**: el día 2 pasamos al horario normal de mañana y tarde. El 5, Asamblea del APA, para renovar los cargos; asistieron unas 60 personas.

**Noviembre'89**: Del 4 al 11 tuvimos la **Visita Provincial canónica**. El 10 fueron las **Reuniones de los profesores con los padres**, para informar de la marcha del curso. Con motivo de la **"Semana de animación a la Lectura"**, organizada por el Ayuntamiento, el 20 dio una charla el escritor Juan Gisbert a nuestros alumnos de 8º y a los de San Vicente. El ciclo inicial tuvo la Visita de Felipa Charrapitamentos, personaje de teatro infantil. El 22 hubo diferentes Talleres, dirigidos por Rafael Sánchez, para 3º-5º; y el escritor Fernando Laplana dirigió una charla a 6º-7º. El 23 se desplazó el P. Rector, Delegado de FERE en Barbastro, a Madrid para participar en la Reunión nacional.

### Patrocinio de Calasanz

El 25, dentro de las Fiestas, hubo un Café-tertulia, organizado por la APA; estuvo muy animado, pero la asistencia no ha sido muy numerosa. El 27 no nos acompañó el tiempo; el Sr. Obispo, D. Ambrosio, presidió la concelebración y después participó con nosotros en la comida y sobremesa. Los alumnos han permanecido viendo películas o jugando en el salón; por la tarde, función de teatro y concursos, dirigidos por D. José Pablo Pena; a continuación la chocolatada del APA y más tarde Convivencia de la comunidad con el profesorado.

**Diciembre'89: Cómo dar a conocer la espiritualidad Calasancia:** el 1 se tuvo una Reunión en Zaragoza, en la que nos representó el P. Juanjo Garralda, para estudiar <u>cómo intensificar el conocimiento y vivencia de la Espiritualidad de Calasanz en los profesores seglares</u>. El 2, nuestro Rector es elegido Presidente de la CONFER (ya era de Fere), pero ahora lo será de toda la provincia de Huesca. El 16 tuvimos el **Retiro de Navidad**, con unos 40 participantes. El 22 nos comunicaron el <u>fallecimiento de nuestro alumno de 8° Enrique Latorre</u>.

**Enero'90:**

Los ganadores de los Concursos de Navidad, organizados por el APA, se conocieron en enero: Plastilina (Preescolar), Redacción (6°-8°) y Dibujo (1°-4°). La mañana del 7, el P. Angulo se encontró con la penosa sorpresa del <u>asesinato de Sor María</u>, la portera de San Vicente. El funeral se celebró el 8 en la catedral, presidido por D. Ambrosio, nuestro Obispo, y D. Javier, el obispo de Huesca y concelebrado por numerosos sacerdotes. Durante los días 10-12 fueron los exámenes de recuperación de asignaturas de cursos anteriores: han acudido incluso alumnos que ya habían dejado el colegio.

El 12 de **enero'90** comenzó la **"Semana Blanca"**. El 14 el P. Rector (Domingo Cejudo) acompañó al Grupo que ha participado en el "I Cross de Graus". **Una vez más Salvador Rambla se ha clasificado 1° de su categoría**. El 15 se celebró el **Consejo Escolar Ordinario**. El 17 la misa de San Antonio. Y al día siguiente **Reunión de profesores**, para revisar la buena marcha del colegio. Los **Juegos Escolares** se están desarrollando especialmente en este mes. El 22 tuvimos el **Cumpleaños del Rector**: por la mañana hubo para cada ciclo vídeo y caramelos; y por la tarde, terminada la jornada escolar, cena con los profesores en la Torre. El 24-25 el P. Félix Jiménez vino de Alcañiz a tener una **Convivencia Vocacional con 8°**. El cronista escribe: *"esperemos que todos estos trabajos den su fruto vocacional"*. El 30 **nos visitó el Vicario diocesano** para animarnos en el quehacer pastoral de la diócesis, sobre todo en lo que a la juventud concierne.

## Febrero'90: Dos Exalumnos Santos en nuestro templo

En la iglesia tenemos un cuadro de San **José Manyanet**, a la derecha de la entrada haciendo juego con el de la izquierda, de otro exalumno insigne, San **Josemaría Escrivá**.

El 9 fue la **Operación Bocata** de Manos Unidas. Otro año más que la respuesta ha sido masiva, desde los más pequeños a 8°. Este mismo día nos visitó un grupo de religiosos Hijos de la Sagrada Familia, fundados por el fámulo y Exalumno de nuestro colegio San José Manyanet, para visitar donde su Fundador se educó. En realidad, lo único que queda de entonces es la iglesia.

Continúan los Cross y los **Campeonatos Escolares**. En el provincial, celebrado en Teruel, quedamos cuartos por Equipos, en la categoría Infantil. El 16, al terminar las clases de la tarde, hemos tenido la **evaluación de la 2ª etapa**, bien distendida porque en ella celebramos el cumpleaños del P. Juanjo. El 23, el **Carnaval** con fiesta de disfraces y pasacalles por Barbastro, hasta 3° inclusive. El cronista dice que "los mayores se han tenido que conformar con pasar envidia cuando han oído la juerga de los pequeños, porque ellos han tenido clase, por falta de salero para participar en la fiesta". Al terminar la Jornada, comenzaron las vacaciones de Semana Santa.

**Marzo'90: Celebración deportiva intercolegial**: organizada por las APAs de Escolapios, La Merced, Pedro I y Altoaragón; se ha desarrollado en el Polideportivo Municipal una serie de actividades para los chicos que han querido participar, del 26 de febrero al 1 de marzo. La respuesta de nuestros alumnos ha sido masiva; prácticamente se han hecho presentes en todas las actividades con notable éxito, ya que han obtenido numerosas medallas. Los Equipos han estado compuestos por cursos, para dar más igualdad a los participantes. Durante todas las mañanas de esta **Semana Blanca**, el Polideportivo ha sido el lugar de la concentración de toda la chiquillería y una fábrica de ilusiones por la cantidad de medallas repartidas.

El 5 de marzo'90 volvieron los alumnos a las clases. Y el 6 tuvimos los profesores una breve reunión para empezar a preparar la Semana

Cultural. El 9 fueron dos exalumnos que estudian en el Seminario, acompañados por el P. Dieste, a Zaragoza a participar en una **Convivencia Vocacional**, con compañeros de Logroño, Zaragoza y Alcañiz. El 10 un autobús de chicos del colegio se desplazó a Huesca, para ver un partido de baloncesto del Huesca-Magia; antes del partido hicieron una visita cultural, acompañados por estudiantes de la Escuela de Turismo.

Las **"Comunidades gitanas Evangélicas" en nuestro Salón**: ¡Una jornada completa! Calasanz acogió en sus aulas chicos de otros credos, nosotros prestamos el Salón a las Comunidades Gitanas Evangélicas de Barbastro y alrededores, para tener una de sus celebraciones. Han dejado todo en perfectas condiciones, marchándose muy agradecidos.

**"II Semana Cultural"**: Se ha celebrado del 19 al 23 de marzo'90, organizada por el colegio. Es de anotar el interés con que los <u>pequeños</u> han seguido los actos para ellos programados. Destacamos la curiosidad que despertaron las charlas de D. Joaquín Villa: *Lo que no vemos en el cine* y *¿Qué hay detrás de una cámara?* Y la de D. Luis Raya: *Los radioaficionados: algo más que una afición*. En ambos casos tuvieron el acierto de poner el material al alcance de los alumnos. Los <u>mayores</u>, sin embargo, respondieron con poca concurrencia a algunos de sus actos. El 24 de marzo nos unimos en Naval las comunidades religiosas de Peralta y Barbastro, además de los dos novicios. A todos nos han quedado ganas de repetir el encuentro. El 30 ha tenido lugar en nuestro templo el **Pregón de Semana Santa**, un acto religioso-cultural: unas palabras del Dr. Vicente Calatayud y un Concierto de la Coral Barbastrense. La iglesia estuvo llena. El **Retiro con el clero diocesano**: como otras veces, fue el 31 y nos lo dio el Provincial de los Misioneros Claretianos. El mismo día se tuvo el **"Concurso Coca-Cola"**; y un grupo de 8º se desplazó a Monzón, con el P. Angulo, para participar en la **"Olimpiada Matemática"**. También comenzó el tradicional **Septenario** de la V. de los Dolores.

**Abril'90**: El 1, **las Cofradías** de la V. de los Dolores y del Prendimiento (dos de las que tienen su sede en el colegio) **celebraron su Asamblea Anual Ordinaria**, con la asistencia del P. Rector (Domingo Cejudo). En Barbastro y Huesca se han celebrado simultáneamente las Semifinales de los **Juegos Escolares de la DGA**: nuestros alumnos han vencido en la puntuación al Club Atlético de Monzón y al Joaquín Costa, de Estadilla.

**Siguen los problemas de la Enseñanza:**

Por los problemas actuales de la Enseñanza Privada, el P. Rector ha tenido que desplazarse urgentemente a Madrid, para una **reunión de Delegados de FERE**. El 9 y 10 se ha repartido a los papás los tests de sus hijos. En el colegio hemos puesto el colofón a las celebraciones cuaresmales con varias **Celebraciones de la Penitencia**, a distintos niveles, y un vídeo sobre Jesús, como preparación inmediata de la Pascua de Resurrección. El Miércoles Santo se tuvo en la catedral la **misa crismal**, por disposición del Obispo. La asistencia ha sido muy numerosa, cosa que antes no ocurría. El Jueves Santo, día 12, hemos celebrado la Cena del Señor con bastante afluencia de fieles. El Viernes Santo tuvimos **el tradicional Viacrucis**, previo a la miniprocesión que lleva los pasos a la catedral, desde donde, por la tarde, desfilarán. El 14 falleció el padre del alumno de 8°, José Luis Bielsa Nasarre, a los 48 años. Sus compañeros han asistido prácticamente todos. Se ha tenido un **Concierto a cargo de la Coral de Cámara de Galdákano**, en nuestro templo. El 15, domingo de Resurrección, falleció el padre de nuestro compañero José Pablo Pena; y el 19, el P. Enrique Latorre, de la comunidad de Peralta. El 24 se reanudaron las clases. **La Promoción de Exalumnos que celebraba sus Bodas de Plata recordaron sus años de colegio**; asistieron algunos de sus profesores: los PP. Andrés Pereda, Santiago Muruzábal, Bonifacio Valderrama y el H° Damián. El cronista dice: *"si a ellos les ha hecho felices la conmemoración, a nosotros también"*.

**Mayo'90: Ensayo de Evacuación del colegio:** se tuvo el 4 el simulacro. Una vez fuera, los de la Cruz Roja les enseñaron a los alumnos los Primeros auxilios. Una experiencia útil y divertida. **Campeones provinciales:** en Atletismo, Baloncesto y fútbol-sala. Los de 7° visitaron la factoría de la Brilen. El cronista escribe el 11: *"el P. Rector se ha desplazado a Huesca para una reunión de la FERE con motivo de la dichosa LOGSE, que tan a maltraer nos lleva a todos"*. El 15 se celebró en nuestra iglesia la Festividad de S. Isidro, Patrón de los labradores. La nota la puso el Sr. Obispo, que participó como uno más de los fieles. El 18 fue la **Romería Mariana Escolar** al Pueyo. Los pequeños de 1°-2° han ido a la V. del Llano. El 24 los de 8° participaron en una **"charla vocacional" del P. Félix Jiménez**, quien también habló a la comunidad. El 26 nos representaron en el **Consejo de la Provincia Escolapia** los PP. Domingo (Rector) y Angulo. Y el 29 ha estado unas horas con nosotros el P. Provincial para comentarnos el resultado de la Visita canónica, que tuvimos hace unos meses.

**Junio'90**: En el claustro del día 6 hemos tenido la **5ª Evaluación de la 2ª etapa de EGB** y tratado los detalles del fin de curso, que tan próximo está. Un pequeño grupo de padres de alumnos, chicos y profesores del colegio se han desplazado a Madrid para manifestar nuestra protesta por la LOGSE. Los **exámenes finales** fueron del 11 al 13, para quienes tuvieron alguna evaluación suspendida, que son la mayoría de todas las aulas. Al concluir estos exámenes se inicia el horario matinal. Los profesores y el APA han tenido una cena en el "Restaurante Flor". Las **fiestas del Fin de curso y Despedida de 8° han ocupado varios días**. El 15 fue el comienzo de la **"Olimpiada"** en nuestros Campos; el 18 continuó; y el 19, los de 8° organizaron una **ferieta con 15 puestos**, donde siempre se ganaban puntos, que luego se cambiaban por premios que los mismo alumnos habían aportado. La mañana concluyó con el reparto de medallas de la Olimpiada; por la tarde, en un acto sencillo se les impuso a 8° EGB la insignia de Exalumno y se les repartió la Orla. Terminó todo con el **Concurso Gastronómico**, que ya se va haciendo tradicional. El 26 cenamos en el Pueyo, invitados por Mª José, que se casará el 14 del próximo mes.

**Bodas de Plata sacerdotales del P. Juanjo Garralda**: la celebramos el 27 de junio'90, en una eucaristía presidida por el Sr. Obispo y concelebrada por la comunidad. Cenamos con D. Ambrosio, los profesores y los hermanos del P. Juanjo: Ángel María Garralda y Gabriel. La tarde del 28 fue la última sesión del Consejo Escolar; en el próximo se renovarán los representantes de los padres y alumnos. Los profesores han estado todas las mañanas trabajando en la finalización de la "Memoria", reparto de notas y hablar con los alumnos y sus padres.

**Julio-Agosto'90**: Del 1 al 13 **la comunidad realizó una Excursión a Italia**. Durante diez días, a principios de agosto hemos atendido a las MM. Capuchinas, por ausencia de su capellán.

### Curso 1990-1991

**Septriembre'90:** El 3 fueron los Exámenes de Pendientes, mañana y tarde. El día siguiente, la evaluación y el inicio de las fiestas de la ciudad. Terminadas éstas, nuevo claustro para programar el curso, que comienza el 14. Estos días celebra nuestro Barrio –El Entremuro-- sus fiestas; en él estuvo el primitivo colegio y en él está el actual. El 23 **Convivencia de los escolapios** de Peralta de la Sal, Alcañiz, Jaca y Barbastro en nuestra Torre para comer; a continuación dimos un paseo por la ciudad y más tarde cada comunidad marchó a su colegio, con el propósito de repetir esta convivencia. El 29, nuevo **Consejo de la Provincia**; nos representan los PP. Angulo y Garralda.

**Octubre'90**: El día 10 se celebraron en el colegio las **Elecciones Sindicales de profesores y personal no docente**. El 11 ha tenido una Convivencia 8° en la V. del Plano, con su tutor, el P. Garralda, para tratar la buena marcha del curso. Hemos participado en las fiestas que con motivo de la V. del Pilar se celebran en Barbastro: el P. Garralda ha ayudado en la "misa aragonesa" de la catedral, presidida por D. Julio Broto; y el P. Rector (Domingo Cejudo) ha asistido a la misa que la Guardia Civil organiza por ser su patrona. El 18 hubo sesión del APA, para la renovación de cargos. El 22 los alumnos del ciclo medio han visitado la Central de El Grado. El 30 se ha tenido la 1ª evaluación del ciclo superior de EGB.

**Noviembre'90: Última enfermedad y muerte del P. Mur**: el 28 de octubre se sintió mal y lo encamamos; el 1 de noviembre lo pasó prácticamente delirando; por la noche le llevamos la comunión y el Rector le administró la Unción de los Enfermos; en ese momento, el P. Mur se dio cuenta de todo y contestó a las oraciones; vino la Drª Carreño y nos dijo que tal vez reaccionaría favorablemente llevándolo al Hospital para que le pusieran respiración asistida. Llamamos la ambulancia y **el P. Mur falleció en el trayecto**. La noticia corrió pronto por Barbastro, porque él era muy popular y querido de todos. El sábado, 3, se celebró el **funeral, presidido por el Sr. Obispo** y concelebrado por 60 sacerdotes. Lo subimos al cementerio para depositarlo en nuestros nichos, donde reposa junto con otros escolapios que le precedieron en el colegio.

**El 20 de noviembre fueron las elecciones para el Consejo Escolar**: por la mañana los profesores y alumnos y por la tarde los padres. Las fiestas del **Patrocinio de Calasanz, titular del colegio** (aunque no fue este el nombre inicial), comenzaron el 23 con juegos y una obra de teatro por los de 5º; el 24 fútbol-sala en el Polideportivo, con victoria en las tres categorías; el 25, café-tertulia; el 26 contamos con la presencia del P. Provincial; el 27 realizamos todo el colegio la **excursión a Peralta**: salimos a las 9,00 y a las 17,30 estábamos de regreso tras los partidos de fútbol, que perdimos en la tanda de penaltis; y baloncesto, que ganamos.

**Diciembre'90:** comenzamos el mes con el **Retiro de Adviento**, dirigido por el P. Clemente Domeño, junto con el clero diocesano y los religiosos/as. El **Capítulo Local** se ha tenido todos los fines de semana de diciembre. El 21 hubo **Velada en el Salón de actos**, donde los alumnos han puesto de manifiesto sus dotes artísticas. Tras la cena de Navidad nos dividimos para atender la **Misa del Gallo**, en las MM. Paúlas, Capuchinas y Siervas de María. El 25 concelebramos y renovamos los votos.

**Enero'91**: Del 2 al 5 asistieron al **"Simposio Escolapio de Gandía"** los PP. Domingo (Rector), Antonio y Garralda. Aparte del contenido doctrinal, les ha servido para convivir con compañeros que llevaban muchos años sin verse. La reanudación de las clases, el 8, con gozo de los pequeños, que han venido con sus mejores juguetes, pero no tanto para los mayores.

**Se pone en marcha la Escuela de Padres:** llamados por el Rector, han venido de Huesca José Antonio Monreal y un matrimonio, para echarla a andar. Hacía un tiempo que el P. Domingo Cejudo intentaba su creación. El 15 de **enero'91** se tuvo la 1ª sesión. La **Fiesta de S.**

**Antonio**, tradicional ya entre nosotros, también se celebró este año: misa por la mañana, muy concurrida; otra por la tarde, aplicada por los difuntos de la Cofradía; y por la noche un ágape, al que han invitado a la comunidad.

**Aviso falso de bomba:** lo tuvimos el 19: la Guardia Civil vino, miró y no vio nada, pero, naturalmente, ha aconsejado el desalojo del colegio como medida prudencial. A los chicos les mandamos a casa diciéndoles que era 'el aniversario del Rector'.

**Solicitud al MEC de cuatro aulas subvencionadas más:** El 28, claustro extraordinario cuyo motivo ha sido esta solicitud. Con el mismo fin se convocó, al día siguiente, el Consejo Escolar y la Junta del APA, que en su momento fueron informados de la petición que íbamos a hacer.

**Febrero'91:** el 3 se celebró en Barbastro el **Campeonato Provincial de Cross** y, una vez más, Salvador Rambla, de 5° EGB, se ha proclamado Campeón de su categoría Alevín. La **Semana Blanca** ha sido este año en "Villa mía", cerca de Jaca. A los alumnos les acompañaron el Rector (Domingo Cejudo) y Jesús Carrera; vuelven el 15 con un accidentado, que se partió una pierna al inicio de la semana, Javier Almanzano.

**Alumnas nuestras participan en los Campeonatos Escolares por primera vez:**

Se puede leer en las págs 68-69 del L.C.: *"son de 4° y 6° y juegan contra chicas de 6°; los resultados no les acompañan, pero no es lo más importante en este momento, sino la motivación; cuando tengamos más alumnas, los resultados se mejorarán, no solamente por la variedad, sino porque las chicas se harán un hueco en el deporte del colegio".*

El día 11 de febrero'91vino el Rector del Seminario con tres exalumnos nuestros, para informar a los de 8° sobre el curso próximo, de cara a matricularse allí, si quieren hacer el bachillerato.

**Marzo'91**: **La Salve del Septenario:** El 22 concluyó el tradicional **Septenario** de la V. de los Dolores, en el que se ha cantado esta salve: *Salve, Virgen Dolorosa / salve, de mártires reina / madre de misericordia / entre espinas, azucena // Oh! Madre toda piedades / oh! De los mártires reina / Oh! Madre, toda dolores / oh! María, mar de penas // Tu compasión, dulce madre / ablande nuestra dureza, / y su martirio nos logre/ la palma y corona eterna. // Salve, Virgen Dolorosa / salve, de mártires reina /salve.* Ha sido bastante concurrido. El 24 nos visitaron los novicios, con su Maestro el P. Ángelmari Garralda; regresarán pasadomañana para hablarles a los alumnos mayores sobre la Vocación. El 26 por la mañana tuvimos **Celebración Penitencial** con los alumnos de 3°-5°, mientras los Novicios hablaban a 6°-8°. El Domingo de Ramos no hemos podido hacer la Bendición de los Ramos en el patio por la lluvia y ha sido en la entrada de la iglesia. Los PP. Angulo y Dieste han atendido a las tres cofradías que radican en nuestro templo. La asistencia ha sido notable, pues se van revitalizando las Cofradías poco a poco.


**Nuevo Provincial, P. Mariano Blas:**

**Abril'91**: Las vacaciones comenzaron el Miércoles Santo. Se ha tenido el **Capítulo Provincial** y fue nombrado Provincial el P. Mariano Blas, quien estuvo unos minutos en nuestro colegio, de vuelta para Jaca. El **Viaje de estudios de 8°**, del 22 al 26, fue a Francia: Lourdes, Tuolouse y Saint Gaudents (ciudad hermanada con Barbastro)...

**Mayo'91**: **Crónica deportiva:** Resultados deportivos, descritos por Jesús Carrera: "en las fases comarcales el equipo de Baloncesto Infantil quedó Campeón, al igual que el de Minibásquet. Han sido subcampeones los Equipos de Fútbol-sala Alevín e Infantil y los de Atletismo Alevín e Infantil. Todos ellos, pues, clasificados para las finales Provinciales. El equipo Alevín de Ping-pong, Subcampeón Provincial".

**Semana Cultural Colegial**: del 13 al 17 de mayo'91hubo actos distintos para cada curso; señalamos sólo los tenidos el 13: Preescolar: proyección de *"El Patito feo"*; 1° EGB: confección de collage grupal; 2°, filmación de la película: *Qué bien se está en casa*; 3°: proyección de *"La* *isla misteriosa"*; 4°: taller de teatro (expresión, títeres y sombras), dirigido por 'Taraneya Teatro'; 5°: Cómo entender bien la publicidad y Taller de Teatro; 6°: Teoría y práctica del lenguaje fílmico; 7°: El comic, algo más que una historia, con prácticas; 8°: la música en el cine: audición y análisis de bandas sonoras...

El 24, el P. Félix Jiménez tuvo charla vocacional con los mayores; hay algún alumno que apunta estar dispuesto. El 26 fueron las elecciones sin incidente ninguno en la ciudad.

**Junio'91**: **Presentación de la Tuna del colegio:** El 2, festividad del Corpus, el alumno Eduardo Huguet ha hecho su Primera comunión en nuestra iglesia. Continuamos con la prohibición de la diócesis a celebrarla en nuestro templo. La **Olimpiada final del curso**, de 1° a 8°, ha sido los días 18-19. Por la tarde del 19 tuvimos la **Despedida de 8°** con la entrega de la insignia y la Orla; ha hablado el Rector (Domingo Cejudo) y ha intervenido por primera vez la pequeña **Tuna del Colegio**. Hemos terminado con un lunch en el patio, preparado por las madres que están en el APA. El 20, último día de clase. **El 21 se ha celebrado S. Ramón**, patrono de la diócesis.

**El Festival Fin de Curso ha sido en la Plaza de Toros**

Actuaron los "tunos" del cole. El 22 de **junio'91** nos visitó un grupo de Novicios claretianos, para recordar a sus mártires, que desde nuestro colegio partieron para el martirio. El 24, **Convivencia-Excursión del claustro** al Pirineo. El 26 reparto de notas a los padres y comida conjunta del claustro, en la que el Obispo acudió al café. El 27 por la tarde, última sesión del **Consejo Escolar** para la aprobación de la Memoria.

**Julio–Agosto'91**: La **fiesta de Calasanz** la hemos celebrado con la comunidad de Peralta en el Santuario. Los Ejercicios Espirituales han sido en San Ramón.

## Curso 1991-1992

**Septiembre'91**: el cronista escribe a propósito de los Exámenes de recuperación, que fueron el 2 y 3: *"Los chicos que durante el curso no estudian, en verano acostumbran a hacer lo mismo".*

## Continúa otro periodo el P. Domingo como Rector

La **comunidad** queda así: se incorpora el P. Alberto Alonso Gómez por el P. Dieste, que marcha a Cristo Rey de Zaragoza. El Rector (Domingo Cejudo) ha sido nombrado para otro periodo. Y todos los demás, igual. El **Claustro** tiene dos novedades: la llegada del P. Alberto y que algunos PP. de Peralta vendrán a dar clases de Religión. Los seglares siguen los mismos. Los **Alumnos**: la matrícula ha aumentado ligeramente. El curso comenzó el 16 de **septiembre'91**. El 27 nos visitan varios PP. Provinciales claretianos para conocer dónde estuvieron sus mártires, les atiende el P. Rector. El 28, el P. Domingo viaja a Madrid para reunión de FERE, por asuntos relativos a la Reforma Educativa.

**Octubre'91**: el 5 recibimos la visita de los Novicios de la Sagrada Familia, acompañados de su Maestro, para conocer las dependencias del colegio y su iglesia, donde se educó su Fundador, el Beato José Manyanet. Como hicimos el año anterior, nos hemos reunido en nuestra Torre las comunidades de Jaca, Peralta y Barbastro, compartiendo comida y sobremesa. Al anochecer nos volvimos a juntar en el colegio.

**Noviembre'91**: del 4 al 19, las reuniones con los padres de alumnos. La asistencia puede considerarse aceptable. Visita de los chicos de Logroño y Soria, y los Profesores de Escuelas Pías de Zaragoza, camino de Peralta. El P. Dionisio Cueva les recordó los momentos de la vida de Calasanz. Del 16 al 20, la **visita del Provincial (Mariano Blas)**. Cada miembro de la comunidad tuvo la oportunidad de hablar con él en particular. Le hemos expresado la necesidad de importantes obras en el colegio de cara a la Reforma Educativa.

**"Día del maestro"**: Aprovechando la vacación por el "Día del maestro" tuvimos **Convivencia con el profesorado**, incluida la comida en la Torre, de la que el cronista dice: *"La Comunidad Educativa se hace más comunidad"*. Del 25 al 28 de **noviembre'91** las Fiestas del **Patrocinio de Calasanz**. En la celebración solemne de Peralta estuvieron con nosotros los padres de los escolapios que se hallan en la Misión de Camerún.

**Diciembre'91**: del 9 al 12, por iniciativa de la Concejalía de Cultura del Ayuntamiento, los alumnos de 7º realizaron una serie de actividades de Aproximación al Teatro, coordinadas por el Grupo Teatral que dirige el P. Ricardo Pereira, escolapio. El **21 nos llegó un ordenador** para llevar la gestión del Centro. Con motivo de la Navidad se celebraron, el 22, **dos Festivales**, uno de pequeños y otro de mayores. Las familias de los que actuaban llenaron el Salón. El 25 invitamos a la comunidad de Peralta (PP. Cepero, Subías y Gerardo) con los que renovamos los votos. Con la llegada de una **impresora** se completa el equipo informático.

**Enero'92**:

El cumpleaños del Rector, día de nieve, lo celebramos con una merienda-cena, a la que asisten el Sr. Obispo y el profesorado.

**Febrero'92**: nos visita un grupo de Sacerdotes de la Sagrada Familia, para conocer dónde se educó su Fundador, el Beato José Manyanet (desde el 16 de mayo 2004, Santo). Del 25 al 28, **"Semana Blanca"** que sólo veintitantos alumnos la celebran, acompañados por el P. Rector.

**Marzo'92**: tenemos el **Retiro de Cuaresma**, como otras veces, con el Sr. Obispo, los diocesanos y religiosos/as. El 28, los PP. Domingo, Angulo y Garralda se unen a la **Excursión-Convivencia de la CONFER**, por la zona pirenaica de la provincia. Comimos en nuestra Residencia de Jaca.

**Abril'92: Se estrena el Grupo de Tambores para las Cofradías:** El 5 se inicia el **Septenario** de la V. de los Dolores, con el ya tradicional canto de la Salve por la Coral Barbastrense. El 11 se tiene, en nuestro templo, el **Pregón** de Semana Santa, por el Coronel D. Adolfo Ayora. Asistieron representantes de las distintas Cofradía, y la Coral abrió y cerró el acto. El Jueves Santo presidió el P. Rector (Domingo Cejudo) y lavó los pies a 12 niños de nuestras tres Cofradías. El Viernes Santo **se estrena un Grupo de Tambores de alumnos/as**, en la salida de los pasos de la Dolorosa y el Cristo. El domingo de Pascua el Rector y el P. Alberto acompañan a un grupo de Religiosas del Colegio San Vicente a conocer Peralta de la Sal. Los PP. Subías y Gerardo les enseñan el Santuario, el Museo calasancio y la casa.

**Mayo'92**: Con motivo de la próxima Beatificación de Mons Escrivá, Exalumno nuestro, el 5 llega un grupo de miembros del Opus Dei, de México; y el 11, otro de El Salvador a visitar el colegio y la iglesia, donde su Fundador se educó.

**Junio'92**: el 13, dos grupos de claretianos, uno alemán y el otro español, visitan el colegio del que salieron sus hermanos para el martirio, deteniéndose especialmente en el Salón de Actos, donde vivieron sus últimos días. El **fin de curso** comportó muchas actividades extraescolares, que concluyeron el 19 con la solemne **Despedida de 8°**.

**Julio'92**: El 14 nos llegaron unos alumnos valencianos, que, procedentes de Peralta, después de ver nuestro colegio, fueron recibidos por el Obispo con el que tuvieron una celebración en la catedral.

## Curso 1992-1993

**Septiembre'92**: la **Comunidad** queda así: P. Domingo Cejudo (Rector), P. Jesús Angulo (Vicerrector), P. Juan José Garralda y P. Miguel del Cerro. En cuanto al colegio, deja la Portería D. José; se incorporan Marisa Giral y Ángela, para turnarse las mañanas y tardes. Como **profesor** se incorpora D. Luis Negro, que, por vivir en Zaragoza, va a permanecer de lunes a viernes en el colegio. El 16 comienza el nuevo curso. Este año no contamos con la presencia de Escolapios de Peralta para las clases. El P. Domingo es otra vez propuesto Director para dos años, como manda la ley. En adelante, los 25 de cada mes tendremos plegarias calasancias y vocacionales, para las que nos llega material preparado por el Secretariado de Pastoral.

**Octubre'92**: **Actividades Extraescolares:** desde el 1 rige un nuevo horario, consultado previamente con los padres de alumnos: mañanas: 9,30 a 13,00, y tardes: 15,00 a 17,00. Hay cambio también en las Actividades Extraescolares: inglés, iniciación al francés, bandurria, tambores, tenis de mesa, Escuela de Iniciación Deportiva, informática, atletismo y fabla aragonesa. Se continúa con el Servicio de Comedor. El 18, **Asamblea anual del APA**, precedida de una eucaristía e incluye una exposición–Memoria del P. Rector. El 19 y 24 hubo **dos Conciertos en nuestra iglesia**: el 1°, de la Capilla Musical "Sebastián Aguilera de Heredia", con obras religiosas y profanas; el 2°, de música medieval.

**Noviembre'92**: **Murales sobre Exalumnos célebres:** Los alumnos de 8° han confeccionado una serie de Murales sobre Exalumnos célebres, que se exponen en los pasillos del Centro. Son nombrados por el P. Provincial "Representantes de la Entidad Titular" para el Consejo Escolar del Centro, los PP. Angulo y Miguel del Cerro, más Araceli Laplana.

**Las fiestas del Patrocinio de Calasanz:**

Comienzan el 23 de noviembre'92 con una charla de D. Santiago sobre Educación Sexual. El 24 por la mañana se dan charlas sobre *Reciclaje y Ecología*. Los chicos aprenden a confeccionar papel y a reciclarlo. Por la tarde, D. Ignacio Alcalde, concejal del Ayuntamiento, imparte una conferencia a los padres: *"Papel, pilas y medio ambiente"*. Destacamos la acogida que tuvo la charla de D. Fernando Maestro, Campeón de barra aragonesa; sobre *"Juegos tradicionales aragoneses"*. El 26 todos los cursos fueron a Peralta. El 27 destacó el Maratón que recorrió las calles céntricas de Barbastro, el concurso de coches teledirigidos y las películas. Mención aparte merece la chocolatada.

**"Las primeras cuatro horas de futbito"**: Tuvieron lugar con mucho público y participantes. El 30 terminó el proceso electivo para el Consejo Escolar; el mismo día hay Asamblea Extraordinaria del APA, con el objetivo de aumentar la cuota mensual y poder **equipar un aula de ordenadores**, que convierta el colegio en puntero por su innovación tecnológica.

**Diciembre'92**: D. Ricardo Alcántara, autor de *"Tulinet, las siete vidas del gato"* tuvo una charla-coloquio con los alumnos de 3º-5º, el día 9. El 26 se inaugura **"Zagalandia'92"**, feria del ocio, deporte, cultura y animación. En estas fechas se nos comunica que D. Luis Negro, después de tres meses de docencia, deja la enseñanza. En su lugar entra Dª Esmeralda Larramona, profesora muy conocida en la ciudad por sus numerosos compromisos pastorales. El 30 se concluye la **Programación de Pastoral** y **Proyecto Comunitario**, después de varias reuniones tenidas estos días. En el transcurso del primer trimestre se ha incorporado a la comunidad el P. Félix Heredia.

### Enero'93

**Curso de Expresión Corporal:** el 3, el P. José Antonio Gimeno imparte un cursillo de Expresión corporal en Barbastro. El 7 nos damos cuenta de que nos han robado en los Campos pesos de lanzamiento y balones de voleibol. **"Deportes aéreos del Alto Aragón"** emprende conversaciones con nosotros con objeto de alquilarnos una parte de nuestra Torre, para tener ellos allí prácticas de ultraligeros, aeromodelismo, etc. La **Reunión de Comunidad** del 11 estudia los Presupuestos y, además, decide instalar una quiete (sala de estar) para fumadores y otra para no fumadores. En la reunión siguiente el P. Miguel informó sobre las Jornadas de laicos (seglares) tenidas en Alcobendas (Madrid) en los últimos días de diciembre; allí se acordó la descentralización de los **"Cursos de Espiritualidad Calasancia para laicos"**. A partir de ahora, cada Provincia escolapia organizará los suyos. Aragón tendrá uno, en Peralta, el mes de julio.

### Febrero'93: Beatificación de la Fundadora de las MM. Escolapias:

La contraportada de "El Heraldo de Aragón" del 3-II-93 recoge un extenso artículo sobre la próxima Beatificación de la M. Paula Montal, Fundadora de las MM. Escolapias.

Termina el Campeonato Provincial de Campo a través. El alumno Salvador Rambla ha quedado Campeón en la Categoría Infantil masculina. A partir de ahora, los alumnos de Infantil (3 y 4 años) contarán con el apoyo de la profesora Marisa Giscal. Lo obtenido para la Campaña del Hambre ha sido 69.000 pts.

**Marzo'93**: el 1 comenzó el plazo para inscribir a los futuros Infantiles de 3 y 4 años. El 5 se empezó el **Cursillo Informático**; colabora el MEC y todo él gira en torno al "Sistema Operativo MS/Dos e introducción y manejo de Windows en la Educación Primaria". El P. Miguel del Cerro publica, en "El Cruzado Aragonés", el artículo "Escultismo, educación en libertad". El día 6 se reúnen el P. General, el P. Provincial y todos los Directores de nuestros Centros, en Zaragoza. Y el 8 se convoca a los padres que deseen apuntar a sus hijos en una de las Cofradías que radican en el Colegio.

La Banda de Tambores tiene que cambiar el lugar y hora del ensayo por las molestias que ocasionaba cuando era en nuestro patio y de 17'00 a 18'00. El 27 de marzo'93 se reúnen en el Pueyo nuestros Exalumnos de hace 30 años, con las exalumnas de San Vicente. El mismo día, en nuestra iglesia hay un **concierto sacro, Pregón de Semana Santa y Homenaje a los Beatos Escrivá y Misioneros claretianos**, relacionados ambos con el colegio. El 28 comienza el **Septenario** de la V. de los Dolores. Y el 29 tiene lugar la Eucaristía de la Cofradía del Cristo de la Agonía.

**Abril'93**: El domingo de Ramos, participando las tres Cofradías del colegio, se bendicen los ramos en el patio y a continuación se tiene la eucaristía en la iglesia. "El Periódico de Aragón" se hace eco de la actividad del P. Ricardo Pereira al frente de "La luna, Teatro"; días después, "El Cruzado Aragonés" publica una larga entrevista con el P. General, José Mª Balcells. Y "El Diario del Alto Aragón", otra.

**Pórtico de los 315 años del Colegio y los 250 de la Provincia Escolapia de Aragón:** Con este motivo se celebra el **24 de abril'93** un concierto por la Coral Calasancia de Logroño; a continuación compartimos cena en S. Ramón los 50 del orfeón y la comunidad.

**Pista de Ultraligeros en nuestros campos:** El Ayuntamiento propone al colegio la permuta de una parte de nuestra Torre, para que se pueda instalar en ella una pista de aterrizaje de ultraligeros, hangar, etc. La comunidad no ve ningún inconveniente en ello y en que puedan disponer del terreno solicitado mientras se da el acuerdo definitivo.

**Mayo'93:** el día 3 dio una **conferencia para papás** el escolapio Jesús Bonet, de la Comunidad de Logroño, sobre *Educar personas en un mundo que despersonaliza.* El 4 los de 8° pusieron en escena, dirigidos por el P. Miguel, la obra de Fernando Arrabal *"Pic-nic":* la 1ª sesión para el alumnado y la 2ª para el público en general. Con asistencia de nuestros alumnos y los de San Vicente hubo un **Encuentro de Atletismo** en nuestros Campos. El cronista dice: "más que los resultados importó la convivencia; y el día resultó muy grato para todos".

**Charla sobre Historia de los Escolapios en Barbastro:** El 6 **mayo'93** a las 20'00 el P. Dionisio Cueva deleitó a sus oyentes con su proverbial amenidad sobre ***"Historia de los Escolapios en Barbastro y en Aragón"***. Más actos por los "315° de los Escolapios en Barbastro y los 250° en Aragón": el 7, a las 18'00 hubo en la catedral una **concelebración** presidida por el Obispo, en la que participaron alumnos de todos los colegios escolapios de Aragón y muchos exalumnos. Se publicó un N° Extraordinario de la Revista "Calasanz", que recogía el guión y cantos de la ceremonia, además de unas notas acerca de la catedral, nuestro colegio y Torreciudad. El mismo día 7, a las 20'00, en el Salón de Actos, **Mesa Redonda**: *Juventud, Realidad, Ilusión, Riesgos y Alternativas,* en la que intervinieron Carlos S. (miembro de Alcohólicos Anónimos), Esther Aguado (Presidenta de la Asociación de Zaragoza de Jugadores Rehabilitados), y los Escolapios José Antonio Jimeno (director de la fase de reinserción del Proyecto Hombre), P. Miguel del Cerro (Coordinador Federal de Formación de Scouts de España), y, como Moderador, Juan Carlos Rafael (educador de calle en Cáritas Diocesana). El 8, a las 10'30 Jornada de Trabajo: *Educar para el futuro;* y a las 19'00, eucaristía, presidida por el Provincial, Mariano Blas, y cantada por la Coral Barbastrense, dirigida por D. Julio Broto. Al terminar, vino español y actuación del Grupo de Jotas de Barbastro.

**Creación de una nueva aula de Preescolar**: Se acuerda en comunidad el día 12 **mayo'93**; y se discute, otra vez, la ubicación física de la comunidad; es cada día más acuciante el lavado de cara que necesitan todas las instalaciones del Colegio y Comunidad. **Se formaliza la permuta de campos con el Ayuntamiento,** que permite la instalación de hangar y pista de aterrizaje para ultraligeros. El 21 peregrinó 6°-8° al Pueyo; el 24 fue también 3°-5°, mientras que 1°-2° peregrina a la V. del Plano. El 30 inicia su **Viaje de Estudios 8° EGB**, acompañados por su tutor, el P. Miguel y D. José María, miembro del APA.

**Junio'93**: el 3 vuelve 8°, habiendo estado en Barcelona y Mallorca. El 7 salen 4°-6° a visitar Pamplona, Leire, Jaca… El 17 por la tarde es la **Despedida de 8°** con la imposición de insignia y reparto de la Orla. Al día siguiente se realiza la **Fiesta Fin de Curso**, organizada por el APA con los partidos de fútbol alumnos/padres y de baloncesto alumnas/madres, y merienda abundante para ganadores, perdedores y espectadores. El 24, con asistencia de la práctica totalidad del **profesorado, Excursión-Convivencia** por el Pirineo Occidental, para relajarnos antes de emprender la "Memoria Anual". El cronista dice: *"Se cierra el curso escolar 1992-93 y nos aprestamos los religiosos a participar en las vacaciones familiares, los Ejercicios Espirituales, Cursillos y otros eventos que se organizan en los meses de verano".*

**Julio-Agosto'93**: "El Cruzado Aragonés" del 3 da cuenta de que se está gestando –para el próximo 27 de noviembre- una conmemoración muy significativa, con motivo de la Festividad del Patrocinio de Calasanz, organizada por una Comisión de Exalumnos. Durante la primera quincena de julio tiene lugar en Peralta de la Sal, cuna de San José de Calasanz, el "II Curso de Espiritualidad Calasancia para laicos". Por parte de Barbastro asisten: Esmeralda Carmona, Mª José Escalona, Milagros Fernández y Marisa Giscal. Uno de los días imparte la charla el P. Miguel del Cerro.

**Aprobado por el MEC el proyecto de obras presentado:**

Se nos comunica el **22 de julio'93**. El P. Miguel hace un Curso sobre "Habilidades para el liderazgo, toma de decisiones y resolución de conflictos". Y el 31 publica "El Cruzado Aragonés" un artículo titulado *"Si yo fuera concejal"*, criticando la situación de penuria de la infraestructura turística de la ciudad". De **agosto** sólo recoge la crónica que, un año más, las comunidades de Peralta y Barbastro celebran juntos la Festividad de Calasanz en su Santuario.

**Curso 1993-1994**

**Septiembre'93**: No hay cambios en la **comunidad**: PP. Domingo Cejudo (Rector), Angulo (Vicerrector), J.J. Garralda, Miguel del Cerro y continúa incorporado el P. Félix Heredia. **Profesorado:** Responsable de Pastoral y tutora de 2º Infantil: Mª José Escalona; tutora de 1º E.I. Inmaculada Canav; de 3º E.I., Araceli Laplana; Tutores de EGB: 1º, Pilar Betrán; 2º, Mercedes Salanova; 3º, José Pablo Pena; 4º, P. Domingo Cejudo; 5º, Jesús Carrera; 6º, P. Juanjo Garralda; 7º, P. Angulo; 8º, P. Miguel del Cerro. En Conserjería están el P. Félix por las mañanas y Marisa Giscal por las tardes. En la cocina, Elisa Mansilla; Teresa Vidal en la limpieza; y Consuelo Mas en el lavado de ropa.

Los exámenes de suspensos son del 1 al 3. Los profesores van preparando el Plan Anual del Centro. El 16 comienzan las clases en horario de sólo mañanas. En la reunión comunitaria del 27 se acuerda que en las celebraciones eucarísticas de los sábados por la tarde y el domingo por la mañana nos haremos presentes todos los religiosos que estemos en la casa.

**Octubre'93**: el día 1 comenzaron las **Actividades Complementarias Extraescolares** y el **comedor**. Las que se ofertan son: inglés, francés, tambores, tenis de mesa, creatividad, Escuelas deportivas y de atletismo, informática, mecanografía, esquí… Y comenzamos el horario completo. El Equipo Infantil se ha proclamado Campeón del "I Torneo de Futbito del Club Saso".

**Noviembre'93**: El 9 se celebró Asamblea Ordinaria y Extraordinaria del APA. El 14 fue el **"Día de la Iglesia Diocesana"**: distribuimos entre el alumnado el folleto "Al servicio de todos" y se proyectó el vídeo *"Barbastro, unas diócesis, una familia"*. En la reunión de comunidad del 15 **se aprobaron los Presupuestos de comunidad y del colegio**, que se habían discutido en la anterior.

## *"VUELTA AL COLEGIO PARA MÁS DE 300 EXALUMNOS"*:

"El Cruzado Aragonés" del 20 **noviembre'93** publicó esta noticia: fue el fruto de la sorpresa que la Comisión de la que ya hablamos tenía preparada para "su" colegio y que suena así en el pergamino entregado al P. Rector: *"En el 315 aniversario de la fundación del primer colegio escolapio en España: un grupo de Exalumnos queremos ser portavoces de todos los que pasaron por sus aulas. Queremos suplicar a su Santo Fundador su amparo; rezar por sus mártires; y dejar en nuestros corazones, para siempre, un sentimiento de agradecimiento y amor, que se traduzca en esta frase: ¡Que Dios bendiga hasta la eternidad a las Escuelas Pías"*. La nota de "El Cruzado" decía: según las últimas referencias, el nivel de asistencia se sitúa en torno a los 350 exalumnos de diferentes épocas. Se ha confirmado la presencia del P. Provincial, Mariano Blas, y de bastantes profesores. El P. General no podrá desplazarse a Barbastro, pero ha enviado un mensaje desde Roma, dirigido a todos los Exalumnos, con motivo de esta efeméride tan emotiva. Diversas autoridades locales han sido invitadas a participar en los actos del Programa, que se iniciarán a las 11'00 de la mañana, con una concentración en "la luneta" (el patio interior) y celebración eucarística. Más tarde se inaugurará una Exposición con fotografías retrospectivas de muchas épocas ("El Cruzado" publica una del curso 1° de bachiller en 1932-33); y al mediodía un almuerzo en el "Hotel Rey Sancho Ramírez".

**Inauguración del campo de vuelo:** el mismo 20 **noviembre'93**, "El Cruzado" publica otra noticia: *"El campo de vuelo de ultraligeros, punto de partida para el turismo aéreo en el Somontano, se inaugura mañana"*.

## FIESTA DEL colegio S. JOSÉ DE CALASANZ, BARBASTRO 1677-1993:

El domingo, 21 de noviembre'93, "El Diario del Alto Aragón" trae el artículo *"San José de Calasanz"*, firmado por José Antonio Adell y Celedonio García, con aspectos de la vida del Santo, de la Escuela Pía Aragonesa y mundial; y consideraciones sobre las Fiestas patronales de Calasanz. El programa dice en su portada: Fiestas de San José de Calasanz, Barbastro'93: **1677-1993**. Y del 'Saluda' del P. Rector (Domingo Cejudo) entresacamos: *"Quisiera que todos —padres, profesores, alumnos/as—nos esforzáramos en hacer de nuestro Colegio un Centro modelo en todos los aspectos: humano, religioso, educativo… donde resplandezcan las LETRAS Y PIEDAD".* Luego detalla que del 16 al 24 serán las **Competiciones Deportivas** de 1° a 8°; el 25, jueves, la tradicional excursión a Peralta de la Sal y la proyección del largometraje del P. Miguel del Cerro: *La cuna del Santo*; el 26: **"Día del Colegio"** con Eucaristía, Juegos, Maratón, Concurso de disfraces. Festival de la canción, baile de disfraces, gran chocolatada, traca final, II Maratón de futbito; el 27, **café-tertulia** para padres/madres y profesorado; entrega de los premios de los Concursos de dibujo, murales, pasatiempos, narración corta, fotografía y christmas. Y **el 28, Homenaje de los Exalumnos a su Colegio, en el 315° aniversario** y los 250 años de las Escuelas Pías de Aragón.

**Diciembre'93: Opinión de nuestros alumnos sobre la ciudad de Barbastro:** el 23, la comunidad tiene su **Retiro de Navidad**, para preparar el corazón al inmenso misterio (palabra que significa: hecho histórico salvador) del nacimiento de Dios-Hombre. El 25, "El Cruzado Aragonés" publica la opinión de nuestros chicos/as de 5° sobre la ciudad. Y del 27 al 30, **"Simposio de Pedagogía, en Gandía"**, organizado por las Escuelas Pías de España, al que asisten los PP. Rector (Domingo Cejudo) y Félix Heredia.

**Enero'94:** Se reanudan las clases el 10. Se tiene en Zaragoza **Reunión de los Presidentes de APAs y Rectores de nuestros colegios**. En la Reunión comunitaria del 17 se comenta el capítulo 1° de la obra del P. José Pascual Burgués "La experiencia comunitaria". La **Semana de la Paz** tiene su punto culminante el 28, aniversario de la muerte de Gandhi, para entonar un Himno a la no-violencia y leer un manifiesto de todo el Centro.

**Febrero'94: Nuestros alumnos convertidos en 'sembradores':** el Ayuntamiento se manifiesta dispuesto a avalar nuestra petición de quedar **exentos del Impuesto de Bienes Inmuebles (IBI).** El 16, Miércoles de **Ceniza**: la Comunidad Educativa recibe la ceniza como signo de entrada en la Cuaresma, preparación para la Pascua. Pasa por todas las aulas un **Cuentacuentos animando a la lectura.** Alumnos del colegio se han dedicado en el **Día del Medio Ambiente** a sembrar 60 árboles y 120 encinas en los Campos de La Millera. Tres de nuestros alumnos participan en el **Concurso-Festival de Jotas**, en Huesca: Raúl, Daniel y Magda. Los varones quedan 1° y 2° en canto, y Magda 1ª de su categoría en baile. José Andrés, de 8°, se proclama **Subcampeón de Aragón** en Lanzamiento de peso, en Zaragoza, en los Campeonatos de pista cubierta.

**Marzo'94**: **Nace la "Asociación Deportiva Escuelas Pías":** fue inscrita en el Registro de Asociaciones Deportivas el día 10. Figuran entre los socios fundadores el P. Domingo (Rector), el P. Miguel del Cerro (secretario del Club), el Profesor D. Jesús Carrera y los padres de alumnos: José Miguel González y José María Satué Buil; este último será el primer Presidente. El domicilio social está en el colegio; las disciplinas atendidas son, en principio: baloncesto, futbito, atletismo y cross, aunque en fecha próxima se incorporarán el tenis de mesa y, probablemente otras actividades. La directiva se muestra muy satisfecha de contribuir a que el panorama deportivo de Barbastro cuente con más alternativas y hace hincapié en su objetivo de priorizar la "educación en valores" por encima de los resultados deportivos.

**"VI Semana Cultural":** el 15 de **Marzo'94**, el escritor Mariano Vara mantiene charlas acerca de sus libros con diversos cursos. El 16 fue la **matacía en los Campos.** Al P. Domingo se le ocurrió la buena idea de que no fuera la matanza del cerdo en vivo, para que pudieran asistir los alumnos, que sí podían presenciar la elaboración y degustar los productos relacionados con la matacía. El 17, como un acto más de la Semana Cultural, se hizo presente en el colegio el concejal de Medio Ambiente D. José Ignacio Alcalde, que mantuvo una **charla-debate** con alumnos sobre "La familia y la protección del Medio Ambiente". El 18 **nos visitó un grupo de jugadores de baloncesto del Huesca**, que firmaron autógrafos a los chicos. El 19 se clausuró la **Visita canónica del P. Provincial**, (Mariano Blas), que duró varios días. El 25 Marzo'94 se dio por terminado el **Septenario** de la V. de los

Dolores. Y el 26 fue, en nuestra iglesia, el **Pregón** de Semana Santa, a cargo de la catedrática Mª Angustias Villacampa. Las vacaciones fueron desde el Jueves Santo al 2° Domingo de Pascua.

**Abril'94**: **Exposición en Barbastro del 250° de la Provincia Escolapia de Aragón:** El 11 se acuerda trasladar la Biblioteca porque el arquitecto nos avisa de que está cediendo el piso. "El Cruzado Aragonés" recoge, en un suelto del 16, el siguiente texto: *"En la iglesia del colegio, del 19 de abril al 3 de mayo de 1994: Llega a nuestra ciudad la Exposición conmemorativa de la Escuela Pía en Aragón, tras su paso por Zaragoza, donde ha merecido el aplauso de los miles de zaragozanos que han podido disfrutarla, así como el unánime reconocimiento de críticos y medios de comunicación".* A las 20'00 del 19 de abril se hace la presentación de la *Exposición en el Salón de Actos de la UNED. Toman la palabra el Provincial, P. Mariano Blas; la Diputada de las Cortes de Aragón, Eva Almunia, Responsable de Cultura en la Provincia de Huesca; la Alcaldesa de Barbastro, Geni Claver; y el Obispo de la Diócesis, D. Ambrosio Echeberría. Todos ellos hacen grandes elogios de la muestra de la labor escolapia. Posteriormente todos los asistentes giran una primera visita a la Exposición. El trabajo de recopilación histórica, realizado por el Equipo Técnico, Coordinado por Domingo Buesa, causó una excelente impresión. El P. Rector, Domingo Cejudo, cerró el acto ofreciendo un vino español a las autoridades presentes.*

*El Programa de la Exposición* anunciaba *que duraría de febrero a junio'94 y que pasaría por Zaragoza, Barbastro, Alcañiz y Logroño; y recogía las partes en las que estaba distribuida: 1) El Santo Fundador; 2) la obra educativa; 3) las Fundaciones; 4) el arte al servicio del culto; 5) escolapios ilustres; 6) el coleccionismo escolapio; 7) imágenes para la Historia escolapia. Además, la cronología de la Provincia escolapia: de 1677 (primera fundación en Barbastro, cerrada violentamente en 1681) a 1983 (se abre una residencia en Brooklyn-Nueva York y la diputación de Zaragoza concede la Medalla de Plata de la Provincia). Las siete partes de la Exposición se facilitaron al público con el Folleto "Guía didáctica de la Exposición",* firmado *por Domingo Buesa, Comisario.* El 23 de abril recoge "El Cruzado" una amplia presentación; y el 28 "El diario del Alto Aragón" entrevista al Coordinador, Juan Carlos Lozano.

**Nuestra Plaza se remoza:** en el mismo número se recoge la nueva fisonomía de la Plaza de la Constitución, a la que asoma la puerta principal de nuestro colegio. Uno de nuestros alumnos aparece contemplando los cambios.

**Mayo'94**: El día 4 imparte el Director del Instituto de Formación Profesional una charla a los alumnos de 8°. El 6, suben 6°-8° al Pueyo en Romería; y el 13, los de 5°. El 15 salen dos autobuses de Barbastro a Zaragoza con nuestros deportistas, para la **Jornada de todos los colegios escolapios de Aragón**. Se tienen las **Excursiones** culturales habituales: 7° va al Aula de la Naturaleza de Boltaña del 9 al 13; del 17 al 19, 4°-5° marchan a Francia. Y coincidiendo con el fin de mes hacen los de 8° su **Viaje de Estudios a Palma de Mallorca.**

**Junio'94**: los alumnos que hicieron la Primera Comunión en sus parroquias, tuvieron en el colegio una eucaristía el 18. El 22 se tuvo en La Millera una merienda y un partido de fútbol alumnos/ padres-profesores como conclusión de las clases. La Fiesta de **Despedida de 8°** consistió, como otros años, en reparto de la insignia y la orla, discursos, etc. **Los profesores excursionaron** al Pantano de Llauset, S. Clemente de Tahull, Caldas de Bohi.

**Bautismo del aire:** La "Asociación para los Deportes Aéreos del Alto Aragón", con sus instalaciones en nuestra Torre ha tenido un inusitado crecimiento, y, dentro del marco de las fiestas de S. Ramón, ha organizado una actividad, entre los días 25-26, que incluye un **'bautismo del aire'.**

**Agosto'94**: **Plaza de toros en nuestros campos:** leemos la noticia de la Plaza de Toros que se pretende montar, de forma provisional, en nuestros terrenos de La Millera, para acoger los festejos taurinos de las Fiestas de este año, en tanto que se terminan las obras de la nueva Plaza.

# CAPÍTULO X

## Memoria de los cursos 1994–95 al 2005–06

### ANUARIO–Memoria del Curso 1994–1995

**El primer Anuario–memoria de curso** (Revista Las tres R.R.R.): hace 'memoria' del curso 94-95, y se reparte al inicio del 95-96. Su editorial se dedica a explicar las tres RRR del título: Renovación, Reconstrucción y Resurrección, que ha mantenido la Revista desde que nació en Peralta de la Sal, por obra del P. Narciso Monfort (diciembre 1953) y que, al ser él trasladado a Barbastro como Rector, se la trajo consigo. Esto fue en octubre 1955, como ya hemos explicado.

**Aulas:** hay en este momento: 3 clases de Infantil, 5 de Primaria y 3 de EGB (6º,7º,8º).

**El Claustro de Profesores** constaba de 13 miembros: el **Director** era el Rector, P. Domingo Cejudo; **Los tutores**: Inmaculada Lanau (1º E.I.), Mª José Escalona (2º E.I.), Araceli Laplana (3º E.I.), Mª Pilar Betrán (1º E.P.), Mercedes Salanova (2º E.P.), José Pablo Pena (3º E.P.), P. Domingo Cejudo (4º E.P.), Jesús Carrera (5º E.P.), Miguel Ángel López–Blasco (6º EGB), P. Miguel del Cerro (7º EGB), P. Jesús Angulo (8º EGB); más Milagros Fernández y P. Juan José Garralda.

**El Anuario recoge**: "Breve Historia del colegio de Barbastro"; Dos reuniones de Exalumnos: una el 28 de noviembre de 1993 y otra el 8-9 octubre 1994; "El rincón del APA", firmado por Juan Mª Arnedillo; "Entrevista al P. Jesús Angulo"; la foto de los "Cuida Hijos"; y sendos artículos sobre "Nuestras Cofradías", "Nuestra iglesia" y "Años de Batas a rayas y cine de domingos", además de dedicar seis páginas a informar sobre los Deportes en los que hemos participado, con la aprobación del Club Deportivo "Escuelas Pías" (marzo 1994). Y ocho páginas de "Un año escolar (1993-94), a modo de crónica".

**Septiembre'94:** Empezaron las clases. Las **Actividades Extraescolares** que se ofrecen van desde los idiomas a labores creativas, pasando por las Escuelas de Deportes, instrumentos musicales, esquí, informática...

**Octubre'94**: **Asambleas** Ordinaria y Extraordinaria del APA, para renovar parte de la Junta. **Foto de cada curso. Elecciones al Consejo Escolar del Centro**, para padres, profesores y alumnos. 8º EGB inicia las 'acciones' para sufragar su viaje de Fin de estancia en el colegio vendiendo lotería de Navidad. Los de 5º hacen una **marcha cicloturista** hasta Cregenzan, pasando por Ariño.

**Noviembre'94: "Semana Calasancia":** He aquí algunos de los actos para honrar a Calasanz, titular del Colegio. Los de Primaria viajan a Peralta y los de 5º-8º a Ordesa. Competiciones deportivas, charlas, juegos, tertulias, proyecciones, etc. en torno a José de Calasanz y el mundo educativo.

**Diciembre'94**: 2º, 5º y 8º tienen los **tests psicológicos**. En el Festival de Navidad intervienen todos los cursos; el Salón de Actos se llena de público en las dos sesiones.

**El Belén del cole obtiene el premio 3º** del concurso organizado por el Ayuntamiento. Los alumnos del Centro son los protagonistas de una página del Extra de "El Cruzado Aragonés".

**Enero'95**: La gripe hizo estragos. Comienzan las **Jornadas para padres** con hijos en Infantil y Primaria. Las **Jornadas sobre la Paz** culminan con un acto colectivo en el patio del colegio. Los alumnos de 8º montan sus tenderetes en la feria de la Candelera. **Febrero'95: Concurso de Disfraces**, muy llamativo; y participación en el Carnaval de la ciudad.

**Marzo'95**: Nuestra Banda de Tambores participa en el certamen de Huesca. Nos visita una familia de nuestra Misión en Camerún.

**"Semana Cultural Calasancia"**, del 13 al 24: los de 6° representan la ópera *Godspell*; charlas y proyecciones sobre montañismo (5°-8°); prensa escrita (3°-4°); educación (papás/mamás); clase práctica de **pintura al aire libre** (3°-4°); visitas a Industrias de la ciudad, Museo y Catedral (7°-8°); al barrio "Entremuro" (1°-2°); realización de la Maqueta de La Millera y el Coso (Infantil); proyección de audiovisuales; festival (Infantil); **Mesa redonda con los abuelos/as** (3°-4°); viaje por el Somontano (3°-4°); **excursión al Románico Altoaragonés** (5°-8°); jornada gastronómica (todos); exposiciones acerca del centenario del cine y etnología (3°-4°); **conciertos** de música clásica, etc. SER-Barbastro retransmite su programa matinal desde nuestras aulas. En muchas de las actividades contamos con personas cualificadas, que colaboraron con nosotros. Miércoles de **Ceniza** y **Celebración penitencial**.

**Abril'95**: las cofradías del colegio y sus bandas de tambores participan en la Semana Santa de la ciudad. Se imparten a 7° y 8° <u>charlas sobre sexualidad, sida y orientación profesional</u>, por especialistas. Los niños/as de Infantil hacen una excursión al Parque de la Paz. **Festival** de 3° E.P., como otros años.

**Mayo'95**: Los pequeños peregrinan a la V. del Plano y los restantes al Pueyo, con actividades de **cicloturismo e hípica**. 8° va en su **Viaje de Estudios a Mallorca**. 4° realiza una maqueta del Parque de la Paz. Charla de 3° y 4° con el escritor Manuel Alonso.

**Junio'95**: **Intercambio escolar**: los de 4° van a Saint-Gaudens (Francia). Los de 1°-4° viajan a Barcelona, entre otras cosas ven un film multidimensional y el Zoo. Los de 5°-8° disfrutan de las atracciones de Port-Aventura y también descienden el Cañón del Vero. 3° vive la "Fiesta siempre amigos". Despedida emocional y esperanzadora de 8°. **Fiesta de Fin de Curso** en La Millera para todos. **Pendiente la instalación de una serie de retablos en nuestra iglesia**: procedentes del colegio de Jaca, se han traído a nuestra iglesia de Barbastro, donde ya se colocaron sendos retratos al óleo de los Exalumnos Beato José Manyanet (Santo desde 2004) y Beato Josemaría Escrivá (canonizado el 6 de octubre de 2002)

## ANUARIO-Memoria del curso 1995-1996
## Nuevo Rector, P. Antonio Dieste:

El editorial, firmado por el Presidente del APA, Enrique Barbanoj, afirma: *"Durante el Año Escolar que hemos finalizado, los términos que simbolizan "Las Tres RRR" han tenido su aplicación a la vida del Colegio: ha habido una Renovación en la Comunidad Educativa. En ella **se ha pasado de la figura de Rector-Director del Colegio a la de "P. Rector de la Comunidad religiosa"** (P. Antonio Dieste) y a la de "Director del Centro educativo" (P. Miguel del Cerro).*

*El término Reconstrucción tiene un significado con pleno contenido: el Colegio se ha remodelado en una primera fase, con el fin de adecuarlo a las nuevas enseñanzas, y esperamos que, en los próximos cursos de nuestro entrañable colegio, sólo quede la envoltura exterior y el resto será las transformaciones adecuadas.*

*El término Resurrección también se puede aplicar a este curso, pues el primer número del Anuario ha tenido continuación a lo largo de todos los meses del año, en forma de 'pequeños boletines' que nos han ido informando de la vida de la Comunidad Educativa...".*

**Aparece 6° de Primaria al desaparecer el 6° de EGB**, con lo que esta etapa queda reducida a 7° y 8°. Los **profesores** son 15. Y hay también una foto de la Comunidad Educativa con 17 miembros. Trae una entrevista al Alcalde, D. Rafael Fernández de Vega, Exalumno del colegio; la narración de una visita a Peralta de la Sal ("Un descubrimiento gozoso de paz, espiritualidad y ocio"); una amplia información sobre SETEM, la ONG escolapia para Servicio al Tercer Mundo, escrita por la encargada de la Delegación de Barbastro, Mercedes Salanova; Reflexiones de José Pablo Pena sobre las **"Jornadas de Comunicación en la Familia"**, a las que acudieron más de 300 personas a lo largo de las seis charlas que hubo; la información Deportiva, de la que trascribo su apartado 7°:

**"Logros más destacados del Club":** *"Se reconoció nuestra labor siendo portadores del estandarte y bandera de la provincia de Huesca en la apertura de los juegos en los campeonatos autonómicos... los excelentes resultados* *que venimos cosechando, un año sí y otro también… El Club está bastante consolidado y, para continuar madurando y creciendo, sólo hace falta el apoyo de todos, especialmente en el acompañamiento y preparación de los diferentes Equipos. Ello redundará en la mejora a nivel competitivo y en la finalidad que buscamos con esta actividad deportiva: la formación y desarrollo integral de nuestros alumnos y alumnas".*

En el artículo "Acercamiento de nuestro colegio a la Semana Santa barbastrense" se nos recuerda que, además de los actos litúrgicos que son propios de una iglesia en pleno funcionamiento –bendición de los ramos, Cena del Señor…– se celebra el **Septenario** de la Dolorosa, que aunque ha perdido la pompa que tenía antaño, se sigue teniendo con gran participación de cofrades. Además es en nuestro templo el **Pregón** de la Semana Santa, organizado por la Junta Coordinadora de Procesiones y que año a año va adquiriendo más importancia, gracias al nivel de los pregoneros. De nuestra iglesia salen las dos procesiones que, el Viernes Santo en la mañana, traslada los pasos de la Dolorosa y el Cristo de la Agonía, con sus respectivas Cofradías, a la catedral, para participar en el cortejo de la tarde. En estas dos Cofradías hay muchos alumnos. Gracias al sostén económico de ambas, se ha formado una buena Banda de Tambores. Dependiendo canónicamente del Colegio, pero ubicada en la iglesia de las MM. Capuchinas, está también la Cofradía de la Merced.

**De la Crónica del curso entresacamos:**

**Septiembre'95:** Nombramiento del P. Antonio Dieste como nuevo Rector de la comunidad religiosa y del P. Miguel del Cerro elegido, por el Consejo Escolar, Director del colegio. Se estrenan dos nuevas aulas y Sala de Audiovisuales. Se hace un reacondicionamiento de los Campos de La Millera.

**Octubre'95: Nuevos Beatos escolapios:** el P. Angulo nos representa en Roma con motivo de la Beatificación del P. Pedro Casani (compañero de Calasanz) y un pequeño grupo de Mártires de nuestra Guerra civil del 36–39, entre los cuales están los cinco de la comunidad de Peralta de la Sal; el Consejo Escolar del Centro aprueba el Plan anual; **Departamento de Familia:** Comienza su andadura con un monográfico de "Las Tres RRR" y una encuesta a los padres/madres, para descubrir sus inquietudes.

**Noviembre'95** Fiestas en honor de Calasanz con gran ambiente.

**Diciembre'95** unimos nuestro espíritu con los niños de Bosnia mediante aportaciones materiales; un grupo de alumnos participa en la programación navideña de la TV local y el APA en "Zagalandia".

**Enero'96** nos trae la participación de los diversos sectores de la Comunidad Educativa (profesores, padres, alumnos y empleados) en la **Asamblea Provincial de Obras de la Demarcación (Provincia Escolapia de Aragón)**, en Zaragoza; llegan los nuevos alumnos de magisterio para sus prácticas; reclasificación de los más de 2.000 libros de la Biblioteca, reorganización de la Vídeoteca y adquisición de nuevo material audiovisual.

**Febrero'96**: gran participación en la **"Operación Bocata"** de la Campaña contra el Hambre; **Aula de la Naturaleza** para 7º en Boltaña; los de 6º asisten a las **Jornadas de Educación Vial**; **Semana de la Paz**, clausurada en la "Luneta"; y para los de Infantil **"Experiencia en el mundo de la Informática"**.

**Marzo'96**: las **Jornadas Culturales**, referidas a Goya (Exalumno nuestro de Zaragoza) tuvieron 38 actividades y los Medios de Comunicación local y provincial se hicieron eco de ellas. Culminaron con dos **Festivales** en nuestro Salón de Actos.

**Abril'96**: **Curso de Esquí en Panticosa.** "Campaña medioambiental" para 3º a 7º; un grupo de 8º participa en un "Encuentro Vocacional" celebrado en nuestro centro. Se renueva el material de psicomotricidad. Nuestra Banda de cornetas y tambores es invitada a participar en el Certamen de Huesca.

**Mayo'96**: Romerías a la Virgen del Plano y a la Virgen del Pueyo. Un grupo acompañamos los restos mortales de los Mártires Beatos Escolapios de Peralta a la nueva Capilla que tendrán en la Casa-Santuario de Calasanz.

**Se recibe del M.E.C. Autorización definitiva para impartir el próximo curso la ESO.** Se alcanzan notables triunfos a nivel regional y provincial en Baloncesto Infantil Femenino y Atletismo Alevín. Excursiones de Primavera.

**Junio'96**: regresan los alumnos/as de 8° de su **viaje de Estudios** (por finalizar su estancia en el colegio) a Mallorca; se presenta este número de "Las Tres R.R.R.-Anuario-memoria", hermano mayor de los que a lo largo del curso se han hecho llegar a las familias; **Despedida a los alumnos/as de 8°.**

**Queremos destacar** por su importancia dos artículos más del Anuario 1995-1996: uno lleva por título "El Beato José María Escrivá en los Escolapios de Barbastro", con dos fotos: la de los compañeros suyos en 1910 y otra saludando al P. Benito Forcano el día de la imposición a Escrivá de la Medalla de Oro de la Ciudad de Barbastro. Lo firma Manuel Garrido. Entresaco lo siguiente: "*(José María) se incorporó a los 7 años al colegio de los Escolapios donde cursó los estudios de Primaria y comenzó el Bachillerato. En los Escolapios recibió una completa educación que marcó una fuerte impronta en su vida, y que agradeció siempre. Tres muestras de esta actitud son:... Desde el curso 1908-09, hasta los diez años, Josémaría hizo la Primera Enseñanza... La Enseñanza Primaria en aquella época ya era gratuita; el Estado había descargado sobre las haciendas locales su financiación... No obstante, las familias acomodadas que lo deseaban pagaban una cierta cantidad mensual (dos pesetas, recuerdan algunos alumnos de esa época) para que sus hijos, después de las clases ordinarias, permanecieran unas dos horas más para repasar, bajo la vigilancia de los profesores: éstos eran los alumnos llamados "vigilados"; este doble tipo de alumnos (gratuitos y vigilados) sólo se daba en la Enseñanza Primaria, puesto que en la Secundaria, que no era gratuita, todos los alumnos eran considerados "vigilados". Estos alumnos tenían un régimen especial los domingos y días de fiesta: después de la santa misa y el ejercicio de la Doctrina Cristiana, eran acompañados por algunos profesores a dar un paseo o jugar al aire libre. Según consta en el recordatorio de su Primera Comunión, Josémaría fue alumno vigilado. En los cursos 1912 a 1915 hizo respectivamente 1°,2°,3° de Bachillerato. Fue siempre de los tres alumnos más jóvenes de su promoción —con el mínimo de edad requerido para cada curso—y el de mejores notas, con toda certeza en 2° y muy probablemente en los otros cursos.*

Narra luego Manuel Garrido que en la Memoria del Instituto de Lérida (1912-1913) el P. Liborio Portolés vio que Escrivá y Miguel Cavero obtuvieron premio en las asignaturas 'Nociones de Aritmética y Geografía'.

El otro artículo está firmado por el P. Javier Negro, Asistente de pastoral de la Provincia: "El colegio Escolapio: 1) Colegio público / Colegio privado; 2) Colegio privado / Colegio de Iglesia; 3) Colegio de Iglesia / Colegio Escolapio". Y se explaya en el tercer punto.

Por último, este Anuario traía encartada una foto (un picado aéreo) de todo el alumnado y profesorado, de 33 cms. x 48.

### ANUARIO-Memoria del curso 1996-1997

Es el tercer número del Anuario. Juan Mª Arnedillo escribe en el editorial: *"... Es necesario mantener el esfuerzo y reclutar nuevos colaboradores, para la perpetuación de este Anuario y para cualesquiera de las múltiples actividades complementarias extraescolares... de ahí el empeño en acorazar a nuestros niños de una sólida armadura moral, de formarles en valores humanos: la amistad, la lealtad, la misericordia, la solidaridad, el respeto, la generosidad, la audacia, el valor, la capacidad de crítica, la firmeza, la templanza, la constancia, la franqueza, la sencillez, la humildad... la bondad, el amor; esta es la escuela cristiana que queremos...".*

El P. Miguel del Cerro, Director del colegio, escribe: *"(El Anuario) pretende ser el espejo donde se reflejan y perpetúan las imágenes del transcurrir de la vida escolar a lo largo de un año... otro año denso en acontecimientos, vividos de mil formas distintas por los 300 alumnos, los más de 500 padres, los 15 profesores, el personal de administración, servicios y esa legión de Exalumnos que son la honra de este Centro, tres veces centenario...*

### "400º de la Escuela Cristiana, Popular y Gratuita", fundada por Calasanz:

Entre estos valores, en este año que hemos celebrado los 400º de la aportación del Fundador de los PP. Escolapios, destacamos la solidaridad, la preocupación por los menos favorecidos, el compromiso social, el saberse activo y responsable, el saberse protagonista de su propia historia, la decidida defensa de la paz, del medio ambiente…

**Este año que se cierra ha dado la bienvenida a la Educación Secundaria y despedido la EGB.** El próximo, la enseñanza será ampliada hasta los 16 años… Desde aquí nos marcamos como reto la creación de un **Taller permanente de Periodismo**, que dará vida a la publicación mensual de "Las Tres RRR" como revista periódica". En La Orla aparecen 38 alumnos.

Hemos tenido <u>tres **aulas** de Infantil, seis de Primaria, una de E. Secundaria y otra de 8º EGB</u>. Mario Meler y Daniel Rivera dedican cinco páginas a "Rebuscando en la Historia del Colegio", (apuntes inéditos de Dr. Francisco Izquierdo Trol, Deán y Académico Delegado de Nobles y Bellas Artes de San Luis de Zaragoza). Ellos nos informan de la primera comunidad del colegio instaurado, el templo primitivo y el actual, eminentes exalumnos (Madoz y Martínez Vargas), la Congregación de Nª Srª de la Agonía, la de Nª Srª de los Dolores, la Cofradía de Nª Srª de la Merced y la Pía Unión de San Antonio de Padua y Pan de los Pobres. D. Pedro Escartín, Vicario General de la Diócesis, escribe *"Entre el P. Apeles y la Televisión a la carta"*. Dos alumnas entrevistan a Mª Eugenia Claver, Presidenta del "Centro de Desarrollo del Somontano": *"Es importante creer en vosotros mismo y en el desarrollo armónico de la Comarca"*. Otros alumnos entrevistan al Sr Obispo, D. Ambrosio, con este bonito título: *"Veintitrés años de Obispo y siempre de amigo"*. Y dos alumnas más entrevistan a D. Ángel Pintado, padre de tres alumnos, y Diputado en el Parlamento Español. Hay dos páginas dedicadas a "fotos antiguas", otras dos a "Tres generaciones"; y seis a la información del Club…

**La crónica del 96-97** empieza recordándonos que los profesores asistieron a un curso de profundización en el **Proyecto de Activación de la Inteligencia**;

**Septiembre'96:** se pone en funcionamiento la **Biblioteca Escolar** con su servicio de préstamo de libros;

**Octubre'96:** Semana del **Domund**; un Grupo de **Exalumnos** celebra el aniversario de su paso por el colegio; **La fiesta de Calasanz fuimos a Peralta** y los profesores tuvieron allí una dinámica de Grupos, dirigida por el P. Javier Negro. Los de 1°-3° de E.P. vieron en el teatro Argensola la obra de Títeres *"La fábula de la raposa"*.

**Diciembre'96** trajo el **Festival de Navidad en el colegio** y la representación de *"El sentido de la Navidad"* en el Hogar del Pensionista, por 2° E.P.; lo demás, como siempre.

### Enero'97

Comenzó el año aplicándose a los alumnos/as de 1°,5°,8° los tests psicológicos; el **Día del Árbol** fueron los Titiriteros de Binéfar los que nos motivaron; celebramos la **"Semana por la Unidad de los cristianos"**; Durante todos los viernes del año, la Comunidad Educativa recibe la **"Hoja Deportiva"** con la información de las competiciones y resultados tenidos cada fin de semana.

**Febrero'97** supuso el Reconocimiento Médico para 6° E.P., la **imposición de la Ceniza** y el tenderete en la Feria de la Candelera por 8°, para su Viaje.

**Marzo'97:** comenzaron las **"IX Jornadas Culturales en torno al Río Vero"**, la Semana de la Naturaleza, en Boltaña (1° ESO); Visitas dentro y fuera de la ciudad, la **Semana de esquí en Panticosa**; cursos para el Profesorado, de alfarería, medioambiente, orientación y **"Jornadas Nacionales de Pastoral Escolar"**, celebradas en Zaragoza. Con motivo de la **Beatificación de "El Pelé"** tuvo lugar en el colegio un "Encuentro de Gitanos de Aragón".

**Abril'97:** se celebra la Semana Santa y la **"Semana Vocacional"**; 8° EGB participó en Peralta en un Concurso de Dibujo, organizado por la Provincia (Demarcación) Escolapia de Aragón y dos de ellos quedaron finalistas en el concurso "Todos contra el fuego", representando a Aragón en la fase Final Nacional, celebrada en Valsaín (Segovia).

**Mayo'97:** La novedad fue la participación del colegio en la TV local, con el **reportaje "Aprender del Tercer Mundo".** Peregrinación al Pueyo (de 3° a 8°) y a Nª Srª de Bruis (1°-2° E.P.). Y antes de concluir mayo, **los de 8° se fueron a Mallorca.**

**Junio'97** tuvo la celebración, en el colegio, de los alumnos/as que habían hecho su Primera Comunión en sus parroquias.

**Junio'97: Despedida de 8°** en el Salón, entregándoles la Orla y la Insignia del colegio. El **fin de curso colectivo** fue en La Millera.

### ANUARIO-Memoria del curso 1997-1998
### OTRA REMODELACIÓN DEL COLEGIO:

"Terminado el curso escolar, mientras por una puerta salían los alumnos, por la otra entraban los trabajadores que se iban a encargar de remodelar el colegio de cara a las necesidades de la ESO. Leemos: "Al iniciarse el curso próximo y llegar este Anuario a vuestras manos, (en septiembre'98) habrán desaparecido en su actual configuración los pisos 2° y 3° del edificio de clases; en su lugar veréis 10 nuevas aulas, un actualizado laboratorio, 2 tutorías... "Hace más de 300 años que los Escolapios abrieron en Barbastro la primera Escuela Pública, Popular y Gratuita de España. La fuerte inversión es fruto de una apuesta decidida de la Orden y de la Comunidad Educativa del Centro por seguir ofreciendo en nuestra ciudad una alternativa educativa diferenciada y de calidad" Así se lee en el editorial, firmado por el P. Director, Miguel del Cerro, quien añade: *"El trabajo en el aula es fundamental, pero no concebimos una educación sin ofrecer a sus hijos e hijas: Actividades extraescolares (inglés, francés, informática, guitarra, apoyo al estudio...), Aula de la Naturaleza, Jornadas de Convivencia, Visitas culturales tendentes al conocimiento de nuestro entorno aragonés, Cofradías, Semanas monográficas (culturales, vocacionales, la paz...), Taller de periodismo y edición de "Las tres RRR", <Setem Barbastro> (ONG de <Servicio al Tercer Mundo>, fundada por los escolapios), Grupo de teatro y "Club Deportivo Escuelas Pías" con Escuelas de iniciación deportiva (baloncesto, fútbol, atletismo y patinaje). Y, además ofrecemos: posibilidad de permanecer en el Centro desde las 8,00, atendidos por personal del mismo; inglés desde los 3 años; servicio de Comedor desde los*

*3 años; ludoteca para Infantil y Primaria, <u>Asociaciones de Padres, alumnos y Exalumnos</u>; Departamento de Orientación Psicopedagógica y Colonias de Verano para alumnos y familias…".*

Continuamos con <u>infantiles de 3, 4 y 5 años; 1° a 6° de Primaria; 1° y 2° de ESO.</u>

**Actividades**: La Comunidad Educativa (profesores y personal de administración y servicios: PAS) realizó una **Excursión** por los inicios del Camino de Santiago en Navarra. Algunos de los artículos llevan por título: *El parque Cultural del Río Vero* (entrevista a Mª Nieves Luste, Técnico del patrimonio Cultural del CEDER y Gerente del parque Cultural del Río Vero); Nuestro Planeta, nuestro futuro; *El papel de la mujer en la sociedad; entrevista con D. J. J. Jiménez, nieto de "El Pelé"; La Historia de la Sociedad Mercantil y Artesana* (en sus Bodas de Oro); *El rincón del APA*; nueve páginas sobre las actividades del *"Club Escuelas Pías"* y otras dos dedicadas a *tres esculturas de Calasanz*, <u>obra del escolapio P. Jesús Ruiz</u>, etc.

**La Crónica**: comienza con el <u>anhelo de "construir un colegio nuevo,</u> renovado, alegre y lleno de vida". (¡Escribo en octubre'2015 y todavía no ha sido posible, pero que no decaiga la esperanza!)

**Septiembre'97:** El día 1 los profesores estuvieron trabajando en la elaboración del Calendario General del Curso; asistieron en los días siguientes a un **Cursillo sobre Informática y Promoción del Profesorado**, en Monzón. El lunes, 15 comenzaron las clases. Se incorporó Dª Pilar Murillo para francés en la ESO.

**Octubre'97:** reuniones de Tutores con los padres/madres de sus alumnos, **Domund** y las actividades de Senda. **Echa a andar el Departamento de la Familia**, con charlas de D. Pedro Escartín y el P. Javier Marí; los de 6° fueron vacunados contra la meningitis. **Noviembre'97**, Vicario de la Diócesis Barbastro-Monzón: las tradicionales fiestas en honor de nuestro Padre **José de Calasanz**.

**Diciembre'97**: primera evaluación y Navidad; E.I. y E.P realizan un **Belén con figuras de plastilina**; el Festival, Zagalandia y viaje de los profesores a Peralta para el **"Curso de Espiritualidad Calasancia"**; varios premios a nivel local y nacional en los Concursos de Christmas, organizados por la FERE y el Ayuntamiento.

**Enero'98**: **Se creó el Consejo Escolar Municipal: Semanas de la Unión de los cristianos y la Paz**; llegada de los alumnos de prácticas de Magisterio.

**Febrero'98**: **Operación Bocata**; miembros de la Comunidad Educativa (padres y profesores) participan en Zaragoza en la **Asamblea Provincial de Obras Escolapias**; Feria de la Candelera (2° ESO) y **Aula de la Naturaleza** (1° ESO).

**Marzo'98**: **Formación Permanente del profesorado:** Jornadas de Pastoral Escolar; la Religión en Infantil; y segunda parte del **Curso sobre "Espiritualidad Calasancia"**; curso de Esquí; **Primavera Cultural** con numerosas salidas…

**Abril'98**: **"Semana de Aragón"** con visitas a los lugares más significativos de Barbastro; de Infantil a 5° E.P. vieron en el Teatro Argensola *"Se busca Lobo para Caperucita"*, los de 6°, *"Espadas, espadas, espadas"*; **Semana Vocacional** ambientada con carteles alusivos.

**Mayo'98**: Lo mismo que años anteriores: Mes de María, Primeras comuniones, peregrinaciones, Viajes de Fin de Curso. **"VIIª convivencia Deportiva Intercolegial"** de los alumnos escolapios de Aragón, Soria y La Rioja".

**Junio'98**: **despedida del curso en La Millera**; cada tutor dedicó la última clase a convivir felizmente con sus alumnos; y comienzan de nuevo las obras en el cole. Termina el Anuario-Memoria con el **"Pregón de las fiestas de noviembre'97** en Honor de Calasanz", original de Álvaro González:

*Cuatro siglos han pasado*
*Desde que San José*
*Reuniera a los niños*
*Del Trastévere que*

*Andaban desesperados (...)*
*A todos os invitamos*
*En tan justa celebración*
*Y que participéis, esperamos,*
*Con entusiasmo e ilusión.*

## ANUARIO- Memoria del curso 1998-1999

**Concluyeron las obras correspondientes a la 3ª fase del Proyecto en el Colegio,** pero quedaron pendientes: el ala de Infantil y la zona del Comedor Escolar.

Se han incorporado nuevos profesores. Las **aulas** que tenemos son: dos de Infantil, seis de Primaria y tres de ESO.

La noticia más llamativa ha sido el fallecimiento del P. Juanjo Garralda, de repente, mientras estaba en la Sala de Informática. El Anuario le dedica dos fotografías y tres páginas, que firma Mercedes Salanova, de las que extraigo estas palabras: *"Estoy segura que aquí, en el colegio, los que lo conocimos le recordarán siempre. Era nuestro 'cura' para los niños/niñas pequeños... ¡Cómo irradiaba felicidad su cara!, su mirada dulce hacia los niños/ as que en la iglesia les ahondaba en la bondad de ese Jesús hecho niño y que se hacía visible en el rostro de esos muchachos que, boquiabiertos, escuchaban y entendían su mensaje... sus comentarios entre bromas y veras daban a entender su íntima y poderosa visión positiva de la vida. Me han contado de él —y ahora lo comprendo- que disfrutaba de las cosas, de los pequeños detalles... de todas las personas, de la vida... En un día de sol abrasador, entre lamentos y pesadumbre, Juanjo nos pregunta a sus acompañantes: <¿Sabéis para qué creó Dios el sol?> Y él prosiguió: <para poder tomar la sombra>... Se marchó como él era: solo, en silencio, sin dar trabajo; al contrario, haciendo un gran servicio, después de preparar el pan y el vino para la eucaristía que él iba a celebrar... ¿Imaginas su llegada junto al Padre, con sus comparaciones divertidas, sus anécdotas y... ante todo con su gran respeto y fe? ¡Qué gran corazón el de Juanjo: débil por fuera y fuerte por dentro!*

*Era sábado, al atardecer. Juanjo se nos fue este día para no romper el ritmo de las clases. Pero en la mañana del domingo mucha gente se enteró. Gran desfile*

*de jóvenes y amigos llegaban al Colegio para ver por última vez al P. Juanjo.*
*No lo podían creer. Muchos pequeños esperaban en la placeta del colegio.*
*Querían entrar a ver el cadáver, pero buscaban el permiso de los mayores. Nunca*
*había visto yo a tanta juventud con ese respeto y, al mismo tiempo, con tanta*
*admiración hacia el 'Padre de la guitarra'. Necesitaban verlo y así lo hicieron.*
*Vieron su cara de paz, tranquila, como era él, pero ya... sin vida. Algunos se*
*resistían a creerlo, algunos no querían admitirlo... ¡Bravo, Juanjo! ¡Hasta*
*siempre, nunca te olvidaremos!*

Las páginas centrales de este Anuario 1998-99 traen esa foto "aérea"
que nos presenta a todos los alumnos/as y sus profesores mirando
hacia arriba. Además, informa de: la **Campaña "Amigos de**
**Mundo'99"** con dos proyectos: Emergencia en Kosobo, para los niños
de los Campos de Refugiados y un Centro cultural en el poblado de
Mbessi-Futrú, en Camerún; de los Viajes de Fin de curso de Primaria y
1º-2º de ESO; más el de **Fin de estancia en el colegio de 3º ESO**,
que fue a San Sebastián, Zarauz, Bilbao, Santander, Santillana de Mar,
Logroño.

**La información del "Club Deportivo Escuelas Pías",** como suele
ser ya tradicional, es lo que más páginas ocupa. Trae estos apartados:
Sección de baloncesto: Alevín Femenino, Infantil Femenino, Cadete
Femenino; Sección de Fútbol-Sala: Cadete Masculino, Liga local;
Sección de Fútbol 11: Alevín Masculino, Infantil Masculino; y Sección
de Atletismo: Alevín Masculino, Alevín Femenino, Infantil Femenino,
Infantil Masculino.

Presenta también diversas entrevistas, Retrospectiva fotográfica (del
80 al 90) unos artículos muy interesantes sobre: Reunión de Alcaldes
defensores de niños; programa de Prevención de drogas en el ámbito
familiar; un artículo de Guillermo Fatás sobre Calasanz, que salió en "El
Heraldo de Aragón", 30 agosto 1999; El juego en Educación Infantil;
Reunión de los **Exalumnos** que salieron el año 1989; Primeros
auxilios; Actividad física en los niños y salud cardiovascular.

Por el artículo, de Blanca González, de 1º ESO, nos enteramos que en
mayo se suspendió la tradicional romería al Pueyo y hubo un intento
de huelga "que no dio resultado". Las cuatro páginas finales reportan

las siguientes fotos: Festival de Navidad, Visita a una granja (E. Infantil), Concurso de Disfraces por S. José de Calasanz, Marathón San José de Calasanz, Excursión a Peralta de la Sal, Alumnos de 6° vendiendo trufas a favor de la misión de Camerún; y la Visita de los más pequeños a Aínsa.

## ANUARIO-Memoria del curso 1999-2000

El Director Académico, D. José Pablo Pena, escribe en el Editorial: *"Hacer memoria, balance de un curso escolar es estar pensando en el próximo. Es ilusionarnos, pensar en la innovación, en el cambio, en la adaptación… somos conscientes de que la formación de nuestros niños y jóvenes en valores es misión fundamental de la familia y de la escuela, de la misma manera que observamos la pérdida de seguridad y la capacidad de definición, por parte de los adultos, de modelos éticos para ofrecer a las nuevas generaciones. De ahí nuestro interés en mantener y ofrecer nuevos foros de encuentro y formación entre padres y educadores… Recuperando la pionera tradición de nuestro Centro en la educación de los jóvenes, despedimos a la primera promoción de alumnos de la LOGSE (4° de ESO). A ellos y a los demás alumnos hemos querido darles la mejor formación vocacional… Los retos cercanos que se avecinan nos llenan de expectativas e ilusión".*

**Septiembre'99: Primer Director Académico seglar en la Historia del Colegio: José Pablo Pena.** Su nombramiento fue aprobado por el Consejo Escolar del Centro: exalumno del colegio y profesor en él desde 1980-1981.

Las **aulas** han sido: 2 de Infantil, 6 de Primaria y 4 de ESO.

Los **docentes y personal** no docente: 25 (algunos son nuevos este curso, para la 2ª etapa de ESO).

Septiembre'99 comenzó el curso el 13 de **septiembre'99**. Las **Actividades extraescolares** fueron: Informática, Judo, Escuelas Deportivas, Gimnasia rítmica…

**Octubre'99: Asamblea General del APA**. Los alumnos de 1º-4º de E.P. asisten en el teatro a la representación de *"El mundo de los Nar"*, función organizada por SENDA; y participan en el Concurso de dibujo que cada año nos ofrece Fertiberia. Con la llegada del Otoño, Infantil recoge hojas en el Paseo del Coso, para ambientar sus clases y pasillo. Primaria disfrutó de la "Feria del Medio Ambiente" (Senda), con una gran variedad de salidas, excursiones y actividades; Infantil visitó la Granja de Montesa, con ocas... gallinas, pollitos, conejos, pavos reales... y pudieron montarse en la burra Petra.

**Noviembre'99: fiestas en honor de San José de Calasanz**, fundador de los Escolapios, Patrono de todos los maestros de España y Argentina y todas las Escuelas Populares Cristianas del mundo. Este colegio lleva su nombre. No nos faltó de nada: pregón, preparado por 4º ESO, baile de disfraces, cucañas, juegos de mesa, ferietas, karaoke, competiciones deportivas, Concurso de dibujo y redacción y un dulce final con chocolatada. Senda nos ofreció un Concurso de fotografías cuyo tema fue "el agua". 5º y 6º llevaron a cabo un Programa del Plan Nenúfar, de formación en aspectos de Nutrición.

**Diciembre'99**: Participamos en el **"I Concurso de juguetes hechos con material de desecho"** y en el de "Christmas", organizado por el Ayuntamiento. Como siempre: decoración navideña, Festival y visita del paje de los Reyes.

**Enero'2000**: Comenzamos bien el nuevo milenio: **visita en la UNED a la Expo** "El chocolate en Barbastro". **Curso de Esquí** en Astún; celebración de la Santa Infancia, en la parroquia S. Francisco. La **"Semana de la Paz"** la concluimos con un Manifiesto'2000, firmado por todos los alumnos y profesores y la suelta de la Paloma. Y, cómo no, la "Semana por la Unidad de los cristianos".

**Febrero'00**: participamos en el **"II Concurso de la Agenda Escolar Calasancia"**, obteniendo un tercer premio. "Cuéntanos tu película" fue el título del XVI Concurso escolar que organizó la ONCE (Organización Nacional de Ciegos de España).

**Marzo'00**: Taller de Disfraces, para Infantil; **Maratón de cuentos, en la UNED**; tres alumnos de magisterio se incorporan para sus prácticas. Imposición de la Ceniza para iniciar la Cuaresma, tiempo de preparación para la Pascua de Resurrección. 1°-2° E.P. asistieron a la charla sobre *Prevención en la salud*. Del 13 al 17: Semana Vocacional para 5° E.P. a 4° ESO.

**Abril'00**: **"Jornadas Culturales"** con el tema "La buena utilización del tiempo libre": charlas, Talleres, juegos, bailes tradicionales, pasatiempos, el gran juego de la Oca, y, además, salidas. Las Cofradías del colegio participan en la Semana Santa.

**Mayo'00**: Mes de María con los actos acostumbrados; **Viaje de 4° ESO, nada menos que ¡a París!;** 1° E.P., Cuentacuentos en la Biblioteca Municipal; 5° Aula de la Naturaleza en Peralta; de 3° a 6°, desayuno 'cardiosaludable', el día 17; Las **Romerías** acostumbradas (el Pueyo para 3°-6° y ESO); y la **"Campaña Amigos del Mundo"**.

**Junio'00**: **Novedosa 'Jornada Continua'; distintos "viajes de fin de curso":** en nuestra iglesia celebración de los que habían recibido su Primera Comunión; fiesta de la Comunidad Educativa en La Millera. Y el viaje de Fin de estancia en el colegio (4° ESO) tuvo una página entera, firmada por ellos mismos, en la que confiesan: *"De 2° a 3° se notaron muchos cambios. Comenzamos el 2° ciclo de ESO, que nos permitía estar dos años más en el colegio. Llegaron nuevos profesores, estrenamos nuevas aulas y también cambiamos de tutor... Y los cambios han continuado hasta este último año: nuevo Director, nuevo tutor y nuevas obras, que nos han permitido estrenar ascensor...* Después de enumerar todos los profesores/as que han tenido, 27, y de darle las gracias, terminan así: *¡Nunca olvidaremos los años vividos en este Colegio!*

Es el primer Anuario que recoge la Orla. Se enumeran las charlas tenidas en el Departamento de la Familia, se explican consejos para iniciar a la independencia en la edad infantil, para educar en valores; se cuenta el **Viaje a París de 4° ESO**; se entrevista a Jesús Carrera, alma del Deporte en el colegio, y once páginas para el Deporte, con este título: *"Un año de triunfos. Club Deportivo Escuelas Pías"*.

# CAPÍTULO XI

## Memoria de los cursos 2000-2001 al 2007-2008

### ANUARIO-Memoria del Curso 2000-2001

El editorial de la Memoria del 2000-2001 lo firma Lourdes Giribets, Presidenta del APA: *"Vamos ya por el 7º número del Anuario. Para este curso que comienza (¡ojo! el 2001-2002) estaba prevista una auténtica "Renovación" (y nunca mejor dicho), un proyecto educativo bastante ambicioso, que deberá quedar en espera hasta el momento oportuno. Por el contrario, una parte más positiva ha sido el ver cómo nuestro colegio era uno de los pocos Centros de Aragón en conseguir la **subvención para la Educación Infantil,** y, así, poder ofrecer también gratuitamente la enseñanza a todos sus alumnos…".*

El Director Académico escribe –bajo el título: Viejo curso: viejos retos, viejas decisiones y tantas otras cosas–: *"Con la perspectiva que da el reflexionar ante un curso ya acabado, quiero dejar escrito que se ha respirado ilusión de cambio e innovación como respuesta a la necesidad de adaptación del Centro a las exigencias de los elementos externos… ser uno de los 16 centros de todo Aragón que ha sido merecedor del Convenio de Educación Infantil es toda una satisfacción que hemos compartido con toda la Comunidad Educativa… En el "Año del Voluntariado" nuestra acción ha enseñado e informado a nuestros alumnos de otra forma de trabajar sin esperar nada a cambio, excepto la satisfacción de hacer un bien a nuestra sociedad… Nos hemos esforzado para que el espíritu que animó nuestras "Jornadas Calasancias" se extendiera a lo largo del tiempo… Hemos buscado la solución a las demandas y problemas educativos del alumnado; y hemos hecho un esfuerzo para incorporar todo lo positivo de las experiencias anteriores… Seamos dueños de nuestro destino. Gracias por vuestra colaboración…"*

En el 2000-01 hemos tenido tres **aulas** de Infantil, seis de Primaria y cuatro de ESO. Sus Tutores han sido: Mª José Escalona (1° E.I.), Araceli Laplana (2° E.I.), Mónica Garuz (3° E.I.), Pilar Betrán (1° E.P.), José Antonio Cavero (2° E.P.), Mercedes Salanova (3° E.P.), Inmaculada Lanau (4° E.P.), Milagros Fernández (5° E.P.), José Pablo Pena (6° E.P.), P. Antonio Dieste (1° ESO), Jesús Carrera (2° ESO), Pablo Buisán (3° ESO), Carmen Lobico (4° ESO).

El número de **Profesores, Administrativos y Servicios** es de 29. Tuvimos **Visita del P. General, José Mª Balcells**, que fue muy seguida por la prensa y radio, que resaltaron estas palabras del Padre: *"Al margen del sistema, me inclino a pensar que el único problema fundamental no es la educación de los niños y jóvenes, sino también la de los adultos, porque no educa la Escuela sola, sino toda la sociedad"*.

A continuación habla el Anuario de: "Calasanz y la filatelia", narra de "Las Tres RRR" lo siguiente: *"Clarín agudo y vocero audaz de los alumnos y exalumnos del Colegio"*. Así se subtitulaba la Revista original, que se publicó a mediados de los 50 (exactamente en octubre 1955, n° 18; los anteriores salían desde Peralta donde se fundó). De esta Revista no se conservaba en el Colegio ningún ejemplar, pero gracias al antiguo profesor D. Juan Latorre y al anterior Presidente del APA, Enrique Barbanoj, se ha conseguido una colección que arranca del N° 18 de octubre'1955. Era de periodicidad mensual, pasó posteriormente a bimensual con un número extraordinario a fin de curso –los Anuarios–, de los cuales el 1° es la Memoria del curso 1993-1994. Los temas de los que trataba no variaban mucho de una a otra: cuadro de honor de los alumnos destacados, dos novelas por entregas (un capítulo por número), crónica deportiva del fútbol, página de chistes, y, como se acababa de reformar el colegio y no había mucho dinero en la Orden, se abrió una suscripción popular para recaudar fondos, que a fecha de abril-mayo de 1961 ascendía a la bonita cifra de 306.096,50 ptas. También se podían dar donativos para el altar de la Inmaculada y para las becas escolapias"...

En los números de los años 60 encontramos humor gráfico de "Tran", que iniciaba así una carrera que le llevó a colaborar con los tebeos más importantes de España y que ha proseguido siendo un cotizado pintor.

En el penúltimo número de los que tenemos hay una lista del alumnado que no voy a reproducir por extensa, pero os pongo el número de **alumnos por clase**: Párvulos: 57; Grado 2º: 49; Grado 3º: 41; Grado 4º: 35; Grado 5º: 55; Curso 1º: 42; Curso 2º: 30; Curso 3º: 34; Curso 4º: 45; Curso 5º: 12; Curso 6º: 16". Firma esta información Antonio Bistué.

Debo añadir que el nº 18 corresponde a octubre'55, (primero de Barbastro) no tiene paginación, pero eran sólo 12 las páginas y cuatro más de anuncios; y el número siguiente ya fueron 16 (noviembre'55). El último, que se conserva en el colegio, de Febrero-Marzo'61, tiene 24 págs. Y el Primer "Anuario" -como hemos dicho- corresponde a la Memoria del curso 1994-1995. Hubo también una HOJA, cuyo título era: "EPB". Y en la actualidad sale mensualmente, con el nombre de "Las tres RRR". Una Hojita Informativa, que a veces tiene más de cuatro páginas. Pero como en el ADN de la Escuela Pía no entra el cuidado de la Historia, no puedo afirmar desde qué año están saliendo y cuántas van, porque no salen con numeración continua, ni se conservan en el Archivo del Centro.

Recoge también el Anuario 2000-2001 una larga "Carta para SETEM-Barbastro desde Camerún". Firmada por el P. José Antonio Gimeno. Y a continuación un artículo muy interesante, del Exalumno de los años 1960 a 1970, Luis Alfonso Arcarazo, sobre **"Los Campos de los Escolapios"**: me detengo en él, para quienes no los conocieron o los usaron antes de las obras en ellos: ...*Conocí la construcción de las instalaciones a partir de unos campos de cereal con su era y un enorme pajar. Lo primero fue explanar un terreno con fajas a distinto nivel y, después, construir un muro de contención sobre el desnivel que hoy en día es la Calle de La Millera. Aquella obra fue algo imponente... hasta que por fin, en esa especie de 'muralla china', se puso una malla y el Sr. Del Río, con el tractor Lanz del colegio, perforó los hoyos para plantar las primeras moreras del campo. Posteriormente hubo alguna obra menor, como levantar la 'caseta' que servía para guardar los aparatos de gimnasia y una gran pistola de fogueo para dar la salida a las carreras... Mucho más espectacular fue el camión de prospecciones que sondeó las entrañas de la tierra. Aquello nos pareció, sin duda, una torre de extracción, como en las películas americanas. No buscaban petróleo, sino agua, y pensamos ¿irán a construir una piscina?... "Los campos" fueron utilizados para casi todo,* *a partir de 1966 ó 1967, ya que en el colegio no había un patio adecuado, pues 'la luneta' era muy pequeña, de forma que los recreos se hacían en la 'placeta'.*

*Todas las tardes, sin excusa, una vez concluida la clase de 15,15 a 16,15, por cursos y en fila de a dos -los más pequeños cogidos de la mano- bajábamos por el Rollo, seguíamos por la acera de la derecha del Coso hasta cruzar la carretera de Huesca a la altura de los 'jardinetes' ascendiendo penosamente hasta la Plaza de Toros, y, una vez traspasado el arco del Hospital, entrábamos en "los campos" por la era. De este ritual sólo nos librábamos si llovía a jarros.*

*Las actividades eran muy variadas. Si tocaba gimnasia, había que ir de deporte: camiseta blanca de tirantes, de las normales, calzón blanco con una raya azul y zapatillas... Para dar las clases de gimnasia, el P. Rector Larriba solicitó los servicios del sargento Alfonso Sampedro... al que ayudó inicialmente el brigada Manuel Díaz y posteriormente el teniente Emiliano Gonzalo, de muy agradable recuerdo... Las clases consistían en aburridísimas tablas de gimnasia sueca... El salto de aparatos, longitud y altura, era más divertido: había que sacar de la caseta el potro o el plinto, y era fácil escabullirse... por lo que los profesores nos hacían saltar por orden de lista... Posteriormente aparecieron algunos curas con extrañas aficiones gimnásticas. El P. Jesús Martínez se empeñó en iniciarnos en el atletismo ¡y lo consiguió! Se instalaron unas canastas de minibásquet, cuando en todo el campo sólo había dos porterías sin red, de un virtual campo de fútbol. Alrededor de éste se pintaron algunas calles... Por su parte, el P. Clavero introdujo el tenis. La 'cancha' fue de construcción artesanal... El resto mirábamos con envidia, y sólo nos quedaba el consuelo del fútbol entre equipos más o menos numerosos... Si un equipo tenía una 'estrella', se le permitía al equipo contrario un par más de jugadores...*

*Fuera de la faceta deportiva, en "los campos" se realizaba todo tipo de actividades lícitas y otras no tanto. Dado que su perímetro estaba abierto, se organizaban escapadas al monte próximo, a catar almendras, higos o uvas. También se podía buscar un sitio discreto para fumar un cigarrillo. Era el sitio ideal para el intercambio de cromos... u otras baratijas que nos vendían en la placeta el 'hombre del carré" o la "mujereta"...*

*Lo más dramático que presenciamos fue un incendio pavoroso en el almacén de una casa de la Calle la Millera y cómo nuestros curas entraron con 'horcas' y sacaron a la calle unas 'pacas' de paja ardiendo, salvando la casa con su valerosa*

*y decidida actuación... Sobre las 17'45, a toque de silbato nos poníamos en fila
y regresábamos al colegio, donde nos esperaba una hora de estudio vigilado...*

**La crónica del curso 2000-2001** la vamos a resumir así:

**Septiembre'00**: se abre el aula de 3 años y con ella damos la
bienvenida a Mónica Garuz. Estrenamos esta clase, la de Tecnología y el
Comedor escolar. Comienza el curso el 11 y se ofertan las actividades
extraescolares. Cuando se incorporan los de ESO comentan: *"disfrutamos
de una Convivencia con nuestros nuevos compañeros de San Vicente, y todo el
colegio empezó a adaptarse a las novedades"*

**Octubre'00**: Concursos, Asamblea del APA, renovándose parte de la
Junta; **Reuniones de los Tutores con las familias**. Con ocasión de
las **"Rutas de Otoño"**, visitas y viajes.

**Noviembre'00**: la **fiesta de Calasanz**, con la brillantez de siempre,
como única novedad un gran Collage sobre él. 5°-6° E.P. y los de ESO
asistieron a la sesión de las Cortes de Aragón celebrada en nuestra
catedral con motivo de la incorporación de Barbastro al Reino de
Aragón; los de ESO disfrutaron de excursiones a Lérida, Barcelona, las
Cinco Villas....

**Diciembre'00**: el **Festival** de Navidad fue en la iglesia. Los de 6°
enviaron a las Misiones de Camerún lo que recaudaron con la venta de
dulces en los Festivales.

**Enero'01**: Eliseo Martín ofreció en el colegio una charla a los de 3°-6°;
**Santa Infancia**; **Semana de la Paz** y los **Concursos** de siempre.

**Febrero'01**: los de 4°-6° visitaron la Exposición "El Arte Rupestre
en el arco Mediteráneo", en la UNED; los más pequeños tuvieron
**carnaval** y cocinaron palomitas. Los de 2° E.I. a 4° de E.P. asistieron
en el Teatro Argensola a *"El circo de Renato Carolini"*. Imposición de la
Ceniza.

**Marzo'01**: salidas de Senda (3°-5°); con motivo de la **"Primavera
Cultural"**, segunda excursión. Los de ESO asistieron en Zaragoza a las

"Jornadas del periódico Aragón". **"II Concurso europeo del joven consumidor"** alumnos de 5° y 6° consiguieron un **premio** con su trabajo "Saber comer". **Maratón** de Narraciones.

**Abril'01**: **Nos trajo de la mano el euro** con charlas, juegos, talleres... del 2 al 6, **Aula de la Naturaleza, en Peralta**, para alumnos/as de 5°. **Las "Jornadas Culturales"** de este curso **fueron "En torno a la Unión Europea"**. Con motivo del **Día del Árbol**, los de 5° pintaron un gran mural en la fachada del Campo de fútbol con el lema: "Los europeos también cuidamos la Naturaleza"... a final del mes, **4° ESO se nos va a París.**

**Mayo'01**: Peregrinaciones habituales; **Jornada de animación a la lectura** para 3°-6°. Trabajamos en clase a lo largo del mes el programa de UNICEF "la voz de la infancia"; y la **Campaña "Amigos del Mundo", de Setem**. Un grupo de ESO viajó a Sevilla al **"Campeonato de España de Sunny 3x3"** y regresaron enamorados de Sevilla.

**Junio'01**: Más **concursos** y llegan las **Excursiones de Fin de Curso**. La comunidad Educativa en pleno se reúne en La Millera a cerrar el curso. **'Despedida de 4° ESO'** con la entrega a cada uno de la insignia y la Orla.

Se vuelve a reproducir un artículo de 1948, titulado "La iglesia de nuestro colegio" y firmado por **Gelorri**. Antonio Bistué nos habla de **"La luna o luneta"** tal como él la conoció: *"Para nosotros era polideportivo y misterio. Era el patio interior del colegio, estaba limitado por cuatro paredes, dos de las cuales aún existen... Os he dicho que era polideportivo y de verdad que lo era, ya que entonces ni había 'Poli' en Barbastro, ni "los Campos" habían sido comprados por los Escolapios... En la pared de la iglesia se jugaba al frontón; había dos, uno con la pared a la izquierda, que era el que usaban los mayores; otro con la pared a la derecha para los pequeños. En las otras paredes estaban pintadas las porterías, antes de inventarse el fútbol-sala en la 'luna'. Encima de las porterías estaban clavadas las canastas, que no estaban a la altura reglamentaria, ni falta que nos hacía...*

*Hubo un tiempo que se jugó al voleibol. Cuando se entraba en el bachillerato se hacía allí la gimnasia. En la pared del aula había un gancho del que se colgaba la cuerda para trepar por ella, o sea, un auténtico polideportivo, eso sí, al aire libre.*

*He dicho también que era "misterio" ¡y vaya que si lo era!, pues en los soportales que antes os he nombrado, había una puerta al fondo que daba a las bodegas en las que se guardaba el vino y se almacenaban alimentos para la comunidad y el internado que entonces existía (muy numeroso), ya que comunicaba directamente con la cocina. Por aquella puerta, cuando la encontrábamos, los más valientes se arriesgaban a entrar... Para probar nuestra osadía, alguna vez nos saltaba algún gato tan asustado como nosotros de ver seres extraños por sus dominios, y que huían tan deprisa como los intrusos..."*

Elena Palacio, Directora del Centro de Acogida "Proyecto Hombre-Huesca", recuerda las **charlas** que se les dieron **a las familias** del colegio **sobre drogodependencia**, etc. y termina así su artículo "Una experiencia positiva": *"La escuela tiene que ser un espacio abierto, de libertad y de participación, donde madres y padres, profesores y alumnos tenga su hueco de protagonismo y de compromiso compartido".* A continuación, varios **alumnos/as manifiestan sus dotes literarias**; y Carmen Puyal, la Orientadora, nos habla de la ley del péndulo, generadora de posiciones totalmente contrarias y termina así su información: *"Es mejor normas, aunque sean malas, porque el niño que las ha tenido, las ha conocido, y, cuando sea mayor, tendrá un punto de referencia para poderlas cambiar".* Y **termina el Anuario-Memoria**, como los anteriores, **con el Informe del "Club Deportivo Escuelas Pías".**

## ANUARIO-Memoria del curso 2001-2002

El Director Académico, José Pablo Pena, arranca el Anuario así: *"Con buena base, desde la evaluación y construyendo día a día, está en nuestras manos recomenzar el mundo"*: *"Queremos destacar con satisfacción la positiva labor que los diferentes agentes educativos de nuestro Colegio están realizando para conjugar el respeto a las diferencias culturales con el Proyecto Educativo que define nuestra oferta educativa. Así, a la elaboración del **Plan de Atención a la diversidad**, sumamos las Jornadas Interculturales, celebradas en marzo'02, y la **implicación del Claustro de Profesores en el proyecto Sócrates**, acción*

*Comenius de la Unión Europea de profesores para una Europa multilingüe y multiétnica.*

***Proceso de Evaluación Externa:** en el mes de febrero'02, la Comunidad Educativa del Colegio se sometió a una evaluación cuya finalidad fue conocer el estado actual de nuestra calidad calasancia y poder ofrecer propuestas de mejora que nos permitan avanzar... Estamos contentos de que este Proyecto haya llegado a todos los centros escolapios del mundo... Seguro que los resultados nos ayudarán a seguir potenciando nuestra razón de ser educadores en la fe y la cultura (Piedad y Letras) como colegio escolapio.*

*Quisiera destacar la realización del **Intercambio Escolar** realizado con el Colegio Saint Josep, de Lectoure (Francia). Hemos obtenido autorización del Departamento de Educación de los dos Proyectos: de **implantación del inglés en Infantil** y primer ciclo de Primaria; **y del francés en el 2º ciclo de Primaria**, con lo que nuestros alumnos pueden estudiar inglés desde la edad Infantil hasta finalizar la ESO; y el francés desde 5º de Primaria a 4º de ESO.*

*La "Ley de Calidad de la Enseñanza" habla de la **vuelta a la cultura del esfuerzo**. Una constante que en nuestro Centro queremos seguir cultivando: 'la reflexión, la decisión y la constancia son elementos imprescindibles para hacer del valor, del carácter y del esfuerzo la base de nuestra mejor educación y personalidad.*

*A lo largo del curso la **Actividad Deportiva**, a través de la labor del Club, ha recibido premios y distinciones, fruto del trabajo de los deportistas, monitores y padres. Nuestro reconocimiento a todos ellos".*

Hubo tres **aulas** de Infantil, seis de Primaria y las cuatro de ESO. Y <u>29 personas entre docentes y administrativos.</u>

### Crónica de un curso (2001-2002):

**Septiembre'01** comenzó para los pequeños el 10. Los papás de 1º (E.I) tienen ya la reunión con la Profesora, Mónica Garuz. Se pone en práctica la metodología de **"Estimulación Temprana de la Inteligencia"**. Los Profesores inician el Plan específico de <u>"Atención y</u>

apoyo a los alumnos con Necesidades Educativas Especiales". Los de 4º ESO se reúnen con "sus compañeros de S. Vicente", en su colegio y en el nuestro, para conocerse.

**Octubre'01**: Concurso de dibujo, **Asamblea del APA**. A partir del 22, las **Reuniones con los padres**.

**Noviembre'01**: las **fiestas de Calasanz** concluyeron con las **"Rutas de Otoño"**.

**Diciembre'01**: confección del **Belén** de Plastilina, su maqueta fue obra del P. Angulo y **el Ayuntamiento lo premió**; ambientación, visita del Paje Real, **Exposición "Mujeres que se mueven por el mundo"**; teatro *"Galápago";* estancia en el Centro de Interpretación del Río Vero; Taller de Ecoauditorías…

**Enero'02**: para ESO fue un mes tranquilo, pero un poco extraño ya que **había llegado el euro** y la adaptación a la nueva moneda fue un poco complicada. Con motivo de la **Semana de la Paz**, trabajamos diferentes estrategias para alcanzar el verdadero sentido de la paz. **XVIII Concurso de la ONCE** "dibújame una sonrisa".

**Febrero'02**: Feria de la Candelera, **Operación Bocata**; y cuatro jornadas para practicar el **Judo** los de 3º E.P. **Los profesores asistieron a diversos cursillos**: Programas didácticos en el aula, Dinámicas de celebraciones religiosas, Internet en la escuela, Atención a la diversidad y Didáctica de la Religión en la escuela.

**Marzo'02**: comienzan las **"Jornadas Culturales sobre interculturalidad"**: tertulias, talleres, cuentacuentos…tolerancia, respeto mutuo y comprensión mutua; **Infantil y 1º E.P. conocieron el barrio del Entremuro**, el Ayuntamiento, la catedral, Estación, Coso, Plaza y algunas tiendas. Comenzó la 1ª de las cuatro sesiones que tendrá la **Escuela de padres**. Con la "Primavera Cultural", diversos viajes. Carnaval. A través del **"Proyecto Valor"** los de 5º han sido educados, en cuatro sesiones, para que repudien la violencia de todo tipo y género. **Semana de esquí**, con mal tiempo, pero bien aprovechada. 5º y 6º asistieron en la UNED a unas **sesiones didácticas sobre "Levantad**

**el velo de la mujer afgana".** Todo Infantil y Primaria disfrutaron con la obra de Títeres: *"Peregrín y los Piratas"*, en el teatro Argensola.

**Abril'02: fue el mes del Viaje de 4° ESO a París.** 5°-6° tuvieron clases teóricas y prácticas de **Educación Vial** (conducción de cars) y el Taller **"Aplicaciones del cáñamo"**, organizado por el Ayuntamiento. "4° E.P. visitó la COPE; los de 5°, Aula de la Naturaleza, en Peralta; **Semana Vocacional** para los mayores: ESO hizo muchas actividades e incluso fueron al **Centro de Orientación de Huesca**, donde les informaron de las posibilidades que tendrían el curso próximo.

**Mayo'02: Campaña "Amigos del Mundo".** Lo recogido va para la formación de los profesores de Kumbo (Camerún). 5°-6° ven en el Teatro Argensola *"El hombre que tenía vacíos los aposentos de la cabeza"*, a cargo de 'Viridiana teatro'. Romerías a San Ramón (E.I.), Virgen del Plano (1°-2° E.P.), V. del Pueyo (3°-6°); 1° y 2° E.P. sufrieron **salidas medioambientales**. Para 4° de ESO fue el mes más duro, ya que tuvieron muchos exámenes.

**Junio'02**: las **Excursiones de Fin de Curso**; la Comunidad Educativa se reúne en la Millera para una merienda. En la Despedida de 4° ESO "a más de uno se le saltaron las lágrimas", según confesaron ellos.

Las Profesoras de Infantil escriben un interesante artículo: *"Hablando de estimulación"*. Se publican también los **Premios 1° y 3° de "Riegos del Alto Aragón"**, Natalia Lucía (5° E.P.) y Cristina Aznar (5° E.P.); y el **"Pregón Calasanz' 2002**, de Magda Renau y Lidia Anguera. El **Intercambio Escolar con Lectoure** se recoge en cuatro páginas del Anuario (35-38). "La cultura del esfuerzo o la libertad" lo firma la Orientadora, Carmen Puyal. "Viaje a París" ocupa otras dos páginas… El P. Javier Negro escribe "Escolapios: religiosos y laicos".

Se dedica una página a Ascensión Barón, entrenadora del Club del colegio; dos a "Comidas interculturales", que fueron siete y todas las saborearon los de Infantil y 1°-2° de E.P. Y Toño Bistué **nos recuerda a "Los Internos"** en otras dos páginas: *Los internos eran una "raza aparte" en el colegio, pues aunque compartíamos todos las clases, los profesores, los juegos y casi todo, faltaba ese pequeño "casi" para ser totalmente colegas. Lo* *primero es que no eran de Barbastro; procedían fundamentalmente de los pueblos del Somontano, pero también de los valles pirenaicos y de la franja oriental de la provincia y aun de Lérida... Lo segundo que nos diferenciaba era su estancia en el colegio, pues ellos entraban la víspera del comienzo de curso y no volvían a su casa hasta las vacaciones de navidad... Los internos, como la necesidad de estudiar y la carencia de afecto durante el curso, les agudizaba el ingenio, nos daban sopas con hondas a los externos, si se trataba de fumar... o de beber vino...".*

Por último las seis páginas dedicadas al "Club Deportivo", con la novedad de "que este año escolar nos va a costar mucho olvidarlo, porque, gracias al esfuerzo de todos, **ha sido un año muy bonito para el Club**, año de reconocimientos institucionales desde diversos entes locales y provinciales, triunfos importantes en aspectos deportivos, consiguiendo excelentes resultados"

## ANUARIO-memoria del curso 2002-2003

Lourdes Giribets presenta el editorial con este resumen del curso: *Nuestros alumnos y alumnas se han esforzado mucho... Tenemos una cantera de artistas y deportistas muy variada. Varios alumnos/as presentan sus escritos, tanto a este Anuario como a Concursos, en donde consiguen cada vez más premios y reconocimientos. Otros obtienen éxitos similares con sus dibujos o creaciones plásticas, de las cuales hemos podido disfrutar durante el curso 2002-03: Jornadas sobre la Comarca y 150º aniversario del pintor Van Gogh. Esto refleja la creatividad que están aprendiendo a sacar de sí mismos y a manifestar, lo cual creo que es tan importante dentro como fuera del colegio.*

*De hecho, un gran número de nuestros hijos como otros muchos de toda la comarca, acuden a clases de Música y de varios instrumentos. Muchos de ellos están cursando ya niveles bastante avanzados, de gran dificultad, no sólo por las horas de prácticas que les suponen, sino también porque deben compatibilizarlos con sus estudios, y están consiguiendo hacerlo y superar estupendamente cada curso.*

*También tenemos muchísimos alumnos que disfrutan de actividades físicas, ya sean más artísticas, como la danza, gimnasia rítmica, natación sincronizada...*

*como puramente deportivas: baloncesto, fútbol, fútbol-sala, atletismo, tenis, equitación…*

*Hay muchas maneras de demostrar la creatividad e imaginación, por supuesto. Y es importante saber aplicarlas en actividades prácticas… Este año varios de los alumnos de Escolapios han ganado importantes premios que se otorgaban a Proyectos para desarrollar una empresa a través de internet…*

*Todo ello lo hacen mientras estudian; mientras aprenden a convivir en sociedad; mientras afrontan sus problemas o conflictos, ya sean propios como de su entorno; mientras intentan comprender el mundo y por qué funciona de esta manera…"*

El Director, José Pablo Pena, inicia su reflexión –titulada "Comprometidos con la educación de nuestros alumnos"– con esta frase: *"Nada contribuye más a tranquilizar la mente como un firme propósito, un punto en el que el alma pueda fijar su ojo intelectual"* (Mary Vollstonecraft)

*"Las cartas mensuales que, a modo de editorial han aparecido durante este curso en "Las Tres RRR", han sido sólo un reflejo del empeño de nuestra Comunidad Educativa… Cuando en un Centro se trabaja para que los alumnos aprendan a conocerse a sí mismos, a resolver los conflictos, a saber entender el sufrimiento, a manejar la compasión, todos nos inundamos de la alegría de sentirnos vivos… Estamos satisfechos de que en nuestro Colegio 'la escuela para todos' sea una realidad. Ponemos los medios para que las situaciones derivadas de la inmigración, de la exclusión, del fracaso escolar o de otras causas, sean motivo de crecimiento, de ejemplo para los demás, de aprendizaje para la vida. Todo ello nos empuja a seguir construyendo 'una escuela comprometida, una escuela acogedora, abierta a todos, que asume el reto de hacer posible una sociedad y un mundo compartido y diverso, que integre sin discriminación ni exclusión'; fieles al proyecto de nuestro fundador, José de Calasanz, estamos comprometidos, con ilusión, en ello".*

El **número de aulas**, el mismo: 3 de Infantil, 6 de Primaria y 4 de ESO. El número de **docentes y administrativos**: 31.

Año de **cambios en los religiosos**: **Nuevo Provincial:** Cesa de Provincial el P. Primito Arnáez y entra el **P. Javier Negro**, que nos dice esto en el Anuario: *"… Hay sueños para estar motivados, como el de Dulcinea* *para Don Quijote, por ejemplo. Yo sé que ahora, después de leer el contenido de este sueño, que da sentido a nuestro ser y hacer, podrás mostrarnos lo que no hacemos, pero sé también que podrás ayudarnos a conseguirlo. En esto vale aquel punto del Programa de E. Kennedy cuando iba a presentarse a Presidente de los EE.UU.: 'Veo el mundo como está y me pregunto ¿por qué? Sueño con el mundo que puede ser y me pregunto ¿por qué no? Ayúdanos, por favor, a hacer realidad este hermoso sueño'.* El P. Gerardo López ha sido nombrado Rector de la Enfermería del Colegio "Cristo Rey", de Zaragoza. Se incorporan a Barbastro el P. Cirilo Fernández y el P. Moisés Rubio, que ahora, además de su labor habitual como profesor, ejercerá de Administrador del Centro.

Si quieres recordar o conocer **"Los principios para entender un Colegio Escolapio"**, tendrías que leer las págs. 19-21 del Anuario: 1) Nuestras intenciones son; 2) Nuestras preocupaciones prioritarias consisten en; 3) Nuestro estilo es; 4) Queremos que nuestros alumnos/as..."

**La Crónica del curso 2002-2003 nos trae**:

**Septiembre'2002**: el día 3 los profesores participamos, en Zaragoza del **Simposio Escolapio "Escuela abierta"**. Las aulas de Infantil han experimentado un gran cambio, las hemos encontrado dotadas de nuevo mobiliario: mesas, armarios, estanterías. Los profesores seguimos inmersos en el Proyecto Comenius. ESO comenzó el curso una semana después que los otros alumnos. Los pequeñitos hicieron su primera salida, visitando en el Ayuntamiento los Gigantes y Cabezudos.

**Octubre'02**: el profesor D. José Antonio Cavero contrajo matrimonio ¡enhorabuena!; ESO tuvo la **Campaña del Domund** y una evaluación intermedia para que nadie se durmiera; **Reuniones de padres**; Renovación de varios puestos en el **Consejo Escolar del Centro**. Concurso de Fertiberia para 1°-4° E.P.

**Noviembre'02**: Comienza nuestra **Escuela de Fútbol-sala** y asumimos la Municipal con un total de 82 deportistas entre los 5 y 15 años, atendidos por seis monitores. La **Asamblea Local** de Obras escolapias, que se reúne antes de cada Capítulo Provincial se dividió en 11 grupos para abarcar todos los aspectos del Colegio y enviar el informe final a la Provincia. 2° y 3° de Infantil visitaron la Herrería de D. Ricardo Augusto, dentro de las **"Jornadas Vocacionales"**. Las **fiestas de Calasanz**, como años anteriores: **campeonatos de Cesta y Punto**, ferietas, bailes, maratón, competiciones deportivas, sin olvidarnos del **gran mural** que ambientaba el patio; terminaron con la **"Ruta de Otoño"** en Parque Terrero, Peralta de Sal y Parque cultural del Río Vero, para Infantil y Primaria; **Secundaria elaboró el Pregón**, diseñó las ferietas y se fue a Ordesa.

**Diciembre'02**: construcción del **Belén**, que se presentó a los Concursos de Belenes organizado por el Ayuntamiento; concurso de Narración Navideña, de la COPE; y Christmas, organizado por el Ayuntamiento. **Festival de Navidad**, con una gran variedad de actuaciones y villancicos…incluidos los de ESO, que quedaron bastante bien.

**Enero'2003**: ESO se encargó de decorar el colegio con frases por la Paz y participó en la clausura de la Semana; el 22 fueron presentados al Equipo Directivo los resultados globales de la **"Evaluación calasancia"** realizada el curso pasado (2001-02) en el colegio. En 3° y 5° de E.P. se ha implantado el **"Plan de Fomento de la Lectura"**. Durante tres semanas estuvieron con nosotros Amparo Franco, María Pellejero y África Sampietro, haciendo sus prácticas de magisterio. 5°-6° de Primaria asistieron a una **exposición sobre el Medio Ambiente**, organizada por la Consejería. La **Semana de la Paz fue muy hermosa**: quema simbólica de acciones que están produciendo en todo el mundo situaciones de no-paz, manifestaciones, canciones, escenificaciones… Y **XIX concurso de la ONCE** sobre la desaparición de las barreras arquitectónicas.

**Febrero-Marzo'03**: **Feria de la Candelera**, con motivo de la cual Infantil y Primaria participaron en el Concurso de dibujo y redacción del Ayuntamiento; y los de ESO la aprovecharon para sacar unos euros de cara a su Viaje. **Operación Bocata** para Manos Unidas. **Jornadas Culturales**, dedicada al conocimiento de la Comarca del Somontano: maqueta de la comarca, conferencias, juegos tradicionales, Carnaval del

Somontano, postres típicos, leyendas… **"V concurso de diseño de la Agenda escolar calasancia". Semana de Esquí**. De 3º a 6º (E.P.) y ESO **visitaron, en la UNED la Exposición** "100 años de historia de "El Cruzado Aragonés" y 160 de la prensa de Barbastro". Infantil y 2º E.P. tuvieron en nuestro Salón la obra *"Cuido la Naturaleza"*, a cargo de SACHEM. La profesora Ana Gistau contrajo matrimonio. ¡Felicidades!. 1º y 3er ciclo de Primaria han experimentado en qué consiste ser protagonista de un libro. Dentro de la **Semana Vocacional**, los de Infantil pudieron observar el tratamiento que llevan las pieles desde que se extraen de los animales hasta que se confeccionan las prendas. Los de 2º E.I. captaron el proceso que sigue una carta desde que se escribe, pasa por el buzón y ellos mismos la reciben.

**Abril'03**: Muchos alumnos mayores participan en las **Cofradías** del colegio; 3º-4º de E.P. tuvo una charla de Juan Vidaller sobre "Prevención de accidentes en el deporte". Infantil y Primaria participaron en **dos Concursos más**: el de Educación Vial del Alto Aragón y el de Poesía, del Ayuntamiento de Peralta. En la **"Primavera Cultural"** volvieron a salir todos los cursos de excursión; **4º de ESO viaja a París** como final de su estancia en el colegio.

**Mayo'03**: dentro de las **"charlas vocacionales"** que se están impartiendo a lo largo del curso, se efectuaron: una de Cuentacuentos "Los amigos de Lola" (E.I.); Deporte y salud (ciclo 1º de E.P.); La vida desde más de 8.000 ms. (ciclo 3º de P.); 5º estuvo en el **Aula de la Naturaleza de Peralta**. Llegaron a las manos de alumnos y familias los **resultados de la "Evaluación Calasancia"**. Del 19 al 23 la **"Campaña Amigos del Mundo"**, de SETEM, este año volvió a funcionar con 'EL Mercadillo' en el hall del colegio. Las **Romerías** tradicionales.

**Junio'03**: los niños de 3º (E.P.) tuvieron una celebración en nuestra iglesia con motivo de su reciente Comunión. La tarde del 19 nos reunimos toda la Comunidad Educativa a celebrar el **Fin de curso**. Cada aula hizo su Excursión. **Despedida oficial de 4º ESO.**

**Julio'03**: Y del 30 de junio al 4 de **julio** las profesoras de Infantil y ciclo 1º de E.P. participaron, en Zaragoza, en un **cursillo de actualización de etapa**.

Las págs. 33-34 recogen la enorme lista de premiados en los distintos Concursos y se cierra con el nombre de **Sara Augusto, 2º de ESO, campeona en la Olimpiada Matemática**.

Antonio Bistué nos confiesa que: "miraba y miraba los tres tomos de "LAS TRES RRR" antiguas que tenemos encuadernadas *y no encontraba ningún tema que me sirviera para el artículo del Anuario-Memoria 2002-2003... Se me ocurrió entonces mirar el <u>Número Extraordinario del curso 1961</u> (nº 56), correspondiente a los meses junio, julio, agosto y, sobre él pensé hacer este resumen: aparece el P. General, Vicente Tomek, Juan XXIII, Francisco Franco, nuestro Obispo, D. Jaime Flores, y la foto de cuatro escolapios: el P. General; el Provincial (P. Teófilo López); el P. Moisés Soto (Rector del colegio de Zaragoza); y Narciso Monfort, (en 1961 Rector de Peralta y el de Barbastro era Augusto Subías)...*"

En las págs. 43-44 Gelorri nos cuenta *la vida del Hermanito escolapio Juan Ranzón de S. Gabriel* (que ya ha salido en esta "Historia del Colegio"). Y en las págs. 45-46 se narra el Viaje a París. El dato curioso es que en la foto de todo el Grupo aparece una monja del San Vicente, señal de que fueron juntos los de ese colegio y los nuestros. Todo el Anuario merece la pena retomarlo y leerlo despacio.

## ANUARIO-Memoria del curso 2003-2004

Abre este Anuario Lourdes Giribets, Presidenta del APA, para despedirse, porque su hijo acabó en este curso. Da las gracias a sus antecesores en el cargo, a la Federación San Jorge de APAs, al Ayuntamiento de Barbastro por el Consejo Escolar Municipal, a las APAs del resto de la Demarcación (=Provincia) Escolapia de Aragón y a la Orden Escolapia por sus apoyos, oportunidades, informaciones y ofertas...: "*No puedo dejar fuera de los agradecimientos al Colegio que acoge a nuestros hijos y a nosotros, padres, en la Comunidad Educativa. Debería comenzar por San José de Calasanz, quien, en una muestra de tozudez aragonesa, materializó un proyecto revolucionario en su época: la primera escuela pública y gratuita. Y su proyecto educativo y su estilo han perdurado hasta hoy, cuando creo que está más vigente y es más necesario, por integrador, positivo y basado en la confianza. Nuestra sociedad actual necesita estos valores, pero nuestros hijos y nosotros estamos sometidos a estímulos muy fuertes desde los medios de comunicación u otros sectores, que no refuerzan para nada nuestro sentido de la responsabilidad…".*

José Pablo Pena, Director del centro, comienza así su aportación: *"Desde los ámbitos realmente comprometidos con la educación de nuestro país, se clama por un pacto en la educación. Si repasamos las naciones de nuestro entorno, pocas están sometidas en sus fundamentos educativos a tantos vaivenes en tan corto periodo de tiempo… Vuelo breve, claro y práctico ofrece el librito Ensayo de Síntesis: "Espiritualidad y Pedagogía de San José de Calasanz". Nuestra Comunidad Educativa tiene la suerte de poder inspirarse en la obra de su fundador, que 400 años después sigue siendo de rabiosa actualidad y emocionante innovación.*

*¿Que cómo podemos ahondar en el mejoramiento del clima de Comunidad Educativa y de cultura escolapia?: con una auténtica comunicación, reflexión sobre nuestras acciones, autocrítica positiva y el desarrollo de nuestras capacidades para entender a los otros; en suma: amándonos los unos a los otros…".*

Como en todos los Anuarios podemos ver los **cursos** de este año escolar con el nombre de cada alumno/a y el de su tutor/a: 3 de Infantil, 6 de Primaria y 4 de ESO. En la foto de la 'Comunidad Educativa' aparecen 26 miembros, con sus nombres.

**En la Crónica se señala:**

**Septiembre'03**: el día 3, el profesorado tiene su primera sesión de formación, en torno a la LOCE; la ESO comenzó el curso el día 17; los profesores continúan, un año más en el **proyecto Comenius**. Este curso se renovaron las prendas deportivas de toda la Escuela Pía de Aragón, unificándolas. Los padres de los niños de 3 años tienen su primera reunión con la tutora.

**Octubre–Noviembre'03**: sin novedad: 1ª evaluación de ESO, Reuniones de padres, **Talleres Medioambientales** organizados por Senda. Una parte del profesorado realiza unas <u>Jornadas sobre Pedagogía y Espiritualidad de Calasanz</u>; las de Infantil y primer ciclo de Primaria se reunieron con el "Secretariado de Educación de la Escuela Pía de

Aragón" para llevar a cabo una **estratificación del proceso lector en el Colegio**; otro grupo participa, en Zaragoza, en la Asamblea Provincial de Obras.

**Noviembre'03 Fiestas en honor de Calasanz, noviembre'03:** como todos los años, las comenzamos con el chupinazo, el Pregón realizado por 4° ESO, y la novedad de un nuevo concurso, **"Pasapalabra",** que sustituía al tradicional "Cesta y Puntos". Apareció el "Club Calasancio" de Mónica Garuz, en el que ESO realizó un **Taller de pintura de camisetas**. Y terminamos las fiestas con las "Rutas de Otoño".

**Diciembre'03: 'el mes del Belén y los Concursos':** lo nuevo ha sido la **recogida de kilos de comida para los pobres**, para ayudarles a través de Cáritas. Lo de siempre, Festival y visita del Paje Real. ESO realizó una **"Jornada de iniciación a la danza"**; y 1°-2° una Excursión a la Sierra de Guara.

**Enero'04**: el 30, todo el colegio celebramos el "**Día de la Paz y la No Violencia**": Una pequeña intervención de cada Ciclo que quedó plasmada en nuestro **"Libro de la Paz".** Otros dos **concursos**: el XX de la ONCE y el de Riegos del Alto Aragón. El APA del colegio, con San Vicente y el Seminario organizaron una interesante **charla** sobre **"Educación y Libertad"--**, a cargo de D. Fernando Savater.

**Febrero'04**: Concurso de la Candelera, <**Operación Bocata**> y los alumnos/as de Primaria participaron en un **Taller de animación a la lectura**, de la Editorial S.M., en el que el Mago César Bueno unió literatura y magia. 2° y 3° de ESO tuvieron un **día de Convivencias** y 4° realizó un **curso impartido por Cruz Roja**.

**Marzo'04**: Los mayores de ESO participaron en la **búsqueda del abuelo de un alumno de Infantil**, siendo felicitados por el Alcalde; "V Concurso de nuestra Agenda Calasancia". Primera sesión de la **Escuela de Padres**. Carnaval por todo lo alto. Infantil tuvo a un Cuentacuentos de la Ed. Edelvives con el título "El gato Jeremías y sus amigos". **Primaria disfrutó de acercamiento al Baloncesto**. Sus profesores tuvieron unas **"Jornadas sobre Programación**

**Didáctica"**. Se llevaron a cabo las 2ª reuniones de padres y diferentes charlas relacionadas con las Vocaciones, y con motivo de la "Primavera Cultural" volvimos todos a salir de excursión.

**Abril'04**: **ESO tuvo sus "Jornadas Culturales"** con exposiciones, charlas-coloquio, mesas redondas... y el curso de **4º E.P. viajó a París** del 16 al 22; concurso de Educación Vial, para Infantil y primaria; tres **"Jornadas de Comunicación"**, para conocer más de cerca los medios de Comunicación: **taller de Radio y TV**, realización de un periódico...; la importancia de las nuevas Tecnologías aplicadas a la comunicación (internet, vídeo-conferencia, construcciones de teléfonos por los más pequeños...; el uso de otras formas de comunicarse (mimo, lenguaje de sordos y mudos, música, pintura, fotografía); y, por último, aprender a una **visión crítica sobre todo aquello que escuchamos**, vemos o leemos en los distintos Medios.

**Mayo'04**: Los de 3º y 4º de ESO asistieron a una *"visión cómica de La Celestina"*; 1º y 3º participaron en un **Taller de Cocina**, impartido por Sergio Azagra; y 4º fue de **Convivencia** a Peralta; algunos obtuvieron premio en el "Concurso On line". 5º de E.P. va al Aula de la Naturaleza en Peralta; 3º E.P. **visita el Ayuntamiento**, de la mano del Alcalde, D. Antonio Cosculluela, también conocieron Gráficas Barbastro y el Vivero Castillón. De 3º E.P. a 1º de ESO tuvieron **cinco sesiones de natación** en Piscina Cubierta. No faltaron las **Romerías** a las Vírgenes de S. Ramón, del Plano y Pueyo. De 2º a 4º E.P., teatro con la obra *"De acá para allá"*; 5º estuvo en la **Biblioteca Municipal**, donde realizó una serie de dinámicas. 3º de E.P. ganó dos canastas de baloncesto para el colegio en un concurso de internet. 5º y 6º participaron en un **Taller sobre "cultura y tradiciones francesas"**. La Campaña del SETEM destinó todo lo recogido a la compra de un tractor para nuestra Misión en Camerún. Los de 5º representaron una obra de guiñol para Infantil, con las marionetas hechas por ellos mismos. Participamos en el **"VI Certamen de relatos cortos"**, organizado por el Periódico del Estudiante.

**Junio'04**: **1º de Infantil realizó una tarta de galletas** y chocolate en la cocina del cole. **Las excursiones de Fin de curso** tuvieron como destino: Convivencia en Peralta de la Sal (Infantil), Ligüerre (ciclo 1º de E.P.), Barcelona (2º ciclo E.P.), Monasterio de Piedra (ciclo 3º de E.P.). La **reunión de toda la Comunidad Educativa** fue la penúltima tarde de clase: Judo, bailes, cucañas, etc. A la mañana siguiente, Infantil y Primaria tuvieron **en los Campos unos bailes, obras de teatro y un buen almuerzo. Julio'04**: del 3 al 12, un **grupo de profesores hizo en Roma la 2ª parte del "Curso de Espiritualidad Calasancia"**. Los de ESO fueron visitados por un Misionero que les contó su trabajo con los más desfavorecidos de nuestra Misión en Camerún.

En las págs. 27-28 se ven las fotos de algunos trabajos premiados a lo largo del curso. Y de las págs. 34 a la 38 y 46-47, varios de los textos íntegros. Carmen Puyal nos instruye sobre la práctica del humor (págs. 40-42).

**"La Iglesia de los Escolapios de Barbastro renueva su imagen"**: la pág. 49 reproduce un artículo muy interesante de Ángel Huguet con el título que encabeza este párrafo, publicado en el "Diario del Alto Aragón" el 11 de julio del 2004. Esta vez no concluye el Anuario con los Deportes, sino que podemos leer también el **"Pregón** San José de Calasanz' 2003"**, reproducciones de la prensa ("Amigos del Mundo", "Libro de la Paz en el colegio San José de Calasanz" "Escolapios SMA y CB Barbastro apuestan por el básquet femenino", "Jornadas sobre la Comunicación en Escolapios de Barbastro", "Sariñena y Escuelas Pías de Barbastro ganan los títulos benjamín y alevín" (fútbol-sala provinciales), "Toda una semana de actividades en Escolapios de Barbastro", "Alumnos de Escolapios de Barbastro, premiados por el uso de Internet" y **"Semana Calasancia** en Escolapios de Barbastro": "Gran participación en todas las actividades de padres, alumnos y docentes". Por último, la foto de 4º ESO, con el nombre completo de cada uno y la Orla.

## ANUARIO-Memoria del curso 2004-2005

Nueva Presidenta del APA, Mª Josefa Lacán Lacoma, que saluda así: *"Durante la vida escolar de nuestros hijos -siete horas al día, cinco días a la semana y diez meses al año- nuestros mayores esfuerzos se centran en que nuestros hijos puedan desarrollar sus actividades escolares y extraescolares. Si no los acompañamos, ellos lo echan de menos. Nuestros hijos agradecen el vernos entre las paredes de su colegio. Les gusta estar ahí con padres y ver que su familia está a gusto en su colegio, lo que hace que ellos también lo estén. Si esto lo hacemos desde que son pequeños, conseguiremos que el colegio tenga todo lo necesario para satisfacer a los chavales y a las familias... Desde aquí os animo a involucraros en la educación de vuestros hijos. No sólo desde casa, sino también desde la Asociación de Padres y Madres, donde, con un poco de tiempo y otro poco de trabajo, intentaremos llevar a cabo los nuevos proyectos".*

También el Director, José Pablo Pena Mur, saluda a los lectores: *"Cuando miro hacia atrás y veo en la hermana pequeña de este Anuario "Las Tres RRR mensuales" la sucesión de actividades acometidas por nuestra Comunidad Educativa en el curso acabado, quiero leer las caras y los momentos de las personas que los han vivido. Veo una acción educativa sana, potente... muchos logros, pero también dificultades y la lucha por superarlas... demandas, unas satisfechas y otras que se han quedado ahí... planteamientos educativos de una gran consistencia, porque están basados en una autoevaluación del propio Centro, hecha por todos sus estamentos... la comprensión y el esfuerzo de las familias para paliar el déficit económico, que origina la Administración en la partida de "Otros gastos"... los resultados siempre satisfactorios de esos colaboradores altruistas con nuestros alumnos... Veo muchas cosas buenas e ilusionantes... Pero también siento la muerte de nuestro profesor Josemari Culebras (Chema) el 16 de agosto de 2005, en accidente de montaña"* (En este mismo Anuario, pág. 17, Josan Cavero le dedica "Carta a mi compañero Josemari").

**La Crónica o Memoria del curso recoge:**

**Septiembre'04:** los alumnos de Infantil comienzan con baños nuevos y adaptados, calefacción en el pasillo de su etapa y nueva sala de psicomotricidad. Nos dejan, por nuevos destinos, los profesores D. Antonio Vera, sacerdote secular, y Dª Mª Luisa Pérez. Y se incorporan al **claustro** el P. Jesús Marqués y Dª Silvia Caballé. Los papás de los niños de 3 años tuvieron su primera Reunión con la Profesora, para informarles del colegio. ESO inició el curso el 9 y tuvieron una **Convivencia con los compañeros de San Vicente:** los nuestros fueron a su colegio y ellos vinieron al nuestro.

**Octubre'04**: el **Intercambio Internacional** de este año fue con el colegio Saint Thérèse de Saint Gaudens: algunos alumnos de 2°-4° ESO fuimos el 14 allí, estuvimos cuatro días; y los franceses vinieron el 26 de mayo. Las Reuniones de padres de Primaria fueron del 4 al 8. Un grupo de padres se ofrece para realizar la Base de datos de la Biblioteca Escolar. **Se inician las Actividades Extraescolares**. Los profesores/as de Infantil y ciclo 1° de E.P. trabajan en el "Proyecto de Estratificación Lectora". Las **Rutas de Otoño** llevan a Infantil al Parque del Terrero, vivero de Castillón y La Millera; a Peralta (1°-4° E.P.); 5°-6 al parque cultural del Río Vero.

**Noviembre'04**: **Cambios en el APA**: en la Asamblea del APA despedimos a la Presidenta y una Vocal, porque han acabado sus hijas los estudios en el colegio; y damos la bienvenida a los nuevos miembros. También en el Consejo Escolar hay renovación, por elecciones. **Las fiestas del Patrocinio de Calasanz**, organizadas por ESO, estuvieron cargadas de actos como siempre, y la novedad de un Gran Mural, elaborado por todo el colegio con materiales reciclados.

**Diciembre'04**: ¡atención! con tres meses de retraso, se entrega ahora el Anuario'2002-2003. **El típico Belén** de Infantil y Primaria **obtiene** este año un **Accésit** del Ayuntamiento; en el **Concurso de Narración Navideña** son dos las alumnas que consiguen el premio 3°, en sus respectivas categorías; buen resultado de la **"Operación Kilo de alimentos"**. El **Festival navideño** nos hizo pasar una agradable tarde. Chon Barón, Presidenta del Club Deportivo Escolapio, se trasladó a Laponia (Finlandia) para entregar a Santa Claus las cartas de los alumnos; y también **vinieron los Reyes Magos**, para colmar el nerviosismo de este final de trimestre, en las aulas de los pequeños.

**Enero'05**: el 28 todo el Colegio celebró el **"Día de la Paz y la No Violencia"**. Los alumnos de I. y P. interpretaron una coreografía que se sumó a los manifiestos leídos por la ESO; y conformaron un gran mural con las manos entrelazadas acogiendo el mundo. Alumnos de 5°-6° participaron en un acto común, en el Cine Cortés, con los niños de su edad de los otros Centros de Barbastro. **Concluyen sus prácticas las estudiantes de Magisterio** Laura Carvajal y Pilar Canales. Se han tenido varios talleres de Animación a la Lectura para Primaria. El colegio ha participado activamente en la "**Campaña de Solidaridad con el Sudeste Asiático**". El P. Crispín Megino informó a los padres y profesores sobre el estudio de *"La significación de la Escuela Católica en España"*.

**Febrero'05**: **Exposición en la casa de la Cultura:** Los alumnos de **5º-6º** presentaron la Exposición con los dibujos que realizaron para conmemorar la Semana de la Paz. Concursos de Dibujo y Redacción por La Candelera; de la ONCE, sobre el IV Centenario del Quijote; Operación Bocata; Infantil y Primaria celebraron con mucha animación **el baile de Carnaval**. Destacamos la actuación que ofrecieron las profesoras de estos niveles. En el Salón se tuvo *"Dragón Pino"*, a cargo de un "cuentacuentos" y la Edit. Edelvives.

**Marzo'05**: **"IV Centenario del Quijote":** Para comenzar el IV Centenario se ha celebrado diversas actividades: 2º-3º E.P. participaron en el **"Concurso Quijotekaokao";** 5º.6º participaron en la lectura pública, que se realizó en la UNED. Los de E.I y E.P. tomaron parte en las Jornadas, organizadas por DGT y el Ayuntamiento, sobre **Educación Vial**; los de 5º-6º, en el acto de clausura de las Jornadas el 18. Ángel Huguet, periodista, habló a 1º-2º E.P. sobre cómo se hace un periódico. En **recuerdo de las víctimas del "11 M",** todo el Centro paró su actividad y dio cabida a la lectura de un texto, una oración y cinco minutos de silencio. **Charlas relacionadas con la vocación**. Y con motivo de la **Primavera Cultural**, volvimos a salir de excursión.

**Abril'05**: **El día 14 vio la luz nuestra página Web.** Los chicos de 5º-6º asistieron a la representación de *"Sancho Panza en la Ínsula Barataria"*, interpretada por el Teatro Melinguera. El ciclo 1º de E.P. realizó Talleres de Repostería y de Reconstrucción de carpetas con material reciclado. El colegio fue escenario durante tres días de unas **"Jornadas Culturales dedicadas al IV Centenario del Quijote",** con diferentes actividades: Infantil decoró su pasillo, pintaron escenas del Quijote, elaboraron una **merienda "quijotesca"** en el comedor del colegio... Primaria hizo el **"Gran Libro del Quijote"**, el juego de la "Oca gigante" en el patio de recreo y una **Exposición de objetos relacionados con el Quijote**, dibujos... Se llevaron a cabo las segundas **Reuniones de padres,** para mantener un contacto fluido entre ellos y los profesores. 5° asistió al **Aula de la Naturaleza**, en Peralta; disfrutaron de lo lindo y aprendieron más cosas acerca del entorno natural. Y **4° de ESO marchó a París**, para no ser menos que los anteriores.

**Mayo'05**: con la colaboración del Hospital comarcal y la organización "Vía láctea", 5°-6° asistieron a dos **Jornadas de trabajo sobre la lactancia materna**. La ONCE vino al centro para sensibilizar a los alumnos sobre las deficiencias visuales. Los alumnos de los ciclos 2° y 3° de Primaria participaron en unas **Jornadas de Natación** en la Piscina Cubierta. Los de Infantil pasearon por Barbastro viendo diferentes lugares emblemáticos. **5° fue a la Biblioteca Municipal** y 6° se acercó a la Planta Potabilizadora. Hubo también **Excursiones de Final de Curso** y las clásicas **Romerías** a la Virgen, además de las visitas diarias a la imagen del colegio y las flores.

**Junio'05**: 1° de E.I. tuvo su **Convivencia en Peralta de la Sal**, una experiencia muy positiva para su desarrollo personal. **6° viajó a Port-Aventura**. Y la tarde del 16 fue la despedida de toda la Comunidad Educativa: hubo hinchables para los más peques, exhibiciones de Judo y Aeróbic, además de una buena merienda. El 17 **Despedida de 4° ESO** con un acto muy emotivo que hizo saltar algunas lágrimas.

**Julio'05**: Curso **"Sistema de gestión de calidad de un centro educativo"**: del 4 al 6 lo realizaron los profesores; y tuvo su continuación en septiembre.

**Artículos** que merecen ser leídos y releídos son:

"Estilos de vida", por Carmen Puyal, Orientadora; los Exámenes que nuestros Exalumnos sufrían en Lérida todos los años (por Antonio Bistué); "Derechos y deberes de un ciudadano europeo", por Marta Pérez, de 4° ESO. Los Deportes ocupan las págs. 53-57. Le siguen las reproducciones de noticias sobre el colegio: "Los alumnos de San José de Calasanz honran a su Patrón"; "Los Escolapios" (por Jesús Escartín, Exalumno, que cuenta su estancia en el colegio); "El P. Javier Negro dona a Barbastro un lote de libros sobre los Escolapios. El acto ha sido calificado de 'muy generoso' por el Ayuntamiento'', por Ángel Huguet; "Una semana muy 'quijotesca' en los Escolapios de Barbastro"; CADIS (Asociación de Personas con Discapacidad) entregó los Premios de Redacción y artes pláticas"; "Convivencia de escolares de Barbastro, Alcañiz y Jaca", de Andrea Novellón; "Charlas sobre lactancia materna para los escolares"; "Premios CADIS para alumnos de San Vicente y San José de Calasanz". Y, por último la **Orla** del 2004-2005.

## ANUARIO-Memoria del curso 2005-2006

**El Director, José Pablo Pena, escribe en su Saluda:** *"… Con frecuencia nos encontramos compartiendo, padres y educadores, lo difícil que es educar hoy en día a nuestros hijos y alumnos. El sensacionalismo con el que los Medios de Comunicación abordan los temas más conflictivos del mundo educativo ayuda a crear una cierta neurosis colectiva de que 'las cosas van mal', de que 'antes no pasaba esto'.*

*Reconozco que los cambios que se están produciendo en la sociedad en los últimos tiempos, sobre todo derivados de la mala utilización de las nuevas tecnologías de la información, de la globalización económica y cultural, en detrimento de las clases más desfavorecidas, y de un exacerbado afán de calmar nuestros momentos de infelicidad con los 'analgésicos' —mirar a otra parte o comprar para olvidar- provocan cierta incertidumbre.*

*Pero también tengo el convencimiento de que el ser humano, si consigue desarrollar las potencialidades emocionales y trascendentes que tiene, puede superar todos los momentos de incertidumbre… Durante el año que comenzamos (2007) vamos a conmemorar el 450° aniversario de S. J. de Calasanz, en Peralta de la Sal. Una buena oportunidad para que tantos siglos después —tú que lees estas líneas y yo que las escribo- nos estemos comunicando…"*

## Crónica del 2005-2006:

**Septiembre'2005**: Infantil y Primaria iniciaron el curso el 11. Los de ESO, un día después. **Profesorado:** Nuestros mejores deseos para las profesoras Sonia Díaz y Silvia Caballé en sus nuevos destinos; y la bienvenida a Sara Peroparte, Miguel Górriz, Laura Maza, Eva Campo, que compartirán tareas educativas con nosotros durante este curso 2005-2006. Le damos la enhorabuena a Jesús Carrera, por su doble paternidad; y anotamos que los padres de Infantil 3 años ya han tenido su 1ª reunión.

**Octubre'05**: Del 5 al 7, 4° de ESO estuvo en Peralta de **Convivencia**, y días más tarde, 3°-4° ESO fuimos a Barcelona al **Museo de la Ciencia**; los de 1°-4° E.P. concursan, otro año más, con Fertiberia. Durante los primeros días se han realizado las **Reuniones de padres** con hijos en Primaria. Ya han comenzado las **Escuelas de Fútbol-sala**, Baloncesto y las otras **Actividades extraescolares**. Los profesores/as de los ciclos 1° y 2° de Primaria continúan trabajando en el **Proyecto de Estratificación Lectora**. El P. Jesús Angulo comienza un **"Curso de Cestería"** para padres/madres. Infantil degustó frutos de Otoño y el ciclo 1° de E.P. tuvo un **Taller de Cocina** para hacer panellets.

**Noviembre'05**: Ya han comenzado las **clases de Apoyo en Primaria**, en las que colaboran como "tutores" alumnos/as de ESO. Rosa Pardina, voluntaria de SETEM, ha ofrecido distintas charlas en Primaria sobre **Voluntariado**. Comienzan –como todos los años-- las **Fiestas en honor del Patrón del colegio, San José de Calasanz**: junto a las tradicionales actividades, en esta Semana ha habido una novedad: La presentación al público de la **restauración en los Retablos** de la Inmaculada, la Virgen del Pilar y Santa Gemma; en el acto intervino el P. Dionisio Cueva. 3° ESO fue quien hizo las **"ferietas"**, que tuvieron mucho éxito entre los más pequeños. Del 23 al 26 tuvo lugar el **intercambio escolar con Francia** por parte de 2°-3° ESO. Como cada año, nos despedimos de este mes con las **Rutas de Otoño**.

**Diciembre'05**: se entrega la Memoria del 2004-2005. De 1° a 3° de ESO disfrutaron una **sesión musical en la UNED**. **Belén de plastilina, Operación kilo**. Los alumnos de ESO realizaron diversos juegos navideños, **villancicos en diferentes idiomas**, y prepararon unas sesiones de Cuentacuentos para Infantil y 1°-2° de E.P. El **Festival** de Infantil y Primaria fue un rotundo éxito. No faltó el **Paje Real** a su tarea de recoger las cartas de los niños y llevárselas a los Reyes.

**Enero'06**: Misa en recuerdo del que fuera profesor de Música **D. José Mª Culebras, fallecido en accidente de montaña** el curso pasado; se celebró en la catedral con asistencia de sus familiares y el colegio entero. A finales del mes celebramos todos la "**Semana de la paz** y el Día Mundial de la Paz y la No Violencia", con coreografía, mensajes y manifiestos... Comienza el "2º curso de Cestería" organizado por el P. Angulo.

**Febrero'06**: **Sexto participó en un programa de la SER:** contaron sus experiencias en el Aula de la Naturaleza. **Operación Bocata** para la Campaña contra el Hambre. Los de 5º participan en la actividad **"Pon Aragón en tu mesa"**, promovida por CEDER-Somontano, al final de la cual pudieron degustar un suculento almuerzo. Infantil y Primaria celebraron el **carnaval**: juegos, desfile y caramelos amenizaron la velada. Alumnos de 4º y 6º fueron seleccionados para realizar una **evaluación externa formativa**, cuyo objetivo es desarrollar los Planes de mejora en los Procesos de Enseñanza-Aprendizaje. Ya han comenzado las **Jornadas Culturales**, días en los que múltiples actos se dieron la mano con el quehacer diario educativo.

**Marzo'06**: los alumnos recibieron la **Ceniza**, como todos los años, para comenzar la Cuaresma. Los de Infantil y Primaria visitaron el Parque de la Paz, para conocer las distintas clases de árboles y conmemorar el **Día del Árbol**. Algunos de los de 5º-6º, junto con 2º ESO, participaron en la **"Semana de Esquí" en Panticosa**. Alumnos de 3º-4º Primaria pudieron conocer el trabajo realizado por los Cuerpos de Seguridad del Estado, porque **la Guardia Civil se desplazó al colegio** con algunos efectivos, que hicieron la delicia de los muchachos. 4º y 6º asistieron a la **Exposición de "Julio Verne"**, realizada en la Casa de la Cultura. El **Día de la Mujer** los de 4º E.P. vieron en la UNED la Exposición dedicada a la importancia de la mujer en la sociedad. 5º y 6º se desplazaron a Zaragoza a conocer las actividades que se pueden realizar en el medio natural y los valores que se adquieren a través del amor y cuidado hacia la Naturaleza. 4º de ESO recibió varias charlas de **Orientación Profesional** para que sepan elegir al finalizar aquí.

**Abril'06**: **Viaje de 4º ESO a París:** el día 16 comenzó y no regresaron hasta una semana después. Se han realizado unas **"Jornadas**

de **Puertas abiertas"**, para facilitar la participación de los padres/madres en la vida cotidiana del Centro. **El P. General de la Orden Escolapia, Jesús Mª Lecea, nos visitó** y tuvo reunión con varios colectivos del Centro. Algunos chicos de 4° y 5° fueron ganadores del **"Rally Fotográfico de la Candelera'2006"**. 5° hizo la actividad del Ayuntamiento **"A pie por Barbastro"**, que consistió en una Visita guiada; y también visitaron la catedral, guiados por la mamá de un compañero. Otro año de **concurso de Educación Vial**, con el premio 1° para Carlos Bermejo; más premios en el concurso de Redacción de La Candelera; Cuentacuentos, recorrido del cauce del Río Vero... y **las 2ª Reuniones de padres.**

**Mayo'06: Intercambio con Saint-Gaudens:** Un grupo de alumnos de ESO realizó, acompañado por la profesora Toñi, la segunda parte del Intercambio a Saint-Gaudens. Las compañeras de 4° ESO asistieron, en Peralta, a unas **Jornadas de Convivencia, con alumnos/as de otros colegios escolapios.** Jornadas de **Natación** en la Piscina Cubierta (ciclos 2°-3° de E.P.), **Aula de la Naturaleza** en Peralta (5°) acompañados de Milagros Fernández y los monitores; y en Aratorés (1° ESO). Los profesores tuvieron un **"Claustro Extraordinario" con el Sr. Obispo**, en el que les animó a su quehacer educativo diario. Las tradicionales **Peregrinaciones**, la visita diaria a la imagen de la iglesia, y los **Viajes de Fin de curso**. Campaña de **SETEM "Amigos del Mundo".**

**Junio'06**: 2°,3° y 4° ESO tuvieron **excursión a Tarragona. Nuevos premios**, ahora en el Concurso de internet "La Aventura universal de los Derechos Humanos". 5° visitó la **"Exposición Tres cuentos pirenaicos"**, donde conocieron utensilios de la época de nuestros abuelos, hechos a mano con madera, fibras vegetales y barro. 6° viajó a Arguedas (Navarra), para conocer el parque natural "Senda Viva". 4° E.P. tuvo un **Taller de dramatización**. La tarde del 15 nos reunimos toda la Comunidad Educativa para despedirnos del curso; hubo lo de otros años, además de una buena merienda. Los alumnos de **Infantil y Primaria nos volvimos a juntar en "los Campos"** la última mañana de clases, otra vez: juegos, cucañas y almuerzo incluido. Y en la última tarde fue la **Despedida solemne de 4° de ESO.**

**Artículos interesantes en el Anuario**: ¿Y si a mis hijos les hablara de Sexualidad?, Conoce la Fundación Itaka-escolapios, Los juegos de los Exalumnos en la Placeta, Ayudando a los más pequeños, Mirando a las Tres RRR antiguas, Impresiones de mi estancia en Peralta, Una graduación especial y la consabida Información de los Deportes, la novedad es que, en este Anuario 2005-2006, las reproducciones de los recortes de Prensa van delante de los Deportes. He aquí sus títulos: Una fiesta diferente e igual de animada: las emocionantes experiencias de la primera noche fuera de casa; **Jornadas 'padres en el aula'** en el colegio Escolapios de Barbastro; Escolapios también abren paréntesis; "Seguros de vía": "La importancia de la Educación vial ya desde los más pequeños"; "Venir a Barbastro es hacerlo al origen de los Escolapios (en España)"; "Fútbol-sala Provincial de Escolares: Escolapios, Campeón"; "Pon Aragón en tu mesa"; Alumnos de los Escolapios de Barbastro "no dan la espalda a la cultura"; El colegio 'San José de Calasanz' de Barbastro recoge su actividad en una publicación: *Las Tres R.R.R.*; La tradición de **la matacía**, en el colegio Escolapios de Barbastro; Activos por la paz.

El Deporte sólo abarca esta vez a dos Escuelas con la foto y los resultados de sus equipos: Fútbol-sala: grupos Mini-Benjamín y Prebenjamín, Benjamines e Infantil; y Baloncesto: Benjamín-Alevín mixto; Infantil femenino; Infantil masculino; Cadete femenino, Cadete masculino.

# CAPÍTULO XII

## Memoria de los cursos 2006-2007 al 2013-2014

### ANUARIO-Memoria del curso 2006-2007

**Último curso en el que hay Comunidad Religiosa en Barbastro (2006-2007):** La formaban los PP. Ángel Mª Garralda (Rector), Cirilo Fernández, Jesús Angulo y Moisés Rubio, junto con el Hº Mariano Gil. En agosto de 2007 se fundirá Barbastro y Peralta de la Sal, y será nombrado como Rector de ambas presencias el P. Joaquín Nadal, viviendo él en Peralta y acudiendo todos los días al Colegio (como todavía hoy, octubre'2015, sucede).

**Septiembre'06: 450º Aniversario del Nacimiento de San José de Calasanz:** comenzó el curso con dos acontecimientos: la presentación del cartel del 450º -- obra de la chilena Soledad Folch y la concesión de la "Almendra de Oro" del "Patronato "*El Cruzado Aragonés*" a las Escuelas Pías de Aragón." El acuerdo adoptado por unanimidad en la reunión celebrada el 19 de abril de 2007, reflejó el reconocimiento del periódico centenario a la labor educativa realizada durante largos y fecundos años con los niños y jóvenes , bajo el lema "Fe y Cultura" ("Piedad y Letras", según el decir del Santo). La entrega del galardón se realizó el 31 de agosto, a las ocho de la tarde, durante un acto público en el aula magna del Centro de la UNED" ("El Cruzado Aragonés", lo anunciaba el 28 de julio de 2007).

Mª Josefa Loncán se despide en su "Saluda", porque su hijo Jaime termina su presencia en el colegio. Y el Director, José Pablo Pena, concluye su Saluda con estas palabras de Calasanz: *De la buena educación en la tierna infacia depende todo el resto del buen o mal vivir en la edad madura.*

*El ministerio de la enseñanza es muy digno, muy noble, muy meritorio, muy beneficioso, muy útil, muy necesario, muy natural, muy razonable, muy de agradecer, muy agradable y el de mayor gloria".*

Los **Tutores** son: Mª José Escalona (1º E.I.), Mónica Garuz (2º E.I.), Araceli Laplana (3º E.I.), Inma Lanau (1º E.P.), Sara Peropadre (2º E.P.), Mercedes Salanova (3º E.P.), Josan Cavero (4º E.P.), Milagros Fernández (5º E.P.), Patricia Ariza (6º E.P.), Jesús Carrera (1º ESO), Toñi Hervás (2º ESO), Pablo Buisán (3º ESO) y Mª Carmen Lobico (4º ESO).

La **Comunidad Educativa** la forman, además de los Tutores: José Pablo Pena, Marta Salinas, P. Moisés Rubio, P. Jesús Angulo, Marisa Giral, P. Cirilo Fernández, Hº Mariano Gil, María Chilencea, P. Ángel Mª Garralda, Carmen Martínez, Tatiana Bartomeus, Patricia Ariza, Begoña Finestra, Eva Campo, Laura Maza, Luis Miguel Buil, Pilar Betrán, Teodora Condarco, Teresa Villar y Yolanda Piniés. Han cesado en el colegio: Pablo Vallejo, Maite Guillenea, Miguel Górriz y Carmen Puyal.

Este curso hubo <u>prácticos de Magisterio</u> (3) y dos de Técnicas de E. Infantil.

**Crónica:**

**Septiembre'06**: Por primera vez aparece la Orla de 3º Infantil con toga y toca. Los alumnos de 1º a 3º de Primaria participaron en la actividad promovida por el Área de Servicio y Desarrollo de la Comarca "Bien venido a Villa Limpia", para despertar el interés por cuidar el entorno.

**Octubre'06**: Primeras reuniones con padres; Infantil salió al Coso a recoger hojas caídas para adornar sus clases: también visitaron la Plaza de la Merced; y degustaron los frutos del Otoño. Comienzan las Actividades Extraescolares y las dos Escuelas Deportivas: fútbol-sala y baloncesto. ESO viajó a Peralta y los de 4º tuvieron allí una **Convivencia con sus compañeros de Zaragoza, Soria y Logroño.**

**Noviembre'06**: Ya han tenido inicio las clases de apoyo a alumnos de Primaria con colaboración de ESO: son los miércoles por la tarde, en la Biblioteca del colegio. Rutas de Otoño.

**Fiestas de nuestro patrono, José de Calasanz**: como novedad, los **Talleres de "letra escolapia"**; de **"Cestería"**, para 5º, dado por el P. Angulo; "de **cocina**" para 6º; 1ª y 2ª etapa de Primaria "confeccionan un libro sobre Calasanz"; y en el Taller de "Baile", por primera vez pudimos ver a los profes bailando a ritmo de batuka. Comienza el **"Proyecto de convivencia del Centro"**, impartido por Raquel Auseré y Esther Claver, de Cruz Roja ambas: se realizan distintos **Talleres, para padres, alumnos y profesores sobre autonomía y responsabilidad,** habilidades sociales, inteligencia emocional…

**Diciembre'06**: este año el **Belén** de plastilina es sólo de Primaria. **Operación kilo.** El **Festival de Navidad** tuvo una gran asistencia de padres y madres. El Cuentacuentos de Navidad lo organizó 3º de ESO, que, junto con sus compañeros de 1º-2º montaron un Festival para I. y P. y un **carrusel de Villancicos en francés e inglés**. Otra novedad fue que el **Paje Real** se presentó junto con Papá Noel.

**Enero'07**: **Enero'07**: **AÑO JUBILAR CALASANCIO:** Se inauguró en Peralta con una gran participación de nuestra Comunidad Educativa; el coro fue de niños de nuestro colegio. 1º de E.P. conoció el casco antiguo de Barbastro, con nuestro Barrio del Entremuro incluido. Los alumnos de I. y P. celebraron de forma especial la **festividad de San Antón**, trayendo sus mascotas para ser bendecidas y participando en un **Taller de Cuidado de Animales**, impartido por dos veterinarias de la Oficina Comarcal Agraria. En la "Semana de la Paz" nuestros alumnos elaboraron **"El árbol de la Paz en verso"**, cuyas hojas eran palomas que contenían poesías leídas por los distintos cursos; el **baile** preparado para la ocasión cerró la celebración. El día anterior 5º y 6º asistieron a un **acto de animación con sus compañeros de otros centros** de la ciudad, en la Institución Ferial.

**Febrero'07**: Nos unimos en la oración por **Dª Generosa Marco, madre de tres Escolapios, los PP. Javier, Fernando y Jesús Negro Marco**. La tradicional Operación Bocata tuvo mucha participación. Infantil y Primaria celebraron una divertida fiesta de **carnaval**, junto con sus profesores. Entra en funcionamiento el **Servicio de Préstamos de Libros de Lectura en la Biblioteca del Centro**, con la colaboración de algunas madres. Infantil asistió en el colegio a *"La historia del gato Jeremías"*, por un Cuentacuentos de Ed. Edelvives. 3°-4° de E.P. **visitaron el Ayuntamiento y fueron recibidos por el Alcalde.**

**Marzo'07**: **el Profesorado participó en "Cursos de Formación"**, para mejorar –si cabe– el desarrollo de sus áreas.

**Excursiones**: La "Semana Cultural" tuvo como tema 'el cambio climático y el cuidado del medio ambiente': fueron numerosas las actividades de todos las aulas, y, como colofón, los alumnos realizaron las siguientes **excursiones**: Granja Aventura, Naval, Alquézar, Parque cultural del Río Vero, la Jacetania y Zaragoza. Infantil participó en estos **Talleres**: reciclaje, cocina y tarjetas de imán para colgar en la nevera con normas de respeto al medio ambiente, entre otros… 3°,4° y 6° **visitaron el Observatorio de la UNED**; además pudieron realizar un Reloj solar en uno de los Talleres en que participaron. 1° a 4° de E.P. asistieron a una Representación teatral, visita al Parque de la Paz; **5° estuvo en la Biblioteca Municipal**, para conocer su funcionamiento; 3° a 5° realizaron **actividades de sensibilización ambiental** por técnicos del Instituto Aragonés del Agua.

**Medalla Extraordinaria de la Educación Aragonesa:** Se concedió a los PP. Escolapios por la presencia educativa a lo largo de tantos años en Aragón y por la celebración de los 450° del Nacimiento de San José de Calasanz. Como siempre, el alumnado recibió la **Ceniza**, anuncio de la Cuaresma.

**Abril'07**: los niños de 3 y 4 años recorrieron **nuestro Barrio El Entremuro**, y algunos comercios de San Ramón y Plaza del Mercado; los de 5 años visitaron **un Hipermercado** y sus secciones; a continuación fueron a la Plaza San Francisco. Los de **4° ESO** se marcharon algo más lejos: **¡a París!** Allí coincidieron con los alumnos de Jaca. En este Anuario-Memoria puedes ver todo su viaje a base de fotos (págs. 29-35).

**"La Semana de los padres"**: tuvo lugar este mes de abril, en ella los papás/mamás se acercaron a las aulas de sus hijos para colaborar en actividades y compartir sus habilidades. 5° tuvo la Semana **(el Aula) de la Naturaleza en Peralta**. Varios cursos de E.P. asistieron a la Exposición y **Talleres sobre la evolución de la escritura** y el arte rupestre. La **Piscina climatizada fue para los de 3° E.P. a 2° ESO**, una vez a la semana durante las clases de Educación Física. El 29 tuvo lugar una **Peregrinación al Santuario de Calasanz en Peralta**, con motivo del Año Jubilar por los 450° de su nacimiento. La participación fue numerosa.

**Se puso en marcha el "Servicio de Información a las Familias a través de las nuevas tecnologías"**: destacamos el alto número de visitas a la página web.

**Mayo'07**: 1° E.I. estuvo un día en Peralta y 2°-3° dos, por lo que pudieron celebrar la divertida "noche fuera de casa", además de talleres, juegos, bailes, excursiones, etc. Todo el alumnado participó en el **"Simulacro de Evacuación del Centro"**. De 2° a 6° asistieron a la obra de Gloria Fuertes *"De viaje"*. Infantil fue de Romería a la Ermita de San Ramón. De 30 a 60 peregrinaron al Pueyo. **El P. Moisés Rubio celebró sus Bodas de Oro (50 años) de Sacerdocio.**

**Junio'07**: Ya se ha realizado la 1ª reunión de los padres cuyos hijos ingresarán el curso próximo (2007-08) en 1° de E.I (tres años) a fin de conocer los detalles para su incorporación al Centro. 5°-6° fueron a Zaragoza, vieron un entrenamiento del Real Zaragoza y disfrutaron del Parque de Atracciones. **El 15 de junio despedimos el Curso** toda la Comunidad Educativa en La Millera con los actos de costumbre y la novedad del caballo de Francisco Pueyo. Los alumnos de 3° de Infantil celebraron su Fiesta de Graduación con motivo de su paso a Primaria; se les entregó un Diploma y una Orla. A final de mes dio comienzo la **"Escuela de verano: Aprende inglés y diviértete"**. Hubo dos despedidas más solemnes, la celebrada en la Millera y la de 4° ESO en el Salón.

**¡OTRA VEZ RESUCITÓ LA ASOCIACIÓN DE EXALUMNOS!** Si has tenido paciencia, querido lector/a, de leer todas las páginas que anteceden a ésta, te habrás dado cuenta que la Asociación es muy antigua, pero ha pasado por periodos de letargo y ha resurgido. Ahora te encuentras con una de estas "Resurrecciones" (¿recuerdas que este es el significado de una de las tres RRR de nuestra Revista?). Pues bien, ahí van unos párrafos de lo que se decía en las págs. 54-55 del Anuario 2006-2007: "*La Asociación de Exalumnos del Colegio San José de Calasanz de las Escuelas Pías de Barbastro se (re)constituyó con 115 socios fundadores durante la primera Asamblea general, celebrada el 12 de* enero de 2007, *en el Salón de Actos del primer colegio escolapio fundado en España (1677), en la que participaron el P. José Ignacio Bilbao, Asistente del P. Provincial, y D. José Pablo Pena, Director del Colegio. Coincide con el inicio de los actos conmemorativos del 450° Aniversario del nacimiento de San José de Calasanz.*

*La primera Asociación de estas características de la que se tiene constancia en la historia del Colegio estuvo formada por Paco Molina (Presidente), Paco Abadías (Vicepresidente), Jesús Escartín (Secretario), José Puyuelo (Tesorero) y los Vocales: Salvador Cazcarro, Jorge Clavería, Carlos Ferrer, y Desiderio Solano.*

*La puesta en marcha de esta nueva Asociación es el resultado del trabajo anterior... iniciado en 1993, con una lista de 10.000 nombres... de los que 1.696 facilitaron su domicilio... de ellos ha salido la lista de los primeros 115 socios fundadores. La mayoría de éstos viven en Barbastro... Según los Estatutos aprobados en la Asamblea, la Asociación excluye cualquier clase de actividad con fines políticos; y sus actividades serán de índole cultural, religiosa, deportiva y recreativa.* (Texto escrito por Ángel Huguet, publicado en el "Diario del Alto Aragón", miércoles 17 enero 2007).

NOTA: en el Libro de Secretaría de Barbastro, se anota el 5 de **junio de 2007**: "Se da entrada a los Estatutos de la Asociación de Exalumnos". Y el 26 se dice que el P. Moisés Rubio ha sido trasladado a Alcañiz (donde estará sólo unos meses).

**"Oración Continua":** En la pág. 55 del Anuario-Memoria se leen dos testimonios de las mamás que se añadieron al grupo de sacerdotes y profesores que, en años anteriores, llevaron la "Oración", práctica original de Calasanz, pero perdida en algunos de sus colegios actuales.

Nos cuentan Maite Jiménez y Amparo Anglés su experiencia en este curso 2006-2007. Digno de leerse.

Siguen cuatro páginas dedicadas exclusivamente al Fútbol-sala. Otras cuatro con el Título: "Fuimos Noticia" y los siguientes recortes de prensa: "Los Escolapios construirán un colegio y un Orfanato en las misiones de Camerún"; "El Nuncio del Vaticano en España abrió el Año Jubilar Calasancio"; "450º aniversario San José de Calasanz, el icono de la enseñanza en la era moderna"; "450º aniversario: Escuelas Pías de Aragón: Los Directores de los 10 centros escolapios de la región explican cómo se puede trasladar a la actualidad el mensaje de Calasanz"; "Escuelas Pías, Medalla Extraordinaria en Educación"; "Muestra de artistas escolapios contemporáneos en Peralta de la Sal". Concluye el Anuario con la Orla de los 24 de 4º ESO y sus 11 profesores.

**Agosto'07:** el P. Jesús Angulo cierra el 'Libro de Secretaría 1993-2007 de Barbastro' con estas palabras: *"se fusionan las comunidades de Barbastro y Peralta" y lo firma.* También se dice en el 'Libro de Misas'2004-2007, pero esta vez lo firman el P. Joaquín Nadal (nuevo Rector) y el P. Jesús Angulo.

## ANUARIO- Memoria del curso 2007-2008

Un Anuario más, y ya nos vamos acercando al último antes de que estos Apuntes sobre el Primer Colegio Escolapio Español (1677-2014) estén publicados.

El "Saluda del APA" lo hace el nuevo Presidente, Carlos Azcón, que se presenta así: *"Al cabo de los años, mi situación dentro del colegio ha ido cambiando: primero como alumno, después como padre, y ahora, además como Presidente del APA, situación que quiero aprovechar para animaros a participar... ya que participando junto con nuestros hijos, estableceremos un vínculo de unión muy importante al ver que formamos parte de la Comunidad Educativa... para que con la ilusión, las ideas y la voluntad de todos, podamos llevar a cabo esta importante tarea que es la educación de nuestros hijos..."*

El P. Provincial, Javier Negro, titula su aportación "Hitos del Año Jubilar Calasancio": *"El 14 de enero'07 comenzaba el Año Jubilar... Nos propusimos conseguir objetivos tales como: impulsar un conocimiento mayor y mejor de Calasanz... contribuir a revitalizar la fe de nuestras gentes, favorecer la reflexión sobre la tarea y vocación educadora, especialmente en las Comunidades Educativas de nuestros colegios, con el fin de avanzar en la concepción del aula y del colegio como lugar educativo en ambiente de gozo y de paz social y relacional entre sus miembros: es lo que Calasanz soñó... Creemos que estos objetivos —siempre a nivel de Escuela Pía Aragonesa— se han alcanzado más allá de lo esperado... Grupos escolapios de otras autonomías, de América y de Centroeuropa han peregrinado a Peralta... Hemos comprobado que nuestro santo y pionero aragonés en el mundo de la educación sigue vivo.*

*En la línea de atención a los pobres hemos conseguido, con ayuda de muchas personas e Instituciones, una Escuela Técnica en Bandmanjoun y otra para alumnos de Primaria en Bafia, la alfabetización de Adultos en dos centros culturales, todo ello en nuestra Misión de Camerún. Y en Peralta de la Sal se ha logrado empezar una experiencia de integración sociolaboral dirigida a adolescentes inmigrantes.*

*En el aspecto pedagógico ha habido reflexiones serias en torno a la Escuela Inclusiva y a la Educación Formal y no formal... El Año Jubilar acabó, pero el rumor de su presencia sigue vivo..."*

El P. Joaquín Nadal, nuevo Rector de Peralta-Barbastro, escribe "Carta a una hija adolescente" (págs. 4-5); Amparo Anglés, "Carta a José de Calasanz" (pág. 7).

**Cambios en los Tutores:** entra David Toro en 5° por Milagros Fernández, que pasa a 6°; Jesús Carrera tendrá a 2° ESO y Toñi Hervás a 1°; Mª Carmen Lobico va a 3° y Pablo Buisán a 4°. También este curso (2007-08) aparecen dos Orlas: la de 3° Infantil y 4° ESO. La **comunidad Religiosa** queda con el P. Jesús Angulo, el P. Domingo Sáez y el Hº Mariano Gil, (los tres "unidos a la de Peralta", pero viviendo en Barbastro) y el Rector de Barbastro-Peralta, Joaquín Nadal viaja todos los días desde Peralta. Los Profesores y administrativos suben a 31.

# CRÓNICA

**Septiembre'07:** Hubo cambio en la Presidencia del APA: Mª Josefa Loncán, por Carlos Azcón.

Sus actividades en 2008 fueron: en la fiesta de Calasanz organizaron la chocolatada; colaboraron en la Visita del Paje Real; formaron parte activa de la Coordinadora de APAs; participaron en Zagalandia y Carnaval; **el 17 de enero** llevaron al Colegio a un Veterinario, que explicó a los chicos el cuidado que necesitan las mascotas; estuvieron en la "Reunión anual de APAs escolapias" en Zaragoza. Hicieron una Salida al Centro de Interpretación Castilluelo y el Pozo de Hielo de Barbastro; **el 16 de febrero** celebraron la **IIIª edición de la Matacía**; a mediados de **abril**, salida a la Comarca del Cinca Medio (Monzón, Pinzana, Selgua); **el 11 de mayo** Romería al Pueyo; **el 1 de junio**, visitamos la Villa de Naval, y el 13, la tradicional **Fiesta Fin de Curso en la Millera**; el 20, la emotiva **Despedida de 4º ESO**, con la entrega de la Orla. *"Desde la APA se colabora igualmente con el Club Deportivo, en las Jornadas Culturales o en las diferentes Campañas organizadas desde el colegio".*

**Noviembre'07: Las fiestas de Calasanz:** tuvimos muchísimas actividades en: juegos tradicionales, concursos de baile, gran chocolatada, organizada por el APA, torneo de baloncesto, **concurso de frases célebres**, juegos de mesa, **clic Calasanz**, **puzles calasancios**, **taller musical** de la época de Calasanz, cucañas, concurso de **Cesta y puntos, taller de letra escolapia, 'rapeando' en la vida de Calasanz**... Fue todo muy divertido. Y, como siempre, terminamos con las **"Rutas de Otoño"**; en cambio, ESO viajó a Barcelona.

**Diciembre'07:** 5º-6º disfrutaron de una Excursión hasta la Cueva de Arpán y Adahuesca. 1º-2º de E.P. fueron informados, por la Cruz Roja Juventud, de su labor en la sociedad; e hicieron **Talleres de Sensibilidad, en colaboración con las Asociaciones de Discapacitados** de la Provincia de Huesca. De 3º a 6º **conocimos el mundo del cosmos**, gracias a una lograda producción de la UNED. Realizamos el **Festival** de Navidad, juegos navideños y un Carrusel de Villancicos en inglés, francés y español. **4º de ESO convivieron con**

**sus ya amigos de Jaca** tres días. A todos se nos invitó a ser solidarios con la Operación Kilo. **ESO acompañó a Papá Noel** en su visita a los pequeños, cantando villancicos en distintos idiomas.

**Enero'08**: desde 1º E.P. a 2º ESO tuvimos una **Sesión de animación a la Lectura**: "El tejemaneje de la ilusión". No faltó la "Semana de la Paz" y el **"Día de la paz y la no violencia"**; cada uno de nosotros entregó su mano pintada, para formar, entre todos, el **Arco iris de la Paz**. Los de ESO participaron en la Operación Bocata: comieron su bocadillo y el dinero recaudado se donó para la población de Kenia sin agua potable.

**Febrero'08**: en el **carnaval** entregamos medalla a los disfraces más disparatados y posteriormente nos animamos a bailar todos juntos. Los alumnos de 1º-5º asistieron, en el Centro de Congresos, al espectáculo "**Cuéntame un cuento**".

**Marzo'08**: De 2º a 6º presenciamos en el Centro de Congresos la representación de *Mulán*.

**Abril'08**: 1º y 5º realizamos varias **sesiones teóricas y prácticas de Seguridad Vial**, por parte de la Policía Local. Infantil hasta 4º E.P. vimos la representación teatral *"Gota a gota"*. 5º P. y 1º ESO marcharon al **Aula de la Naturaleza** en Peralta. 6º realizó una **visita a la depuradora y potabilizadora** de Barbastro y, con motivo del **"Día del Árbol"**, estuvieron en el Parque de la Paz. A la vuelta de las vacaciones de Semana Santa, **4º ESO viajó a París**, donde se juntaron con los de Jaca y Alcañiz.

**Mayo'08**: Los primeros cinco días celebramos **"La Semana Cultural"**, que dedicamos a la música. 1º-2º de E.P. estuvieron dos días en el Mesón de Ligüerre, mientras que 3º, 4º y 6º estuvieron en Alquézar y Granja Aventura.

**Junio'08**: celebramos el **Fin de Curso en La Millera** con el "mítico partido de profesores y padres contra alumnos de 4º ESO". Posteriormente tuvieron excursión a Port Aventura y el viernes, 20, fue su **Despedida**, y recibieron "la orla en la que unas simples fotos te hacen recordar toda una vida en el Centro". Yolanda Pérez y Cristina Badel terminan así 'su' crónica: "*Para todos los que siguen en el colegio acabó un curso más, para nosotros concluyó una etapa, en la que hasta entonces había sido nuestra segunda casa ¡y siempre lo será!*".

**Señalo algunos artículos** que me parecen de mayor interés:

"Marchando, una de conflictos", "Aprender para la vida real", "Se aprende con el ejemplo", "Construimos instrumentos", "Aprendiendo de la Naturaleza", "Nuestra Cofradía del Santo Cristo de la Agonía y de la Dolorosa", "Aprender a través del Deporte" y "Escuela de fútbol-sala' 1999-2008 (opiniones de participantes en estos 10 años)".

Las cuatro páginas de **"Fuimos noticia"** recogen: "Conocer y comprender a las personas con discapacidad: Campaña en el colegio Escolapios de Barbastro"; "Jornadas 'Padres en el Aula', en el colegio S. José de Calasanz"; "Paz en todos los idiomas, en el colegio Escolapios de Barbastro"; "Conferencia y placa para Jesús Delgado con motivo del 450 aniversario de San José de Calasanz"; "La música acapara las Jornadas Culturales del Colegio S. José de Calasanz Escolapios"; "Semana Calasancia en el colegio S. José de Calasanz, Escolapios de Barbastro"; "Los Escolares del San José de Calasanz descubren el viejo oficio de la matacía".

## ANUARIO-Memoria del curso 2008-2009

El **Saluda del APA**, firmado por Carlos Azcón, Presidente, dice: "*... Dentro del Programa realizado a lo largo del curso se ha pretendido dar a conocer nuestro patrimonio cultural cercano y, a la vez, compartir junto con nuestros hijos/as unas jornadas de convivencia entre las diferentes familias que componemos la comunidad Educativa, pues consideramos que disfrutar de nuestro tiempo de ocio juntos es importante. Se han realizado charlas en las que hemos planteado algunos de los problemas que se nos pueden dar con la educación y conducta de nuestros hijos, y hemos colaborado en los eventos del Centro que ya son habituales...*"

El P. Joaquín Nadal, Rector de Barbastro-Peralta, escribe, en sus **"Reflexiones de fin de curso":** *al finalizar el curso 2008-2009 se impone unas reflexiones. Todos y cada uno debemos reflexionar sobre nuestra responsabilidad como educadores, padres o maestros, alumnos, directivos...*

*LA CALIDAD: el profesorado de nuestro colegio, desde hace tres años, está embarcado en un Sistema de Gestión de calidad. Este compromiso nos ha facilitado el enriquecimiento de la metodología en las aulas y aplicar principios claves: planificación de tareas, énfasis en la mejora continua, dinámica de grupos para el trabajo en equipo, control de tareas y procesos, uso de herramientas estadísticas específicas...*

*LA RESPONSABILIDAD SOCIAL: Nuestro colegio alienta la conciencia de la solidaridad universal en sus educandos y educadores... Por eso también las Campañas solidarias (Domund, Operación Kilo, Día Escolar de la Paz, Día del Ayuno Voluntario, Amigos del Mundo...)*

*LOS PRINCIPIOS EDUCATIVOS: educación es el proceso de perfeccionamiento integral del ser humano, orientado a la autorrealización y a la inserción activa en la sociedad... El aprendizaje requiere actividad y esfuerzo en la dimensión intelectual y en otras... La motivación y el perfeccionamiento nos ayudan a superarnos y desplegar armónicamente todas las capacidades hasta el máximo nivel personal...".*

José Pablo Pena, Director académico, escribe "Aquí estoy". Extraigo unos párrafos: *"... Estoy convencido que, junto al núcleo familiar, un Centro educativo y su entorno es la mayor industria de felicidad/infelicidad. Y aquí entramos todos: niños, adolescentes, padres/madres, educadores... Hoy en día hay una tendencia desde los adultos al 'buenismo' con los niños, con los jóvenes... Nos cuesta asumir el papel de 'frustrador' o 'limitador' que el niño necesita para crecer, para aprender y para ser"... El niño debe aprender a ser agente de su propia felicidad. No sólo debe saber aguantar la frustración, sino aprender a modificarla, a ver de otra manera las actividades que la provocan... saber tolerar lo que les llega, saber esperar, para que luego se sientan actores de lo que les ocurre y no adopten una actitud pasiva...".*

Antonio Bistué nos explica en su artículo sobre "Las Tres R.R.R." el origen de los Anuarios-Memoria, que yo estoy resumiendo en este apartado de la Historia del Colegio: *Siendo Presidente de la APA Enrique Barbanoj y Rector/Director del Colegio el P. Domingo Cejudo, en una de las muchas reuniones de la APA, se planteó la posibilidad de <u>volver a sacar una revista que en nuestros tiempos de alumnos se nos entregaba y que se llamaba "Las Tres RRR"</u>. La idea nos pareció buena, pero había que ver los contenidos, pues tenía que ser interesante, tanto para los alumnos como para los padres/ madres. También el formato y, por último y lo más importante, la financiación para que pudiera repartirse gratuitamente ¡y que el coste para el APA fuera el mínimo posible!...*

*El contenido tenía que ser todo él relacionado con nuestro colegio y la Orden Escolapia. Lo primero sería las fotos de los alumnos, curso por curso; así cumplíamos el primer objetivo: una revista que se guardara en las casas como recuerdo del paso por el colegio... en cuanto al tamaño estaba claro que sería manejable y con una calidad del papel a la que no le afectara demasiado el paso del tiempo...*

*La lucha fue la financiación. Nos repartimos la faena de conseguir anuncios... de esta manera se gestó la aparición de la <u>2ª época de nuestra Revista</u>... con el primer Anuario-memoria de 1994-1995...".*

El origen de esta Revista fue en Peralta (diciembre 1953), como habrás leído ya, y su fundador, el P. Narciso Monfort, la trasladó a Barbastro cuando él fue nombrado Rector/Director de nuestro colegio (Año II, n° 18, octubre 1955)

El último número de la 1ª época barbastrense, que se conserva en el archivo del colegio, es de Febrero-Marzo 1961, tiene 25 páginas y figura como Año VII.

**Alumnado en el curso 2008-2009:** 3 aulas de Infantil; 6 de Primaria; y 4 de ESO (aparecen tres Orlas: la de 3° de Infantil, 6° de Primaria; y 4° de ESO).

**La comunidad Educativa** constaba de 29 miembros: PP. Joaquín Nadal (Rector) y Jude Theddeus, más José Ant° Cavero, Mercedes Salanova, Chin Barón, Sarmite Tutkovska, Eva Campo, H° Mariano Gil, Sara Peropadre, María Chilencea, Mónica Garuz, Begoña Finestra, Jesús

Carrera, Xavi Gómez, Javier Abós, Antonio García, Mª Carmen Lobico, Susana Cabrero, Daniel Toro, Milagros Fernández, Mª José Escalona, Toñi Hervás, Carlos Martínez, Susana Fuertes, Marijé Giral, Carmen Martínez, Pablo Buisán. Inma Lanau y José Pablo Pena (Director).

**Crónica**:

**Septiembre'08**: El curso comenzó el 10, con tres caras nuevas: los profes Xavier Gómez, Javier Abós y Sarmite Tutkovska (ayudante de lingüística). Primaria y ESO realizaron varias clases de patinaje, en la Institución Ferial de Barbastro.

**Octubre'08**: Reuniones de Padres de Primaria. **Excursión** de ESO a San Juan de la Peña.

**Noviembre'08**: **Fiestas de Calasanz**: este curso destacó el tono calasancio: talleres calasancios, personajes célebres de la época de Calasanz, acontecimientos históricos de la vida de Calasanz, ratón de la Biblioteca Calasancia, clic Calasanz, la música en la época de Calasanz, Calasanz a través de la acuarela, taller de caligrafía escolapia, puzle calasancio, Cesta y Puntos… **4º de ESO escenificó y leyó el Pregón** tradicional; las Ferietas estuvieron preparadas por 1º-3º ESO; incluso bailaron ellos y los profesores; en la excursión de Otoño visitamos Peralta, la tierra que lo vio nacer.

**Diciembre'08**: Fue **designado nuestro colegio para el concurso "Pizarras digitales", del Departamento de Educación de Aragón**. Los de 3º de Primaria participaron en la **campaña "Dientes sanos"**; los de 5º-6º participaron en otra, cuyo lema fue: "Todo depende de ti". Este año el Festival fue "un festivalazo, lleno de sorpresas y emoción". ESO tuvo, para Infantil y ciclo 1º de Primaria, su **Carrusel de Villancicos** en francés e inglés, acompañados de Papá Noel. Aunque un poco más tarde que en años anteriores, alumnos de ESO **ayudaron en Apoyo Escolar a algunos niños de Primaria**.

**Enero'09**: En el **"Día de la paz y no-violencia"**, en el acto conjunto del colegio cada uno llevó una paloma con parte de las estrofas de la poesía compuesta por todos los cursos; cantamos y bailamos la canción del sueño de Morfeo "Voy a vivir"; y **terminamos escuchando una de las oraciones de Ghandi**.

**Febrero'09**: Carnaval los pequeños. Ayuno Voluntario con el Bocata los de ESO. Primaria asistió, en el Centro de Congresos, al espectáculo *"Un sueño fantástico"*; y 1º-4º a otro que llevaba por nombre *"Los Ibeyis"*.

**Marzo'09**: **¡Viva la Frutifuerza!**: Infantil y 1º-2º de Primaria amenizan su recreo cada martes con la fresa y la música. ¡Viva la Frutifuerza! Primaria tuvo **Excursión**: 1º-2º a Naval; 3º-4º a las pasarelas del Vero y el Bierge; 5º-6º a la Ciudadela de Jaca y Pirinarium.

**Abril'09**: La "Semana Cultural" **llevó por título "Economía y Comercio"**: los pequeños van de compras, visitan la Oficina de la CAI, charla del comercio en Barbastro... **juegos comerciales en inglés**, hacemos un anuncio, uso mi tarjeta de crédito, el trueque... Los de 5º y 1º ESO fueron al **Aula de la Naturaleza**, en Peralta unos y en Aratorés otros. **4º ESO tuvo su Viaje de Estudios a París**.

**Mayo'09**: **"Operación Camerún"**: 1º de Primaria, sesión de teatro: *"Cuando sueñas"*. 3º-4º visitaron **el Ayuntamiento**, atendidos por el Teniente de Alcalde D. Luis Sánchez, 1º-2º van de **Excursión a Huesca**; 3º, 4º y 6º, a Zaragoza, visitan el Pilar; y 3º-6º suben a la Virgen del Pueyo.

**Junio'09**: Despedida del curso, como siempre, en La Millera todos. No se habla en el Anuario de Despedida de 4º ESO, pero suponemos que sí la hubo.

**Entre los artículos curiosos están**:

Cómo ven la crisis los alumnos de 5 años; Intercambio con el Colegio Saint Joseph de Lectoure (alumnos de 1º-3º ESO); Estimulación temprana del lenguaje, desde el ámbito familiar; los Siete dolores (recuperación este año de **la Procesión de los Siete dolores**, que había dejado de salir hace unas décadas); Despedida de Marisa, encargada de la Conserjería durante 15 años…

Y en el apartado **"Fuimos Noticia"** (recortes de prensa) encontramos: "Econo_mía y tuya en el colegio San José de Calasanz", "Intercambio con Francia del colegio San José de Calasanz"; "¡El día de la Frutifuerzaaaa!", "La **Matacía** reúne a 250 personas en el colegio San José de Calasanz", "Viaje a tierras francesas", "Teresa Perales comparte su experiencia con escolares escolapios", "Esta semana el profesor es mi padre o mi madre".

## ANUARIO-Memoria del curso 2009-2010:

**Tres Orlas, cursos duplicados y un PCPI:** La primera novedad es que aparecen las Orlas de 3° Infantil, 6° de Primaria y 4° de ESO. Otra buena noticia es los cursos duplicados. Veamos: 1° de Infantil, 2° y 3°; 1° de ESO, 2° A y B, 3° A y B, 4°.

Hay también un **PCPI, con 18 alumnos/as**, dependiente del Colegio de Barbastro, pero físicamente en Peralta de la Sal, e internado para los alumnos (abierto hasta 2014)

Con esto, los **Tutores** han sufrido cambios: Begoña Finestra (1° E.I.), Sara Peropadre (2° E.I.), Susana Cabrero (1° E.P.), Inma Lanau (2° E.P.), Carlos Martínez (3° E.P.), Mª José Escalona (4° E.P.), Milagros Fernández (5° E.P.), Toñi Hervás (1° ESO), Jesús Carrera (2° A de ESO), María Poza (2° B de ESO), Mª Carmen Lobico (3° A de ESO), J. Antonio Salamero (3° B de ESO). No he dado con los tutores de 4° A de ESO y 4° B (el 2014 cesó el internado).

La comunidad religiosa y los Profesores fueron 46. El Saluda del Presidente del APA y los dos primeros artículos no dejan entrever ninguna noticia concreta del curso escolar que se está resumiendo. Antonio Bistué (Exalumno él, su padre y su hijo) que durante varios años nos ha ido hablando en el Anuario de cosas antiguas del colegio, se despide con motivo de la finalización del hijo en el colegio.

**La crónica comienza con dos novedades**: Infantil inicia el curso con Pizarra interactiva táctil AMART; y se 'impone' el Día de la Frutifuerza para almorzar.

**Septiembre'09:** Este año acompañaban, a los de ESO, nuevos compañeros y Profesores procedentes del Seminario.

**Octube'09**: Tienen lugar las Reuniones Informativas para los padres. De 1º a 4º de E.P. se van de **Excursión** a Peralta; Infantil disfruta de la actividad del **"Cuentaaventuras"**.

**Con una cuidada puesta en escena apareció "La Castañera"**, que repartió castañas a Infantil. Somos bastantes más los alumnos de ESO y aunque al principio nos costó un poco entablar relación con los nuevos, a estas alturas ya habíamos hecho buenas migas. El 2º ciclo de ESO visitamos Barcelona.

**Noviembre'09**: Con motivo del 25º Aniversario del Centro de Profesores, 5º-6º hemos asistido al teatro: *"Viaje a la Antártida"* y *"El parque enfermo"*.

**Taller sobre el espíritu crítico ante los Medios de Comunicación**: asistieron los de 5º, en el campo de las 'Habilidades Sociales'; los de 6º, a una charla sobre "Prevención del consumo de tabaco". Con motivo del 25º aniversario del Hospital de Barbastro, los de Infantil y 1º de E.P. disfrutaron de la *"Ludoteca 25 sonrisas"*. Los de 5º-6º, en nuestra Biblioteca, participamos en unos Talleres, organizados por el CAREI: trabajamos cuentos de diversas culturas; e hicimos una visita didáctica, organizada por la UNED y el Ayuntamiento, dentro de la **"Semana de la Ciencia"**; vimos también la representación de la obra de Homero *"La Odisea"*, adaptada con canciones y juegos por Producciones Viridana. 4º mantiene un **semillero** con semillas de carrasca, fresno y quejigo, esperando que puedan nacer para sembrar árboles contribuyendo a mejorar el medio ambiente. Las fiestas del Colegio por su maestro-**Patrono Calasanz** fueron organizadas por los mayores de ESO y el APA ¡qué montón de actividades!: juegos tradicionales, el ratón de la Biblioteca, clic Calasanz, **"Calasanz, mil colores"**, chocolatada, cucaña…

**Diciembre'09**: <u>Comienza el Apoyo Escolar de ESO a los de Primaria</u>; Nos pasaron los tests psicológicos a 4º ESO; en la Operación Kilo recogimos 190 kilos de alimentos para los más pobres. Los alumnos de 3º E.P. a 4º ESO, **pudimos conocer a los Hermanos Argensola** (Lupercio y Leonardo), escritores insignes del Siglo de Oro y barbastrenses ilustres; **el Grupo Gozarte dinamizó unos Talleres didácticos**, que fueron organizado por el Instituto de Estudios Altoaragoneses, con motivo del 450º aniversario del nacimiento del mayor de los hermanos. El ambiente de Navidad no ha faltado.

**Enero'10**: **"Semana de la Paz"** y "Día de la paz y la no violencia", en memoria de Gandhi. Nos juntamos todo el colegio en un acto común.

**Febrero'10**: Los de Infantil ya disfrutamos en los recreos de una **nueva atracción lúdica**. 6º y ESO tuvimos una charla de la Concejala Sonia Lasierra y el policía local, Javier Quiró, sobre **el Reglamento de Convivencia Ciudadana**. 5º visitó la Biblioteca Municipal, sus instalaciones, el funcionamiento y la búsqueda de un libro. **Carnaval**: lo de siempre, disfraces, cantos y bailes.

**Marzo'10**: 3º de Infantil, 1º de E.P. y 1º de ESO participamos en la actividad **"Los dinosaurios de Dinópolis en tu aula"**. 6º visitó la Potabilizadora y Depuradora de la ciudad.

**Excursiones**: 1º-2º E.P. a Buera; 3º-4º, a Laguna de Sariñena y Castillo de Monzón. ESO tuvo la **"Semana de los idiomas"**; 2º ESO hizo una Jornada de Convivencia, dada por el equipo pastoral de los Escolapios. 5º-6º fueron al **Museo de Juegos Populares** de Campo. El APA organizó la ya habitual **matacía**, en los Campos de La Millera.

**Abril'10**: 4º ESO hizo su **Viaje de Estudios a París**. El resto de ESO fue a Zaragoza; los de 3º y 4º tuvieron ocasión de presenciar la retransmisión del Programa de radio "Los bandidos de la Hoya", y quedaron admirados.

En las "Jornadas Culturales", que giraron en torno al Año Internacional del Acercamiento entre culturas, y del Programa 'Primavera de Europa', aprendimos mucho sobre otros países. En la "Operación conocemos el entorno", Infantil hizo salidas por la ciudad y realizaron otra, llamada "Buscando a sus amigos", a cargo de Edelvives. Primaria disfrutó de una Manifestación de Fantasía e Imaginación, gracias a Ana Cristina Herrero, con motivo del 25 aniversario del CPR (de 1° a 4°); y 3°-4° recorrimos la Redacción de Vivir en Barbastro y el Somontano, donde nos explicaron el proceso previo de ir a la imprenta.

Mayo'10: la iglesia ha tomado color con las flores que cada día traemos a la Virgen. 2° y 3° E.P. fuimos al Pueyo y San Ramón. Hubo este año "Operación Camerún", las misiones de los PP. Escolapios. 1°-2° de Infantil visitamos el Huerto del Sr. Mariano Pallás. 3° fuimos a la Plaza del Mercado a comprar 'planteros' y nos familiarizamos con el mundo de los hortelanos y comerciantes. 2°-3° pasamos una noche fuera de casa, en Peralta, una experiencia muy bonita. 1°, 3°, 5° circulamos con los cars de pedales por el circuito del Recinto Ferial. 1°-2° de E.P. visitamos el "Barbastro Moderno". 3° y 4° de E.P. realizamos un Taller de sensibilización medioambiental y conocimos la importancia del reciclaje para cuidar la naturaleza. Los de 5° E.P. tuvieron el Aula de la Naturaleza en Peralta; y los de 1° ESO, en Aratorés, junto con los de Alcañiz y Jaca. 3°, 4° y 6° fuimos al Centro de Interpretación de la Agricultura y del Regadío en la Alfranca (Zaragoza) y a Teruel, donde aprendimos a ser auténticos paleontólogos, en Dinópolis. 1° y 2° E.P. convivimos dos días por lugares tan encantadores como Aínsa y Ligüerre de Cinca.

Junio'10: Primeras Jornadas Deportivas del cole: realizamos un montón de actividades de atletismo todos juntos: papás, mamás, profesores y alumnos. A los de 3° de Infantil nos graduaron con la entrega del Diploma y la Orla, con las familias presentes. También para los de 6° de E.P. hubo Despedida con Diploma y Orla y participaron en una charla sobre el uso adecuado de los Tic's. Infantil tuvo una mañana de "Olimpiadas". Y quienes habían hecho la Primera Comunión en sus parroquias celebraron una eucaristía en la iglesia del colegio, acompañada de una posterior merienda. Nos despedimos del curso 2009-2010, como siempre, con fiesta en los Campos de La Millera. **La Despedida de 4º ESO** fue el último día de clases, con eucaristía y fiesta.

**Los alumnos del PCPI** nos han dejado una crónica de su año escolar y su vida de internado en dos págs. 32-33. Unos Psicólogos nos han escrito las pistas para "conocer el trastorno por déficit de atención con hiperactividad" (págs. 34-35); Toñi Hervás, profesora de francés, nos cuenta el "Diario de un intercambio" (23-26 de marzo'10).

**Y en el apartado "Fuimos noticia"** (recortes de prensa): "Nos visita la Castañera", "Broto (Consejera de Educación) recibe el Plan sociolaboral de Escuelas Pías de Peralta de la Sal", "Feliz Navidad: el **Belén** del colegio", "Los escolapios húngaros conocen el colegio calasancio de Barbastro", **"Proyecto de Innovación Educativa del Colegio San José de Calasanz, Escolapios de Barbastro"**, **"Charla sobre la Unión Europea** con la eurodiputada Inés Ayala en Escolapios Barbastro", "Aniversario del Hospital de Barbastro, por Infantil y 1º Primaria de Escolapios", **"Intercambio con Francia** del Colegio Escolapios de Barbastro", **"Una noche especial para 1º Infantil".** Aparecen las Orlas de 3º Infantil y 4º ESO.

## ANUARIO-Memoria del curso 2010-2011

**Septiembre'2010:** el Alcalde, D. Antonio Cosculluela, y en su nombre el Subinspector e integrantes de la Policía Local de Barbastro, invitan a los actos con motivo de su patrón, los Ángeles Custodios (3 de octubre'10), con la eucaristía en nuestra iglesia. Terminada ésta se entregaron los premios de los campeonatos de parchís, fútbol, futbolín, tiro con pistola y tiro al plato, que ha celebrado la Policía Local durante las últimas semanas. El Alcalde dio la bienvenida a los siete agentes que se han incorporado a la plantilla de la Policía Local.

**Octubre'10**: El "Heraldo de Aragón" del 9 de octubre recoge un largo artículo de Beatriz Alquézar, *Un Pilar sin andamios ni palomas,* con foto incluida, donde se comenta la **maqueta del Pilar que el P. escolapio Jesús Ramo ha construido**. El Padre tiene en el Museo de Belenes de Peralta de la Sal obras que certifican su calidad en manualidades. Las **salidas de otoño** fueron: Infantil paseó por dos de los parques de la ciudad y luego se juntaron en los Campos de La Millera, disfrutando de una bella mañana de sol. **Primaria viajó** a Peralta de la Sal. Los mayores de Educación Secundaria visitaron Alquézar, donde practicaron diversas actividades organizadas por la empresa Vertientes Aventura.

**Noviembre'10: IV Día del EXALUMNO y Beca J.L. Pérez Arnal:** Se tuvo la proyección, el 12, de *"El autobús atómico"*; la eucaristía con el P. Angulo, su Consiliario, y la coral barbastrense; la Asamblea General y la charla del P. Provincial, Javier Negro: "Educar hoy con visión escolapia". En la Asamblea se ha acordado crear una Beca de estudios al mérito académico y social con el nombre de José Luis Pérez Arnal, exalumno que dedicó muchas horas escribiendo a miles de Exalumnos de diferentes épocas que pasaron por el colegio, con lo que impulsó la re-creación de la Asociación.

**"Plan de Desarrollo de Capacidades":** Tiene por objetivo ampliar la atención educativa del alumnado que destaca por su capacidad especial en algún área del currículo y mejorar el interés de todos los alumnos por las tareas escolares. Está coordinado por el profesor José Antonio Salamero con el Departamento de Orientación. Se presentó a los padres/madres de los alumnos el 22 de noviembre.

Durante la **"Semana Calasancia"** la vida y la obra de Calasanz inspiró todos los Concursos: dibujo, narraciones, representaciones... La prensa publicó el Premio 1° de narraciones, de la categoría A, de Sara Fernández.

**Diciembre'10**: del 4 al 6 se tuvo el **Capítulo Local**.

**Enero'11**: "Alto Aragón" publicó el día 8 un artículo con este título: "CAI respalda la labor del "Centro Utopía" de Escolapios", un PCPI de ayudantes de cocina y Bar, dependiente del colegio de Barbastro, pero ubicado en Peralta, que comenzó en 2007 con un objetivo de integración de emigrantes, para conseguir su inserción social y laboral. Como siempre, se tuvo la bendición de mascotas y animales en general, por la Fiesta de San Antón. María Dolores Pons impartió tres charlas con el tema "Mira el arte con otros ojos", organizadas por el APA del colegio. La **"Semana por la Unidad de los Cristianos"** concluyó –como otros años-- con la lectura de un manifiesto en el patio del Colegio y el baile de la paz.

**Premios en el Concurso de** *"El Diario del Alto Aragón"*: Con motivo del 25º aniversario del "Diario", participamos en el "I Concurso para Primaria", al que concurrieron una docena de colegios y Centros Rurales Agrupados. **Obtuvimos el primero y segundo premios de Redacción**, Elisa Suñe y Lucía Gamisel, de 5º las dos; ambas redacciones fueron publicadas por "El periódico"; y el Premio al Centro y/o profesor más dinámico lo obtuvo la Profesora Milagros Fernández. También "El Cruzado Aragonés" se hizo eco de los tres premiados publicando sus fotos.

**Febrero'11**: 3º de Infantil durante este mes se trasladó a la Edad Media, convirtiendo el aula en un bonito Castillo, conociendo a personajes de la época y recibiendo la visita de Lady Suna, que nombró a los caballeros de la clase.

**Abril'11: El P. Javier Negro, Provincial por 3ª vez.**

En el Capítulo Provincial ha sido elegido, por tercera vez consecutiva, el P. Javier Negro como Provincial de Aragón, Camerún y Nueva York–Puerto Rico. Los que terminan en el colegio -4º de ESO- viajaron a París del 10 al 16.

**Mayo'11**: 3º de Infantil ha conocido más a fondo, durante este mes, su Comunidad, Aragón: bandera, himno, provincias, gastronomía, fauna, flora, leyendas… Los de 4º y 5º de Primaria les han ayudado. Para despedirse de Aragón y comenzar a investigar otro tema, aprovechando mayo se han vestido de joteros con trajes realizados con materiales reutilizables y han tenido una ofrenda de flores a la Virgen del Pilar de la catedral de Barbastro. Así los ha fotografiado la prensa. El 5 y 6, los de 2º y 3º de Infantil estuvimos en Peralta de la Sal. El último día vinieron también los de 1º, y regresamos los tres cursos esa tarde a Barbastro. Del 9 al 13, el colegio vivió la **"Semana Amigos del Mundo"**, en la que, unidos a la Fundación "Itaka-Escolapios", se sensibilizó al alumnado ante la pobreza de los países del Sur. El 12 más de 300 personas (alumnos, familias, profesores) realizó la **"Operación Camerún"** en los Campos de la Millera. Se recaudaron 966'00 euros, que serán destinados al "Proyecto diez escuelas, diez comedores en el Camerún".

**Segundas Jornadas Deportivas para alumnos, padres y profesores:** fueron el 21 de **mayo**. También hemos tenido la **"VI Jornada de padres en el Aula"**, del 26 al 30 de mayo. Han participado 63 papás/mamás y esperamos que el curso próximo sean más. **Algunas de las actividades han sido**: acercarnos a los juegos tradicionales (la goma, las canicas, etc.), experimentos, pasatiempos, "¿En qué consiste el trabajo de mis padres?", "Este es el hobby de mi padre", educación ambiental, la Constitución, las setas, papiroflexia, etc., etc. El 29 la Coral Barbitana tuvo en nuestro templo, lleno del todo, su **"Concierto X aniversario"**.

**Junio'11**: *"Cuatro corazones con freno y marcha atrás"*: El día 10 el Grupo de Teatro del colegio representó, bajo la dirección de Ana Díaz y Esther Ortega, con alumnos/as de 3°-4° de ESO esta obra de E. Jardiel Poncela. Como detalle de agradecer, en el Programa de mano explicaban al público la tradición en nuestro colegio del uso del teatro con fines educativos.

## ANUARIO-Memoria del curso 2011-2012

El "Saluda del APA" lo firma Mª Dolores Giménez, Presidenta. José Pablo Pena ha pasado de Director Académico a ser **el primer seglar Director Titular** (representante de la Titularidad, que corresponde a la Escuela Pía) y Toñi Hervás, **la segunda seglar Directora Académica**. Ambos escriben al inicio de este Anuario.

José Pablo nos dice: *"Durante el último trimestre del curso 2011-2012 ha estado expuesta en la escalera principal del Centro la exposición fotográfica 'Rincones de Barbastro' realizada por los alumnos de Plástica y Visual de 4° de ESO... Yo os pediría a los educadores y padres/madres que recorramos los espacios del Colegio San José de Calasanz, de Barbastro, y nos encontraremos con fotografías, mapas mentales o rótulos en inglés y francés, que hiciéramos el esfuerzo de reconocernos y comprendernos como personas, hombres y mujeres con nuestras diferencias antropológicas, porque nos necesitamos mutuamente para ayudar mejor a los niños y jóvenes, alumnos e hijos, que nos quieren como somos, pero que necesitan de nuestra competencia…".*

Toñi Hervás confiesa: *"Hace diez meses comenzó mi andadura como Directora Académica del Colegio (sustituyendo a José Pablo Pena, que ha pasado a Director Titular). En este tiempo ha habido algún que otro dolor de cabeza, preocupaciones a todas horas y, sobre todo, muchas satisfacciones… En septiembre hablábamos de la implantación de un Proyecto de Bilingüismo… de nuevas metodologías de aprendizaje… de trabajar la convivencia dentro del Centro incorporando la carta de Derechos y Deberes… de un nuevo PCPI… ¿Y ahora qué nos queda por hacer? Muy sencillo, vamos a consolidar todo lo que se empezó el curso 2011-2012, a implantar nuevos Proyectos, como el del aprendizaje de las matemáticas con un método innovador, a potenciar los ámbitos de mejora y, sobre todo, vamos a seguir trabajando y cuidando a nuestros alumnos y a nuestras familias… Muchas gracias a todos por acompañarnos un año más".*

Las **aulas** del 2011-2012 fueron: 3 en Infantil, 6 en Primaria y 8 (las cuatro duplicadas) en ESO, más las dos del PCPI (Ayudante de cocina y Ayudante de restaurante/bar), que funcionan en Peralta, en régimen de internado. 44 personas forman la **"Comunidad Educativa"**, con un solo religioso que vive en la comunidad de Peralta y se traslada diariamente a dar clase en Barbastro (P. Joaquín Nadal), porque ya no queda ningún otro religioso en el colegio.

## Crónica:

**Septiembre'11**: El curso comenzó para todos en este mes; continuamos la "Frutifuerza": todos los martes traen los alumnos fruta para el almuerzo durante el recreo de la mañana. 2º y 3º E.I. celebraron las fiestas de la ciudad realizando sus propios **cabezudos y pañoletas**; días más tarde fueron al **Ayuntamiento** a ver los cabezudos y gigantes de verdad. **Reuniones de padres**, para conocer los detalles del curso.

**Octubre'11**: **Alumnos de ESO apoyan a los de Primaria:** se iniciaron las clases de apoyo de ESO a los niños de Primaria; **1° ESO visita el Centro de Interpretación** de Adahuesca y Alquézar; 2° ESO, **excursión** al Valle de Ordesa y el Centro de Interpretación de Torla; **el Grupo de Teatro comienza los ensayos** de la obra cómica **"Un marido de ida y vuelta".** 2° ESO asistió a la **charla "La visión y el ordenador"**, dada por D. Ángel Anoro, padre de un alumno, y organizada por el APA. Infantil recibió, un año más, la **visita de la Castañera**, y celebró la Fiesta de Otoño, en la que degustaron sus frutos, en sus aulas decoradas con hojas caídas. Introdujeron la **festividad de Halloween**: el típico juego de 'trick or treat' e historias de terror inundaron las clases durante la semana.

**"Encuentro de alumnos de Religión de todos los Centros de Barbastro"** con el lema "Amigos de Jesús, amigos todos". Alumnos y profesores de Primaria participaron en el Encuentro. Dentro de las **Rutas de Otoño**, 5°-6° descubrieron en Colungo la forma de vida de los hombres prehistóricos. Infantil, por la ciudad; 3° de E.I. celebró su Fiesta Troglodita, con motivo del Proyecto que trabajan sobre la Prehistoria; 1°-4° de Primaria excursiona a Peralta, donde ven la Olivereta, la playa fósil, la Casa Santuario, la capilla de los Mártires escolapios y pasearon por el barranco de Gabasa. 1°-2° de ESO acudieron a una Exposición sobre los problemas y peligros derivados de los incendios forestales, 3°-4° ESO escuchó la charla "La química de lo cotidiano", en la UNED; 4° ESO tuvo Convivencia en el Colegio Cristo Rey, de Zaragoza sobre "la familia y la amistad";

**Noviembre'11:** Todo el alumnado coincide en la **Fiesta de Calasanz**: chupinazo, suelta de globos, seguimos con los concursos, cucañas, teatros, baile, chocolatada…

Durante tres días, e invitados por la eurodiputada aragonesa Inés Ayala, un grupo de 3° y 4° ESO **visitó diversas Instituciones y edificios culturales de la capital belga**: Atomium, Mini Europa, Parlamento Europeo, Parlamentarium… Participamos en las fiestas del Patrono del colegio, ¡cómo no!

**Diciembre'11**: Recogimos 360 Kgs. en la **Operación kilo**. 1° ESO visitó el Centro de **Cáritas**, donde observaron el proceso con la ropa y enseres que personas solidarias donan para los pobres; 3° ESO realizó una **'práctica de disección'**, gracias a la colaboración de J. Ignacio Montero, padre de un alumno del Centro. La Navidad la vivimos con el **Festival**, la visita del Paje Real y demás actividades tradicionales, **participamos en Zagalandia y grabamos un vídeo** –Chiquita– del colegio.

**Enero'12**: **Semana de la Paz**: emotivo acto final en el que bailamos todo el alumnado juntos la canción "Whatever". 3°-6° de E.P. realizó el Proyecto: **"Pon Aragón en tu mesa"**. Con motivo de San Antón, el APA nos montó la **charla de un veterinario** que respondió a todas nuestras curiosas preguntas (de Infantil y Primaria) sobre las mascotas.

**Febrero'12**: Segundas Reuniones con los padres. **Operación Bocata** para ayudar a Manos Unidas. 3° de Infantil, dentro de las actividades de animación a la lectura, asistieron a una versión especial de **"El patito feo", dramatizada por un grupo de padres** de su aula.

**Se han introducido los "mapas mentales"** para el estudio del inglés en Infantil. El **Carnaval** fue una tarde entera, los de 6° organizaron los juegos y bailes, y vinieron las familias para vernos. Varios integrantes de la Asociación para el Estudio de la Lesión Medular Espinal **(AESLEME) hablaron a 3°-4° ESO**, en una charla abierta a todas las familias. Algunos alumnos de **3° ESO convivieron con compañeros de Jaca y Alcañiz** en el Colegio Cristo Rey de Zaragoza.

**"Jornadas de Idiomas"**: cada curso de ESO vimos películas adecuadas a nuestro nivel, sobre las cuales tuvimos que hacer trabajos escritos, para evaluar nuestro nivel de comprensión.

**Marzo'12**: Infantil va de **excursión** a Colungo; y, en Barbastro, 1°-2° pasean por El **Entremuro**; y 3° entra en el Supermercado Simply. En la **"Semana de padres"** vienen los papás/mamás de Infantil y Primaria a realizar diversas actividades con nosotros. 3° de Infantil escribe la **primera carta a sus padres**. Algunos de 3°-6° Primaria fueron **elegidos para representar a la Provincia de Huesca en**

**las Cortes de Aragón**. Para nombrar a los "Diputados por un día" se realizó un concurso de redacción.

**Exposición sobre "Culturas que compartir"**: En el hall del colegio la Fundación del Pueblo Gitano montó esta Exposición. Primaria disfrutó con la explicación que le dieron y con lo que aprendieron de la cultura gitana. Algunos de 5° a 2° ESO aprovecharon la **"Campaña Escolar de Esquí"**, organizada por la DPH. 3°-6° de Primaria celebró el **"Día Mundial del Agua"** visitando la Exposición que Cruz Roja montó en el Centro de Congresos. 4° ESO vio en la UNED la Exposición de 22 obras de la colección artística de la Bodega Enate. En la **Semana Vocacional** las educadoras escolapias Isabel Sanz y Ana Gaudó, de Logroño y Zaragoza, acudieron a nuestro colegio para una serie de dinámicas con los alumnos de 2° a 4° ESO, priorizando la importancia de la vocación y la libertad. Los de 1° ESO vieron un audiovisual y escucharon una **charla del P. Joaquín Nadal y otra sobre la Hª de la India, por la religiosa Shaijil M. Selvaraj**. 80 alumnos de 1°-2° ESO de nuestro colegio han participado por segundo año consecutivo en unas **Jornadas de Atletismo**, en las instalaciones atléticas de Monzón. Los alumnos de **2°-3° ESO viajaron a Barcelona**, para ver el Museo de la Ciencia, visitaron el Planetario y vieron en 3D la evolución de las especies; terminaron el día acudiendo al Parque Güell.

**"Olimpiada Matemática"**: Seis alumnos de 2° ESO participaron en Huesca en ella: Alfredo Carrera y Marta López se clasificaron para la final.

**Abril'12**: **Jornadas Culturales**, 'dedicadas a las Olimpiadas' por ser Año Olímpico-Londres'2012. **4° ESO viaja a París**, junto con los de Alcañiz, acompañados por Ana Díaz y Pablo Buisán. Los de 3°-4° pudieron aprender un poco más sobre la Unión Europea, la empresa Europe Direct fue la encargada de informarles. Un grupo de 4° ESO participó **en la Casa Natal de Calasanz** de una **Convivencia Intercolegial**. La **IIIª Jornada Deportiva** nos regaló un día maravilloso para alumnos, padres/madres y profesores.

**Mayo'12**: **Comienza el Mes de la Virgen**: Todas las semanas llevamos flores a la imagen de nuestra iglesia. Romerías y Excursiones.

Un grupo de profesores, familias y alumnos participa en el **"Día del Laicado", en el colegio Cristo Rey de Zaragoza.** Los alumnos de 4º ESO Alberto Lagén y Rodrigo Sánchez con su **grupo de Rock "Waste generation"** fueron una de las actuaciones más aplaudidas del día. 1º ESO tuvo cinco días en Aratorés en el **Aula de la Naturaleza.** Ya son siete los años consecutivos en los que hemos tenido las "Jornadas de Padres en el Aula", este curso han participado 58 familias. **3º-4º de E.P. visitaron "Gráficas Barbastro",** donde les explicaron cómo hacen "El Cruzado Aragonés"; fueron testigos privilegiados de la obra de teatro *"La Leyenda de Pirenée"*, creada y realizada por los profesores y alumnos del "CEE La Alegría, de Monzón". 5º-6º realizaron un **curso de "Prevención y primeros auxilios".** Toda la Primaria visitó, en la UNED, la Exposición *"Bienvenidos a la Nanodimensión",* donde le presentaron el mundo diminuto que nos rodea. A 5º le explicaron en la Biblioteca Municipal la forma de catalogar los libros.

**Junio'12: Fiesta "Fin de Etapa para 3º E. Infantil":** hubo entrega de su orla y diploma. El último día del curso, en los Campos de la Millera, lo despedimos con diversas actividades y un buen almuerzo. Celebramos en el colegio la fiesta de los que habían hecho la Primera Comunión. Nuestro Centro se sumó al **"Proyecto Aula en bici".** Y 5º-6º participaron en la **Exposición "La Cultura Legada"** sobre los aspectos más significativos de la Prehistoria a ambos lados de los Pirineos. La **Despedida de 4º** ESO incluyó la entrega de la insignia de Exalumno y la Orla. **Por 2ª vez se hace entrega de la Beca "Jorge Luis Pérez Arnal",** fundada por los Exalumnos, en esta ocasión al alumno Carlos Bermejo. Y la alumna de 2º ESO recibió en Zaragoza el 2º premio provincial del **"50º Concurso de Jóvenes talentos", organizado por Coca-Cola.**

He aquí algunos de los **artículos** que me parecen más interesantes: La Coordinadora de Infantil, Mónica Garuz y la de Primaria, Natividad Puy, nos presentan "Impresiones tras un año de bilingüismo en inglés" e "Innovación metodológica para el cambio"; Camila Zarama "Representación del Grupo de Teatro de Secundaria" (es su 2º año); María Cugat: "Aula matinal, comedor y Campus de verano"; Chus Ballarín: "Fin de curso en los dos PCPI e internado de Peralta"; P. Jesús Negro: "De Peralta a Bolivia"; Esther Ortega: "La Pastoral en el colegio"; P. Joaquín Nadal: "Año vocacional escolapio: multiplicando vida"; Ángel Anoro: "La visión y el ordenador en la edad escolar"

Y, por último, los titulares del **"Fuimos noticia"**: "Apuesta pionera por el bilingüismo en las aulas del colegio San José de Calasanz"; "Iniciación al Ajedrez en los Escolapios de Barbastro", "Aragón en la mesa de Escolapios", "Pequeños-grandes diputados por un día", "Año olímpico en las Jornadas Culturales de Escolapios Barbastro", "Visita al Parlamento Europeo en Bruselas".

## ANUARIO-Memoria del curso 2012-2013

**La primera noticia** de este curso es que desde **enero'2013** la llamada hasta ahora "Provincia Escolapia de Aragón" se ha unido a la que se llamaba "Provincia Emaús", originando así una nueva realidad con 18 colegios y el nombre de **PROVINCIA EMAÚS/ Aragón, Vasconia, Andalucía.**

El modelo básico de organización parte de una clara opción por trabajar con Proyectos compartidos y en red, tanto en el ámbito local como en coordinación provincial.

La Presidenta del APA, Mª Dolores Giménez, escribe en su presentación de este número: *"uno de los momentos más importantes del curso fue la ceremonia de la Primera Piedra del nuevo colegio", a la que asistió el alumnado íntegro, autoridades (el Sr. Obispo, el P. Pedro Aguado, General de los Escolapios...) y representantes de la Comunidad Educativa".* Pero fueron muchas cosas más las que ocurrieron. Veamos algunas: El P. Provincial, Mariano Grassa, en su artículo *"Educar es un arte..." nos invita "a ejercer -con nosotros, el colegio- el arte apasionante de educar, de iluminar los ojos de los niños y de las niñas, de despertar también los adultos nuestros ojos al "niño interior" que siempre va con nosotros...".*

La Directora Académica, Toñi Hervás, presenta el camino recorrido con estas palabras: *"En septiembre empezaba el curso cargado de actividades dentro y fuera de las aulas: inglés, matemáticas, convivencia, padres en el aula, vídeo de Navidad, Campañas Solidarias, lengua española, extraescolares, excursiones, exámenes... un sinfín de acciones que parecían que no iban a tener cabida en nuestra Programación y, que poco a poco se han ido desarrollando. Además de todas las actividades programadas, teníamos en marcha, entre otras cosas, el Proyecto de bilingüismo en inglés, con el método AMCO y la implantación del innovador método del aprendizaje de las matemáticas: EntusiasMat, ambos contrastados ya por los resultados de los alumnos y la satisfacción de las familias... Cada trimestre ha estado marcado por alguna acción en especial: en el* **Primer trimestre** *fue la primera piedra del futuro colegio; en el* **segundo** *la formación de la nueva Provincia Escolapia: 18 colegios, unos 2.000 docentes y más de 16.000 alumnos/as distribuidos en seis Comunidades Autónomas, liderados por el nuevo Provincial, el aragonés P. Mariano Grassa, que hasta ahora era Superior de Camerún. Y llegó el* **tercer trimestre**: *se había solicitado en el Colegio de Barbastro la participación en el Programa de Bilingüismo para poder optar a ser un "Centro Bilingüe" en Infantil y Primaria con el 30% de las clases impartidas en inglés; no nos faltó la Obra de teatro: "La isla del Tesoro".*

**Tutores y aulas**: Tres de **Infantil**: Bounsoy Khounsamathong (1°), Sara Peropadre (2°), Mónica Garuz (3°); seis de **Primaria**: Inma Lanau (1°), Susana Cabrero (2°), Mª José Escalona (3°), Nati Puy (4°), Josan Cavero (5°), David Toro (6°); ocho de **Secundaria**: Ascensión Paco (1° A), Esther Ortega (1° B), Javier Abós (2°A), Jesús Carrera (2°B), Ana Díaz (3°A), Pablo Buisán (3°B), José Antonio Salamero (4°A) y Mª Carmen Lobico (4°B). **El PCPI**, en Peralta, con dos especialidades, en internado: Ayudante de Cocina y Ayudante de Restaurante y Bar. La foto de la **Comunidad educativa** presenta los 44 miembros.

**Estrenamos Nueva Plataforma de comunicación con las familias: CLICKEDU. Algunas de las actividades tenidas fueron**: Para Infantil y/o Primaria: visita de la Castañera, Fiesta de Otoño Cultural, **Puesta de la Primera Piedra del futuro colegio**, Rutas de Otoño, Operación Kilo, Festival de Navidad, Visita a los ancianos de las Hermanitas, Zagalandia, Semana de la Paz, Programa "Pon Aragón en tu mesa", Festividad de San Antón, Carnaval, participación en **"Escuelas amigas"** con otros colegios de Latinoamérica, Jornadas de Idiomas, Visita al Supermercado Simply y, en el Centro de Congresos representamos **"$H_2O$, la molécula Perfecta"**. Las Jornadas culturales en Infantil fueron en torno al *Libro de la Selva* y los alumnos de Primaria se adentraron en el "Cinema in English".

**Mayo'2013**, como todos los años… Se celebró la Primera Comunión de 3° E.P; aula en bici, teoría y práctica, Concursos (2° EP ganó el premio 1° de "El Cruzado Aragonés" y 1° E.P. el 2°). Hubo Fiesta de Graduación para 3° de Infantil. ESO tuvo: Taller de Vídeo, Talleres de Capacidades, Grupo de Voluntariado, Semana del Domund, Desfile de modelos, para el Viaje de Estudios; Jornadas de Convivencia para 3° en Zaragoza con los alumnos de Jaca y Alcañiz; Primeras Sesiones de Orientación, para 4°; trabajos por la "No violencia"; Operación Bocata para Manos Unidas; charla sobre "Acoso Escolar"; Viaje de Estudios a París, en abril; Jornadas de atletismo; Astrobiología: "Buscando vida en el universo"; Semana en la Naturaleza, Aratorés.

**En Junio'2013**, los exámenes de Cambridge; la obra de Teatro *La Isla del tesoro;* y el Taller centrado en el consumo de las Nuevas Tecnologías; y, por último la **Despedida de 4° ESO** y la **Fiesta de fin de curso** para toda la Comunidad Educativa".

**Artículos más interesantes del Anuario** son: "Andadura y nuevo Proyecto del PCPI" (en el curso escolar 2014-2015 no habrá internado y los alumnos serán recogidos y devueltos en Barbastro; las clases sólo por la mañana); "Contrato del uso de iPhone o Smartphone", por Carmen Martínez, Departamento de Orientación; "Nace una nueva Provincia Escolapia" (fruto de la unión de Aragón, Vasconia y Andalucía), por el P. Joaquín Nadal.

**Del apartado "Fuimos noticia"** (recortes de prensa): "Despedida de las viejas aulas de Barbastro", "Vídeoconferencias y blogs para acortar distancias y alargar sonrisas", y "Una **Semana de Cine**"

**ANUARIO-Memoria del curso 2013-2014**
**Se consigue ser bilingüe también en Secundaria.**

Director Titular: José Pablo Pena; Directora Académica: Toñi Hervás;

Presidenta del APA: Mª Dolores Giménez; Lema del curso: "Estamos por ti".

**Aulas y sus tutores:** tres de Infantil, al frente de ellas: Mónica Garuz (1º), Bounsoy Khounsamathong (2º) y Sara Peropadre (3º); seis de Primaria con sus tutores: Susana Cabrero (1º), Inma Lanau (2º), Natividad Puy (3º), José Escalona (4º), David Toro (5º), Josan Cavero (6º); y ocho de Secundaria (4 duplicadas): Jesús Carrera (1ºA), Ascensión Paco (1ºB), Javier Abós (2ºA), Esther Ortega (2º B), José Antonio Salamero (3ºA), Mª Carmen Lobico (3ºB), Ana Díaz (4º A) y Pablo Buisán (4ºB); más dos aulas PCPI: Ayudante de cocina (Juan Ramón Bosch) y Ayudante de Restaurante y Bar (Francisco Javier Gómez).

La foto de la "Comunidad Educativa" recoge 35 personas y faltaron: Laura Buil, María Castán, María Chilencea, Teo Condarco, María Cugat, Alba Mayayo, María Ortega, Isabel Sánchez, Ricardo Verdugo, Teresa Villar y Mary Vortia. Total: 46.

**"Programa de Bilingüismo", estrenado este año en el centro:** dentro del Programa se tuvo el inmenso placer de contar con la presencia de María Castillo Bonilla, madre de una alumna de 1º de E.P. que dirigió en inglés una singular actividad cuyo objetivo era dar a conocer distintas profesiones, a través de unos divertidos e interactivos juegos donde Infantil y Primaria fueron los verdaderos protagonistas.

**"Taller de pensamiento creativo":** Hubo también, como parte del Proyecto que se inició en 2010 de "Desarrollo de Capacidades", este Taller. Aquél desde su comienzo fue seleccionado por el Gobierno de Aragón como Proyecto de innovación educativa. Durante estos cuatro años, más de 300 alumnos de Primaria y Secundaria han pasado por los diferentes Talleres del programa, en actividades como: Fundamentos del razonamiento, Resolución de Problemas, Creación y gestión de un periódico digital, Taller de edición de vídeos, Conversación en inglés, Introducción al chino, Taller de flamenco, Teatro, y Pensamiento creativo, entre otras propuestas.

Este curso **2013-2014 hemos participado, por primera vez, en dos programas científicos**, organizados por la Universidad de Zaragoza y el Gobierno de Aragón: "Ciencia viva" y "Ciencia Ciudadana e Inteligencia Colectiva". Las **tres Exposiciones** seleccionadas han sido: "Las luces del cielo", "Darwin" y "Sin embargo, se mueve".

"**Primer Premio de "Plástica en lengua inglesa**": un Grupo de alumnos de 2º Primaria, con la profesora Milagros Fernández, ha obtenido el premio, que ha consistido en un **viaje a Madrid para visitar el Museo del Prado.** La **Tertulia Literaria** trabajó *"El muñeco de nieve"*, *"El cielo ha vuelto"*, *"La noche de los peones"* y **"La gente feliz lee y toma café".** María Poza, la coordinadora de la actividad, agradece un año más "a sus queridas tertulianas su incondicional presencia".

*"La guerra de nunca acabar":* el Grupo de Teatro de Secundaria, siguiendo la larga tradición de este colegio, ofreció la adaptación de esta obra de Alfredo Gómez Cerdá. Las profesoras Ana Díaz y Esther Ortega se sacrificaron con los actores/actrices todos los martes y jueves de 16'00 a 17'00. 4º de ESO viajó este año a París, como despedida del colegio. Hubo, como siempre **Fin de Curso en los Campos de La Millera**, para toda la Comunidad Educativa. Los **Voluntarios de 3º y 4º** dieron clases de apoyo a niños de Primaria otro curso más; se tuvieron los **Exámenes de Cambrige.**

**La Asociación de Exalumnos**, a través de su Vicepresidente, Luis Miguel Buil, nos informa que han puesto en marcha la 7ª actividad de los últimos años: *"un encuentro de experiencias intergeneracionales de alumnos". Una forma de conectar a la próxima generación de exalumnos, (los que están actualmente en 4º ESO) con las generaciones anteriores… La idea nació con el objetivo de vencer el salto temporal que observamos en nuestros asociados… Entendemos que con 16 años es difícil considerarse 'ex' de nada… Tras la aprobación de la actividad en la Asamblea, convocamos el viernes, 30 de mayo, a un acto informal, pero formativo. La Asociación patrocinó el evento costeando una merienda para los asistentes… Compartir experiencias, algo más que enseñar, es otra forma de aprender".*

Y, por último, en **"Somos noticia"** aparecen estas tres: "Certificados de Cambridge en el colegio San José de Calasanz", "Semana de padres", "Proyecto 'Discovering my body'"

# PARTE III

# CAPÍTULO XIII

## TEMAS VARIOS

### 1. LOS RECTORES

**Conocemos los Rectores**: Luis Cavada (1677), Antonio Ginés (1721) Juan Crisóstomo Plana (1722), Agustín Paúl (1727), Ambrosio Lasala (1729), Tomás Calle (1736), Lorenzo Barutel (1737), Tomás Calle (1739), Rafael Fraguas (1742), Pedro Valero (1745), Alejandro Castellazuelo (1751), Juan José Soriano (1754), Alejandro Castellazuelo (1760), Juan José Soriano (1763), Alejandro Castellazuelo (1766), Ramón Baquero (1769), Mariano Bamala (1778), Ambrosio Claramunt (1784), Anselmo Estevan (1787), Domingo Hernández (1790), Onofre Carreras (1794), Enrique Brumós (1801), Ildefonso de Ros (1804), Mariano Perallón (1814), Alejandro Lacosta (1823), Cosme Vallés (1829), Teodoro Pérez (1845), Cosme Vallés (1865), Francisco Baroja (1869), Juan Manuel Palacio (1877), José Sin (1882), Eduardo Tornabells (1885), Casimiro Gil (1890), Antonio Ridruejo (1900), Joaquín Campos (1904), José Godos (1906), Manuel Coll (1912), Manuel Ramírez (1919), Juan María Jiménez (1925), Felipe Pinedo (1926), Saturnino Lacuey (1929), Clemente Merino (1931), Eusebio Ferrer (1936), Eusebio Pera (1946), Benito Otazu (1949), Narciso Monfort (1955), Augusto Subías (1961), Valentín Larriba (1964), José Luis Mallagaray (1967), Ángel Alegre (1970), Narciso Monfort (1971), Benito Forcano (1973), Luis Domeño (1976), Vicente Moreno (1980), Gregorio Landa (1985) (Hasta aquí, en DENES, vol 1, pp. 304-305), Domingo Cejudo (1988), Antonio Dieste (1995) –hasta el curso 1995-96 el P. Rector de la Comunidad era también el P. Director del Colegio--, Ángel Mª Garralda Indave (2003) Joaquín Nadal (2007, Rector de Barbastro-Peralta, viviendo en la comunidad del Santuario; y nuevo periodo desde 2015)

## 2. LA IGLESIA DEL COLEGIO

Del Deán Francisco Izquierdo Trol se conservan unos folios mecanografiados, exactamente 36, fechados el 5 de agosto de 1948, en los que leemos: "La fábrica del primitivo templo del colegio se hizo merced a la munificencia y longanimidad de un devoto anónimo (que se supone lo fuese el Deán don Pedro Ferranz) y al desprendimiento y generosidad de muchos fieles y de las Escuelas Pías... El Presbítero y Prebendado don Jerónimo Bielsa, retirado a la vida de comunidad con los PP. Escolapios, costeó **el altar mayor**, consagrado a **San Lorenzo, Diácono y Mártir;** y los dos altares laterales (Izquierdo, o.c. pág 9).

Es **la primera vez que encontramos el nombre de San Lorenzo**, que en otros documentos se usa también como título del Colegio. En concreto en las Actas del Capítulo Local de 1934 hay un 'sello de tinta' con el anagrama de la E.P. y la parrilla de San Lorenzo; el sello tiene esta leyenda: "COLEGIO DE S. LORENZO – ESCUELAS PÍAS DE BARBASTRO".

En cambio, en 1723, 1749 y las Actas de 1940, 1943, 1947, el sello es redondo y dice: COLEGIO DE ESCUELAS PÍAS – BARBASTRO.

Hemos encontrado un <u>tercer sello</u>, no redondo, sino ovalado, en las Actas de 1970; tiene la misma inscripción: "Colegio Escuelas Pías – Barbastro", como el de 1934.

**En 1973 es la primera vez que aparece en el sello esta nueva inscripción: "Colegio S. JOSÉ CALASANZ – PP. Escolapios – Barbastro".** En las Actas de 1979 hemos visto incluso folios con este membrete: "colegio S. JOSÉ CALASANZ – PP. Escolapios –Barbastro (Huesca)". Lo que me llamó la atención es que más recientemente, el año 2013, en el Programa del "II Foro sobre los Mártires de Barbastro" se dijera "Colegio San Lorenzo de Escolapios".

**Hablamos ahora de la construcción de la Iglesia,** más allá de lo que ha salido en los capítulos que preceden. Vamos a tomar como guía UNA CUARTILLA de nuestro Archivo y a D. Julio Broto Salamero en la obra *"Entremuro: 1.200 años de Historia"* (AA.VV.) imprenta Moisés, 2003.

<u>La iglesia</u> de las Escuelas Pías de Barbastro <u>comenzó modestamente</u> <u>en una pieza del suelo bajo de la casa de Dª Manuela Franco</u>. Era – como iglesia- muy angosta, lóbrega y no muy segura por estar sobre las vueltas de la bodega de la casa. Pero viendo el Sr. Obispo que el lugar determinado para templo estaba decente para colocar el SS. Sacramento del Altar, dio su permiso y licencia para que el **2 de diciembre de 1721**, a las 9 de la mañana se dijese la primera misa con repique de campana, y las otras formalidades. Celebró esta misa y dejó reservado el SS. Sacramento D. Francisco Soriano, Canónigo, asistiendo a ella mucha gente de la ciudad...

Los Padres Escolapios determinaron fabricarla nueva, más capaz y más segura, para lo que les ayudó mucho y casi todo la gran piedad de un devoto. **Se construyó, pues, el templo primitivo; se inició por septiembre de 1723 y se concluyó por octubre de 1727**. Los gastos fueron costeados por el Deán D. Pedro Ferraz. La inauguración se hizo con gran esplendor, con un triduo solemne. El primer día corrió a cargo del Ilustre Cabildo; cantó la misa el canónigo D. Francisco Soriano y predicó el licenciado D. José Fraguas; el día 2º predicó el dominico P. José Pujol y celebró D. Jorge Calasanz, hijo de Benavarre; el 3º lo sufragó Dª Leonor Carrillo de Albornoz, hija del Duque de Montemar, celebró el canónigo D. Jerónimo Bielsa y predicó el fraile Menor Fray Cosme Valdés. Más tarde el Sr. Bielsa construyó a su cargo tres retablos: el mayor, dedicado a San Lorenzo, y los dos laterales a Santo Tomás de Aquino y a San Vicente Ferrer; en el mayor se dijo la primera misa el 29 de octubre de 1734.

Pronto se consideró insuficiente y **en 1779 se comenzó a construir otro templo**. Es obra del barbastrense José Pano. Consta de una nave con diversas capillas laterales. Sobre la cornisa se alinean unas tribunas y el coro.

La primera piedra de **la nueva iglesia** fue colocada con parecida solemnidad por el Ilmo. Sr. D. Juan Manuel Cornel y Larriba. Se construyó según el Proyecto de D. Antonio Parallón después de ser aprobado por la Real Academia de San Fernando. **La bendición** la realizó, **el 11 de septiembre de 1798** el Ilmo. Sr. Fray Agustín Abad y Lasierra. En las fiestas intervinieron el Cabildo catedralicio y el Ayuntamiento costeándolas. Predicaron el magistral, D. Jerónimo Angulón, y el P. Escolapio Joaquín Soldevilla. (J.L. pág 56). El periódico "Nueva España", del 25 de junio de **1948** en su pág 2 trae: *"Desde Barbastro: la Escuela Pía. Mejoras en la iglesia de los Padres Escolapios"*.

La iglesia está dedicada en su origen a San Lorenzo. Durante la Guerra Civil, los altares y dependencias fueron destruidos. El altar mayor actual es obra de los Hermanos Albareda. Se inauguró coincidiendo con la apertura del "III Centenario de la muerte de Calasanz" (25 de agosto de 1648- 1948) con un triduo. En este retablo mayor la imagen central es S. José de Calasanz, fundador de la Orden Escolapia. Aparecen también S. Lorenzo, Santo Tomás y Santa Teresa. Y algunas pinturas interesantes. "El Noticiero" de Zaragoza de 22 de septiembre de **1948**, recoge la noticia en las págs. 1ª y 6ª.

El altar del Sº Corazón de Jesús es moderno. El primero al lado izquierdo mirando la entrada del templo, tiene una talla de S. José, obra de Enrique Monjó, uno de los grades escultores de este siglo. La capilla de S. Antonio de Padua es sencilla. La siguiente, dedicada a la Virgen del Carmen y a San Pompilio (escolapio italiano del XVIII, muy devoto de las almas de Purgatorio y del Sº Corazón de Jesús) es de estilo barroco y sus pinturas son de Francisco Zueras, gran artista local; se inauguró el 20 de junio de 1948. La capilla siguiente alberga al Santo Cristo de la Agonía, hermosa obra del escultor zaragozano Bretón, autor de otros pasos de la Semana Santa de Barbastro.

En el otro lado de la iglesia, la primera capilla está dedicada a Santa Gemma Galgani, en un altar dorado, procedente de nuestro colegio de Jaca. La adjunta está dedicada a la Virgen del Pilar, cuyo altar procede también de Jaca; junto a la Virgen del Pilar están las imágenes de Santo Tomás y Santo Domingo. La capilla de la Virgen de los Dolores, en cuyo honor se celebra anualmente un Septenario, que ha inspirado unas páginas musicales extraordinarias, como el "Stabat Mater" y la popular "Salve de Carreras", que es de autor desconocido. Finalmente tenemos la capilla de la Inmaculada, con un precioso retablo, igualmente de Jaca, de estilo barroco algo moderado, con imágenes de San Joaquín, Santa Ana y San José.

La bóveda de la iglesia es también obra de Francisco Zueras. Pintura al óleo sobre lienzo y fijada después en la bóveda. Son pasajes de la vida de S. José de Calasanz. Del mismo pintor barbastrense son los símbolos de los Cuatro Evangelistas y el Escudo de la Orden (*María, Madre de Dios*).

Son hermosas también las vidrieras de los ventanales. Representan temas de la Historia Escolapia: una está dedicada al Hermanito Juanito Ranzón, alumno prodigio, fallecido a los cinco años, del que hablamos en el n° 4 de este mismo capítulo XIII.

Concluye D. Julio Broto Salamero su capítulo (en "Programa de Fiestas del barrio Entremuro, 1996") con estas palabras laudatorias: Recordemos que esta iglesia forma parte de un colegio, cuyo valor histórico se está acrecentando por momentos, por diversos motivos. Y cita tres grandes **Antiguos Alumnos**, los dos primeros a derecha e izquierda de la puerta de entrada: S. José Manyanet, y S. Josémaría Escrivá. Y el tercero, el Beato Dionisio Pamplona, escolapio, en la Capilla de los Mártires de Peralta de la Sal (cf. obra "Entremuro", págs. 125-126).

## 3. ENSEÑANZA DE LA FILOSOFÍA E INTERNADO EN EL COLEGIO

### 3.1 Enseñanza de la Filosofía

Cuenta el P. Joaquín Lecea que el número de alumnos asciende enseguida a 300 (mientras el maestro público que había no tuvo más de 30) y después osciló alrededor de 400, lo que obligó a ampliar las clases. Sabemos además que la cátedra de Filosofía "se regentó de modo esporádico y ocasional". En concreto el año 1759 defienden públicamente sus tesis los alumnos de Retórica del P. Antonio Canales; en 1766 los alumnos Lorenzo de Manzano y Esteban Ribera; en 1774 son los alumnos del P. Prudencio Pellicer; y en 1790 hubo otro Certamen, bajo la protección de D. Pedro María Ric y Monserrat, gran amigo de la Escuela Pía, con los alumnos del P. Pío Cañizar.

Según J. Lecea, (o.c. pág 195) en 1798 hay 13 alumnos de Filosofía; en 1799 asisten a las clases de Filosofía cuatro Clérigos escolapios y trece externos, ellos son los encargados del Certamen, como alumnos del P. Joaquín Soldevilla. En 1803, 20.Valoremos que el estudio de la Filosofía tenía carácter universitario; y los PP. que la enseñaron fueron insignes religiosos: como los PP. Pío Cañizar, Joaquín Soldevilla, Onofre Carrera, Enrique Brumós, etc (J. Lecea, o.c. págs. 524-525). Son muchos más los que aparecen en Joaquín Lecea y en Izquierdo.

## 3.2. Internado

Hubo **Internado** en la segunda mitad del XVIII, poblado de jóvenes del Somontano, de las orillas del Cinca, de la Litera, de los Campos de Selgua, de la Montaña y hasta de Cataluña y Navarra. Las primeras noticias de estos alumnos internos aparecen en **1759**. Su número osciló alrededor de 30. En **1793** fueron 32; en **1798** eran 15; en **1803**, 18. En **1878** llegaron a 89.

Martín Rodrigo, sin embargo, dice: "En el Colegio hubo internos ordinariamente hasta 1936. El número no consta. Después de 1939 se emplearon los locales para POSTULANTADO. A partir de **1950**, renace el Internado y fue en aumento, para volver a decrecer. Así, en el curso **1975-1976** sólo hubo 13 internos, por lo que en el mes de agosto se votó en comunidad su supresión" (Denes, vol 1, p. 304)

## 4. DOS CASOS A CONSIDERAR: JUAN RANZÓN Y JUAN GARCÍA

### 4.1 Empecemos por el Hermanito Juan Ranzón

No me resisto a entresacar algunos párrafos de lo que cuenta D. Francisco Izquierdo: Juanito fue un tierno pretendiente a la sotana escolapia. Encantadora manifestación de la gracia y vocación religiosa en un alma inocente, en un corazón sin mancha y tierno como una rosa, que se entreabre al primer beso de la aurora. Eso fue JUANITO RANZÓN DE SAN GABRIEL. Sus padres: Gabriel Ranzón, de profesión platero, y Juana Artiguela.

Nació en la ciudad de Barbastro el 7 de febrero de 1717. No habían venido aún los Padres Escolapios a fundar por segunda vez –lo hicieron en 1721- a pesar de las ansias que se habían suscitado en los naturales de la ciudad. Los lamentables sucesos de la primera fundación (de los que hemos hablado) los dispuso la Divina Providencia, pues con las persecuciones deberían ser probados en su constancia aquellos humildes religiosos, a fin de ser hallados a propósito para piedras fundamentales de la Orden Calasancia en estos Reynos.

Juanito tenía sólo cuatro años, cuando se llevó a cabo la definitiva fundación del Colegio. Sus padres, por devoción, tras inscribirlo, **con cinco años**, le llevaron al colegio vestido con el hábito de la Merced. El niño, sin embargo, hizo tales ruegos e instancias para que le vistieran con la sotana y el ceñidor de las Escuelas Pías, que hubo necesidad de acceder a sus deseos. (Desde el Concilio de Trento (1543-1563) se requerían al menos 16 años para poder iniciar el Noviciado; antes no existía edad señalada). Pidió en debida forma y con máxima humildad el hábito calasancio a los religiosos, como si tratara de entrar de Novicio; y, el día en que se lo habían de vestir vino en compañía de sus padres a la iglesia del colegio, en donde, ya vestido, oyó misa de rodillas con una vela encendida en la mano (expresión de la época, pero hoy sabemos que la misa no se oye, porque no es un concierto, sino que se celebra, porque es un sacramento).

Acabada la ceremonia religiosa, entró en la Escuela a cantar el Rosario, como se acostumbraba en los días de fiesta. No quiso ir a casa a desayunar. A pesar de que su madre lo mandó a buscar con un hermano suyo. Juan respondió: 'yo no puedo ir ahora, porque tengo que acompañar a los niños'. Después de vestir el hábito escolapio, un Religioso le dijo: 'Mire, hermano, ahora no se ha de llamar Ranzón; es preciso que tome el apellido del santo que le parezca, como hacemos todos los escolapios'. Y Juanito le respondió: 'Bien está, Padre: me llamaré Juan de San Gabriel'. Así llevaría el nombre de sus papás: Gabriel y Juana.

## Cómo observaba la Regla el Hermanito Juan:

Aunque hacía su vida en su propia casa, él estaba muy bien informado de la Regla Escolapia y la cumplía puntualísimamente. Era puntual en el rezo del Rosario, a la misma hora que los religiosos lo hacían en el colegio. Amante de la pobreza religiosa, no aceptaba cosa alguna ni obsequios familiares, sin licencia del Superior. Castísimo y obedientísimo, de continuo se ejercitaba en la misión docente de la Escuela Pía. Pero, como por su edad, no tenía otros conocimientos que los que aprendía con los otros alumnos de su curso, no podía enseñar grandes cosas, pero ellos lo trataban con gran cariño y respeto, porque cuando faltaba el maestro, él actuaba como tal, para dar permiso de entrada y salida de clase...

Como hacían los Padres Escolapios de entonces, Juanito explicaba la Doctrina Cristiana, que él iba aprendiendo, por las calles; corregía a los que se equivocaban y daba estampas a los que contestaban bien; manejaba la "caña" que llevaba por las calles y en las funciones públicas.

Cuando pasaba con los niños aprendices de la Doctrina por delante de su casa, ni siquiera miraba al balcón, donde estaban asomados sus padres por curiosidad.

Este prodigio de la gracia hizo que el Obispo de Barbastro, Don Carlos Alamán y Ferrer le pidiera que pasara la fila de la Doctrina con Juanito por delante de su palacio; y, al ver la modestia del Hermanito Ranzón y todo aquel inocente e infantil espectáculo, el Obispo se llenó de gozo y alabó al Señor, cuya gloria brillaba en aquella inocencia.

## Sus padres, quisieron probar al hijo con diferentes pruebas

Entre ellas, la del hábito, diciéndole que le había comprado un rico traje con galones de plata. Juan le contestó, mostrándole la sotana escolapia: "Padre, no hay traje más rico que éste". Otro día le dice su padre: "Hijo mío los Escolapios se marchan hoy de Barbastro, a las ocho de la mañana, porque no pueden mantenerse". Al oír esto, el niño se levantó corriendo de la cama y comenzó a gritar: "Yo también quiero irme con ellos". Y se puso la sotana y el ropón (pieza equivalente al abrigo, para resguardarse del frío) y no se aquietó hasta que le aseguraron que no era verdad.

## El Señor lo encontró maduro con sólo cinco años

Prodigio de la Gracia, fue atacado de unas viruelas malignas, que se dieron con su preciosa vida. En tan penosa dolencia dio pruebas de paciencia en el sufrimiento. En el día en que murió, había perdido el habla a las siete de la mañana, y, a las siete de la tarde, el P. Lorenzo de la Virgen del Pilar, fue a verle en el lecho; le llamó por su nombre y Juan le contestó con voz "distinta y clara", como si estuviera sano. Pasado un breve rato, murió. **Era el 18 de abril de 1722.** Tenía cinco años, dos meses y once días.

El P. Cueva escribe (o.c. pág. 60): "Tiene apenas cinco años cuando atraviesa el umbral de la iglesia del colegio. Ve, se fija, se enamora. Cinco años pero lleva dentro un ángel festivo, una infantil inquietud apostólica. Va los domingos, calle adelante, junto a la fila de niños, con la "caña" en alto transformado en catequista. Y LE HA DADO POR SER ESCOLAPIO COMPLETO. Pide sotana, ceñidor y bonete. Quiere llamarse y se llama Hº Juan de San Gabriel, El Hermanito Ranzón, que dirán las crónicas. Pasó como un relámpago de luz, que sacudió por unos meses a la ciudad y por muchos años a escritores y artistas. De él escribieron el P. José Jericó, el canónigo Saturnino López Novoa, el P. Eduardo Llanas, Fernán Caballero... Sus hermanos de Barbastro acudieron a un pintor y pusieron "su retrato en medio de la galería de los Escolapios más célebres" ¿Y quién no se ha emocionado viendo y oyendo el "Juguete Lírico Infantil" que le dedicaron el poeta escolapio José Felis (1850-1918) (Cf. DENES, vol. II, pág. 223) y el músico Roberto Segura?.

## 4.2 Un mozo llamado Juan García

El P. Cueva narra (o.c. 51): Hacia 1715 andaba el P. Antonio Ginés por Barbastro y se hospedó, según costumbre, en casa de D. Manuel Pilares y Calasanz; también se hospedaba allá el Jefe del Regimiento militar, D. Santiago Pérez, que tenía como mayordomo a Juan García.

Juan, al ver al P. Antonio, le preguntó por la vida religiosa y nuestro ministerio y deseó con todo empeño hacerse escolapio. Tenía entonces

22 ó 23 años. Sólo sabía leer, escribir y contar, pero era de gran viveza y talento. Tras resolver algunas dificultades de tipo práctico, le dio la sotana calasancia el P. Antonio Ginés, el 28 de marzo de 1717."Fue tal la viveza y aplicación del H° Juan de la Concepción que se metía en el refectorio (comedor) a las horas de escuela y desde allí escuchaba la explicación de los rudimentos de la Gramática y Latinidad. Y al cabo del año de Noviciado fue examinado de Latinidad y hallado hábil, de modo que, dispensado del segundo año de Noviciado, profesó. Se puso como Maestro de pequeños en Peralta y "al año de haber profesado (hechos los votos) se ordenó de Sacerdote, prueba todo esto de su gran viveza, de su ingenio y mucha aplicación"…

Fue en su vida anterior "un joven soldado, entendido en cuentas, con vocación de héroe, buen cristiano… Su decisión, su aplicación y su viveza ya están anunciando al hombre que se va haciendo y brillará en el futuro" (Cueva, o.c. pág. 51)

## 5. COFRADÍAS RADICADAS EN EL COLEGIO

No es aventurado afirmar que en la ciudad de Barbastro, desde los primeros años de la fundación, ha habido siempre, una especial predilección de parte de los fieles por nuestra iglesia… No es, pues, extraño que en nuestro templo radiquen, desde muy antiguo, cuatro Cofradías:

### 5.1. Congregación de Nuestra Señora de la Agonía (Cofradía Cristo de la Agonía)

El cronista dice textualmente: *"La Congregación de Nª Srª de la Agonía se fundó en Barbastro el año 1781, siendo su Vicario General Joaquín Palacín, estableciéndose provisionalmente en la iglesia de los PP. Mercedarios por la estrechez de nuestro templo 'reservándose amplia facultad de poder trasladarla a la iglesia de los PP. Escolapios, siempre y cuando quedase acabada'. Este primer Convenio tiene 12 páginas y está firmado por el P. Provincial, Marcelino de S. Ildefonso, en Valencia, el 6 de noviembre de 1804.*

*Se trasladó a nuestra iglesia el año **1813**, como consta por Escritura de Convenio entre la Congregación y la Comunidad, que se conserva en el Archivo.* (En el Libro de misas de 1900 también queda testimonio escrito). *Está agregada a la Archicofradía de los PP. Camilos (Agonizantes) de Roma y goza de los mismos privilegios en orden a indulgencias.*

*Durante la guerra 1936-1939, al quedar devastada nuestra iglesia, desapareció todo lo de la Congregación, incluso su sonora campana, llamada de los agonizantes; y los caballeros de Barbastro, una vez terminada la guerra, quisieron rehacerla, y, con gran entusiasmo y fervor, pensaron en su organización, formándose una Junta en la que figuran: D. Luis Lacau, primer Presidente,* (que permaneció en el cargo hasta 1987, cuando lo sustituyó D. Antonio Bistué); *Mariano Esteban, Vicepresidente; Manuel Pueyo, Tesorero; y Damián Fantova, Secretario.*

*Restablecida después de nuestra Guerra Civil,* **ha dado origen a la Cofradía** de Semana Santa, habiéndose construido el Paso del **Santo Cristo de la Agonía.** *Su autor fue el escultor Bretón, de Zaragoza, en 1945; se colocó en una capilla de la iglesia del colegio el año **1946**. Al siguiente, se instaló la base de mármol, para que pudiese ser venerado y el pedestal de madera sobre el que descansa, y que se coloca en la peana para la procesión del Viernes Santo. El colegio regaló cuatro maderos cortos para la peana, que la Cofradía agradeció.*

La imagen fue restaurada, en 1987, por M. Blanco, ya que estaba seriamente dañada. Es, sin duda, la talla más lograda de las que representan a Cristo en el momento de su larga agonía, dolor que se hace viva expresión en los vidriosos ojos. Es un Cristo con la cabeza alzada, mirando al cielo, como si estuviese lanzando el último suspiro. Sus piernas flexionadas, dobladas en demasía, indican que el momento final está próximo y su cuerpo abandonado, pende de sus manos clavadas. En la maqueta previa que realizó el autor en madera de boj, se observan algunas diferencias con respecto a la talla final, como la cabeza, que no se encuentra tan alzada y las piernas menos flexionadas, con lo cual la posición de los brazos es más horizontal.

La cofradía ha realizado su procesión el día de Viernes Santo, junto a la Cofradía de Nª Srª de los Dolores, tras el ejercicio del Vía Crucis. Está compuesta en su mayoría por alumnos y exalumnos del Colegio. *Se solicitó del Exmo. Sr. Obispo, Dr. Arturo Tabera, la formación de una Cofradía, que sustituyera a la antigua Congregación, cuyo Decreto de erección y aprobación canónica se conserva en la Secretaría de la misma y es del 23 de marzo de* **1949***. En el artº 1º se lee: "Los principales fines de esta Cofradía son la instauración o restablecimiento y reorganización de la antigua Cofradía de la Agonía, que desde antiquísimos tiempos se hallaba establecida en esta misma iglesia de los PP. Escolapios...*

*Finalmente, Su Exc. tuvo a bien aprobar el Reglamento y nombró Capellán y Consiliario al P. Rector del colegio, cuyo nombramiento del 13 de mayo, se conserva en el Archivo del colegio"* (Págs. 197-198 de L.C. 1920-1961). En 2002 se redactan unos nuevos Estatutos.

## 5.2. Congregación de Nuestra Señora de los Dolores

El 28 **de junio de 1825** el P. Joaquín Esteve, Provincial de Aragón y Valencia, aprueba el texto del Convenio entre la Congregación y la Escuela Pía de Barbastro, pero lo firma y sella en Escuelas Pías de Zaragoza.

No nos consta documentalmente la fecha de su erección. Se conservan en nuestro Archivo papeles manuscritos a cuentas de 'cargo y data' del año 1828. Desde muy antiguo, como puede comprobarse en los Libros de Crónica de la comunidad escolapia, se ha venido celebrando con máxima solemnidad el SEPTENARIO A LA V. DE LOS DOLORES.

Está Agregada canónicamente a la *central* de los PP. Servitas de Roma. Hay también una escritura de convenio entre la Congregación y el P. Provincial de los Escolapios, Joaquín de San Miguel, con fecha 28 de junio de 1825. Era Presidente en 1948 D. Juan Juseu y Corrector D. Antonio Lisa, doctoral de la iglesia catedral. (cf Izquierdo, pág. 23)

## 5.3. Cofradía de Nuestra Señora de la Merced y familiares de caídos

En las págs. 146-147 del L.C. leemos: *"Un grupo de fieles quiso fundar la Cofradía de Nª Srª de la Merced, para Excautivos, Excombatientes y sus familiares en nuestra iglesia: hechas las tramitaciones canónicas y aprobados los Estatutos por el Sr. Obispo, Dr. Arturo Tabera (el 10 de febrero de 1943) (otra fuente –"El Noticiero" de Zaragoza– señala en su pág. 6, del 9 de octubre de 1947: "En Barbastro ha sido fundada una Cofradía para excautivos… y aprobados sus Estatutos").*

*Se estableció en nuestra iglesia del colegio (que sirvió de prisión del Sr. Obispo D. Florentino Asensio, cuya causa de Beatificación se ha iniciado, y religiosos benedictinos, claretianos y escolapios, todos los cuales fueron víctima de la revolución marxista). Los Estatutos nombran Capellán a favor del Rector y se hallan en el Archivo del colegio. En una capilla del templo, primorosamente pintada se ha colocado el altar y la imagen de N<sup>a</sup> Sr<sup>a</sup> de la Merced… El Excmo. Gobernador de la Provincia, D. Manuel Pamplona, ha costeado la preciosa imagen.*

*La Cofradía ha pagado la decoración de la Capilla y la mesa altar, poniendo placas de madera para preservarla de la humedad; y el colegio costeó las placas del frente donde está la imagen, que asciende a 450 ptas. La Cofradía ha adquirido el paso del Prendimiento de Cristo, que ha figurado en la procesión del Viernes Santo; y que está colocado en la iglesia de las Capuchinas, por no poder instalarse en la nuestra…*

*La inauguración, el día 5 de octubre de 1947, fue un acontecimiento para Barbastro. La asistencia del Sr. Obispo, del Ayuntamiento y representantes del ejército, de la Junta en pleno de la Cofradía, las Damas Camareras de la Virgen, familias de excautivos y excombatientes daban a nuestra iglesia un aspecto solemne. Bendecida la imagen por el Sr. Obispo, revestido de pontifical, comenzó la Sabatina con Exposición Menor.*

Ha solido ser capellán nato el P. Rector del colegio, hasta que se cerró la comunidad de Barbastro y quedó la atención a cargo de la de Peralta de la Sal. Cuando se escribieron estos apuntes era Consiliario el Canónigo D. Aristeo del Rey.

## 5.4. Pía Unión de S. Antonio de Padua y Pan de los Pobres

Fue canónicamente establecida en la iglesia del colegio el 1 de mayo de **1898 (ó 1889)**, siendo Administrador Apostólico de la Diócesis D.

Casimiro Piñera. Tras la Guerra civil se reorganizó, en **mayo de 1947**: *"se presentó en el colegio un grupo de señoras con el fin de restablecer la Pía Unión y el Pan de los Pobres, y, dadas todas las posibilidades por el Colegio, en la Sala de Visitas y en presencia del P. Eusebio Pera, Rector, se formó la Junta siguiente: Dª Dolores Latorre, Presidenta; María Romero, Vicepresidenta; Manolita Acero, Secretaria; Carmen Plana, Vicesecretaria; Gloria Baselga, Tesorera; María Lacambra, Vicetesorera; Purificación Chía, Isabel Loscertales, María Samitier, Mª Teresa Baselga, Elena Marro, Angelita Palá, Teresa Español, Asunción Buil y María Raso, Vocales.*

*Esta Junta, bajo la dirección del P. Rector, Eusebio Pera, ha reformado la capilla, cerrando la puerta que daba a la otra capilla, pintándola y hermoseándola con los dos lienzos que figuran en las paredes laterales, con la mesa-altar y araña, quedando una capilla digna de figurar en nuestra iglesia... Los lienzos fueron pintados por Francisco Zueras... La araña fue regalo de Dª Marcelina V. Plana, y los gastos del decorado fueron asumidos por la Pía Unión.*

*El día 16 de noviembre de **1947**, se inauguró solemnemente por el Obispo, D. Arturo Tavera... Se repartieron estampas-recordatorio de la fiesta, en las que se leía: la Presidenta y Junta de la Pía Unión tienen el honor de invitar a Ud. a la bendición del nuevo altar y capilla restaurada y misa de comunión... El mismo día se repartió el Pan de los Pobres y sigue haciéndose el 13 de cada mes, acudiendo Señoras de la Junta a su distribución. Se han recibido muchos donativos para el pan de los Pobres...*

*Nombrada la Junta y presidida por el P. Rector, Director de la Pía Unión, fueron a Palacio a pedir la bendición del Sr. Obispo, que muy gustoso accedió y tuvo palabras de aliento para realizar las obras de caridad que la Junta se propone. Desde ese día, las llaves del cepillo de S. Antonio, que está instalado en la catedral es la Junta la encargada de abrirlo, dando limosna al párroco de la catedral para los pobres de su parroquia"* *(L.C. págs. 148-149)*

## 6. POSTULANTADO, NOVICIADO Y JUNIORATO EN BARBASTRO

### 6.1. El Postulantado

El Postulantado de la Demarcación Escolapia de Aragón, también llamado Aspirantado, lugar donde los niños que deseaban ser escolapios, pero no tenían la edad necesaria para iniciar el Noviciado (desde el Concilio de Trento, 16 años), se iban formando, estuvo desde 1913 a 1938 en la torre escolapia de Cascajo-Zaragoza. Ese año fue trasladado a Peralta de la Sal, y el 2 de septiembre de **1939** se trasladó al colegio de Barbastro.

Desde el año 1941 a 1953 osciló el número de postulantes entre 25 y 50. Sus Directores fueron los PP. Valentín Hombrados, a quien le sustituyó el P. Benito Otazu, cuando aquél fue destinado a Argentina como Vicario Provincial, y a éste el P. Augusto Subías. Desde 1944 el postulantado adquirió un "insospechado y feliz incremento" (Denes, pág. 304; e Izquierdo págs. 27-30 y falta la 31).

Por el Horario podemos hacernos una idea de la vida que llevaban los postulantes (aspirantes): se levantaban a las 7,30 ; a las 8,00 tenían el Ofrecimiento de obras y la Eucaristía; a las 8,45 desayuno y estudio hasta las 9,30 que comenzaban las clases (dos por la mañana y tres por la tarde); los actos de piedad en cada jornada eran, entre la mañana y la tarde: lectura espiritual, visita al Santísimo, Rosario, Coronilla de la Virgen y Examen de conciencia: dos horas en total; después de la comida y la cena, amplios recreos; y a las 21,15 a la cama.

En 1947 el Postulantado hizo ofrenda del sagrario, que hoy sigue teniendo el altar mayor y de los gastos que supuso el retablo de la Capilla de la Virgen del Carmen, San Pompilio y las Ánimas del Purgatorio, que costó 29.260 pesetas.

Su vida cultural quedó reflejada en las "amenísimas y muy divertidas Veladas literario-musicales", en las que exponía cada uno de los postulantes sus dotes declamatorias y artísticas. Estas Veladas unas veces fueron privadas y otras públicas; y el contenido tenía relación con las clases que recibían (fundamentalmente gramática castellana, latín, matemáticas y geografía e historia de España y Universal; además de música, dibujo, caligrafía, declamación y canto).

## 6.2. El Noviciado

El P. Martín Sobrino afirma *(en "250 años. Provincia de Aragón. El Fundador y las fundaciones"):* A partir de 1741 se suprimen los diversos noviciados diseminados por los colegios y se concentra a todos los novicios en Peralta de la Sal. Pero existe constancia escrita de que en Barbastro hubo 8 novicios en el periodo de 1721 a 1731.

He aquí el horario del Noviciado: 6,30 a 7,30, levantarse, Misa y limpieza; 7,30 a 9,00: rezos, desayuno y lectura en el aposento; 9,00 a 10,45 Primera clase: composición latina y aprender trozos de buen latín; 10,45 a 12,30: rezo, comida y descanso; 12,30 a 14,00: Segunda clase, de escribir y cuentas; 14,00 a 14,30: Oficio Parvo y visita al Santísimo; 14,30 a 16,00: Tercera clase: Preceptos de la Gramática y construcción literaria; 16,00 a 16,45: Rezo comunitario y oración mental; 16,45 a 18,00: Cuarta clase: Construcción gramatical y Catecismo; 18,30 a 21,00: Charla del Maestro de Novicios y lectura personal, más cena y descanso (J. Lecea, o.c. págs. 349-350).

## 6.3. El Juniorato

El Juniorato de Aragón (casa de Estudios y formación para quienes habían terminado el Noviciado), en el siglo XVIII y primera mitad del XIX, se estableció en el colegio de Barbastro. Se impartía Retórica y Filosofía. En 1799 hay constancia de que asisten a las clases de Filosofía cuatro clérigos de la Orden (juniores) y 13 alumnos externos. Sobre estos alumnos externos en el aula de Filosofía, se dice: "son muchos los hijos de la ciudad y lugares del contorno que por falta de medios y caudales no pueden estudiar Filosofía en las Universidades; logran este beneficio sin salir de sus casas... Cuando hay número suficiente acuden al Ayuntamiento y éste pide un Lector (profesor) de Filosofía a la Orden".

Entre los religiosos que se distinguieron en esta tarea conviene citar a los PP. Antonio Canales, Pío Cañizar, Onofre Carrera y Enrique Brumós. De esta época data la gran y rica Biblioteca que el colegio tuvo. (Denes, I, pág. 304)

El Método (la Ratio Studiorum) para la formación de los escolapios fue aprobado en el Capítulo General de 1718. La formación literaria de los futuros escolapios constará de nueve años distribuidos así:

los dos primeros constituyen el Noviciado, donde se dedicarán dos horas diarias por la mañana para ejercitarse en lo que aprendieron anteriormente y en la Latinidad; otras dos por la tarde, dedicadas a perfeccionarse en el arte de escribir y la aritmética. Dos años más para el estudio de las Humanidades, que debían abarcar la Poética y Retórica enteras... con ejercicios frecuentes de toda clase de composiciones, epistolar, oratoria, etc.

Al estudio de la Filosofía se dedicarán otros dos años: lógica, ontología, crítica, metafísica.... Seguirán después tres cursos de estudios teológicos, alternando a la vez con el estudio de las Matemáticas y en el último cuatrimestre un repaso del bienio filosófico...

Todos los formandos se ejercitarán mediante frecuentes ejercicios privados o públicos: cada semana, un ejercicio literario; cada mes declamaciones latinas o en lengua vulgar; cada dos meses los filósofos y teólogos tendrán Academia Literaria; cada cuatro meses, un acto académico más solemne; y al final de cada año escolar, Actos Académicos más solemnes aún, defendiendo tesis de lo estudiado.

## 7. EXALUMNOS o ANTIGUOS ALUMNOS INSIGNES

El tema de los "Antiguos alumnos" o Exalumnos es, como tantas cosas de la vida, bien visto por unos y mal visto por otros. Sería similar al uso que hace la Historia al hablar de las Guerras: no aparecen los nombres de todos los que luchan, ni siquiera de los caídos en el combate, sino el/los nombre/s de los que dirigieron la operación.

Los PP. Escolapios tenemos claro que a todos los que han pasado por nuestras aulas los sentimos "nuestros" y les agradecemos la confianza que tuvieron en nosotros... pero somos también conscientes de que no todos acogieron con el mismo interés las enseñanzas que les transmitimos y los consejos/ejemplos que pudimos darles; ni todos tuvieron la misma capacidad para hacer frente a la vida. De ahí que, además de los que humanamente podemos llamar "grandes triunfadores", hay un número más numeroso que no ha destacado.

## La Asociación de Antiguos Alumnos de Barbastro

Se funda el 30 de **marzo de 1920**. Su primer presidente fue D. Juan Alfós. El 4 de abril los "socios activos" eran 75 y los "cooperadores", 60. "Cuando el colegio tiene que defender su supervivencia, amenazada por las tacañerías y los retrasos municipales en el pago de las subvenciones, dan la cara y movilizan a la ciudad" (L.C. pág. 279).

Se revitalizó con nueva Junta, presidida por D. Manuel Samitier y como Consiliario el P. Benito Otazu, el 23 de **abril de 1950**. Y todavía hoy permanece en pie.

Queremos comenzar por dos que han sido proclamados Santos, cuyos retratos están a la entrada del templo: San Josep Manyanet y San Josémaría Escrivá

**José Manyanet** nació el 7 de enero de 1833 en Tremp (Lleida, España) quedó huérfano de padre a los 20 meses. A la edad de 5 años fue ofrecido por su madre a la Virgen de Valldeflors, patrona de su ciudad. Bajo la influencia del sacerdote Valentín Lledós cultivó su vocación religiosa; trabajó de fámulo para pagar los estudios que realizó en la Escuela Pía de Barbastro; y los eclesiásticos en los seminarios diocesanos de Lérida y la Seo de Urgel; el 9 de abril de 1859 fue ordenado sacerdote. Prestó servicio en el Obispado de Urgel, ocupando diversos cargos eclesiásticos.

Fundó dos Congregaciones religiosas: los Hijos de la Sagrada Familia y la Congregación de Misioneras Hijas de la Sagrada Familia de Nazaret, para llevar a cabo la labor pastoral de promover el culto a la Sagrada Familia y fomentar la educación cristiana de niños y jóvenes. Con tal propósito en mente, en 1875, después de presenciar dos años atrás la proclamación de la Iª República Española en Barcelona y volver a su pueblo natal, tras haber sido perseguido y obligado a cerrar una de las primeras escuelas nacientes (Sant Josep), reemprendió la ambiciosa tarea de fundar escuelas dentro y en los alrededores de Barcelona, extendiendo así una red de colegios por diversas poblaciones de Cataluña y el resto de España. Murió en 1901 en Barcelona a los 68 años de edad, afectado de una grave y dolorosa enfermedad.

Fue declarado <u>beato</u> por el papa <u>Juan Pablo II</u> el <u>25 de noviembre</u> de <u>1984</u>, y canonizado el <u>16 de mayo</u> del <u>2004</u>. La fecha de su fiesta es el <u>16 de diciembre</u>.

**San Josémaría Escrivá de** *Balaguer hizo la Primera Comunión en nuestro colegio, cursó la enseñanza primaria y comenzó los estudios de Bachillerato, que terminó en el Instituto Nacional de Logroño, donde se había trasladado la familia en 1915. (http://www.isje.org/ vida-de-san-josemaria-escriva-historia-opus-dei/)*

El 17 de mayo de 1992, Juan Pablo II beatifica a Josemaría Escrivá de Balaguer en la plaza de San Pedro, en Roma, ante 300.000 personas. «Con sobrenatural intuición», dijo el Papa en su homilía, «el beato Josemaría predicó incansablemente la llamada universal a la santidad y al apostolado". Diez años más tarde, el 6 de octubre de 2002, Juan Pablo II canoniza al fundador del Opus Dei en la plaza de San Pedro ante una multitud de más de 80 países. El Santo Padre, en su discurso a los participantes en la canonización, dijo que "San Josemaría fue elegido por el Señor para anunciar la llamada universal a la santidad y para indicar que la vida de todos los días, las actividades comunes, son camino de santificación. Se podría decir que fue el santo de lo ordinario".

Tengo que agradecer al investigador Martín Ibarra que me ha mandado su artículo *Josemaría Escrivá de Balaguer y el colegio de las Escuelas Pías de Barbastro (1908-1915)*, donde consta la fórmula de la "Comunión Espiritual", que Josemaría aprendió del P. Manuel Laborda, y practicó toda su vida. Dice así: *"Yo quisiera, Señor, recibiros con aquella pureza, humildad y devoción con que os recibió vuestra Santísima Madre, con el espíritu y fervor de los santos".* En el templo del colegio hay un cuadro de San Josemaría, entrando, a la izquierda de la puerta, haciendo juego con otro Antiguo Alumno, a la derecha, también Santo, S. Josep Manyanet.

En el orden de la política podemos destacar a **D. Pascual Madoz** (Pamplona, 1806 - Génova, 1870). Ministro de Hacienda y miembro del Supremo Tribunal de Justicia; abogado, periodista y publicista. En su libro "*Diccionario Geográfico-Estadístico-Histórico de España y sus posesiones de Ultramar* (Madrid 1848-1850) afirma de "su" colegio con orgullo:

*"Respecto a los varones, (la instrucción pública en Barbastro) está a cargo de los Padres de la Escuela Pía... Generalmente, concurren a sus clases 600 niños, porque es tal el prestigio de que gozan por todo el país estos celosos directores de la infancia, que no sólo envían los vecinos de la ciudad a sus hijos a recibir la educación civil y religiosa, que en aquélla se enseña, sino que acuden de todos los pueblos inmediatos, y hasta de algunos bastante distantes de Aragón y Cataluña.*

*Y es tanta la asiduidad en el trabajo de estos maestros y tan grande el esmero con que procuran el adelanto de los discípulos, que no puede dudarse que la superioridad que Barbastro ejerce sobre muchas otras poblaciones del antiguo Reyno de Aragón, así en la agricultura, como en la industria y el comercio, es debida al continuo desvelo de aquéllos, tanto más recomendable cuanto que no cuentan con más ventajas que las de una mediana subsistencia, debido a la asignación anual de 3.500 rs vn. con que el Ayuntamiento contribuye, a las rentas de las fincas que les dejó su Fundador, mejorada, si se quiere, por el aumento que han recibido, merced a la laboriosidad del distinguido agrónomo, el P. Cosme Vallés, Rector muchos años de aquel colegio (1829-1845), y hoy P. Provincial de Aragón".*

Hace a continuación un elogio de agradecimiento a los tres Escolapios, que fueron sus maestros en el colegio: PP. Bartolomé Miralles, Cosme Vallés y Joaquín Cortés; y confiesa: *"Si en el curso de mi azarosa vida, ha podido servirles nuestra voz en el Parlamento, y nuestra influencia en el Gobierno ha contribuido algún tanto a sostener una Institución beneficiosa al país, particularmente a las clase menesterosas... es sólo una expresión de mi extraordinario cariño".*

Por el cargo del padre, estudió en nuestro Colegio de Barbastro y su cariño por la Escuela Pía le duró toda su vida.

Son muchos los Antiguos Alumnos que los diversos autores señalan: seglares, religiosos, eclesiásticos e incluso Religiosos Escolapios, algunos de los cuales han sido PP. Provinciales. Veamos al menos sus nombres:

## Antiguos alumnos nacidos en el s. XVIII:

Fray Bartolomé Altemir y Paúl, franciscano (nacido en Barbastro en 1783), teólogo, orador y publicista; examinador sinodal de varias diócesis. Reformador de su Orden. Murió desterrado en Bourdeaux.

D. Mariano Torrente (nacido en Barbastro en 1792), gran Asesor militar, intendente, economista y diplomático. Administró la Tesorería de Rentas de la Habana. Publicó muy interesantes obras, como el muy popular libro para niños *"Juanito"*, con el que obtuvo el premio de la Sociedad Florentina, que lo declaró "libro el más hermoso de lectura moral"; fue traducido a varios idiomas.

D. Martín Lucas y Arcaina (nacido en Barbastro en 1780), Mariscal de campo de los Ejércitos nacionales; estudió Derecho en Zaragoza; entró en el Primer Tercio "Voluntarios de Barbastro". Acreditó su valor en el 2º Sitio de Zaragoza. Murió, lleno de gloria en Madrid en 1852.

P. Mariano Puyal, (nacido en Barbastro en 1792) jesuita, científico, orador y varón de gran prestigio.

**Religiosos Escolapios, Antiguos Alumnos de Barbastro:**

Nuestro colegio fue fecundo en vocaciones calasancias. Citemos al P. Joaquín Soldevila de Santa Teresa; los hermanos PP. Juan Crisóstomo y Nicolás Sena; P. Eusebio Ferrer, P. Pascual Ferrer, P. José Buatas, P. Eusebio Pera, P. Mariano Olivera; P. José María Muñoz, P. Modesto Domínguez, P. José Mur y el Hº Facundo Rodellar; Antonio Cajón; Benito Lafaja; Eduardo Llanas; Eugenio Torrente; Joaquín Traggia; Joaquín Esteve; Dionisio Pintado y Mariano Tabuenca (los 8 últimos los cita el P. Pedro Sanz, en "Exalumnos y otros temas escolapios).

Además, a dos de ellos los destaca el autor del que tomo los datos, que llega hasta 1948 (el Deán Francisco Izquierdo Trol): el **P. Melchor Ollé**, autor de la célebre y acreditada *Gramática Latina,* usada en muchos colegios y seminarios; fue también autor de Métodos de Lectura y de Música, en concreto de guitarra. Y el **P. Ángel Clavero Navarro de la Asunción**, que en Argentina sobresalió por su investigación sobre temas de carácter histórico, relacionados con América y España. Por los años cuarenta del siglo pasado fue condecorado con la Encomienda de Alfonso X el Sabio, que se la impuso en Córdoba (Argentina) el Cónsul español, D. Manuel Galán y Pacheco de Padilla, en nombre de nuestro Embajador español en aquella nación. Barbastro le dedicó un fervoroso homenaje, en el Salón de Actos del Ayuntamiento, el 8 de septiembre de 1947 al regresar del país hermano. El P. Clavero fue autor de numerosas obras, entre las que destaca *La Historia de las Escuelas Pías de la Provincia de Aragón* (de la que dependió la E.P. de Argentina, hasta 1964, año de su constitución como Provincia).

## Antiguos Alumnos nacidos en el s. XIX:

D. Mariano de Pano (nacido en Monzón en 1847), autor de muchas obras de investigación sobre Historia y Arte de Aragón; fue Presidente de la Real Academia Aragonesa de Nobles y Bellas Artes de San Luis.

D. Andrés Martínez Vargas (nacido en Barbastro en 1861) hizo el bachillerato con nosotros, Premio Extraordinario en Medicina; Catedrático de "Enfermedades de la Infancia" en la Facultad de Medicina de Granada y luego de Barcelona; homenajeado por la Real Academia de Medicina de Barcelona. Murió el 25 de julio de 1948.

D. Félix Valón, Barón de Mora, de Espés y de Alfajarín; y su hijo el Abogado D. Francisco Valón Fernández de Córdoba

D. Manuel Casanovas, nombrado Caballero de Capa y Espada de los Palacios Apostólicos por León XIII, en agradecimiento a las campañas a favor del Pontificado y sus dominios temporales; fue fundador del Semanario católico barbastrense *El Cruzado Aragonés,* que todavía hoy pervive.

D. Ángel Castro y Blanc, abogado y periodista, del que se dice que, en tiempos de Cánovas y Sagasta, llegó con su acerada pluma a derribar gobiernos y producir crisis políticas.

El Obispo de Ávila, D. José María Blanc (nació en 1845 y murió en 1897).

D. Alfredo Sevil, secretario del cardenal Cascajares, y Deán de la catedral de Barbastro.

"Podríamos aún citar una innumerable lista de figuras egregias barbastrenses, que han brillado y brillan en todos los aspectos de la vida humana" (Izquierdo, o.c. pág. 19 Bis). El P. Pedro Sanz, en su obra*"Exalumnos y otros temas escolapios"* cita 50 más (págs. 392-393).

## 8. ESTADÍSTICAS DEL ALUMNADO

**1680, año de la expulsión:** la estadística señala que había llegado a tener el colegio 300 alumnos. (La reapertura tuvo lugar en octubre'1721)

**Estadística en Siglo XVIII: 1733-1799:** en este tiempo la media daba a Barbastro 364 alumnos (cf. Faubell, p. 204).

En **1781** había en el aula de Leer: 200 alumnos; en el aula de Escribir: 75; en el aula de Gramática: 46; y en el aula de Retórica: 36 = TOTAL: 357.

En **1782:** mayores: 35; Menores: 46; Esc. de Escribir: 75; Cartilla: 200

En **1793** eran en la 1ª: 160 alumnos; en la 2ª: 120; en la 3ª: 60; en la 4ª: 40; TOTAL: 380 alumnos, de los que 32 eran internos.

En **1798** estaban en la 1ª: 230; en la 2ª: 100; en la 3ª: 35; en la 4ª: 81; y a éstos se le suman 13 del aula de Filosofía = TOTAL: 459, de los que 15 eran internos.

**Estadística en Siglo XIX:** durante este siglo el alumnado varió en número y condiciones, según las vicisitudes políticas cambiaban:

En **1803**: incluyendo la cátedra de Filosofía e Internado suman 410.

En **1807** son 420.

El **1820** llegan los alumnos a 582 en cuatro clases.

La media entre **1824 -1836** daba 547 alumnos (cf. Faubell, p. 204).

**El 1 de enero de 1899**: en 1ª Enseñ.: 380; y en 2ª Enseñ.: 40 (de ellos eran internos: 34)

## Estadística en Siglo XX

En **1939 abril** (reapertura del colegio tras la guerra civil).

En **1943** eran 158 alumnos en total.

En **1955** (se inauguraba el colegio 'restaurado'): los alumnos eran 328 (123 los de 1ª Enseñanza y 205 de 2ª Enseñanza. Los internos: 44)

**Curso 1958-59**: Párvulos: 57; aula 2ª: 53; 3ª: 53; 4ª: 46; 5ª: 56; 1º Bach: 34; 2º: 39; 3º: 41; 4º A: 35; 4º B: 21; 5º: 12; y 6º: 18. Total= 465.

En **1961** había en 1ª Enseñanza (Infantil y cinco grados de Primaria): 254 alumnos; en 2ª Enseñanza (Bachiller): 213. TOTAL: 467. De éstos, internos eran 37 pequeños y 30 mayores. Los resultados de las Reválidas de 4º y 6º pueden verse en la pág. 402 del "L.C.".

En **1983** eran 334.

## Estadística en Siglo XXI:

En **2.014** hay 3 grupos de infantil, 6 de Primaria, 8 de E.S.O y 2 especialidades de P.C.P.I: ayudantes de cocina y ayudantes de Bar. TOTAL: 396 (70 de Infantil; 136 de Primaria; 171 de Secundaria; y 19 del P.C.P.I.)

## 9. Bibliografía consultada:
## Manuscritos:

–Copia auténtica de todo el proceso de fundación del Colegio de Escuelas Pías de la ciudad de Barbastro, año 1746, págs. 159 a dos caras.

-Libros de Crónicas (1920-1961), (1962-75), (1976-85), (1986-99), (1999-2002), (2002-2007), (2009-2011) Escuelas Pías de Barbastro (L.C.)

-Memoria histórica del Colegio de las Escuelas Pías de Barbastro, por Francisco Izquierdo Trol, Barbastro, agosto 1948, págs. 36.

**Obras Impresas:**

-Constituciones originales de San José de Calasanz, editadas por la Curia General, Madrid, 2004 (Consts).

-Calasanz: Mensaje espiritual y pedagógico, de Dionisio Cueva, Publicaciones ICCE, Madrid 1973, pp.380 (Cap° "Temas y problemas pedagógicos") (CMEP)

-Brevis conspectus histórico-statisticus Ordinis Scholarum Piarum, de Leodegario Picanyol, Apud Curiam Generalitiam, Roma 1932, pp. 318; cf págs 213-218 (B.C.)

-San José de Calasanz. Obra pedagógica, de G. Sántha, 2ª ed. Madrid 1984, pp. XLV + 630 (O.P.)

-Diccionario Enciclopédico Escolapio (DENES, vol I) Presencia de Escuelas Pías, Coord. Luis María Bandrés, Publicaciones ICCE, Madrid 1990, pp. 903 (Denes): cf los artículos: Aragón (págs. 116-126) y Barbastro (págs. 300-305)

-Varones insignes en santidad de vida del Instituto y Religión de las Escuelas Pías, por P. Joseph de la Concepción, Provincial de Aragón y Castilla, julio 1751; cf. págs. 308-316

-Las Escuelas Pías de Aragón en el siglo XVIII, de Joaquín Lecea, Publicaciones ICCE, Madrid, 1972, pp. 606; cf. págs. 29-33; 48-56; 192-195; 362-364; 480-482; 524-525; 543-544 (J. Lecea)

-Escolapios víctimas de la persecución religiosa en España (1936-1939), vol. III Aragón, Publicaciones de Revista Calasancia, Salamanca 1965, pp. 551 (E.V.)

-Cargaron con su cruz y le siguieron, por P. Dionisio Cueva, 162 págs; cf. págs. 95-144

-Las Escuelas Pías de Aragón (1767-1901). Tomo I, de Dionisio Cueva, Edita Diputación General de Aragón, Zaragoza, 1999, pp. 359; cf. pp. 27-41; 49-51; 326 (Cueva-I)

-Las Escuelas Pías de Aragón (1902-1950), Tomo II, de Dionisio Cueva, Edita Diputación General de Aragón, Zaragoza 2001, pp. 322 (Cueva-II)

-250 años Provincia Escolapia de Aragón. El Fundador y las Fundaciones, Coord. Juan Carlos Lozano, edita Ibercaja-Obra cultural, pp. 187; cf. Págs. 63-66 (250 años)

-Acción educativa de los Escolapios en España (1733-1845), de Vicente Faubell, Ed Fundación Santa María, Madrid 1987, pp. 661; cf. En la pág. 626 se señalan las ¡ciento setenta y cinco veces que aparecen referencias a Barbastro! (V. Faubell)

-Historia de las Escuelas Pías en España, del P. Calasanz Rabaza, Tomo I, Valencia 1917, Tipografía Moderna, págs. 424; cf. págs. 16-27; 151-153; 173-176; 241-243; 414-424.

-Entremuro: mil doscientos años de historia, por Vicente Zueras y otros; en Imprenta Moisés, Barbastro, 2003

-Historia de Barbastro, por Saturnino López Novoa, en Edit. Sociedad Mercantil y Artesana, Zaragoza 1981 el Vol I; y el Vol II en Imprenta de Pablo Riera, Barcelona, 1861; cf. pp. 104-105; 307-314; 135.

-Exalumnos y otros temas escolapios, por P. Pedro Sanz, Zaragoza 2012, 3ª edición, págs. 431; cf. en pág. 392-393 "Barbastro".

-Catálogo de los Religiosos de las Escuelas Pías de Aragón (1689-1994), 2ª ed., P. Pedro Sanz, 268 págs.

-Historia de la Orden de las Escuelas Pías (Manual), por Antonio Lezaun, Colección 'Materiales', nº 30, del ICCE, Madrid, 2010; cf. págs. 58-71.

-275 años de presencia escolapia en Jaca, por Ricardo Mur, en Imprenta Raro, Jaca 2010; cf. págs. 25; 38-66; 107-112.

-Historia de las Escuelas Pías: 275 años educando en Zaragoza, s. impr. cf. pags. 10-17.

-La Parroquia de S. Francisco de Asís de Barbastro: cien años de historia (1902-2002), Coords. Martín Ibarra y José Mª Ferrer, Impr. Gráficas Barbastro, 2002; cf. pág 34.

-Barbastro 1833-1984, editor Juan Carlos Ferré, en Edit. Ayuntamiento de Barbastro, dic. 2003; cf. págs. 76-77; 144-145; 195-197.

-Calasanz y 25 más, por P. Dionisio Cueva, Zaragoza 2009, 296 págs: cf. para ver los AA.AA.: José María Mañanet (p. 213-215) y Josemaría Escrivá (p. 265-270)

-Revista "Las Tres R.R.R." desde el nº 1 a hoy.

-José Mañanet: apóstol de la familia y de la juventud, por Cebriá Baraut, José Mª Blanquet y Ángel Sánchez, Imprenta Ortega, Barcelona 1969, págs. 79.

A.M.P.I

Printed in the United States
By Bookmasters